Le néerlandais

POUR LES NULS

Le néerlandais POUR LES NULS

Margreet Kwakernaak
Michael Hofland
Annick Christiaens

FIRST Editions

Le néerlandais pour les Nuls
Titre de l'édition américaine : *Dutch for Dummies*

Publié par
Wiley Publishing, Inc.
111 River Street
Hoboken, NJ 07030 – 5774
USA

ISBN 978-2-7540-0313-1
Dépôt légal : 1er trimestre 2007
Nous nous efforçons de publier des ouvrages qui correspondent à vos attentes et votre satisfaction est pour nous une priorité. Alors, n'hésitez pas à nous faire part de vos commentaires :

Éditions First
27, rue Cassette
75006 Paris – France
e-mail : firstinfo@efirst.com
Site internet : www.efirst.com

Traduction : Claude Raimond
Correction : Anne-Lise Martin
Production : Emmanuelle Clément
Mise en page : KN Conception
Entregristrements vocaux : Scopitone
Imprimé en France

Sommaire

Deuxième partie : Le néerlandais en action 71

Le néerlandais pour les Nuls

À propos de l'auteur

Margreet Kwakernaak est professeur de langue et directrice de l'école de langues *Suitcase talen* d'Almere, près d'Amsterdam, aux Pays-Bas. Elle produit des cours de néerlandais seconde langue, de néerlandais première langue, d'allemand, d'anglais et d'espagnol. Au cours de nombreuses années d'enseignement au profit d'étudiants de tous âges et de toutes nationalités, elle a beaucoup appris sur leurs besoins et sur la manière de leur donner l'assurance dont ils ont besoin pour parler et pour écrire.

Remerciements

De nombreuses personnes ont contribué à la création de cet ouvrage. En premier lieu je voudrais remercier mon frère Huibert Kwakernaak. En tant qu'expert en systèmes, signalisation et contrôle, il est non seulement celui qui me donne un accès constant aux dernières techniques informatiques, mais il est aussi mon professeur en efficacité et méthodologie professionnelles.

Mon frère Erik Kwakernaak, spécialiste en méthodologie d'enseignement des langues étrangères et auteur de plusieurs livres sur la façon d'enseigner les langues, m'a ouvert les yeux et les oreilles sur les besoins de celui qui apprend une langue. Il m'a fait prendre conscience des schémas d'évolution des acquis linguistiques communs à tous les apprenants.

Quand j'ai commencé à travailler avec différents étudiants, la pratique a pris le pas sur la théorie, et je suis devenue experte dans l'art d'accélérer les processus individuels d'apprentissage des langues. En travaillant avec des étudiants individuels, j'ai appris que l'approche la plus efficace est celle où l'enseignant sert de guide à l'étudiant, lui montrant des cheminements de plus en plus difficiles, et lui apportant la pratique et la théorie dont il a besoin à un moment particulier.

J'ai accumulé une grande expérience au cours de mes nombreuses années dans l'enseignement secondaire, et lors de cours du soir pour adultes. Mais j'ai appris plus encore et beaucoup plus vite après avoir fondé ma propre école de langues, où se sont rencontrés des étudiants et des professeurs du monde entier, qui ont partagé leur expérience et leurs méthodes. Tandis que j'écrivais ce livre, les professeurs et les secrétaires de *Suitcase talen* ont toujours manifesté la meilleure volonté pour répondre à toute question d'ordre pratique ou linguistique. Sanerina Visser m'a aidée au cours des trois derniers mois consacrés aux processus de mise en ordre et de réorganisation.

L'éditeur Wardy Polstra de Pearson Education Benelux a été pour moi une sorte de professeur idéal : aux côtés de l'auteur, l'observant calmement, lui fournissant un feed-back à des moments essentiels, toujours prêt à l'aider en cas de besoin.

Pour votre aide, mes remerciements à tous.

Le 14 mars 2006

Margret Kwakernaak

Introduction

Dans notre civilisation de plus en plus globale, il est de plus en plus utile de savoir dire au moins quelques mots dans d'autres langues. Les étudiants font une partie de leurs études à l'étranger, et de nombreuses entreprises doivent non seulement communiquer avec d'autres pays, mais aussi les visiter. Bien que le français et l'anglais puissent convenir pour faire des affaires dans les pays néerlandophones, les gens seront beaucoup plus accueillants si vous connaissez quelques mots ou expressions en néerlandais. Ne serait-ce pas amusant de parler avec vos voisins, vos collègues et vos nouveaux amis en néerlandais, et de rire un bon coup ensemble ?

Quelle que soit votre motivation, *Le néerlandais pour les Nuls* vous aidera. Un expert de l'enseignement des langues, les adaptateurs néerlandophones et First, éditeur en France de la série Pour les Nuls, ont combiné leurs efforts pour produire un livre qui vous aidera à communiquer en néerlandais. Vous y trouverez non seulement des éléments de communication comme les salutations et la commande d'un repas, mais aussi les expressions utilisées au téléphone ou dans un e-mail. Des notions de grammaire vous fournissent les bases qui serviront à construire votre communication personnelle. *Le néerlandais pour les Nuls* utilise un système de notation clair et simple pour la prononciation de chaque mot, et la prononciation et l'accent prennent vie sur le CD audio adjoint au livre.

À propos de ce livre

Ce livre est bien plus qu'une simple compilation de phrases et de mots d'utilité pratique. Il vous rendra service si votre but est d'apprendre quelques mots et quelques phrases pour vous débrouiller, mais aussi au cas où vous prévoyez de rester plus longtemps dans le pays, et désirez communiquer avec vos voisins, ainsi qu'avec vos nouveaux amis et collègues. Vous pouvez parcourir le livre à votre propre rythme et dans l'ordre qui vous convient, lire ou sauter des passages à votre guise. *Le néerlandais pour les Nuls* est votre guide personnel, toujours prêt à vous aider.

Note : si vous êtes novice en néerlandais, vous avez intérêt à lire les chapitres de la première partie avant de commencer à parler. Cette partie vous fournit des bases, par exemple la façon de prononcer les différents sons, et elle vous aidera à aborder les chapitres suivants.

Conventions appliquées dans le livre

Pour faciliter la navigation dans le livre, nous avons établi quelques conventions :

- Les termes en néerlandais sont en **caractères gras** pour les faire ressortir.
- La prononciation est indiquée en *italiques*, à la suite des termes en néerlandais. Les syllabes accentuées sont <u>soulignées</u>.

  La prononciation du néerlandais est légèrement différente si vous voulez pratiquer votre néerlandais dans la partie néerlandophone de la Belgique.

  Dans ce livre, la prononciation indiquée en italique suit la prononciation pratiquée aux Pays-Bas, cependant, si pour des raisons professionnelles ou culturelles vous avez plutôt intérêt à apprendre la prononciation pratiquée en Belgique, vous pouvez choisir de lire la prononciation des dialogues prononcés par la speakerine belge sur le CD audio. La prononciation utilisée aux Pays-Bas est signalée par [PB] et la prononciation flamande par [FL].

  Vous pouvez aussi les comparer, pour vous familiariser et comprendre le néerlandais selon les deux prononciations. Car les différences restent minimes et concernent essentiellement quelques lettres prononcées d'une façon plus gutturale au Pays-Bas qu'en Flandre. Le vocabulaire, la grammaire et les règles de prononciation présentés dans ce livre vous aideront à vous débrouiller à Anvers, Gand et Bruges aussi bien qu'à Amsterdam, Rotterdam et La Hayes !

La conjugaison des verbes (les listes donnant les formes d'un verbe) figure dans des tableaux, dans l'ordre suivant : la forme « je », la forme « tu » (tutoiement au singulier), la forme « vous » (vouvoiement au singulier et au pluriel), la forme « il/elle/cela », la forme « nous », la forme « vous » (tutoiement au pluriel), et la forme « ils/elles/ces choses ». Voici à titre d'exemple comment conjuguer le verbe **werken** (travailler) :

Conjugaison	***Prononciation***
ik werk	*ik wèrk*
jij werkt	*yèï wèrkt*
u werkt	*u wèrkt*
hij/zij/het werkt	*h'èï/zèï/h'et wèrkt*
wij werken	*wèï <u>wèr</u>-ken*
jullie werken	*<u>yu</u>-lii <u>wèr</u>-ken*
zij werken	*zèï <u>wèr</u>-ken*

L'apprentissage des langues étant une activité spéciale, ce livre inclut quelques éléments que ne possèdent pas d'autres livres *pour les Nuls*. Les voici :

- **Conversation** : l'utilisation principale d'une langue étant la parole, la plupart du temps sous forme d'échange entre deux personnes, nous avons inclus des dialogues tout au long du livre. Les dialogues apparaissent sous le titre « Conversation » et montrent les mots néerlandais, leur prononciation et leur signification en français. Un grand nombre de ces dialogues sont reproduits sur le CD audio fourni avec le livre.
- **Mots clés** : la mémorisation de mots et d'expressions est elle aussi fondamentale pour l'apprentissage d'une langue, et donc nous avons rassemblé les nouveaux mots des dialogues sur un tableau noir, sous le titre « Mots clés ». Les mots néerlandais ayant un genre, lequel détermine l'article défini qui peut les précéder, nous indiquons systématiquement cet article pour vous permettre de le mémoriser en même temps que le nom.

Notez aussi que chaque langue ayant sa propre façon d'exprimer des idées, la traduction française fournie pour les expressions néerlandaises n'est pas toujours littérale, pour vous permettre de mieux saisir ce que veut dire le locuteur. Par exemple, l'expression néerlandaise **ik moet nu snel weg** peut se traduire littéralement par « je dois partir vite maintenant ». Le livre indique comme traduction : Je dois maintenant m'en aller.

Suppositions risquées

Pour écrire ce livre, nous avons dû faire certaines hypothèses sur vous et sur ce que vous attendez d'un livre appelé *Le néerlandais pour les Nuls*. Voici quelques-unes de nos suppositions :

- Vous ne connaissez que très peu le néerlandais ou vous l'ignorez complètement - et si vous connaissez quelques mots ou expressions, vous ne savez pas comment les organiser.
- Vous ne recherchez pas un livre qui vous permettra de parler couramment néerlandais : vous voulez seulement connaître quelques mots, expressions ou constructions de phrase pour pouvoir communiquer des informations élémentaires en néerlandais.
- Vous voulez apprendre le néerlandais utilisé couramment dans la vie de tous les jours, une vie que vous avez abordée ou que vous allez aborder prochainement. Vous choisirez vous-même les informations offertes par le livre, et vous déciderez non seulement quelles parties du livre vous allez étudier, mais aussi quand, où et comment vous allez les étudier.
- Vous voulez vous amuser tout en apprenant un peu de néerlandais.

Si ces hypothèses s'appliquent à votre cas, vous avez trouvé le livre idéal !

Organisation du livre

Le livre est divisé par domaines en cinq parties. Chaque partie est divisée en chapitres. Les sections suivantes vous montrent les types d'informations que vous trouverez dans chaque partie.

Première partie : les premiers pas

Vous ne pouvez pas vous passer de cette partie, car elle est un peu comme les fondations d'une maison. La pose des fondations n'étant pas aussi passionnante que ce qui vient ensuite, vous pourrez préférer commencer par des communications réelles, comme les salutations. Faites comme vous l'entendez, et revenez aux bases quand vous en sentirez le besoin. Dans la première partie, vous trouverez des mots néerlandais que vous connaissez probablement déjà, ainsi que l'alphabet, la prononciation et quelques expressions indispensables. Cette partie vous indique la structure des verbes, des temps et des phrases, ainsi que tout ce que vous avez besoin de savoir sur les nombres, l'heure, les jours de la semaine et les différentes saisons.

Deuxième partie : le néerlandais en action

Dans cette partie, vous commencez à apprendre le néerlandais et à l'utiliser. Au lieu de mettre l'accent sur des questions de grammaire, cette partie se consacre à des situations de tous les jours, où vous parlez avec les gens, prenez des repas, faites des courses, vous distrayez, et travaillez.

Troisième partie : le néerlandais en déplacement

Cette partie vous apporte les outils dont vous avez besoin pour trouver votre chemin dans une banque, un hôtel, sur la route, dans un avion, un train ou un taxi. Elle couvre tous les aspects des déplacements aux Pays-Bas, et inclut un chapitre relatif aux situations d'urgence.

Quatrième partie : la partie des dix

Si vous recherchez des éléments d'information concis, très digestes, sur le néerlandais, cette partie est faite pour vous. Vous y trouverez dix façons d'apprendre le néerlandais rapidement, cinq choses qu'il ne faut jamais dire, dix expressions néerlandaises favorites, dix jours fériés qu'il vous faut connaître, et dix expressions qui témoignent de votre professionnalisme.

Cinquième partie : annexes

La dernière partie du livre contient d'importantes informations de référence. Elle commence par des tableaux sur les verbes, qui vous montrent comment conjuguer les verbes réguliers ainsi que les verbes irréguliers. Vous y verrez aussi une liste des pistes du CD audio, qui vous montre où se trouvent dans le livre les différents dialogues, pour vous permettre de les lire en les écoutant. Enfin, les annexes contiennent un mini-dictionnaire néerlandais/français et français/néerlandais. Si vous rencontrez un mot néerlandais que vous ne comprenez pas ou si vous avez besoin d'un mot particulier en néerlandais, c'est là que vous pourrez le rechercher.

Les icônes du livre

Vous pouvez rechercher des informations particulières au cours de votre lecture du livre. Pour rendre certains types d'informations plus accessibles, vous trouverez les icônes suivantes dans la marge gauche tout au long du livre :

Cette icône signale des conseils facilitant l'apprentissage du néerlandais.

Cette icône signale des règles grammaticales qui ne sont pas essentielles mais qu'il est utile de connaître.

Pour trouver des informations et des conseils sur la culture des Néerlandais et des Flamands et sur la façon de vous y prendre avec eux, recherchez cette icône.

Le CD audio inclus dans ce livre vous donne la possibilité d'entendre parler des locuteurs néerlandais de naissance. L'écouter augmentera votre compréhension du néerlandais parlé. Cette icône repère les conversations enregistrées sur le CD.

Et maintenant...

Pour apprendre une langue, il faut se lancer et tout simplement essayer de la pratiquer. Démarrez tout de suite ! Vous pouvez commencer à lire le début, choisir un chapitre qui vous intéresse, ou lire le CD et entendre quelques dialogues. Qui sait, d'ici peu de temps, vous demanderez peut-être à un Néerlandais qui vous parle en français ou en anglais : **Ik studeer Nederlands, wilt u Nederlands praten?** (*ik stu-déér néé-der-lants, wilt u néé-der-lants praa-ten*) (J'apprends le néerlandais, voulez-vous parler néerlandais ?)

Première partie

Prêt à partir ?

Dans cette partie...

Il faut bien commencer quelque part, mais nous parions que vous vous êtes déjà jeté à l'eau. Cette partie est le bateau de sauvetage que vous pouvez utiliser chaque fois que vous pensez être sur le point de vous noyer. Elle porte sur l'alphabet, la prononciation, un peu de grammaire élémentaire - pourquoi ne pas examiner le bateau de sauvetage avant de vous précipiter sur le reste du livre ?

Chapitre 1

Vous savez déjà un peu de néerlandais

Dans ce chapitre :

- Le néerlandais que vous connaissez déjà
- Réponses et souhaits utiles
- Réciter l'alphabet
- Prononciation des voyelles
- Prononciation des diphtongues
- Le « ch » et le « g »
- Prononciation et accentuation
- Questions et exclamations

La meilleure façon d'apprendre une langue est simplement de commencer à s'en servir. Dans ce chapitre, vous plongez dans la langue néerlandaise. Il vous montre le néerlandais que vous connaissez probablement déjà, vous explique comment prononcer des mots néerlandais et vous présente quelques expressions courantes.

Le néerlandais que vous connaissez déjà

Le néerlandais est une langue indo-européenne. Les langues indo-européennes comprennent différentes familles, et comme l'allemand et l'anglais, le néerlandais appartient à la famille des langues germaniques. De nombreux mots sont identiques à des mots allemands ou leur ressemblent. Bien que l'anglais soit un parent du néerlandais beaucoup plus éloigné, les anglophones peuvent aussi y reconnaître de nombreux mots. Ces mots ont eux aussi des racines germaniques, ou bien font partie du groupe sans cesse croissant des mots utilisés internationalement. Quant aux francophones, ils peuvent reconnaître facilement des mots d'origine française empruntés directement ou par l'intermédiaire de l'anglais.

Proches parents

Les mots de la liste ci-dessous sont les mêmes en néerlandais, en anglais et en allemand, et veulent dire la même chose. La seule différence est la prononciation et l'orthographe. Les noms allemands commencent par une majuscule.

Néerlandais	*Prononciation*	*Allemand*	*Anglais*	*Français*
de arm	*de ârm*	der Arm	the arm	le bras
de bank	*de bânk*	die Bank	the bank	la banque
fantastisch	*fân-<u>tâs</u>-tiish*	fantastisch	fantastic	fantastique
het glas	*h'et ghlâs*	das Glas	the glass	le verre
de hand	*de h'ânt*	die Hand	the hand	la main
de sport	*de sport*	der Sport	the sport	le sport
de tunnel	*de tu-nel*	der Tunnel	the tunnel	le tunnel
de wind	*de wint*	der Wind	the wind	le vent

Mots cousins

De plus en plus de mots ou expressions anglais s'utilisent en néerlandais, dans des domaines comme le sport mais aussi dans la vie de tous les jours. Les Néerlandais font habituellement de petites adaptations, généralement dans l'orthographe. Certaines personnes âgées ou puristes détestent l'influence croissante de l'anglais, mais tous ceux qui utilisent de nouveaux produits ou des innovations ne peuvent éviter les expressions anglaises. Il n'y a pas d'expression entièrement néerlandaise pour **de digitale tv** (*de dii-ghii-taa-le téé-<u>véé</u>*) (la télé numérique) ou **de megastore** (*de <u>méé</u>-ghaa-stôôr*) (le mégastore) ! Voici des mots d'usage fréquent avec de légères adaptations :

de supermarkt	(*de <u>suu</u>-per-mârkt*)	the supermarket
de fitnessclub	(*de <u>fit</u>-nes-klup*)	the fitness club

Dunglish

L'orientation internationale croissante des néerlandophones fait qu'ils utilisent beaucoup de verbes et d'expressions anglais, surtout en sport, en informatique et dans les affaires. Ils adaptent les verbes aux règles du néerlandais, ce qui produit une combinaison de néerlandais et d'anglais, ou

Dunglish. Par exemple, vous pouvez entendre : **Ik ga dat even checken** (*ik ghaa dât éé-ven tchè-ken*) (Je vais vérifier ça), ou **Het vliegtuig was overboekt** (*h'et vliigh-toeïgh wâs ôô-ver-boukt*) (L'avion était en surréservation). Les Néerlandais trouvent très difficile d'écrire ce genre de verbe !

Voici quelques verbes utilisés en sport :

fitnessen	(*fit-ne-sen*)	aller à un centre de mise en forme
joggen	(*djo-guen*)	faire du jogging
stretchen	(*strèt-chen*)	faire des étirements
trainen	(*tréé-nen*)	s'entraîner, faire des exercices

Voici quelques mots d'informatique :

deleten	(*de-lii-ten*)	effacer
downloaden	(*daôwn-lôô-den*)	télécharger
inloggen	(*in-lo-ghen*)	se loguer
printen	(*prin-ten*)	imprimer

L'anglais est très employé en management et dans les affaires. Voici quelques exemples de verbes :

coachen	(*kôô-tchen*)	coacher
managen	(*mè-ne-djen*)	manager
marketen	(*mâr-ke-ten*)	commercialiser
pushen	(*pou-chen*)	pousser

Pour plus d'informations sur la conjugaison des verbes anglais en néerlandais, allez au chapitre 8.

Conversation

N'allez pas croire que la conversation suivante soit typique de la façon dont parle un Néerlandais moyen. Toutefois, vous pourriez entendre une conversation de ce genre entre deux jeunes gens dans la rue :

Mark : **Hi, hoe is't? Hoe is je nieuwe job?**

h'aï h'ou is h'et. h'ou is ye nii-we djob

Salut, comment va, c'est comment ton nouveau job ?

Jacco : **Prima! Ik ben HR manager bij Lease Consult. Een leasing is een spannende business.**

prii-ma. ik bèn h'aa-èr mè-ne-djer bèï liis kon-sult. en lii-sing is en spâ-nen-de biz-nis

Parfait ! Je suis manager des ressources humaines chez Lease Consult, et le leasing est un business fascinant.

Mark : **Echt waar? Lease Consult is een Major Account van ons!**

èght waar. liis kon-sult is en méé-djer e-kaôwnt vân ons

Vraiment ? Lease Consult est un major account pour nous !

Jacco : **Ik kom je dus nog wel eens tegen in de Board Room.**

ik kôm ye dus nogh wèl ééns téé-ghen in de bôôrt rououm

Je vais donc sûrement tomber un jour sur toi dans le board room.

Mark : **Wie weet!**

wi wéét

Qui sait !

Jacco : **En ben jij weer happy?**

èn bèn yèï wéér h'è-pii

Et tu es de nouveau heureux ?

Mark : **Ja, maar Renate zit in een dip. Fulltime werken met een kid is nogal heavy en ze wil graag Parttime werken.**

yaa maar re-naa-te zit in en dip. foul-taïm wèr-ken mèt en kit is nôôgh-âl h'è-vii èn ze wil ghraagh pâr-taïm wèr-ken

Oui, mais Renate est dans un creux. Travailler full-time avec un enfant est plutôt lourd et elle voudrait bien travailler part-time.

Jacco : **Ik begrijp het. Is parttime werken een optie?**

ik be-ghréïp h'et. is pâr-taïm wèr-ken en op-sii

Je comprends cela. Est-ce pour elle une option de travailler part-time ?

Mark : **Op dit moment niet. Ze zitten midden in een reorganisatie.**

op dit môô-mènt niit. ze zi-ten mi-den in en ré-or-gha-nii-zaa-tsii

Pas pour le moment. Ils sont en pleine réorganisation.

Langage des rues pour les Nuls

INFO CULTURELLE

Les jeunes utilisent dans la rue leur propre langage, lequel change d'un jour à l'autre. Ce jargon est influencé par des langues comme l'anglais américain, le surinamien, l'antillais, le turc et le marocain. Le langage des rues est le reflet de la société multiculturelle, tandis que les tendances de la musique (hip-hop) et de la télé lui confèrent un caractère international. Dans les grandes villes, vous pourriez entendre les mots suivants prononcés dans la rue :

Mot néerlandais	*Prononciation*	*Traduction*
nakken	*nâ-ken*	voler
doekoe	*dou-kou*	argent
flex	*flèks*	OK, bon
loesoe	*lou-sou*	parti
een chickie checken	*en tchi-kii tchè-ken*	observer une fille

Les membres d'une famille, les enseignants et les patrons ont adopté des expressions du langage des jeunes avec lesquels ils habitent et travaillent. Vous pourriez les entendre dire des choses comme : **Wie is die weirdo?** (*wii is dii wéér-dô*) (Qui est cette personne bizarre ?)

Des mots d'autres langues ont fait leur entrée dans le **Van Dale Groot woordenboek van de Nederlandse taal** (le principal dictionnaire de la langue néerlandaise). Près de 300 000 personnes venant du Surinam vivent aux Pays-Bas et environ 150 expressions de leur langue figurent désormais dans le dictionnaire. Voici quelques exemples drôles : **het okseltruitje** (*h'et ok-sel-troeï-tye*) (le T-shirt sans manches), qui veut dire littéralement le « T-shirt aux aisselles », et **de handknie** (*de h'ant-knii*) (le coude), littéralement le « genou de la main ». Non seulement des mots du Surinam, mais aussi des mots japonais, comme **tsunami** (*tsou-naa-mii*), des mots belges, comme **onthaalouder** (*ont-h'aal-aôw-der*) (parent d'accueil), arabes, comme **felouka** (*fe-louou-kaa*) (bateau à voile égyptien), et hébreux, comme **bollebof** (*bo-le-bof*) (chef policier), peuvent être trouvés dans un dictionnaire néerlandais.

Réponses et souhaits utiles

Tous les apprenants d'une langue passent par un stade où ils comprennent beaucoup de choses, mais parlent toujours médiocrement. Les gens se rendent compte que vous comprenez, et ils se mettent à vous parler, attendant une réponse. Mais vous ne savez pas comment réagir ! Apprendre par cœur au moins une réponse positive et une réponse négative peut être utile pour se sortir d'une situation difficile.

Apprenez un terme positif comme **prima** (*prii-maa*) (excellent), un terme neutre que vous pouvez utiliser dans presque toute occasion sans insulter personne, ou **interessant** (*in-te-rè-sant*), et ayez en réserve une expression pour le cas où quelqu'un vous dit quelque chose de négatif : **wat jammer** (*wat yâ-mer*) (quel dommage). Voici quelques exemples de réponses utiles et leurs cas d'emploi :

- **Wat vind je van dit restaurant? – Prima!** (*wât vint ye vân dit rès-tôô-rant. prii-maa*) (Comment trouves-tu ce restaurant ? – Excellent !)
- **Heb je zin om dit weekend mee te gaan zeilen? – Fantastisch!** (*h'èp ye zin om dit wii-kènt méé te ghaan zèï-len. fan-tâs-tiis*) (As-tu envie d'aller faire de la voile ce week-end avec nous ? – Fantastique !)
- **Zullen we even pauzeren? – OK.** (*zu-len we éé-ven paôw-zéé-ren. ôô-kéé*) (Allons-nous faire une petite pause ? – OK.)
- **Dit zijn foto's van Amsterdam twintig jaar geleden. – Wat interessant!** (*dit zèïn fôô-tôôs vân âm-ster-dâm twin-tigh yaar ghe-léé-den. wât in-te-rè-sant*) (Ce sont des photos d'Amsterdam prises il y a vingt ans. – Comme c'est intéressant !)
- **Het concert is afgelast. – Wat jammer!** (*h'et kon-sèrt is âf-ghe-lâst. wât yâ-mer*) (Le concert a été annulé. – Quel dommage !)
- **Mijn auto is stuk. – Wat een pech!** (*mèïn aôw-tôô is stuk. wat en pègh*) (Ma voiture est tombée en panne. – Quelle malchance !)

Lorsque quelqu'un vous demande de faire quelque chose, vous pouvez utiliser les réponses positives suivantes :

- **Help je me even? – Natuurlijk.** (*h'èlp ye me éé-ven. naa-tuur-lek*) (Peux-tu m'aider un instant ? – Naturellement.)
- **Kunt u mij om 11 uur bellen? – Geen probleem.** (*kunt u mèï ôm èlf uur bè-len. ghéén prôô-bléém*) (Pourrais-tu m'appeler à 11 heures ? – Pas de problème.)

Si vous devez fournir une réponse négative, vous pouvez choisir sans risque entre les deux suivantes :

- **Bent u morgen op kantoor? – Nee, het spijt me** (*bènt u mor-ghen op kan-tôôr. néé h'et spèït me*) (Êtes-vous demain au bureau ? – Non, je suis désolé.)
- **Gaan jullie met ons mee? – Misschien de volgende keer.** (*ghaan yu-lii mèt ons méé. mis-sghiin de vol-ghen-de kéér*) (Viendrez-vous avec nous ? – Peut-être la prochaine fois.)

Dans des circonstances spéciales, utilisez les souhaits ci-après :

- **Fijne avond.** (*fèï-ne aa-vont*) (Passez une bonne soirée.)
- **Goed weekend.** (*ghouout wii-kènt*) (Bon week-end.)
- **Goede reis.** (*ghouou-de rèïs*) (Bon voyage.)
- **Veel plezier.** (*véél ple-ziir*) (Amusez-vous bien.)
- **Beterschap.** (*béé-ter-sghâp*) (Remettez-vous rapidement.)
- **Sterkte.** (*stèrk-te*) (Tous mes vœux.)

En buvant une boisson alcoolisée avec d'autres, vous pouvez lever votre verre et dire :

Proost! (*prôôst*) (A la tienne/vôtre !)

A mesure que vous comprendrez mieux le néerlandais et que vous vous ferez des amis, vos conversations deviendront plus personnelles. Au chapitre 17, vous trouverez d'utiles réponses à des histoires plus confidentielles ou désopilantes.

Une grosse bouchée de règles de prononciation

La clé du succès pour prononcer une nouvelle langue est de surmonter sa crainte d'avoir une mauvaise prononciation et de ne jamais pouvoir la corriger. N'ayez pas peur du ridicule et ne pensez pas que vous n'y arriverez jamais !

Au début, vous ne comprenez pas un mot lorsque les gens parlent une langue que vous ne connaissez pas, mais après quelque temps, vous commencez à distinguer des sons et des motifs qui se répètent. Par la suite, vous reconnaissez certains motifs récurrents, comme les salutations et la manière dont les gens amorcent et concluent un coup de téléphone. La plupart des apprenants d'une langue commencent par imiter les schémas familiers et les reproduire du mieux qu'ils peuvent. Dès qu'ils obtiennent une réaction, ils sont stimulés et osent essayer des expressions plus compliquées. A ce stade, la prononciation devient importante. Les néerlandophones ne vous comprendront pas s'ils ne peuvent pas reconnaître les mots que vous essayez de dire.

La maîtrise d'une langue s'acquiert plus rapidement si l'on apprend des règles de base sur la façon de prononcer les mots écrits. Sur la route, dans les rues et dans les magasins, vous n'entendrez pas seulement des mots, mais aussi vous en lirez, et si vous savez comment les gens les prononcent, vous pourrez les ajouter à votre vocabulaire. Les sections suivantes vous présentent l'alphabet et vous indiquent quelques principes directeurs en vue d'une prononciation correcte.

La prononciation dans ce livre

Partout dans ce livre, vous trouverez la prononciation des mots néerlandais placée à côté entre parenthèses, que nous appelons les *parenthèses de prononciation*. Entre ces parenthèses, nous séparons tous les mots qui ont plus d'une syllabe par un tiret, comme ceci : **goedemorgen** (*ghouou-de-mor-ghen*) (FL) (*ghou-ye-morgen*) (bonjour). Une syllabe soulignée à l'intérieur des parenthèses de prononciation vous dit qu'il faut accentuer cette syllabe, c'est-à-dire la prononcer plus fort que les autres. Vous trouverez plus d'informations sur l'accentuation sous le titre « Prononciation et accentuation », plus loin dans ce chapitre.

Dans le livre, la transcription phonétique (la transcription qui vous montre comment prononcer un mot) utilise des combinaisons de lettres qui sont des équivalents français de la prononciation des lettres des mots néerlandais.

Récitation de l'alphabet

L'alphabet néerlandais compte le même nombre de lettres que l'alphabet français, 26. Mais beaucoup de ces lettres sont prononcées différemment. Les francophones ont par exemple du mal à prononcer le g néerlandais, et ils ont tendance à oublier de prononcer le h néerlandais.

La piste 1 du CD vous indique les sons représentant les lettres en néerlandais, et vous fournit des mots utilisant ces lettres pour vous permettre de vous exercer.

L'alphabet néerlandais

A	*aa*	*aap*	un singe
B	*béé*	*beek*	un ruisseau
C	*séé*	*cirkel*	un cercle
D	*déé*	*deur*	une porte
E	*éé*	*een*	une
F	*èf*	*fiets*	une bicyclette
G	*ghéé*	*gaan*	le verbe aller

H	*h'aa*	*hoofd*	la tête
I	*ii*	*irritant*	irritant
J	*iéé*	*juffrouw*	mademoiselle
K	*kaa*	*kat*	un chat
L	*èl*	*laan*	une allée
M	*èm*	*meisje*	une fille
N	*èn*	*naam*	le nom
O	*ôô*	*oost*	l'est
P	*péé*	*plant*	une plante
Q	*ku*	*quantum*	quantum
R	*èr*	*roos*	une rose
S	*ès*	*soms*	parfois
T	*téé*	*tante*	une teinte
U	*u*	*uur*	l'heure
V	*féé*	*veel*	beaucoup
W	*véé*	*waarom*	pourquoi
X	*iks*	*excuus*	une excuse
Ÿ	*èï*	*ijs*	la glace
Z	*zèt*	*zon*	le soleil

Prononciation des voyelles

Le néerlandais comporte de nombreux sons de voyelle et de diphtongue (combinaison de voyelles), et certains de ces sons vous paraîtront étranges. Nous vous en donnons ci-après les meilleures approximations basées sur des sons français, mais vous en obtiendrez une idée plus exacte en écoutant des locuteurs néerlandophones.

Les voyelles **a, e, i, o** et **u** peuvent produire des sons de voyelle longs et des sons de voyelle brefs. Heureusement, des règles générales s'appliquent :

- Une voyelle est brève si elle est suivie d'une ou plusieurs consonnes à la fin d'un mot ou d'une syllabe, comme dans **de dag** (*de dâgh*) (le jour), **geld** (*ghèlt*) (de l'argent), **ik** (*ik*) (je), **kort** (*kôrt*) (court), **druk** (*drûk*) (actif, occupé).

- Une voyelle est longue si elle est doublée, comme dans **gaan** (*ghaan*) (aller), **geen** (*ghéén*) (pas de), **ook** (*ôôk*) (aussi), et **uur** (*uur*) (heure).
- Une voyelle est longue quand elle est la dernière lettre d'une syllabe comme dans **dragen** (*draa-ghen*) (porter), **eten** (*éé-ten*) (manger), **roken** (*rôô-ken*) (fumer), **juni** (*yuu-nii*) (juin).

La voyelle a

Le a donne un son court dans les syllabes fermées, c'est-à-dire suivies par une ou plusieurs consonnes à la fin d'un mot ou d'une syllabe. Entraînez-vous à prononcer les mots suivants :

- **de bal** (*de bâl*) (le ballon)
- **de dag** (*de dâgh*) (le jour)
- **het gras** (*h'et ghrâs*) (l'herbe)

Une lettre a unique dans une syllabe ouverte, c'est-à-dire à la fin d'une syllabe ou d'un mot, est prononcée comme un son de voyelle allongé. Entraînez-vous à prononcer les mots ci-après :

- **dragen** (*draa-ghen*) (porter)
- **de dagen** (*de daa-ghen*) (les jours)
- **de lanen** (*de laa-nen*) (les voies – de circulation)

Qu'il figure dans une syllabe fermée ou dans une syllabe longue, aa (double a) donne toujours ce même son de voyelle allongé. Exercez-vous à prononcer les mots suivants :

- **gaan** (*ghaan*) (aller)
- **staan** (*staan*) (être debout)
- **de laan** (*de laan*) (la voie – de circulation)

Syllabes ouvertes ou fermées

TRUC

Les mots peuvent être divisés en portions ou syllabes. Identifier les syllabes est essentiel pour pouvoir écrire et prononcer les mots correctement. Votre apprentissage de la langue s'accélérera quand vous aurez compris comment diviser les mots en syllabes, et quand vous saurez distinguer une **syllabe ouverte** d'une **syllabe fermée**.

Une syllabe est une partie d'un mot et vous pouvez la reconnaître en battant des mains tout en prononçant le mot. Chaque battement est une syllabe. Vous pouvez aussi regarder dans le dictionnaire. Un bon dictionnaire présente les mots divisés en syllabes.

Pour distinguer une syllabe ouverte d'une syllabe fermée, vous devez vous souvenir de la différence entre les **voyelles** et les **consonnes**. Les voyelles sont les lettres qui forment le son central d'un mot : **a, e, i, o,** et **u**. Les autres lettres de l'alphabet sont les **consonnes**. Ces lettres accompagnent les voyelles : **b c d f g h j k l m n p q r s t v w x z**.

Les syllabes finissant par une ou plusieurs consonnes sont des **syllabes fermées**. Par exemple, les deux syllabes du mot **paspoort** (*pâs-pôôrte*) sont des syllabes fermées.

Les syllabes finissant par une voyelle sont des **syllabes ouvertes**, comme la première syllabe du mot **model** (*môô-dèl*) (modèle) ou la première syllabe du mot **euro** (*eu-rôô*) (euro).

La différence entre syllabes ouvertes et fermées est la clé dont vous avez besoin pour comprendre la prononciation des mots néerlandais : les syllabes ouvertes ont des sons de voyelle allongés, et quand seulement une voyelle est écrite dans une syllabe fermée, le son de cette voyelle est bref. De plus, quand vous commencez à écrire en néerlandais, la compréhension des syllabes ouvertes et fermées vous permet de savoir quand écrire des voyelles ou des consonnes doublées.

La voyelle e

Quand il est suivi d'une ou plusieurs consonnes à la fin d'un mot, le **e** donne un son bref (comme le *è* dans bref). Essayez-le en prononçant ces mots :

- **gek** (*ghèk*) (fou)
- **het geld** (*h'et ghèlt*) (l'argent)

Quand le **e** est à la fin d'une syllabe, vous le prononcez comme un son de voyelle long, étiré. Produisez ce son en prononçant les mots ci-après :

- **eten** (*éé-ten*) (manger)
- **beter** (*béé-ter*) (mieux, meilleur)

Notez que lorsque le **e** se trouve dans une syllabe non accentuée, il se prononce comme le *e* des mots français je, te, me, etc., et il est représenté par la voyelle e.

Qu'il appartienne à une syllabe ouverte ou fermée, **ee** donne toujours un son long. Produisez ce son en vous exerçant à prononcer les mots suivants :

- **geen** (*ghéén*) (pas de)
- **geel** (*ghéél*) (jaune)
- **de neef** (*de nééf*) (le neveu/cousin)

La voyelle i

Suivi d'une ou plusieurs consonnes à la fin d'un mot ou d'une syllabe, **i** donne un son de voyelle bref, comme dans M*i*ck Jagger. Essayez-le en prononçant les mots ci-après :

- **ik** (*ik*) (je)
- **het ding** (*h'et ding*) (la chose)
- **dicht** (*dight*) (fermé)

Quand vous rencontrez le **i** à la fin d'un mot ou d'une syllabe, vous devez le prononcer comme un son de voyelle allongé (*ii*), comme dans le mot p*i*re. Essayez de pratiquer ce son en prononçant les mots suivants :

- **juni** (*yuu-nii*) (juin)
- **de activiteit** (*de âk-tii-vii-tèït*) (l'activité)

Comme l'indiquent les sections consacrées aux lettres **a, e, u** et **o**, ces voyelles sont parfois doublées pour indiquer qu'elles doivent être prononcées de façon allongée. Vous pourriez donc supposer que le son *i* allongé peut s'écrire **ii**. Il n'en est rien, les néerlandophones sont moins rationnels que vous ne le pensiez : ils n'écrivent pas ce son **ii**, ils l'écrivent **ie**.

- **drie** (*drii*) (trois)
- **het bier** (*h'et biir*) (la bière)
- **de fiets** (*de fiits*) (la bicyclette)

La voyelle o

Suivi d'une ou plusieurs consonnes à la fin d'une syllabe, le **o** produit un son court (ressemblant au *o* du mot français offre). Produisez-le en prononçant les mots suivants :

- **op** (*op*) (sur)
- **kort** (*kort*) (court)
- **de pot** (*de pot*) (le pot)

Quand vous rencontrez **o** à la fin d'un mot ou d'une syllabe, vous le prononcez comme un son de voyelle allongé, représenté par les lettres *ôô* et ressemblant au son *ô* du mot français côte. Pratiquez ce son en prononçant les mots suivants :

- **boven** (*bôô-ven*) (au-dessus)
- **roken** (*rôô-ken*) (fumer)
- **het document** (*h'et dôô-kuu-mènt*) (le document)

Oo est toujours un son de voyelle allongé, comme dans les mots ci-après :

- **ook** (*ôôk*) (aussi)
- **mooi** (*môôïy*) (beau)
- **de persoon** (*de per-sôôn*) (la personne)

La voyelle u

Suivi d'une ou plusieurs consonnes à la fin d'une syllabe ou d'un mot, le **u** produit un son bref (un peu comme le *u* dans le mot un). En voici quelques exemples, que vous pouvez vous exercer à prononcer :

- **dun** (*dunn*) (mince)
- **de hulp** (*de h'ulp*) (l'aide)
- **de club** (*de klup*) (le club)

Un **u** dans une syllabe se terminant par une voyelle donne un son de voyelle allongé. Entraînez-vous à le produire avec les mots suivants :

- **u** (*uu*) (vous, vouvoiement au singulier et au pluriel)
- **de studie** (*de stuu-dii*) (les études)
- **juni** (*yuu-nii*) (juin)

u est toujours un son de voyelle long. Exercez-vous à prononcer ces mots en **uu** :

- **het uur** (*h'et uur*) (l'heure)
- **het excuus** (*h'et èk-skuus*) (l'excuse)
- **het kostuum** (*h'et kos-tuum*) (le costume)

Prononciation des diphtongues en néerlandais

Les diphtongues sont des combinaisons de voyelles au sein d'une syllabe. Le néerlandais en compte un grand nombre, dont la plupart ne se retrouvent pas en français. Les Néerlandais risquent de ne pas vous comprendre si vous ne savez pas prononcer les sons correspondants. Observez comment ils s'y prennent et demandez-leur de vous aider !

Les diphtongues ei et ij

La prononciation de la diphtongue **ei** (*èï*) ressemble à celle de la fin des mots français pareil, merveille, etc. Il convient cependant d'ouvrir un peu plus la bouche. En voici quelques exemples :

- **het ei** (*h'et èï*) (l'œuf)
- **mei** (*mèï*) (mai)
- **klein** (*klèïnn*) (petit)

Le même son est représenté par la combinaison de lettres **ij**. Au début d'un mot ou d'une syllabe ouverte, **ij** (*èï*) donne exactement le même son que ei :

- **mij** (*mèï*) (moi)
- **mijn** (*mèïnn*) (mon/ma)
- **ijs** (*èïs*) (glace)

Quand **ij** se trouve à la fin d'un mot dans une syllabe fermée, le son se réduit pour devenir le son *e* comme dans les mots français je, te, me, le, etc. :

- **heerlijk** (*h'éér-lek*) (magnifique)
- **makkelijk** (*mâ-ke-lek*) (facile)
- **moeilijk** (*mouïy-lek*) (difficile)

La diphtongue oe

La diphtongue **oe** se prononce comme la combinaison de lettres « ou » en français. Essayez de la prononcer avec les mots suivants :

- **hoe** (*h'ouou*) (comment)
- **het boek** (*h'et bouk*) (le livre)
- **genoeg** (*ghe-nough*) (assez)
- **de broer** (*de brour*) (le frère)

Les diphtongues ou et au

Les combinaisons de lettres **ou** et **au** sont deux façons d'écrire le même son. Ce son est proche de la prononciation des lettres « ao » dans les mots français b*ao*bab et Bilb*ao*, mais la partie *o* du son se prononce plutôt comme le « ô » de tôt ou la combinaison « eau » des mots eau, marteau. Notez que la partie *a* de la diphtongue est prononcée plus fort que la partie *ô* et qu'elle se termine par un *w* légèrement prononcé.

- **gauw** (*ghaôw*) (bientôt)
- **blauw** (*blaôw*) (bleu)
- **lauw** (*laôw*) (tiède)
- **oud** (*aôwt*) (vieux)
- **bouwen** (*baô-wen*) (construire)
- **trouwen** (*traô-wen*) (épouser)

La diphtongue eu

La diphtongue **eu** se prononce un peu comme la diphtongue « eu » des mots français peu, feu, mais légèrement plus en avant de la bouche, en se rapprochant du son *u*. Exercez-vous à prononcer ce son avec les mots suivants :

- **de keuken** (*de keu-ken*) (la cuisine)
- **de neus** (*de neus*) (le nez)
- **de sleutel** (*de sleu-tel*) (la clé)

La diphtongue ui

Cette diphtongue commence par un son **eu** (*oeï*) comme dans les mots français p*eu*, f*eu*, et se prolonge par un son *i* atténué, le résultat étant proche de la prononciation du mot français œil. En voici quelques exemples :

- **buiten** (*boeï-ten*) (dehors)
- **vuil** (*foeïl*) (sale)
- **juist** (*yoeïst*) (juste)

Il n'est pas facile de reconnaître la différence entre **eu** et **ui**, et encore plus difficile de produire ces sons comme un véritable néerlandophone. Vous trouverez des exemples de ces deux diphtongues délicates dans le dernier dialogue du CD. De plus, si vous avez un jour la chance de rencontrer le footballeur néerlandais légendaire Johan Cruijff, demandez-lui une démonstration du son **ui** que comporte son nom :

Johan Cruijff (*yôô-h'ân kroeïf*)

Quand vous aurez finalement maîtrisé ce son, célébrez la victoire en commandant un hamburger avec **ui** (*oeï*) (oignon).

Tableau 1.1 Prononciation des voyelles et des diphtongues

Lettre	*Prononciation*	*Symbole*	*Exemple*	*Phonétique*
a	comme *â* de pâte	*â*	**dag**	*dâgh*
aa	comme *a* de cela, allongé	*aa*	**gaan**	*ghaan*
i	comme *i* de pic (Mick), bref	*i*	**in**	*in*
ie	comme *i* de pi, allongé	*ii*	**drie**	*drii*
e	*è* comme dans lève, bref	*è*	**bed**	*bèt*
	ou comme *e* de je, bref	*e*	**het**	*h'et*
ee	*é* comme dans été, allongé	*éé*	**bleek**	*bléék*
ei	*eil* comme dans vermeil	*èï*	**klein**	*klèïn*
ij	*e* comme dans je	*e*	**lelijk**	*léé-lek*
	ou *eil* comme dans vermeil	*èï*	**wij**	*wèï*
o	*o* comme dans offre	*o*	**pot**	*pot*
oe	*ou* comme dans fou	*ou*	**hoe**	*h'ouou*
ou/au	*ao* comme dans Bilbao	*aôw*	**koud, blauw**	*kaôwt, blaôw*
oo	*ô* comme dans tôt, allongé	*ôô*	**ook**	*ôôk*
eu	*eu* comme dans peu	*eu*	**keuken**	*keu-ken*
u	*u* comme dans un	*u*	**bus**	*bus*

Lettre	*Prononciation*	*Symbole*	*Exemple*	*Phonétique*
u, uu	*u* comme dans tu, allongé	*uu*	**nu, muur**	*nuu, muur*
ui	comme *œil*, en avançant les lèvres	*oeï*	**buiten**	*boeï-ten*

Prononciation des consonnes

La plupart des consonnes sont prononcées de la même manière en néerlandais et en français, mais quand la prononciation diffère, elle diffère beaucoup.

Tableau 1.2 Prononciation des consonnes en néerlandais

Lettre	*Prononciation*	*Symbole*	*Exemple*	*Phonétique*
b c f k l m n p q x z	comme en français			
ch	sans équivalent français, voir plus loin	*gh*	**nacht**	*naght*
d	*d* comme en français, mais t à la fin d'un mot	*d/t*	**bed**	*bèt*
g	son guttural qui n'existe pas en français, voir plus loin	*gh*	**groot**	*ghrôôt*
	ou rarement *j* comme dans je	*j*	**genre**	*jen-re*
h	le *h* ne se prononce pas en français, voir plus loin	*h*	**hoe**	*h'ouou*
j	*y* comme dans yéyé	*y*	**ja**	*ya*
r	*r* roulé ou à l'arrière de la bouche	*r*	**rijst**	*rèïst*
s	toujours dur comme dans sur	*s*	**stop**	*stop*
sch	*s* suivi de *ch*	*sgh*	**schaal**	*sghaal*
	ou en fin de mot *s* comme dans *tisser*	*sh*	**praktisch**	*prâk-tish*
v	comme le *v* français	*v*	**vader**	*vaa-der*
w	comme le *w* français	*w*	**water**	*waa-ter*
t	comme *t* en français au début d'un mot, mais toujours prononcé à la fin d'un mot	*t*	**sport**	*sport*

Il y a de grandes variations quant à la prononciation du **r** selon les locuteurs. Les gens de Belgique et des provinces du Nord roulent les **r** comme les Italiens, d'autres utilisent un r du fond de la gorge comme beaucoup de Français, et d'autres produisent un r américain. Beaucoup de gens font des mélanges, commençant les mots avec un **r** roulé et les finissant avec un **r** de gorge.

Le « g » néerlandais

Nous arrivons maintenant à une difficulté majeure de la langue néerlandaise (pour ceux qui l'apprennent sur le tard) : la lettre **g**. Ce son n'existe pas en français. On peut essayer de le produire en l'amorçant par le son du *g* dur (comme dans gué, non comme dans gel), et en le prolongeant pour obtenir ce son guttural caractéristique du néerlandais (qui existe aussi dans d'autres langues européennes mais est moins fréquent, comme en allemand et surtout en espagnol avec la jota). Gargarisez-vous avec les exemples suivants :

- **gaan** (*ghaan*) (aller)
- **geen** (*ghéén*) (pas de)
- **graag** (*ghraagh*) (s'il vous plaît, volontiers)

Ne vous inquiétez pas si vos sons g ne sont pas tout à fait corrects. Votre voisin, votre patron ou vos collègues apprécieront que vous essayiez de parler néerlandais, et en retour ils vous gratifieront d'un **goed gedaan** (*ghout ghe-daan*) (bien fait = bravo) admiratif. **G** est une lettre populaire en néerlandais, et pour faire bonne mesure, il s'y ajoute la combinaison de lettres **ch**, prononcée exactement de la même manière. Entraînez-vous au moyen des mots ci-après :

- **slecht** (*slèght*) (mauvais)
- **wachten** (*wâgh-ten*) (attendre)
- **voorzichtig** (*vôôr-zigh-tigh*) (prudent)

Attention, le « g/ch » n'a pas un son guttural en Flandres. Ce son n'existe pas en français. Il est donc nécessaire d'écouter les dialogues sur le CD pour vous familiariser avec ce son, car la prononciation douce du « g/ch » constitue avec le « r » roulé la base de la différence entre le Néerlandais parlé aux Pays-Bas et celui parlé en Flandres.

Le « h » néerlandais

Le **h** est toujours muet en français (sa présence ne peut se détecter à l'oral que s'il est « aspiré », car alors il empêche une éventuelle liaison, mais même ainsi il n'est pas prononcé). En néerlandais, la prononciation du **h** s'obtient par une brusque contraction du diaphragme, comme dans le rire : *ha ! ha !* Le son correspondant est représenté par un *h*, suivi d'une apostrophe dont le but est de vous rappeler que le **h** est en néerlandais une consonne à part entière, et qu'il faut la prononcer. Voici quelques exemples :

- **het** (*h'et*) (le – article défini d'un nom neutre)
- **hoe** (*h'ouou*) (comment)
- **de hand** (*de h'ânt*) (la main)

Prononciation et accentuation

En français les mots sont systématiquement (mais très légèrement) accentués sur la dernière syllabe non muette, ce qui aide l'auditeur à reconnaître la fin des mots. La question de savoir quelle syllabe prononcer plus fort que les autres ne se pose donc pas vraiment, et les dictionnaires n'indiquent jamais l'accentuation.

Il en va différemment en néerlandais, où la syllabe (nettement) accentuée est la première syllabe pour la plupart des mots, mais où d'autres mots sont accentués sur une autre syllabe. Par exemple, les mots empruntés à l'anglais peuvent être accentués sur une autre syllabe, et les mots empruntés au français peuvent être accentués sur la syllabe finale.

Essayez d'accentuer correctement les mots suivants, en prononçant la syllabe soulignée plus fort que les autres.

- **de vader** (*de vaa-der*) (le père)
- **bouwen** (*baô-wen*) (construire)
- **heerlijk** (*h'éér-lek*) (magnifique)

Voici maintenant des mots empruntés au français, dont l'accentuation est différente :

- **de activiteit** (*de ak-tii-fii-tèït*) (l'activité)
- **de persoon** (*de per-sôôn*) (la personne)
- **actief** (*ak-tiif*) (actif)

Il existe une autre exception notable à la règle de « la première syllabe » : les préfixes **be-**, **ge-**, **her-**, **er-**, **ont-** et **ver-** ne sont jamais accentués. Les mots commençant par ces préfixes sont accentués sur la deuxième syllabe. Essayez de prononcer les mots de la liste ci-après :

- **bestellen** (*be-stè-len*) (commander)
- **gelukkig** (*ghe-lu-kigh*) (heureux)
- **herinneren** (*h'è-ri-ne-ren*) (se rappeler)
- **ervaren** (*èr-vaa-ren*) (faire l'expérience de)
- **ontmoeten** (*ônt-mouou-ten*) (rencontrer)
- **vergeten** (*ver-ghéé-ten*) (oublier)

Questions et exclamations

Les questions commencent par un verbe ou un mot interrogatifs comme **wie** (*wii*) (qui), **wat** (*wât*) (quoi), **waar** (*waar*) (où), **hoe** (*h'ouou*) (comment), ou **wanneer** (*wâ-néér*) (quand). Même si vous ignorez cela, vous remarquerez une question par la façon dont elle est perçue : à la fin de la question la voix devient plus haute. Dans la phrase **Ga je naar huis?** (*ghaa ye naar h'oeïs*) (Vas-tu à la maison ?) la voix s'élève vers le dernier mot. Un phénomène analogue se produit avec la phrase **Hoe heet ze?** (*h'ouou h'éét ze*) (Comment s'appelle-t-elle ?).

Les phrases qui finissent par un point d'exclamation font de même, mais le ton est légèrement différent. Dans la phrase **Ik ga naar huis** (*ik ghaa naar h'oeïs*) (Je vais à la maison) tous les mots sont prononcés dans un ton plus élevé, et ce ton s'élève encore un peu plus pour le dernier mot. Dans la phrase **Ze heet Saskia** (*ze h'éét sas-kiiaa*) (Elle s'appelle Saskia) le ton descend pour le dernier mot. **Ze heet Saskia!** (*ze h'éét sas-kiiaa*) a une tonalité entièrement différente : le ton de toute la phrase est plus élevé et s'abaisse au dernier mot.

Chapitre 2

Grammaire simple : seulement les bases

Dans ce chapitre :

- Utiliser **de** ou **het**
- Éléments du discours
- Verbes au présent
- Faire des phrases simples
- Poser des questions
- Former et utiliser les temps

Il y a bien des manières d'apprendre une langue. La plupart des gens les utilisent toutes mais préfèrent certaines approches. Vous souvenez-vous de la manière dont vous avez appris votre langue maternelle ? Vous ne le savez probablement plus, parce que vous étiez un enfant. Vous avez commencé par écouter votre maman. Le premier son que vous avez émis était de pleurer. Vous pleuriez en réaction à des besoins élémentaires : la faim, des couches souillées, et la douleur. Personne n'a eu à vous l'apprendre ! Puis vous avez commencé à sourire et à babiller, un langage que seule votre maman comprenait. Mais votre maman et votre papa vous ont parlé dès le premier jour. Vous les avez écoutés. Vous avez commencé à imiter les sons et un beau jour vous avez dit « dada » – ou peut-être était-ce « mama » ? Après ce premier petit mot, vous avez utilisé de plus en plus de mots isolés pour communiquer. Votre maman et votre papa ont répété ces mots pour vous indiquer qu'ils vous comprenaient. Un peu plus âgé, vous avez commencé à faire de courtes phrases. Ils les répétaient, les disant de la manière correcte. Ainsi, vous avez appris à parler par imitation, sans aucune grammaire !

Maintenant vous n'êtes plus un bébé. Un peu de grammaire peut vous être utile ! Certains adultes apprennent plus vite quand ils comprennent la structure de la langue. Il vous a fallu des années pour apprendre votre langue maternelle et peut-être avez-vous passé des heures à faire des exercices d'écriture à l'école primaire et dans les classes secondaires. Peut-être avez-vous reçu des leçons de grammaire à l'école. Ou bien elles vous ont aidé à comprendre la structure de votre propre langue, ou bien elles n'ont été d'aucune utilité. En tant que professeur de langue, j'ai constaté que plus une personne connaît de langues, plus vite elle peut en apprendre une autre, grâce à une meilleure compréhension des structures, des similarités et des différences entre les langues. C'est à vous de décider si vous voulez apprendre de la grammaire ou non : ce livre vous propose toutes les possibilités d'apprentissage personnel.

Éléments du langage

Pour faire une simple phrase, vous avez besoin de matériaux de construction. Les noms, les adjectifs, les prépositions et les verbes sont les éléments les plus importants du langage.

Utilisation des articles définis « de » et « het »

Le français ne connaît que deux articles définis, choisis selon le genre du nom qu'ils accompagnent, **le** pour les noms masculins, **la** pour les noms féminins. La langue néerlandaise distingue elle aussi deux articles définis à utiliser selon le genre. Notez que le « genre », dans les langues dont les noms ont un genre, comme le français, l'allemand ou l'italien, ne reflètent pas nécessairement une caractéristique masculine, féminine ou autre de l'entité désignée par le nom. Le genre d'un nom est un attribut assez arbitraire, et il faut le mémoriser en même temps que le nom.

Les choses sont un peu plus faciles en néerlandais, car cette langue distingue seulement d'une part des noms neutres, qui, généralement reconnaissables par leur forme, sont précédés de l'article défini **het**, et d'autre part les noms masculins ou féminins, qui utilisent le même article défini, **de** :

de fiets	la bicyclette
de man	l'homme
de vrouw	la femme
het huis	la maison
het meisje	la fille

Beaucoup d'apprenants du néerlandais souffrent de ne pas savoir quand utiliser **de** ou **het**. Prenez votre temps ! Ce livre vous offre des règles qui vous disent s'il faut utiliser l'un ou l'autre, mais ces règles ne résolvent qu'une partie du problème. La meilleure façon d'utiliser le bon article est d'apprendre par cœur l'article qui va avec chaque mot. Dans ce livre, la plupart des noms sont accompagnés d'un article. C'est un bon départ, et vous apprendrez le reste en écoutant le néerlandais parlé, en lisant ou en regardant la télé.

Les noms néerlandais avaient autrefois des genres comme en ont toujours le français et l'allemand. Mais de nos jours, il n'y a guère de différence entre les noms masculins et féminins. L'article **de** va avec la plupart des noms, qu'ils soient masculins ou féminins. **De** s'utilise aussi avec tous les noms pluriels.

- **de man** (*de mân*) (l'homme)

  de mannen (*de mâ-nen*) (les hommes)
- **de vrouw** (*de vraôw*) (la femme)

  de vrouwen (*de vraô-wen*) (les femmes)
- **de fiets** (*de fiits*) (la bicyclette)

  de fietsen (*de fiit-sen*) (les bicyclettes)
- **de trein** (*de trèïn*) (le train)

  de treinen (*de trèï-nen*) (les trains)

Alors que la différence entre masculin et féminin a presque disparu, le neutre existe toujours en néerlandais. L'article **het** s'emploie avec les noms neutres. Comment reconnaître si un nom est neutre ? Il est très pratique de se souvenir que **het** est toujours utilisé pour un nom désignant une petite chose ou une petite personne. On se sert alors d'un diminutif qui se termine par **-tje** ou **-je** : l'article défini est alors toujours **het**.

- **het meisje** (*h'et mèïs-ye*) (la fille)
- **het fietsje** (*h'et fiits-ye*) (le petit vélo)

Vous trouverez plus loin d'autres règles permettant de reconnaître le genre d'un mot.

Utilisation de l'article indéfini « een »

L'utilisation de l'article indéfini **een** ne vous causera aucun souci. **Een** s'emploie dans les cas où vous utilisez un ou une en français. Ce mot n'a pas de pluriel et il est invariable !

- **een man** (*en mân*) (un homme)
- **een vrouw** (*en vraôw*) (une femme)
- **een fiets** (*en fiits*) (une bicyclette)
- **een trein** (*en trèïn*) (un train)
- **een jongetje** (*en yong-e-tye*) (un petit garçon)
- **een meisje** (*en mèïs-ye*) (une petite fille)

Une autre règle facile à mémoriser est que le pluriel des noms neutres va avec l'article défini **de**, parce que tous les pluriels prennent **de** !

Ne vous affolez pas si vous trouvez difficile de choisir entre **de** et **het**. Souvenez-vous que la plupart des mots utilisent **de**. Un Néerlandais vous comprendra si vous vous trompez d'article, et il appréciera le fait que vous appreniez le néerlandais.

Il y a une différence de prononciation entre l'article **een** (*en*) (un ou une) et le numérique **één** (*één*) (un).

Pour ceux qui pensent que les règles peuvent les aider, voici d'autres informations qui les aideront à choisir entre **de** et **het**.

De va avec :

- **tous pluriels :**
  - **de mannen** (*de mâ-nen*) (les hommes)
  - **de bomen** (*de bôô-men*) (les arbres)
  - **de landen** (*de lân-den*) (les pays)
- **professions :**
  - **de dokter** (*de dok-ter*) (le docteur)
  - **de bakker** (*de bâ-ker*) (le boulanger)
  - **de slager** (*de slaa-gher*) (le boucher)
- **légumes :**
  - **de ui** (*de oeï*) (l'oignon)
  - **de asperge** (*de as-pèr-je*) (l'asperge)
  - **de sla** (*de slaa*) (la laitue)
- **arbres :**
  - **de eik** (*de èïk*) (le chêne)
  - **de wilg** (*de wilgh*) (le saule)
  - **de den** (*de dèn*) (le sapin)

- **plantes :**
  - **de roos** (*de rôôs*) (la rose)
  - **de klimop** (*de klim-op*) (le lierre)
  - **de tulp** (*de tulp*) (la tulipe)
- **montagnes :**
  - **de Sint-Pietersberg** (*de sint-pii-ters-bèrgh*)
  - **de Vaalserberg** (*de vaal-ser-bèrgh*) (la plus haute montagne des Pays-Bas, 322 mètres)
- **rivières :**
  - **de Rijn** (*de rèïn*) (le Rhin)
  - **de Maas** (*de maas*) (la Meuse)
  - **de Waal** (*de waal*) (le Wallon)

Het va avec les :

- **diminutifs :**
  - **het jongetje** (*h'et yong-e-tye*) (le petit garçon)
  - **het meisje** (*h'et mèïs-ye*) (la petite fille)
  - **het stadje** (h'et *stât*-ye) (la petite ville)
- **noms de deux syllabes commençant par be- :**
  - **het begin** (*h'et be-ghin*) (le début)
  - **het belang** (*h'et be-lâng*) (l'importance)
  - **het beleid** (*h'et be-lèïd*) (la politique)
- **noms de deux syllabes commençant par ge- :**
  - **het gezin** (*h'et ghe-zin*) (la famille)
  - **het gevoel** (*h'et ghe-voul*) (le sentiment)
  - **het geluid** (*h'et ghe-loeït*) (le son)
- **noms de deux syllabes commençant par ver- :**
  - **het verkeer** (*h'et ver-kéér*) (le trafic)
  - **het vervoer** (*h'et ver-vour*) (le transport)
  - **het vertrek** (*h'et ver-trèk*) (le départ)
- **noms de deux syllabes commençant par ont- :**
  - **het ontbijt** (*h'et ônt-bèït*) (le petit déjeuner)
  - **het ontslag** (*h'et ônt-slagh*) (le renvoi)
  - **het ontwerp** (*h'et ônt-wèrp*) (le design, le plan)

Accord des adjectifs aux noms utilisant « de » et « het »

Les mots comme **mooi** (*môôïy*) (beau, joli) et **klein** (*klèïn*) (petit) sont des adjectifs. Les adjectifs disent quelque chose sur un objet, une personne ou une idée : ils indiquent si l'entité en question est jolie, grande, bonne, ou ils précisent tout ce qui peut caractériser l'objet, la personne ou l'idée. Pour la plupart des apprenants du néerlandais, accorder les adjectifs avec les noms qu'ils qualifient n'est pas facile. Le problème est qu'il faut tantôt ajouter un e à l'adjectif et que tantôt il ne faut pas le faire. Regardez les exemples ci-après :

- **de mooie man** (*de môô-ye mân*) (le bel homme)
- **de mooie mannen** (*de môô-ye mâ-nen*) (les beaux hommes)
- **de mooie vrouw** (*de môô-ye vraôw*) (la jolie femme)
- **de mooie vrouwen** (*de môô-ye vraô-wen*) (les jolies femmes)
- **het mooie jongetje** (*h'et môô-ye yong-e-tye*) (le joli petit garçon)
- **de mooie jongetjes** (*de môô-ye yong-gue-ties*) (les jolis petits garçons)

Jusqu'ici tout va bien. Vous avez remarqué que l'adjectif prend un **e** dans tous ces exemples. C'est toujours le cas lorsque vous utilisez l'adjectif en combinaison avec **de** ou **het**.

Toutefois, l'utilisation de l'adjectif en combinaison avec **een** est délicate. Observez ce qui se passe :

- **de mooie man** (*de môô-ye mân*) (le bel homme)
- **een mooie man** (*en môô-ye mân*) (un bel homme)
- **de mooie vrouw** (*de môô-ye vraôw*) (la jolie femme)
- **een mooie vrouw** (*en môô-ye vraôw*) (une jolie femme)
- **het mooie jongetje** (*h'et môô-ye yong-e-tye*) (le joli petit garçon)
- **een mooi jongetje** (*en môôy yong-e-tye*) (un joli petit garçon)

Ainsi, quand vous utilisez **een** au lieu de **het**, l'adjectif perd le **e** final. Pour opérer correctement, vous devez savoir si un nom s'utilise avec **de** ou avec **het**. Il est plus facile de maîtriser cet accord en écrivant qu'en parlant. L'écriture vous laisse davantage de temps pour y penser.

Utilisation correcte des prépositions

Mes élèves qui apprennent le néerlandais me disent souvent qu'ils ont des difficultés avec les prépositions, ces petits mots qui accompagnent souvent les noms et qui servent à indiquer un lieu ou un moment. Si cela peut vous consoler, les prépositions du français sont tout aussi difficiles pour les Néerlandais qui apprennent le français.

Les prépositions sont des petits mots de grande importance. Elles vous disent si quelque chose est dans, sur, sous ou près de l'endroit où vous cherchez. Vous les utiliserez très souvent et vous apprendrez rapidement si quelque chose est **in het bed, op het bed, onder het bed,** ou **bij het bed**. Les prépositions de temps et de lieu sont les plus utilisées.

Tout comme en français, de nombreux verbes néerlandais s'associent avec certaines prépositions. Parfois la combinaison d'un verbe et d'une préposition tombe sous le sens, parfois non. Vous devez apprendre les verbes en même temps que les prépositions.

Prépositions de lieu : aan, binnen, buiten, in, langs, op, over, tegen, tot et tussen

Voici quelques exemples de prépositions de lieu :

- **aan** (*aan*) (sur)
- **Het schilderij hangt aan de muur.** (*h'et sghil-de-rèï h'ângt aan de muur*) (Le tableau est accroché sur le mur.)
- **binnen** (*bi-nen*) (à l'intérieur de/du)
- **Er zijn meer planten buiten dan binnen het huis.** (*er zèïn méér plân-ten boeï-ten dân bi-nen h'et h'oeïs*) (Il y a plus de plantes à l'extérieur qu'à l'intérieur de la maison.)
- **buiten** (*boeï-ten*) (à l'extérieur de/du)
- **Buiten het centrum zijn geen kledingzaken.** (*boeï-ten h'et sèn-trum zèïn ghéén kléé-ding-zaa-ken*) (Il n'y a pas de magasins de vêtements en dehors du centre.)
- **in** (*in*) (dans)
- **Zij wonen in Amsterdam.** (*zèï wôô-nen in âm-ster-dâm*) (Ils habitent Amsterdam.)
- **langs** (*lângs*) (le long de/du)

- **Wij wandelen langs de grachten** (*wèï wân-de-len lângs de ghragh-ten*) (Nous nous promenons le long des canaux.)
- **op** (*op*) (sur)
- **De vaas staat op de kast.** (*de vaas staat op de kâst*) (Le vase est placé sur le buffet.)
- **over** (*ôô-ver*) (par-dessus)
- **Hij klimt over de muur.** (*h'èï klimt ôô-ver de muur*) (Il grimpe par-dessus le mur.)
- **tegen** (*téé-ghen*) (contre)
- **De fiets staat tegeen de muur.** (*de fiits staat téé-ghen de muur*) (La bicyclette est posée contre le mur.)
- **tot** (*tot*) (jusqu'à)
- **Ik geef je een lift tot Amsterdam.** (*ik gééf ye en lift tot âm-ster-dâm*) (Je vais te conduire jusqu'à Amsterdam.)
- **tussen** (*tu-sen*) (entre)
- **Den Haag ligt tussen Amsterdam en Rotterdam.** (*dén h'aagh likt tu-sen âm-ster-dâm èn ro-ter-dâm*) (La Haye se trouve entre Amsterdam et Rotterdam.)

Prépositions de temps : aan, in, na, sinds, tot, voor

Les prépositions suivantes sont utilisées pour indiquer le temps (qui passe). Notez que certaines d'entre elles servent aussi à d'autres usages, par exemple pour indiquer le lieu.

- **aan** (*aan*) (à)
- **Aan het eind van het jaar is het erg druk.** (*aan h'et èïnt van h'et yaar is h'et èrgh druk*) (A la fin de l'année il y a beaucoup d'activité.)
- **in** (*in*) (en)
- **Ik ben geboren in 1980.** (*ik bèn ghe-bôô-ren in néé-ghen-tiin-tâgh-tigh*) (Je suis né en 1980.)
- **na** (*naa*) (après)
- **Ik zal dat doen na het weekend.** (*ik zâl dât doun naa h'et wii-kent*) (Je ferai ça après le week-end.)
- **sinds** (*sints*) (depuis)

- **Sinds september ben ik in Nederland.** (*sints sèp-tèm-ber bèn ik in néé-der-lânt*) (Je suis aux Pays-Bas depuis septembre.)
- **tot** (*tot*) (jusqu'à)
- **Ik kan tot 10 uur blijven.** (*ik kân tot tiin uur blèï-ven*) (Je peux rester jusqu'à 10 heures.)
- **voor** (*vôôr*) (avant)
- **Wil je deze brief posten voor 5 uur?** (*wil ye déé-ze briif pos-ten vôôr vèïf uur*) (Veux-tu poster cette lettre avant 5 heures ?)

Associations verbe/préposition

Comme c'est aussi le cas en français, des centaines de verbes s'utilisent avec des prépositions spécifiques. Voici quelques-unes des associations les plus fréquentes :

- **bellen naar** (*bè-len naar*) (téléphoner à quelqu'un)
- **Naar wie is hij aan het bellen?** (*naar wii is h'èï aan h'et bè-len*) (À qui téléphone-t-il ?)
- **denken aan** (*dèn-ken aan*) (penser à)
- **Ik denk vaak aan mijn moeder.** (*ik dènk vaak aan mèïn mouou-der*) (Je pense souvent à ma mère.)
- **dromen over** (*drôô-men ôô-ver*) (rêver à/de)
- **Ik droom vaak over je.** (*ik drôôm vaak ôô-ver ye*) (Je rêve souvent de toi.)
- **geven aan** (*ghéé-ven aan*) (donner à)
- **Cilla geeft de kopieën aan Hans.** (*si-la ghééft de kôô-pii-en aan h'âns*) (Cilla donne les copies à Hans.)
- **houden van** (*h'aôw-den vân*) (aimer)
- **Ik houd van wijn.** (*ik h'aôwt vân wèïn*) (J'aime le vin.)
- **kijken naar** (*kèï-ken naar*) (observer/regarder)
- **Raymond kijkt naar Cilla.** (*réé-mônt kèïkt naar si-la*) (Raymond observe Cilla.)
- **luisteren naar** (*loeïs-te-ren naar*) (écouter)
- **Remco luistert niet naar Cilla.** (*rèm-kôô loeïstert niit naar si-la*) (Remco n'écoute pas Cilla.)
- **praten met** (*praa-ten mèt*) (parler avec/à)

- **Cilla praat met Hans.** (*si-la praat mèt h'âns*) (Cilla parle avec Hans.)
- **praten over** (*praa-ten ôô-ver*) (parler de)
- **Hans praat altijd over het werk.** (*h'âns praat âl-tèït ôô-ver h'et wèrk*) (Hans parle toujours du travail.)
- **vragen aan** (*vraa-ghen aan*) (demander à)
- **Hans vraagt dat aan Cilla.** (*h'âns vraaght dât aan si-la*) (Hans le demande à Cilla.)
- **wachten op** (*wâgh-ten op*) (attendre)
- **Raymond wacht op Cilla.** (*réé-mônt wâght op si-la*) (Raymond attend Cilla.)

Les temps : présent, passé composé et passé

S'agissant de verbes, le mot temps est indispensable. 99 % des phrases contiennent un ou plusieurs verbes, et ces verbes sont utilisés à un certain temps : le présent, le passé composé ou le passé.

Il faut d'abord savoir comment obtenir les différentes formes des verbes, puis savoir choisir entre le présent, le passé composé ou le passé. Ce chapitre donne une vue d'ensemble sur ces deux parties du sujet : les formes et la manière de les utiliser.

Un peu de théorie, de termes et d'exercices simples vous mettront en condition avant de plonger dans le grand bain.

La forme complète du verbe s'appelle l'infinitif. En français, l'infinitif se termine en -er, -ir, -ire ou -re. En néerlandais, l'infinitif se termine le plus souvent par **-en** : **werken, horen, spelen**.

Un verbe sert à indiquer une action ou une situation dans une phrase. La personne responsable de l'action ou de la situation est le sujet de la phrase. Le verbe s'adapte au sujet. Par exemple, dans la très courte phrase **ik werk** (*ik wèrk*) (je travaille), la forme du verbe est différente de sa forme dans la phrase **wij werken** (*wèï wèr-ken*) (nous travaillons). Dans la première phrase, vous lisez **werk**, dans la seconde, **werken**.

Quand l'infinitif se termine en **-en**, il est facile de trouver la forme je : enlevez simplement -en. Un autre nom pour la forme je est la racine. Pour **jij, hij, zij, het** et **u**, ajoutez simplement un **t**. Pour **wij, jullie** et **zij** (pluriel), vous pouvez de même utiliser la forme de l'infinitif.

ik werk	*ik wèrk*	je travaille

jij werk-t	*yèï wèrkt*	tu travailles
u werk-t	*uu wèrkt*	vous travaillez (vouvoiement, singulier et pluriel)
hij/zij/het werk-t	*h'èï/zèï/h'et wèrkt*	il/elle/cela travaille
wij werken	*wèï wèr-ken*	nous travaillons
jullie werken	*yu-lii wèr-ken*	vous travaillez (tutoiement, pluriel)
zij werken	*zèï wèr-ken*	ils/elles travaillent

L'orthographe présente une difficulté supplémentaire dans le cas de certains verbes, qui nécessitent le doublement de la voyelle aux trois premières formes. Le problème ne se pose pas en parlant ! Un exemple de verbe de ce type est **slapen** :

ik slaap	*ik slaap*	je dors
jij slaap-t	*yèï slaapt*	tu dors
u slaap-t	*uu slaapt*	vous dormez (vouvoiement, singulier et pluriel)
hij/zij/het slaap-t	*h'èï/zèï/h'et slaapt*	il/elle/cela dort
wij slaapen	*wèï slaa-pen*	nous dormons
jullie slaapen	*yu-lii slaa-pen*	vous dormez (tutoiement, pluriel)
zij slaapen	*zèï slaa-pen*	ils/elles dorment

Pourquoi faut-il doubler le **a** aux trois premières formes ? C'est pour conserver le son *a* allongé dans toutes les formes du verbe. Si vous écriviez « ik slap, jij slapt, hij slapt », il faudrait prononcer ces mots avec un *a* bref, et un Néerlandais ne comprendrait pas ce que vous voulez dire.

Les verbes irréguliers présentent des irrégularités au présent ou aux autres temps. Les verbes irréguliers les plus fréquents sont **willen** (*wi-len*) (vouloir), **kunnen** (*ku-nen*) (pouvoir), **zullen** (*zu-len*) (devoir, + auxiliaire du futur), **mogen** (*môô-ghen*) (être autorisé à), **hebben** (*hè*-ben) (avoir) et **zijn** (*zèïn*) (être). Vous trouverez les formes de chacun de ces verbes dans un tableau à la fin du livre.

Vous n'aimez pas ces explications théoriques, ou vous ne les comprenez pas ? Sautez simplement la théorie et ne vous affolez pas. Il existe maintes façons d'apprendre : en écoutant, en imitant, en lisant, en apprenant par cœur. Vous pouvez vous contenter de chercher les verbes dont vous avez besoin dans les tableaux de la fin du livre. En outre, vous trouverez des centaines de phrases tout au long du livre, et sur le CD. Toutes ces phrases contiennent des verbes tout faits.

Utilisation du présent

La connaissance des plus importantes formes du présent vous permet de dire beaucoup de choses. Le temps présent sert à décrire ce qui se passe maintenant, comme dans la phrase suivante :

Ik kijk televisie. (*ik kèïk téé-le-vii-sii*) (Je regarde la télévision.)

Vous pouvez aussi utiliser le présent pour décrire ce qui arrive parfois, généralement ou toujours, comme dans les deux exemples suivants :

- **'s Avonds kijk ik televisie.** (*saa-vonts kèïk ik téé-le-vii-sii*) (Le soir, je regarde la télévision.)
- **Na het werk ga ik naar de supermarkt.** (*naa h'et wèrk ghaa ik naar de suu-per-mârkt*) (Après le travail, je vais au supermarché.)

Très souvent, le présent est utilisé pour décrire ce qui va se passer. Vous pourriez entendre dire par des collègues de bureau :

- **Morgen werk ik thuis.** (*mor-ghen wèrk ik toeïs*) (Demain, je travaille à la maison.)
- **Ik bel je morgen.** (*ik bèl ye mor-ghen*) (Je te téléphone demain.)

Utilisation du passé composé

Le français dispose de trois temps pour décrire le passé : le passé simple, l'imparfait et le passé composé. Le néerlandais n'en connaît que deux, le passé et le passé composé. Comme en français, il existe de nombreuses formes irrégulières du passé et il faut du temps pour bien les maîtriser. C'est la raison pour laquelle, comme d'ailleurs aussi les Français, les Néerlandais utilisent à sa place le passé composé.

Le passé composé est formé d'un auxiliaire, auquel s'ajoute le participe passé du verbe. La plupart des verbes utilisent le verbe auxiliaire **hebben** (avoir), comme dans les exemples ci-après :

- **Ik heb gestudeerd.** (*ik h'èp ghe-stuu-déért*) (J'ai fait des études.)
- **Ik heb naar muziek geluisterd.** (*ik h'èp naar muu-ziik ghe-loeïs-tert*) (J'ai écouté de la musique.)
- **Heb je hem gezien?** (*h'èp ye h'èm ghe-ziin*) (L'as-tu vu ?)

Certains verbes utilisent **zijn** (être) pour former le passé composé. Ces verbes décrivent généralement un processus impliquant un changement ou un déplacement, comme **vliegen** (*vlii-ghen*) (voler – dans les airs), **aankomen** (*aan-kôô-men*) (arriver) ou **gaan** (*ghaan*) (aller).

- **Wij zijn naar Brussel gevlogen.** (*wèï zèïn naar bru-sel ghe-vlôô-ghen*) (Nous sommes allés à Bruxelles en avion.)
- **Tom is nog niet aangekomen.** (*tom is nogh niit aan-ghe-kôô-men*) (Tom n'est pas encore arrivé.)
- **Wij zijn naar Amsterdam gegaan.** (*wèï zèïn naar âm-ster-dâm ghe-ghaan*) (Nous sommes allés à Amsterdam.)

Vous savez maintenant choisir entre le verbe auxiliaire **hebben** et le verbe auxiliaire **zijn**. Pour pouvoir utiliser le passé composé, vous devez aussi savoir comment fabriquer le participe passé.

Les verbes néerlandais se divisent en trois groupes :

- verbes réguliers
- verbes irréguliers
- verbes très irréguliers

Comme dans la plupart des autres langues, dont le français, les verbes les plus irréguliers sont ceux qui servent le plus souvent, comme **hebben** (avoir), **zijn** (être) et **doen** (*dououn*) (faire).

Vous trouverez certains verbes réguliers, irréguliers et très irréguliers dans les tableaux consacrés aux verbes à la fin du livre.

Fabrication d'un participe passé

Pour former le passé composé, nous avons besoin d'un auxiliaire et d'un participe passé. Les participes passés des verbes réguliers commencent généralement par **ge-** et se terminent par **-d** ou **-t**. Au milieu se trouve la racine du verbe, généralement identique à la forme je du verbe.

Participe passé :	**ge-** + racine + **-d/t**

Verbe : **bellen** (appeler au téléphone)

participe passé :	**ge-bel-d**
passé composé :	**ik heb gebeld**

Verbe : **werken** (travailler)

participe passé :	**ge-werk-t**
passé composé :	**ik heb gewerkt**

Au chapitre 8, vous découvrirez pourquoi certains verbes prennent **-d** à la fin du participe passé, tandis que d'autres prennent un **-t**.

Même les jeunes enfants reconnaissent très rapidement les structures des verbes. Bien sûr, ils ne sont pas capables de les expliquer, mais ils les utilisent, tout comme vous le ferez vous-même dans peu de temps. Ce sont ces structures qui font dire à tort aux enfants comme aux apprenants adultes : **Ik heb *gedrinkt*** (phrase erronée pour « J'ai bu »). L'expression correcte est : **Ik heb gedronken** (J'ai bu). **Gedronken** est l'un des nombreux participes passés irréguliers, et pour les apprendre, il faut tout simplement les mémoriser. Heureusement, même les participes passés les plus irréguliers commencent par **ge-**, et ils se terminent le plus souvent par **-en**. Dans la racine du verbe peuvent se produire des modifications imprévisibles. Quand vous les aurez entendues et lues plusieurs fois, vous vous en souviendrez ! Essayez de vous souvenir des verbes suivants et de leur participe passé :

Verbe : **vliegen** (voler – dans les airs)

participe passé : **gevlogen**

passé composé : **ik heb gevlogen**

Verbe : **nemen** (prendre)

participe passé : **genomen**

passé composé : **ik heb genomen**

Reportez-vous au chapitre 8 pour plus d'informations sur l'utilisation du passé composé.

Parler du passé : utilisation du temps passé

Bien que la langue néerlandaise préfère substituer le passé composé au temps passé, les Néerlandais utilisent aussi le temps passé dans certaines circonstances. Voyons d'abord la manière de former le temps passé des verbes réguliers.

Formation du passé des verbes réguliers

Au singulier, les verbes réguliers ajoutent **-de** ou **-te** à la racine, et au pluriel, ils ajoutent **-den** ou **-ten** à la racine.

temps passé singulier : racine + **-de** / **-te**

temps passé pluriel : racine + **-den** / **-ten**

Tableau 2.1 Passé des verbes réguliers, ajout de -de à la racine

Conjugaison	*Prononciation*
Bellen (donner un coup de téléphone)	
ik belde	*ik bèl-de*
jij belde	*yèï bèl-de*
u belde	*uu bèl-de*
hij/zij/het belde	*h'èï/zèï/h'et bèl-de*
wij belden	*wèï bèl-den*
jullie belden	*yu-lii bèl-den*
zij belden	*zèï bèl-den*

Tableau 2.2 Passé des verbes réguliers, ajout de -te à la racine

Conjugaison	*Prononciation*
Werken (travailler)	
ik werkte	*ik wèrk-te*
jij werkte	*yèï wèrk-te*
u werkte	*uu wèrk-te*
hij/zij/het werkte	*h'èï/zèï/h'et wèrk-te*
wij werkten	*wèï wèrk-ten*
jullie werkten	*yu-lii wèrk-ten*
zij werkten	*zèï wèrk-ten*

Les verbes irréguliers opèrent des modifications imprévisibles de la voyelle de la racine. Vous les apprendrez en les entendant et en les lisant souvent.

Tableau 2.3 Passé d'un verbe irrégulier

Conjugaison	*Prononciation*
Beginnen (commencer, débuter)	
ik begon	*ik be-ghon*
jij begon	*yèï be-ghon*

Tableau 2.3 Passé d'un verbe irrégulier *(suite)*

Conjugaison	*Prononciation*
u begon	*uu be-ghon*
hij/zij/het begon	*h'èï/zèï/h'et be-ghon*
wij begonnen	*weï be-gho-nen*
jullie begonnen	*yu-lii be-gho-nen*
zij begonnen	*zèï be-gho-nen*

Le troisième groupe de verbes, les verbes très irréguliers, ne suit aucune règle. Les verbes **hebben** et **zijn** appartiennent à ce groupe.

Tableau 2.4 Passé des verbes très irréguliers « zijn » et « hebben »

Conjugaison	*Prononciation*
Zijn (être)	
ik was	*ik wâs*
jij was	*yèï wâs*
u was	*uu wâs*
hij/zij/het was	*h'èï/zèï/h'et wâs*
wij waren	*wèï waa-ren*
jullie waren	*yu-lii waa-ren*
zij waren	*zèï waa-ren*
Hebben (avoir)	
ik had	*ik h'ât*
jij had	*yèï h'ât*
u had	*uu h'ât*
hij/zij/het had	*h'èï/zèï/h'et h'ât*
wij hadden	*wèï h'â-den*
jullie hadden	*yu-lii h'â-den*
zij hadden	*zèï h'â-den*

Utilisation du temps passé

Vous pouvez avoir besoin du temps passé en parlant du passé. Toutefois, les Néerlandais utilisent souvent le passé composé pour parler du passé. En néerlandais, vous utilisez le passé dans seulement trois cas. Les voici, suivis par des exemples. Utilisez le temps passé :

- Pour décrire une situation :

  Het regende in Brussel. (*h'et réé-ghen-de in bru-sel*) (Il pleuvait à Bruxelles.)

  Het vliegtuig had vertraging. (*h'et vliigh-toeïgh h'ât ver-traa-ghing*) (L'avion avait du retard.)

- Pour parler d'habitudes :

  In Brussel dronk ik altijd Belgisch bier. (*in bru-sel dronk ik âl-tèït bèl-ghish biir*) (A Bruxelles je buvais toujours de la bière belge.)

  De vliegtuigen hadden altijd vertraging. (*de vliigh-toeï-ghen h'â-den âl-tèït ver-traa-ghing*) (Les avions avaient toujours du retard.)

- Pour énumérer une série de faits :

  Ik nam het vliegtuig in Amsterdam. Wij landden om 9.30 uur in Brussel. Ik nam een taxi en om 10.30 uur begon de vergadering. (*ik nâm h'et vliigh-toeïgh in âm-ster-dâm. wèï lân-den om néé-ghen uur dèr-tigh in bru-sel. ik nâm en tâk-si en om h'âlf èlf be-ghon de ver-ghaa-de-ring*) (J'ai pris l'avion à Amsterdam. Nous avons atterri à Bruxelles à 9 h 30. J'ai pris un taxi et à 10 h 30 la réunion a commencé.)

Vous trouverez plus d'informations sur le temps passé au chapitre 15.

Parler du futur

En général, les gens des Pays-Bas utilisent simplement le présent pour dire ce qui va se passer. Vous pouvez avoir entendu des collègues de bureau dire :

- **Morgen werk ik thuis** (*mor-ghen wèrk ik toeïs*) (Demain je travaille à la maison.)
- **Ik bel je morgen** (*ik bèl ye mor-ghen*) (Je te téléphone demain.)

Quand des Néerlandais font une promesse ou donnent une assurance, ils utilisent le verbe auxiliaire **zullen** (*zu-len*) (vouloir/devoir). Vous pourriez les entendre dire :

- **Ik zal vanavond koken.** (*ik zâl va-naa-vont kôô-ken*) (Je ferai la cuisine ce soir.)

- **Ik zal de boodschappen doen.** (*ik zâl de bôôt-sgha-pen dououn*) (Je ferai les courses.)
- **Wij zullen eens kijken.** (*wèï zu-len ééns kèï-ken*) (Nous verrons.)

Le tableau 2.5 vous donne la conjugaison du verbe **zullen**.

Tableau 2.5 Conjugaison du verbe « zullen »

Conjugaison	*Prononciation*
Zullen	
ik zal	*ik zâl*
jij zult	*yèï zult*
u zult	*uu zult*
hij/zij/het zal	*h'èï/zèï/h'et zâl*
wij zullen	*wèï zu-len*
jullie zullen	*yu-lii zu-len*
zij zullen	*zèï zu-len*

Quand des néerlandophones annoncent quelque chose qui arrivera certainement, ils utilisent le verbe **gaan** (*ghaan*) (aller). Vous pouvez compter sur eux s'ils disent :

- **Ik ga vanavond koken.** (*ik ghaa va-naa-vont kôô-ken*) (Je vais faire la cuisine ce soir.)
- **Ik ga boodschappen doen.** (*ik ghaa bôôt-sgha-pen dououn*) (Je vais faire les courses.)
- **Wij gaan morgen tennissen.** (*wèï ghaan mor-gen tè-ni-sen*) (Nous allons jouer au tennis demain.)

Tableau 2.6 Conjugaison du verbe « gaan »

Conjugaison	*Prononciation*
Gaan	
ik ga	*ik ghaa*
jij gaat	*yèï ghaat*
u gaat	*uu ghaat*

Tableau 2.6 *(suite)*

Conjugaison	*Prononciation*
hij/zij/het gaat	*h'èï/zèï/h'et ghaat*
wij gaan	*wèï ghaan*
jullie gaan	*yu-lii ghaan*
zij gaan	*zèï ghaan*

Cinq constructions de phrases fondamentales

L'ordre des mots néerlandais est logique dans le cas de phrases simples, ne comportant qu'une partie. Il est beaucoup plus complexe dans le cas de phrases composées : des phrases ayant deux parties ou davantage. Les phrases composées font usage de conjonctions telles que **en** (*en*) (et), **maar** (*maar*) (mais) ou **omdat** (*om-dât*) (parce que). Le langage présenté dans ce livre comportant principalement des phrases simples, nous limitons la théorie de l'ordre des mots aux phrases simples.

Les francophones de naissance ont généralement besoin de beaucoup de temps pour assimiler l'ordre des mots en néerlandais, qu'il s'agisse de phrases simples ou de phrases composées. L'ordre des mots en français étant différent, il leur faut du temps pour s'y habituer. Certaines personnes trouvent qu'un peu de théorie leur permet d'arriver plus vite au résultat souhaité.

Construction, 1er cas : dans les phrases normales, le verbe vient en second

L'ordre normal des mots en néerlandais est : le sujet d'abord, puis le verbe, ensuite le reste. On peut dire aussi : le verbe vient en second. Le tableau 2.7 vous fournit deux exemples.

Tableau 2.7 Dans les phrases normales, le verbe vient en second

Sujet	*Verbe*	*Le reste*
Ik *ik* Je	**kom** *kôm* viens	**uit Duistland** *oeït doeïts-lânt* d'Allemagne

Tableau 2.7 *(suite)*

Sujet	*Verbe*	*Le reste*
Ik *ik* Je	**werk** *wèrk* travaille	**bij een bank** *bèï en bânk* dans une banque

Construction, 2e cas : le verbe suit immédiatement une expression de temps

Dans les phrases commençant avec une expression de temps, le verbe vient avant tout le reste, c'est-à-dire devant le sujet : nous appelons cela une inversion.

Tableau 2.8 Après une expression de temps, le verbe vient avant tout le reste

Expression de temps	*Verbe*	*Le reste*
Morgen *<u>mor</u>-ghen* (Demain Demain, mon ami(e) va à Rotterdam	**gaat** *ghaat* va	**mijn partnernaar Rotterdam** *mèïn <u>pârt</u>-nernaar ro-ter-<u>dâm</u>* mon compagnon/ma compagne/ mon ami(e) à Rotterdam)
Nu *nu* (Maintenant Maintenant je travaille dans une banque	**werk** *wèrk* travaille	**ik bij een bank** *ik bèï en bânk* je dans une banque)
Na het eten *na h'et <u>éé</u>-ten* (Après les repas Après les repas, je bois du café	**drink** *drink* bois	**ik koffie** *ik <u>kô</u>-fii* je du café)
Soms *soms* (Parfois Parfois je bois de la bière	**drink** *drink* bois	**ik bier** *ik biir* je de la bière)

Morgen, nu, na het eten et **soms** sont des expressions de temps. Voici une liste d'expressions de temps :

- **'s ochtends** (*<u>sogh</u>-tens*) (le matin)
- **'s middags** (*<u>smi</u>-dâghs*) (l'après-midi)

- **'s avonds** (*saa-vonts*) (le soir)
- **maandagmorgen** (*maan-dâgh-mor-ghen*) (lundi matin)
- **na het eten** (*naa h'et éé-ten*) (après les repas)
- **soms** (*sôms*) (parfois)
- **na** (*naa*) (après)
- **altijd** (*al-tèïï*) (toujours)

Construction, 3e cas : le verbe suit immédiatement une expression de lieu

Les phrases commençant par une expression de lieu subissent elles aussi une inversion. En d'autres termes, après une expression de lieu, le verbe vient avant le sujet.

Tableau 2.9 Après une expression de lieu, le verbe vient avant tout le reste

Expression de lieu	*Verbe*	*Le reste*
In Amsterdam *in âm-ster-dâm* A Amsterdam	**wonen** *wôô-nen* habitent	**veel mensen** *vééI mèn-sen* beaucoup de gens
Ergens *er-ghens* (Quelque part Il/ça doit forcément être posé quelque part	**moet** *mouout* doit forcément	**het liggen** *h'et li-ghen* il/ça être posé)
Op de fiets *op de fiits* (Sur la bicyclette En bicyclette on voit beaucoup de choses	**zie** *zii* vois	**je veel** *ye fééI* tu beaucoup de choses)

Voici quelques expressions de lieu :

- **daar** (*daar*) (là)
- **ergens** (*er-ghens*) (quelque part)
- **nergens** (*ner-ghens*) (nulle part)
- **in Amsterdam** (*in âm-ster-dâm*) (à Amsterdam)

Construction, 4e cas : après « misschien », « soms » et « toch », le verbe suit immédiatement

Certains mots placés en début de phrase provoquent une inversion. Les plus importants sont **misschien** (*mi-sghiin*) (peut-être), **soms** (*soms*) (parfois) et **toch** (*togh*) (pourtant, cependant). En d'autres termes, après **misschien, soms** et **toch**, le verbe suit immédiatement. Voici quelques exemples :

- **Mischien ga ik naar Den Haag.** (*mi-sghiin ghaa ik naar den-h'aagh*) (Peut-être irai-je à La Haye.)
- **Soms drink ik bier.** (*soms drink ik biir*) (Parfois je bois de la bière.)
- **Toch zal ik aan je denken.** (*togh zâl ik aan ye dèn-ken*) (Néanmoins je penserai à toi.)

Construction, 5e cas : dans les questions, le verbe vient en premier

Naturellement, les questions qui commencent par un verbe ont par définition une inversion.

Tableau 2.10 Dans les questions, le verbe peut venir en premier

Verbe	*Sujet*	*Le reste*
Ga *ghaa* (vas Vas-tu à la maison ?	**je** *ye* tu	**naar huis?** *naar h'oeïs* à la maison ?)
Woon *wôôn* (Habites Habites-tu à Amsterdam ?	**je** *ye* tu	**in Amsterdam?** *in âm-ster-dâm* à Amsterdam ?)
Spreek *spréék* (Parles Parles-tu néerlandais ?	**je** *ye* tu	**Nederlands?** *néé-der-lânts* néerlandais ?)

Les questions peuvent aussi commencer par un mot interrogatif. Les interrogatifs sont : **wie** (*wii*) (qui), **wat** (*wât*) (quoi/que), **waarom** (*waa-rôm*) (pourquoi), **hoe** (*h'ouou*) (comment) et **wanneer** (*wâ-néér*) (quand). Vous verrez dans les exemples suivants que la question commence par le mot interrogatif, se poursuit par le verbe, suivi du reste de la question.

Dans les questions commençant par un mot interrogatif, le verbe suit aussitôt après :

- **Wie gaat naar Amsterdam?** (*wii ghaat naar âm-ster-dâm*) (Qui va à Amsterdam ?)
- **Wat ga je doen?** (*wât ghaa ye dououn*) (Que vas-tu faire ?)
- **Waar woon je?** (*waar wôôn ie*) (Où habites-tu ?)
- **Waarom ben je in Nederland?** (*waa-rom bèn ye in néé-der-lânt*) (Pourquoi es-tu aux Pays-Bas ?)
- **Hoe ga je naar huis?** (*h'ouou ghââ ye naar h'oeïs*) (Comment rentres-tu chez toi ?)
- **Wanneer gaan we tennissen?** (*wâ-néér ghaa we tè-ni-sen*) (Quand allons-nous jouer au tennis ?)

Chapitre 3

La magie des nombres : différentes façons de compter

Dans ce chapitre :

- Les nombres cardinaux
- Quand utiliser des nombres ordinaux
- Dire l'heure
- Jours, mois, saisons

Le temps, l'argent, les voyages, les affaires – vous avez besoin de nombres ! Ce chapitre vous fournit les phrases avec des nombres dont vous avez besoin pour vous débrouiller dans votre milieu. Il vous dit aussi comment dire l'heure et mentionner des dates.

1, 2, 3 – nombres cardinaux

Pour des francophones, les nombres néerlandais ont des comportements étranges. Les germanophones, en revanche, n'ont aucun problème, car ils reconnaissent la plupart de ces nombres. Voici les nombres jusqu'à 20 :

0	**nul** (*nul*)
1	**een** (*één*)
2	**twee** (*twéé*)
3	**drie** (*drii*)
4	**vier** (*viir*)
5	**vijf** (*vèïf*)
6	**zes** (*zès*)

7 **zeven** (*zéé-ven*)

8 **acht** (*âght*)

9 **negen** (*néé-ghen*)

10 **tien** (*tiin*)

11 **elf** (*èlf*)

12 **twaalf** (*twaalf*)

13 **dertien** (*der-tiin*)

14 **veertien** (*véér-tiin*)

15 **vijftien** (*vèïf-tiin*)

16 **zestien** (*zès-tiin*)

17 **zeventien** (*zéé-ven-tiin*)

18 **achttien** (*agh-tiin*)

19 **negentien** (*néé-ghen-tiin*)

Comme dans le cas de n'importe quelle langue, vous devez simplement apprendre les nombres par cœur jusqu'à 10 : parfois vous reconnaissez des éléments d'autres langues, parfois non. Ensuite, à partir de 13, votre mémoire vous fournit un peu d'aide : dans les nombres 13 à 20, vous reconnaissez le mot **tien**.

Nous arrivons ensuite au nombre 20 et la suite : pour des francophones, ces nombres sont difficiles. Prenez votre temps et commencez par apprendre les dizaines :

20 **twintig** (*twin-tigh*)

30 **dertig** (*der-tigh*)

40 **veertig** (*véér-tigh*)

50 **vijftig** (*vèïf-tigh*)

60 **zestig** (*zès-tigh*)

70 **zeventig** (*zéé-ven-tigh*)

80 **tachtig** (*tâgh-tigh*)

90 **negentig** (*néé-ghen-tigh*)

Après 20 vous pourriez vous attendre à quelque chose comme « twintig-en-één », « twintig-en-twee ». Cependant, le néerlandais commence par **een**, puis ajoute le reste : **en twintig**. Continuez ainsi jusqu'à 30 et répétez la même formule : **een**, ajouter **en**, ajouter **dertig**. Après cela, continuez jusqu'à 100 et vous serez bientôt habitué à ce procédé néerlandais consistant à commencer par **een, twee, drie, vier, vijf, zes, zeven, acht** et **negen** et à terminer par les dizaines. Voici quelques exemples :

21	**eenentwintig** (*<u>één</u>-en-twin-tigh*)
22	**tweeëntwintig** (*<u>twéé</u>-en-twin-tigh*)
23	**drieëntwintig** (*<u>drii</u>-en-twin-tigh*)
24	**vierentwintig** (*<u>viir</u>-en-twin-tigh*)
25	**vijfentwintig** (*<u>vèïf</u>-en-twin-tigh*)
26	**zesentwintig** (*<u>zès</u>-en-twin-tigh*)
27	**zevenentwintig** (*<u>zéé</u>-ven-en-twin-tigh*)
28	**achtentwintig** (*<u>âght</u>-en-twin-tigh*)
29	**negenentwintig** (*<u>néé</u>-ghen-en-twin-tigh*)
30	**dertig** (*<u>der</u>-tigh*)
31	**eenendertig** (*<u>één</u>-en-der-tigh*)
40	**veertig** (*<u>véér</u>-tigh*)
44	**vierenveertig** (*<u>viir</u>-en-véér-tigh*)
50	**vijftig** (*<u>vèïf</u>-tigh*)
55	**vijfenvijftig** (*<u>vèïf</u>-en-vèïf-tigh*)
60	**zestig** (*<u>zès</u>-tigh*)
66	**zesenzestig** (*<u>zès</u>-en-zès-tigh*)
77	**zevenenzeventig** (*<u>zéé</u>-ven-en-zéé-ven-tigh*)
80	**tachtig** (*<u>tâgh</u>-tigh*)
88	**achtentachtig** (*<u>âght</u>-en-tâgh-tigh*)
90	**negentig** (*<u>néé</u>-ghen-tigh*)
99	**negenennegentig** (*<u>néé</u>-ghen-en-néé-ghen-tigh*)

Avez-vous des enfants ? Je parie qu'ils iront plus vite que vous à apprendre les nombres néerlandais ! Un passe-temps amusant pourrait être, quand vous êtes pris dans un embouteillage, de lire à haute voix les plaques d'immatriculation des voitures, y compris les lettres.

Les centaines ne sont pas une surprise : elles sont construites d'une manière analogue aux centaines du français, de l'anglais et de l'allemand :

100	**honderd** (*<u>h'on</u>-dert*)
200	**tweehonderd** (*<u>twéé</u>-h'on-dert*)

300 **driehonderd** (*drie-h'on-dert*)

400 **vierhonderd** (*viir-h'on-dert*)

500 **vijfhonderd** (*vèïf-h'on-dert*)

1000 **duizend** (*doeï-zent*)

Au-delà de 1000

Certaines langues disent : mille cent, mille deux cents, etc. Le néerlandais est différent : après 1000, il commence avec **elf, twaalf, dertien, veertien, vijftien, zestien, zeventien, achtien, negentien**, et ensuite il ajoute **-honderd**. Regardez les exemples ci-après :

1100 **elfhonderd** (*èlf-h'on-dert*)

1200 **twaalfhonderd** (*twaalf-h'on-dert*)

1300 **dertienhonderd** (*der-tiin-h'on-dert*)

1400 **veertienhonderd** (*vééř-tiin-h'on-dert*)

1500 **vijftienhonderd** (*vèïf-tiin-h'on-dert*)

1600 **zestienhonderd** (*zès-tiin-h'on-dert*)

1700 **zeventienhonderd** (*zéé-ven-tiin-h'on-dert*)

1800 **achttienhonderd** (*âgh-tiin-h'on-dert*)

1900 **negentienhonderd** (*néé-ghen-tiin-h'ondert*)

Après avoir dit **elfhonderd, twaalfhonderd, dertienhonderd**, etc., vous ajoutez simplement le reste, comme le montrent les exemples suivants :

1101 **elfhonderdeen** (*èlf-h'on-dert-één*)

1210 **twaalfhonderdtien** (*twaalf-h'on-dert-teen*)

Dès que vous aurez maîtrisé ces nombres, commencez avec les milliers. La structure des nombres néerlandais à partir de 2000 est la même qu'en français, en anglais ou en allemand. Voici les milliers :

2000 **tweeduizend** (*twéé-doeï-zent*)

3000 **drieduizend** (*drii-doeï-zent*)

4000 **vierduizend** (*viir-doeï-zent*)

5000 **vijfduizend** (*vèïf-doeï-zent*)

6000 **zesduizend** (*zès-doeï-zent*)

7000 **zevenduizend** (*zéé-ven-doeï-zent*)

8000 **achtduizend** (*âght-doeï-zent*)

9000 **negenduizend** (*néé-ghen-doeï-zent*)

Après **tweeduizend**, cependant, certains néerlandophones continuent le système utilisé de **duizend** à **tweeduizend**. Ce qui veut dire qu'ils commencent par **eenentwintighonderd, tweeëntwintighonderd, drieëntwintighonderd**. Si nécessaire, ils ajoutent le reste de la manière usuelle, comme vous pouvez le voir dans les exemples ci-après :

2101 **eenentwintighonderdeen** (*één-en-twin-tigh-h'on-dert-één*)

2444 **vierentwintighonderdvierenveertig** (*viir-en-twin-tigh-h'on-dert-viir-en-véér-tigh*)

Toutefois, la plupart des gens disent les nombres supérieurs à 2000 de la manière suivante :

2101 **tweeduizendhonderdeen** (*twéé-doeï-zent-h'on-dert-één*)

2444 **tweeduizendvierhonderdvierenveertig** (*twéé-doeï-zent-viir-h'on-dert-viir-en-véér-tigh*)

Addition, soustraction, multiplication, division

Voulez-vous apprendre l'arithmétique néerlandaise à vos enfants ? Voici les bases pour **optellen** (*op-tè-len*) (ajouter) :

- 4 + 4 = 8 **vier plus vier is acht** (*viir plus viir is âght*)
- 8 + 8 = 16 **acht plus acht is zestien** (*âght plus âght is zes-tiin*)

Maintenant que vous savez additionner, vous voulez peut-être savoir comment **aftrekken** (*âf-trè-ken*) (soustraire) :

- 8 - 4 = 4 **acht min vier is vier** (*âght min viir is viir*)
- 24 - 8 = 16 **vierentwintig min acht is zestien** (*viir-en-twin-tigh min âght is zès-tiin*)

Vermenigvuldigen (*ver-méé-nigh-vul-di-ghen*) (multiplier) se fait de la manière suivante :

- 2 ◊ 2 = 4 **twee mal twee is vier** (*twéé maal twéé is viir*)
- 4 ◊ 16 = 64 **vier mal zestien is vierenzestig** (*viir maal zès-tiin is viir-en-zès-tigh*)

Pour pouvoir aider vos enfants, vous devez aussi apprendre à **delen** (*déé-len*) (diviser) :

- 4 : 2 = 2 **vier gedeeld door twee is twee** (*viir ghe-déélt dôôr twéé is twéé*)
- 16 : 4 = 4 **zestien gedeeld door vier is vier** (*zès-tiin ghe-déélt dôôr viir is viir*)

Jouer avec les fractions, les pourcentages et les mètres

La vie de tous les jours vous présente de nombreux défis, que ce soit à la maison ou au travail. Vous n'aurez pas seulement besoin des nombres, mais aussi des fractions. Voici quelques-unes des fractions les plus utilisées :

- 1/2 **een half** (*en h'âlf*)
- 1 1/2 **anderhalf** (*ân-der-h'âlf*)
- 1/4 **een kwart** (*en kwârt*)
- 3/4 **driekwart** (*drii-kwârt*)

Dès que vous commencerez à échanger des faits avec des amis ou des collègues, vous aurez besoin de savoir utiliser des pourcentages. Ils ne diffèrent guère de l'usage français, sauf que le signe % est collé au nombre qui le précède, alors qu'en français vous devez normalement insérer un espace (insécable) entre ces deux éléments :

- 2,6% **twee komma zes procent** (*twéé ko-maa zès prôô-sent*)
- 3,8% **drie komma acht procent** (*drii ko-maa âght prôô-sent*)
- 50% **vijftig procent** (*vèïf-tigh prôô-sent*)
- 100% **honderd procent** (*h'on-dert prôô-sent*)

Quand vous vous occuperez de déménager et de vous installer, vous entendrez peut-être les expressions suivantes :

- 1,67 m **een meter zevenenzestig** (*één méé-ter zéé-ven-en-zès-tigh*)
- 3,5 m **drieëneenhalve meter** (*drii-èn-en-h'âl-ve méé-ter*)

La maison néerlandaise moyenne mesure :

- 125 m^2 **honderdvijfentwintig vierkante meter** (*h'on-dert-vèïf-en-twin-tigh viir-kan-te méé-ter*)

Les distances sont mesurées à l'aide de l'unité **een kilometer** (*en kii-lôô-méé-ter*). Utilisé en combinaison avec un nombre, le mot kilometer reste au singulier :

- **twee kilometer** (*twéé kii-lôô-méé-ter*) (deux kilomètres)
- **duizend kilometer** (*doeï-zent kii-lôô-méé-ter*) (mille kilomètres)
- **Hoeveel kilometer is het van Amsterdam naar Den Haag?** (*h'ouou-véél kii-lôô-méé-ter is h'et vân âm-ster-dâm naar dèn h'aagh*) (Combien y a-t-il de kilomètres d'Amsterdam à La Haye ?)
- **Van Amsterdam naar Den Haag is 59 km.** (*vân âm-ster-dâm naar dèn h'aagh is néé-gheen-en-vèïf-tigh kii-lôô-méé-ter*) (D'Amsterdam à La Haye il y a 59 km.)

Cependant, en combinaison avec un mot comme **veel** (*véél*) (beaucoup de), on utilise le pluriel : **We hebben veel kilometers gereden** (*we hè-ben véél kii-lôô-méé-ters ghe-réé-den*) (Nous avons fait beaucoup de kilomètres).

Découverte des nombres ordinaux

Les nombres ordinaux mettent les choses dans un certain ordre : premier, deuxième, troisième. Vous serez peut-être heureux d'apprendre que les trois premiers nombres ordinaux eerste, tweede, derde sont fréquemment utilisés en néerlandais, et que les nombres ordinaux plus élevés **twintigste**, **tachtigste** (20e, 80e) le sont moins : ces derniers sont difficiles à prononcer pour des francophones. Voici les nombres ordinaux les plus utilisés :

1er	**eerste** (*éérs-te*)
2e	**tweede** (*twéé-de*)
3e	**derde** (*dèr-de*)
4e	**vierde** (*viir-de*)
5e	**vijfde** (*vèïf-de*)
6e	**zesde** (*zès-de*)
7e	**zevende** (*zéé-ven-de*)
8e	**achtste** (*âgh-ste*)
9e	**negende** (*néé-ghen-de*)
10e	**tiende** (*tiin-de*)

Utilisation des nombres ordinaux

Dans toutes les langues, les nombres ordinaux sont utiles pour discuter et énumérer des arguments. En néerlandais, vous les faites précéder en pareil cas du mot ten. Les expressions suivantes peuvent s'avérer bien pratiques :

ten eerste (*ten éér-ste*) (premièrement)

ten tweede (*ten twéé-de*) (deuxièmement)

ten derde (*ten dèr-de*) (troisièmement)

Voici un exemple d'une personne en colère, utilisant une énumération :

Ten eerste heb ik dat niet gezegd, ten tweede is het niet waar en ten derde wil ik er niet over praten!

(*ten éér-ste h'ep ik dât niit ghe-zèght, ten twéé-de is h'et niit waar en ten dèr-de wil ik èr niit ôô-ver praa-ten*)

(Premièrement je n'ai pas dit ça, deuxièmement ce n'est pas vrai et troisièmement je ne veux pas en parler !)

L'expression **eerst** (*éérst*) (premièrement) n'est pas réellement un ordinal mais sert aussi pour mentionner une suite de choses, souvent en combinaison avec les mots **dan** (*dân*) (ensuite) et **daarna** (*daar-naa*) (après quoi). Voici un exemple d'un patron discutant avec sa secrétaire du programme de la matinée :

Eerst ga ik mijn e-mail checken. Dan heb ik een bespreking met Raymond van Dieren. Daarna wil ik even wat dingen voor de meeting van morgen doorpraten.

(*éérst ghaa ik mèïn ii-méél tchè-ken. dân h'ep ik een be-spréé-king mèt réé-mont van dii-ren. daar-naa wil ik éé-ven wat ding-en vôôr de mii-ting vân mor-ghen dôôr-praa-ten*)

(Tout d'abord je vais regarder mes e-mails. Ensuite j'ai une discussion avec Raymond van Dieren. Après quoi je voudrais parler un peu de certaines choses au sujet de la réunion de demain.)

Les nombres ordinaux peuvent s'utiliser avec le mot **keer** (*kéér*) (fois) :

- **de eerste keer** (*de éér-ste kéér*) (la première fois)
- **de vierde keer** (*de viir-de kéér*) (la quatrième fois)

Une suite de nombres ordinaux peut être terminée par l'expression **de laatste keer** (*de laat-ste kéér*) (la dernière fois). Voici quelques autres exemples :

- **Ik gebruik deze creditcard voor de eerste keer.** (*ik ghe-broeïk déé-ze krè-dit-kârt vôôr de éér-ste kéér*) (J'utilise cette carte de crédit pour la première fois.)
- **Uitgeverij First organiseert voor de vierde keer een auteursborrel.** (*oeït-ghe-ve-rèï ferst or-ghaa-nii-séért vôôr de viir-de kéér en ôô-teurs-bo-rel*) (Les Editions First organisent pour la quatrième fois un cocktail réunissant les auteurs.)
- **Het North Sea Jazzfestival is voor de laatste keer in Den Haag.** (*h'et nort-sii jès-fès-tii-vâl is vôôr de laat-ste kéér in dèn-h'aagh*) (Le North Sea Festival se tient pour la dernière fois à La Haye.)

Les nombres ordinaux sont d'un grand intérêt dans tous les autres cas où vous énumérez, comme en sport ou pour indiquer un chemin.

- **Hij behaalde de eerste plaats.** (*h'èï be-h'aal-de de éérs-te plaats*) (Il a obtenu la première place.)
- **Hij finishte als derde.** (*h'èï fii-nish-te âls dèr-de*) (Il a fini troisième.)
- **Het is de tweede straat rechts.** (*h'et is de twéé-de straat règhts*) (C'est la deuxième rue à droite.)

TRUC

Anniversaires et âges

Contrairement au français ou à l'anglais, le néerlandais utilise souvent un nombre ordinal en parlant d'âge :

- **Op mijn achttiende heb ik een Citroën CX gekocht.** (*op mèïn ahg-tiin-de h'èp ik en sii-trôô-èn séé-iks ghe-koght*) (À 18 ans, j'ai acheté une Citroën CX.)
- **Op zijn achtenveerstigste werd hij ontslagen.** (*op zèïn âgh-ten-véér-tigh-ste wèrt h'èï ont-slaa-ghen*) (Il avait 48 ans quand il a été licencié.)

Dans le cas où un ami vous invite pour son anniversaire, il peut dire : **Kom je zaterdag? Ik vier mijn dertigste verjaardag.** (*kom ye zaa-ter-dâgh ik viir mèïn dèr-tigh-ste ver-yaar-dâgh*) (Viendras-tu samedi soir ? Je fête mon trentième anniversaire.)

Si l'on vous demande directement votre âge, vous utilisez généralement un nombre cardinal :

- **Mijn dochter is dertien.** (*mèïn dogh-ter is dèr-tiin*) (Ma fille a 13 ans.)
- **Ik ben achtendertig.** (*ik ben âgh-ten-dèr-tigh*) (J'ai 38 ans.)***

Vous utilisez des nombres ordinaux pour indiquer des jours, des semaines, des mois ou des années pendant lesquels vous avez fait certaines choses :

- **Dit is mijn eerste dag in Amsterdam.** (*dit is mèïn éérs-te dâgh in âm-ster-dâm*) (C'est mon premier jour à Amsterdam.)

- **Dit is mijn tweede week in Nederland.** (*dit is mèïn tw̲é̲é̲-de wéék in n̲é̲é̲-der-lânt*) (C'est ma deuxième semaine aux Pays-Bas.)
- **Dit is mijn derde maand in dit appartement.** (*dit is mèïn d̲è̲r̲-de maant in dit â-pâr-te-m̲è̲n̲t̲*) (C'est mon troisième mois dans cet appartement.)
- **Dit is mijn vierde jaar bij Lease Consult.** (*dit is mèïn v̲i̲i̲r̲-de yaar bèï liis kon-s̲u̲l̲t̲*) (C'est ma troisième année chez Lease Consult.)

Dire l'heure : regarder l'horloge

Êtes-vous nouveau aux Pays-Bas ? Tout le monde vous comprendra si vous utilisez le système numérique. Mais vous ne comprendrez pas les Néerlandais quand ils utilisent leur propre système. Il est très différent de celui des autres pays.

Vous pouvez dire l'heure

Voyons tout d'abord le système numérique. Vous le connaissez, car il est international. Quand vous utilisez le système numérique, vous dites : Il est deux heures quinze, il est deux heures trente, il est deux heures quarante-cinq, il est trois heures. **Het is twee uur, het is twee uur vijftien, het is twee uur dertig, het is twee uur vijfenveertig, het is drie uur**.

Dansez autour de l'horloge

Le système analogue néerlandais est assez compliqué. La plupart des langues divisent le cadran en deux moitiés. Dans la moitié droite, elles regardent en arrière et utilisent comme repère l'heure précédente, et dans la moitié gauche, elles regardent vers l'avant et utilisent comme repère l'heure suivante.

En français, vous commencez par dire : Il est deux heures. Après quoi vous entrez dans la moitié droite du cadran et vous dites : Il est deux heures cinq, deux heures dix, deux heures et quart, deux heures vingt, deux heures vingt-cinq, deux heures et demie.

Après « et demie » vous entrez dans la moitié gauche du cadran. Vous commencez à regarder en avant vers l'heure suivante. En français vous dites : Il est trois heures moins vingt-cinq, trois heures moins vingt, trois heures moins le quart, trois heures moins dix, trois heures moins cinq, trois heures.

En revanche, en néerlandais, le cadran est divisé en quatre parties. Le premier quart, juste au-dessus, est facile.

- **Het is twee uur.** (*h'et is twéé uur*) (Il est deux heures)
- **Het is vijf over twee.** (*h'et is véïf ôô-ver twéé*) (Il est deux heures cinq)
- **Het is tien over twee.** (*h'et is tiin ôô-ver twéé*) (Il est deux heures dix)
- **Het is kwart over twee.** (*h'et is kwârt ôô-ver twéé*) (Il est deux heures et quart)

Vous entrez maintenant dans la deuxième partie du cadran. Vous commencez à regarder vers la demi-heure suivante et vous dites :

- **Het is tien voor half drie.** (*h'et is tiin vôôr h'âlf drii*) (Il est deux heures vingt. – litteralement: il est dix minutes avant la moitié de trois heures)
- **Het is vijf voor half drie.** (*h'et is vèïf vôôr h'âlf drii*) (Il est deux heures vingt-cinq. – littéralement: il est cinq minutes avant la moitié de trois heures)
- **Het is half drie.** (*h'et is h'âlf drii*) (Il est deux heures et-demi – litteralement: il est la moitié de trois heures)

Vous arrivez ensuite au troisième quart. Vous vous souvenez de la demi-heure et vous regardez vers elle en arrière.

- **Het is vijf over half drie.** (*h'et is vèïf ôô-ver h'âlf drii*) (Il est trois heures moins vingt-cinq.- litteralement: il est cinq minutes après la moitié de trois heures)
- **Het is tien over half drie.** (*h'et is tiin ôô-ver h'âlf drii*) (Il est trois heures moins vingt- litteralement: il est dix minutes après la moitié de trois heures)

Finalement vous entrez dans le dernier quart et pour finir vous regardez l'heure suivante :

- **Het is kwart voor drie.** (*h'et is kwârt vôôr drii*) (Il est trois heures moins le quart.)

- **Het is tien voor drie.** (*h'et is tiin vôôr drii*) (Il est trois heures moins dix.)
- **Het is vijf voor drie.** (*h'et is vèïf vôôr drii*) (Il est trois heures moins cinq.)
- **Het is drie uur.** (*h'et is drii uur*) (Il est trois heures.)

Le matin, le soir ?

Vous venez de rencontrer votre nouvelle voisine et elle vous invite à boire un café. Elle est très occupée pour le moment, et donc elle ne vous invite pas pour tout de suite, mais pour le jour suivant. Elle dit : Venez prendre une tasse de café demain à 9 heures ! Mais vous ne savez toujours pas quand venir, et vous demandez : **'s Ochtends of 's avonds?** (*sogh-tens of saa-fonts*) (Le matin ou le soir ?). Une question très normale parce que les Néerlandais boivent du café le matin et aussi le soir. Voici quelques autres expressions pour indiquer de quelle partie de la journée vous parlez :

- 9 à 12 heures : **'s ochtends** (*sogh-tens*) (le matin)
- 12 h 1 à 13 heures : **tussen de middag** (*tu-sen de mi-dâgh*) (vers midi)
- 12 h 30 à 13 h 30 : **lunchtijd** (*lench-tèïť*) (l'heure du déjeuner)
- 12 à 18 heures : **'s middags** (*smi-dâghs*) (dans l'après-midi)
- 16 à 18 heures : **in de namiddag** (*in de naa-mi-dâgh*) (en fin d'après-midi)

INFO CULTURELLE

Juste à l'heure, mais êtes-vous à l'heure ?

Vos voisins vous ont invité à prendre le café à 9 h 30 du matin. À quelle heure devez-vous y être ? Entre 9 h 30 et 9 h 40. A quelle heure devez-vous partir ? Après deux tasses de café.

Vos voisins vous ont invités, vous et votre compagne, à prendre un café à 8 heures et demie du soir. À quelle heure devez-vous y être ? Entre 8 h 30 et 8 h 40. A quelle heure devez-vous partir ? Cela dépend de la situation et du fait que tout le monde se sente ou non parfaitement à l'aise. Si vous vous entendez très bien, après le café vos voisins vous offriront probablement un verre. À quelle heure devriez-vous partir dans ce cas ? Quand vos voisins commencent à s'impatienter, à être fatigués, ou peut-être quand vous ou votre compagne commencez à vous impatienter ou à être fatigués. Que pouvez-vous dire en partant ? **Bedankt, het was gezellig** (*be-dânkt h'et wâs ghe-zè-ligh*) (Merci, nous avons passé un moment très agréable). Devriez-vous les inviter chez vous ? Vous le pouvez si vous en avez envie et si vous pensez que vos voisins apprécieraient. De nombreux voisins préfèrent bavarder seulement quelques minutes par-dessus la clôture (chacun dans son propre jardin), depuis le balcon, dans l'ascenseur, ou quand ils se rencontrent dans la rue ou au supermarché.

Jours, mois, saisons

Vous apprendrez les jours et les mois sans même les étudier. Ils sont partout : sur les tickets, dans les journaux, à la télé et dans les e-mails que vous recevez. Il vous faudra peut-être quelques années pour vous habituer aux saisons néerlandaises : apprenez déjà leurs noms.

Les semaines et les mois

En néerlandais les jours de la semaine s'écrivent comme en français en commençant par une lettre minuscule (et non avec une majuscule comme en anglais) :

- **zondag** (*zon-dâgh*) (dimanche)
- **maandag** (*maan-dâgh*) (lundi)
- **dinsdag** (*dins-dâgh*) (mardi)
- **woensdag** (*wououns-dâgh*) (mercredi)
- **donderdag** (*don-der-dâgh*) (jeudi)
- **vrifdag** (*vrèï-dâgh*) (vendredi)
- **zaterdag** (*zaa-ter-dâgh*) (samedi)

Comme en français, les mois commencent eux aussi par une minuscule :

- **januari** (*ya-nuu-aa-ri*) (janvier)
- **februari** (*féé-bruu-aa-ri*) (février)
- **maart** (*maart*) (mars)
- **april** (*aa-pril*) (avril)
- **mei** (*mèï*) (mai)
- **juni** (*yuu-ni*) (juin)
- **juli** (*yuu-li*) (juillet)
- **augustus** (*aôw-ghus-tus*) (août)
- **september** (*sèp-tèm-ber*) (septembre)
- **oktober** (*ok-tôô-ber*) (octobre)
- **november** (*nôô-vèm-ber*) (novembre)
- **december** (*déé-sèm-ber*) (décembre)

S'habituer aux saisons néerlandaises

Utiliser le climat néerlandais comme source d'inspiration des conversations est la meilleure façon d'apprendre à maîtriser la langue de tous les jours. Félicitez-vous du caractère changeant du temps : il vous fournit de quoi parler ! De plus, pour ceux et celles qui aiment le changement, les quatre saisons sont l'occasion de changer de garde-robe : chaque saison demande un habillement approprié. Voici les noms et les dates des saisons :

- 21 maart – 21 juni: **de lente** (*de lèn-te*) (le printemps)
- 21 juni – 21 september: **de zomer** (*de zôô-mer*) (l'été)
- 21 september – 21 december: **de herfst** (*de hèrfst*) (l'automne)
- 21 december – 21 maart: **de winter** (*de win-ter*) (l'hiver)

Saisons néerlandaises

Jouxtant la mer du Nord, les Pays-Bas jouissent d'un climat océanique. Ce qui veut dire aussi bien des étés que des hivers modérés. Le printemps commence en mars, mais il y a un dicton selon lequel **maart roert zijn staart** (*maart rouourt zèïn staart*) (mars a hâte de commencer). Ce mois est généralement froid, avec quelques jours de soleil. Mais le mois de mai compte 200 heures de soleil. En mai l'air est toujours clair, et vous remarquerez immédiatement l'effet du soleil sur la peau. Profitez du mois de mai comme les Néerlandais ! **De meivakantie** (*mèï-va-kân-sii*) (vacances de mai) est de plus en plus populaire et l'occasion d'essayer les tentes et les caravanes et de faire d'autres excursions. Mais attention : jusqu'au 13 mai, une date appelée **Ijsheiligen** (*èïs-h'èï-li-ghen*) (saints de glace), il peut geler pendant la nuit.

Juin, juillet et août ont chacun une moyenne de 190 heures de soleil. Les températures varient entre 15 et 33 °C. Les étés néerlandais ont de nombreuses journées aux alentours de 20 °C, quelques journées à 25 °C et plus, et quelques jours exceptionnellement chauds à 30 °C ou plus. Une période de cinq jours consécutifs de 30 °C et au-delà s'appelle **een hittegolf** (*en hi-te-gholf*) (une vague de chaleur) !

Cependant, on ne sait jamais. À cause de l'élévation des températures, les nuages se forment rapidement. Si vous allez quelque part pour le week-end, n'oubliez pas de prendre un imperméable et un vêtement chaud ! Il y a habituellement plus de chutes de pluie en juin, juillet et août qu'au cours de n'importe quel autre mois de l'année. Et les Néerlandais ont différents noms pour différents types de pluie. Il peut **stortregenen** (*stort-réé-ghe-nen*), **hozen** (*h'ôô-zen*) (ce mot n'est pas utilisé en Flandres), **plenzen** (*plèn-zen*) et **gieten** (*ghii-ten*) (toutes ces expressions voulant dire « pleuvoir à verse »), et quelque peu vulgairement, **zeiken** (pisser) (ce mot n'est pas utilisé en Flandres), ou seulement **motregenen** (*mot-réé-ghe-nen*), **druilen** (*droeï-len*) et

miezeren (*mii-ze-ren*) (toutes ces expressions désignant le crachin) (FL) **druppelen** (*dre-pe-len*).

Onweer (*on-wéér*) (les orages) tendent à se produire au cours des périodes de temps chaud. Ils ont de dangereux **bliksem** (*blik-sem*) (éclair) et **donder** (*don-der*) (tonnerre), mais par-dessus tout **harde wind** (*h'âr-de wint*) (des vents violents) : **de windkracht** (*wint-kraght*) (force du vent) 6 à 9.

Comment sont les hivers des Pays-Bas ? Ils ne sont pas vraiment froids. De décembre à février des températures entre 0 °C et 10 °C sont normales, avec parfois des températures inférieures à zéro pendant la nuit. Parfois il pleut, et pendant trois mois il y aura 38 jours sans aucun **zonneschijn** (*zo-ne-sghèïn*) (rayon de soleil).

Un hiver néerlandais devrait avoir environ 10 **ijsdagen** (*èïs-daa-ghen*) (jours de gel) : c'est-à-dire des périodes de 24 heures de **vorst** (*vorst*) (gel). Au cours des cinq dernières années environ les périodes de gel aux Pays-Bas ont été très courtes. La plupart des enfants nés à la fin des années 1990 n'ont guère connu la glace naturelle, et encore moins patiné dessus. Ils connaissent seulement les épaisses couches de **sneeuw** (*snééw*) (neige) de la pratique du **wintersport** (*win-ter-sport*) en Autriche, en France ou en Suisse.

Comprendre les expressions inspirées par le temps

Le climat étant un facteur important de la vie aux Pays-Bas, les Néerlandais sont incités à utiliser des expressions inspirées par le temps, telles que les suivantes :

INFO CULTURELLE

Parler du temps qu'il fait

Se plaindre du temps est un passe-temps national aux Pays-Bas. Les Néerlandais, spécialement les plus âgés, commencent souvent la journée par un commentaire sur le temps. Quand vous demandez à un sexagénaire : « Comment allez-vous ? », la réponse peut être : « Il fait froid aujourd'hui. »

Les jeunes parlent moins du temps qu'il fait. Ils quittent simplement le pays deux ou trois fois par an pour se réchauffer sur quelque plage ensoleillée. Il est de plus en plus courant pour les entrepreneurs du bâtiment ayant la trentaine d'émigrer en Espagne. Ils rénovent et vendent des maisons à toutes ces personnes âgées qui veulent passer la dernière partie de leur vie dans un pays chaud, et échapper aux hivers sombres de l'Europe du Nord.

- **De mist ingaan** (*de mist in ghaan*). Cela veut dire littéralement « entrer dans le brouillard ». En français vous diriez : échouer complètement.
- **Van de regen in de drup komen** (*vân de réé-ghen in de drup kôô-men*). Cette expression veut dire aller de la pluie dans la gouttière et est l'équivalent du français : tomber de Charybde en Scylla.

- **Niet over een nacht ijs gaan** (*niit ôô-ver één nâght èïs ghaan*) veut dire littéralement : ne pas marcher sur la glace d'une seule nuit. Les anglophones disent : « Look before you leap » (Regarde avant de sauter).
- **Ondergesneeuwd raken** (*on-der-ghe-snééwd raa-ken*), littéralement être enneigé, veut dire en français « être débordé (de travail…) ».
- **In de wolken zijn** (*in de wol-ken zèïn*) veut dire non pas « être dans les nuages », mais « être sur un nuage », c'est-à-dire être très heureux.

Le patinage sur glace

Les Néerlandais aiment patiner : après trois jours de gel à - 5 °C, vous retrouvez les jeunes enfants et leurs parents sur la glace, après l'école ou durant le week-end, et parfois ils prennent un jour de congé pour aller patiner. Après cinq jours de gel, des associations et des clubs organisent des excursions allant jusqu'à 60 kilomètres sur les canaux et les lacs des régions ouest et nord des Pays-Bas. Dans ces rares occasions des milliers de familles et d'amis parcourent les canaux gelés au cours des week-ends ensoleillés, surtout en janvier et en février.

Le parcours le plus célèbre est **de Elfstedentocht** (*de elf-stéé-den-toght*) dans la province septentrionale de la Frise, un marathon sur la glace, passant comme son nom l'indique par 11 villes frisonnes. Entre 1909 et aujourd'hui la glace a été assez solide 15 fois pour organiser ce « tour des tours ». En 1997, 16 000 patineurs ont pris le départ dans l'obscurité très tôt le matin et chacun de ceux qui ont atteint l'arrivée après un parcours de 220 kilomètres sera pour toujours un héros pour sa famille et ses amis. Vous pouvez les rencontrer sur les patinoires, ceux qui s'entraînent pendant des années, en pensant à leur rêve : passer la ligne d'arrivée dans ce grand événement permis si rarement par le climat néerlandais.

La Belgique se trouve tout autant influencée par la Mer du Nord que les Pays-Bas, ce qui donne un climat tempéré et humide. Cette humidité est due à un nombre impressionnant de rivières et de cours d'eau. Ainsi le Grand Jules César avait écrit dans son *De Bellum Galicum* que les Belges étaient les plus courageux parce qu'ils n'hésitaient pas à traverser de « larges rivières » à la nage. Ces cours d'eau les protégeaient mieux qu'un château fort des armées romaines et ont contribué à la très grande diversité des dialectes en Flandres. Chaque rivière représentait un peu une « frontière » naturelle. L'expression : « **Ze is van over 't water** » (Elle vient de l'autre côté de la rivière) était utilisée pour se méfier d'une candidate épouse que le marié s'était avisé d'aller chercher sur l'autre rive.

La Belgique se situe plus au sud que les Pays-Bas et ses cours d'eau sont gelés. Le patinage n'a donc jamais été un sport aussi répandu qu'aux Pays-Bas, même s'il existe un vieux mot « **schofferdijnen** » (= patiner) (= **schaatsen** en néerlandais moderne) que toutes les vieilles personnes en Flandres utilisent encore, parce qu'à l'époque c'était un passe temps très développé.

Les conversations commencent tout comme aux Pays-bas par une remarque sur le temps qu'il fait et il existe beaucoup de proverbes à ce sujet. Cependant en Flandres, certains proverbes sont encore liés à la tradition catholique, qui désignait les jours par le nom du Saint:

« **Maakt Sint-Anteunis de brug, St Sebastiaan slaat ze stuk** » (Si Saint-Antoine (17/01) fait le pont (brug=pont, mais ici on veut dire un pont de glace = le gel ») – Saint Sébastien (20/01) le cassera (sous-entendu, le dégel commencera)

« **Is het Sint-Antonius nat, de boer van verdriet drinkt zich zat** » (S'il pleut le jour de St Antoine, le paysan se saoule de chagrin.)

Deuxième partie

Le néerlandais en action

Dans cette partie...

Cette partie contient tous les outils du langage pour la vie de tous les jours. Vous y trouverez le néerlandais pour commander dans un restaurant ou pour trouver vos aliments favoris au supermarché, les termes à utiliser lors de vos achats quotidiens, le vocabulaire pour tirer le meilleur parti de vos loisirs et des expressions essentielles pour le travail. Un peu de grammaire s'y ajoute aux endroits opportuns.

Chapitre 4

Hallo, hoe gaat het? Salutations et présentations

Dans ce chapitre :

- Tutoiement et vouvoiement
- Se présenter
- Présenter quelqu'un d'autre
- Bavarder au sujet des villes, des nationalités et des langues
- Demander à quelqu'un d'où il vient
- Apprendre des choses sur les nationalités

Rencontrer des gens et faire leur connaissance peut être stressant, surtout si vous ne connaissez pas leur langue. Ce chapitre vous aide à bavarder avec des néerlandophones quand vous les rencontrez pour la première fois.

Les Néerlandais considèrent qu'il est préférable de conserver une certaine distance au début d'une relation. Ils pensent qu'il convient d'utiliser des expressions plus amicales et informelles seulement après avoir fait plus ample connaissance.

Le tutoiement et le vouvoiement

Il y a en néerlandais une différence entre le **u** (*uu*) formel (vouvoiement) et le **jij** (*yèï*) ou le **je** (*ye*) informels (tutoiement). Vous utiliserez une forme ou une autre selon la personne et l'occasion. Ce chapitre vous aidera à déterminer quand utiliser le **jij** ou le **je** informels.

Le personnel jeune des supermarchés et des restaurants bon marché s'adresse automatiquement à n'importe qui par **jij** ou **je**. A moins que vous n'apparteniez au même groupe, adressez-vous en disant **u** à une personne assez âgée, à un personnage officiel ou à un supérieur. Quand vous vous connaîtrez mieux, le plus âgé des deux ou la personne de sexe féminin peut proposer : **Laten we 'je' zeggen, ik heet Petra** (*laa-ten we ye zè-ghen, ik héét péé-traa*) (Disons-nous « tu », je m'appelle Petra). Si l'autre personne a le même âge que vous et vous dit **je**, faites comme elle. Si elle vous est supérieure ou si elle est plus âgée, et si vous vous sentez à l'aise, vous pouvez demander : **Mag ik 'je' zeggen?** (*mâgh ik ye zè-ghen?*) (Puis-je vous dire « tu » ?)

Si vous avez moins de 20 ans environ, vous pouvez persister dans l'utilisation de **u** avec le prénom de la personne supérieure ou plus âgée. Les personnes âgées aiment bien qu'on s'adresse à elles de cette manière ! Si elles veulent que vous disiez je et que vous utilisiez leur prénom, elles vous prieront de le faire.

INFO CULTURELLE

Si vous commencez par utiliser le **u** pour quiconque est supérieur ou a plus de 30 ans, vous serez considéré comme une personne bien élevée. Quand vous vous ferez vos premiers amis néerlandais, essayez d'utiliser **je**.

Hallo! Salutations

La première partie des salutations inclut le plus souvent une phrase générale. Le choix de la salutation dépend de la personne et du moment de la journée. Les salutations les plus fréquentes sont indiquées ici en allant des plus formelles aux plus informelles :

- **goedemorgen** (*ghouou-de-mor-ghen*) (FL) (*ghou-ye - mor-ghen*) (bonjour) (Vous pouvez utiliser cette formule le matin, jusqu'à midi)
- **goedemiddag** (*ghouou-de-mi-dâgh*) (FL) (*ghou-ye - mi-dagh*) (A utiliser de 12 à 18 heures)
- **goedenavond** (*ghouou-den-aa-vont*) (FL) (*ghou-ye - aa-vont*) (A utiliser de 18 à 22 heures)
- **dag** (*dâgh*) (Neutre : bonjour/au revoir)
- **hallo** (*h'â-lôô*) (Informel : hello)
- **hoi** (*h'oï*) (Très utilisé dans les régions nord des Pays-Bas, informel : salut) (en Flandres, on entendra plutôt « hey » (h'éé)

Vous êtes très correct en utilisant **dag** avec le nom de famille de la personne à laquelle vous vous adressez : **Dag mevrouw Harskamp** (*dâgh me-vraôw h'ârs-kâmp*).

POINT DE GRAMMAIRE

Pronoms personnels et prépositions

Les pronoms personnels je, tu, il, elle, ils et elles changent de forme en fonction de leur rôle dans la phrase. Il en va de même pour presque tous les pronoms personnels néerlandais.

Quand les pronoms personnels jouent le rôle du sujet dans la phrase, ils ont les formes **ik** (*ik*) (je), **jij** (*yèï*) (tu, informel, singulier) ou la forme non accentuée **je** (*ye*), **hij** (*h'èï*) (il), **zij** (*zèï*) (elle) ou la forme non accentuée **ze** (*ze*), **wij** (*wèï*) (nous) ou la forme non accentuée **we** (*we*), **jullie** (*yu-lii*) (vous, informel, pluriel), **zij** (*zèï*) (ils/elles) ou la forme non accentuée **ze** (*ze*). Vous utilisez ces pronoms pour faire des phrases comme : **Ik werk in Rotterdam** (*ik wèrk in ro-ter-dâm*) et **Zij werkt in Den Haag** (*zèï wèrkt in dèn-h'aagh*) (Elle travaille à La Haye).

Les pronoms personnels changent de forme si leur rôle dans la phrase est autre que celui du sujet. C'est ce qui arrive, par exemple, quand le pronom suit une préposition. Après une préposition, les pronoms ont des formes spéciales.

Les prépositions sont des mots tels que **met** (*mèt*) (avec), **naar** (*naar*) (vers), **op** (*op*) (sur), **naast** (*naast*) (à côté de), **voor** (*vôôr*) (devant) et **na** (*naa*) (après). Pour plus d'informations sur les prépositions, reportez-vous au chapitre 2.

Pronom en tant que sujet	***préposition***	***pronom après une préposition***
ik	**met** (avec)	**mij/me** (moi ou me)
jij	**naar** (vers)	**jou/je** (toi ou te)
u	**voor** (pour)	**u** (vous)
hij	**op** (sur)	**hem** (lui ou le)
zij/ze	**naast** (à côté de)	**haar** (lui ou la)
wij	**over** (au-dessus de)	**ons** (nous)
jullie	**in** (dans)	**jullie** (vous)
zij/ze	**tot** (à, jusqu'à)	**hen** (les, eux ou leur)

Voici quelques exemples de prépositions associées à des pronoms. Dans la phrase **Met mij gaat het goed en met jou?** (*mèt mèï ghaat h'et ghouout èn mèt yaôw*) (Je vais bien, et toi ?), vous pouvez remarquer l'utilisation du pronom **mij** et non de la forme **ik** (je).

Le même phénomène se produit dans **Ik kijk naar jou** (*ik kèïk naar yaôw*) (Je te regarde) : au lieu de **jij**, on utilise le mot **jou**.

Voici d'autres exemples :

- **Zij** ou **ze** deviennent **haar** : **Hij zit naast haar** (*h'èï zit naast h'aar*) (Il est assis à côté d'elle).
- **U** ne change pas de forme après une préposition. Dans la phrase : **Dit is voor u** (*dit is vôôr uu*) (Ceci est pour vous, formel, singulier ou pluriel), u a la même forme que dans la phrase : **U bent laat** (*uu bènt laat*) (Vous êtes en retard), où **u** est le sujet de la phrase et ne suit pas une préposition.
- Dans **Zij praten over ons** (*zèï praa-ten ôô-ver ons*) (Ils/elles parlent de nous) vous pouvez remarquer que ons est une forme spéciale de wij.
- **Jullie** ne change pas : il garde toujours la même forme, comme vous pouvez le voir dans la phrase : **Wij geloven in jullie** (*wèï ghe-lôô-ven in yu-lii*) (Nous croyons en vous, informel, pluriel).
- **De rechter sprak tot hen** (*de règh-ter sprâk tot h'en*) (Le juge leur parla) vous montre qu'au lieu de **zij** ou **ze**, le mot **hen** apparaît après une préposition. De nombreux néerlandophones ne savent pas bien comment utiliser **hen** : vous les entendrez souvent utiliser **hun** à la place.

Vous êtes un peu moins formel en utilisant hallo avec le nom de famille de la personne : **Hallo mevrouw Harskamp** (*h'â-lôô me-vraôw h'ârs-kâmp*).

Vous êtes moins formel en utilisant hallo et le prénom de cette personne : **Hallo Petra** (*h'â-lôô péé-traa*).

Dans toute circonstance où l'informalité est appropriée, dites simplement **hallo** ou **hoi** (salut).

La question « Comment allez-vous ? »

Vous êtes à une fête d'anniversaire et l'on vous présente à une personne âgée de nationalité néerlandaise. L'hôtesse vous présente et mentionne votre nom. Certains Néerlandais âgés diront alors quelque chose comme : **Dag meneer Plooi, hoe maakt u het?** (*dâgh me-néér plôôy, h'ouou maakt uu h'et*) (Bonjour monsieur Plooi, comment allez-vous ?)

La plupart des Néerlandais plus jeunes vous diront simplement **Hallo**. Vous répéterez simplement votre nom et direz : **Hallo, ik ben Jacco** (*h'â-lôô ik bèn yâ-kôô*). La question **Hoe maakt u het?** (*h'ouou maakt uu h'et*) (Comment allez-vous ?) devient obsolète. Toutefois, les gens que vous avez déjà rencontrés apprécient beaucoup que vous leur demandiez comment ils vont. Vous ferez bonne impression en écoutant leur réponse et cette impression sera encore meilleure si vous vous souvenez la fois suivante de ce qu'ils vous ont dit. Voici les formes que vous pouvez utiliser, allant des plus formelles aux plus informelles :

- **Hoe maakt u het?** (*houou maakt uu h'et*) (Comment allez-vous ?) (très formel et un peu dépassé)
- **Hoe gaat het met u?** (*houou ghaat h'et mèt uu*) (Comment allez-vous ?) (formel)
- **Hoe gaat het ermee?** (*houou ghaat h'et er-méé*) (Comment ça va ?)
- **Hoe gaat het met jou?** (*houou ghaat h'et met yaôw*) (Comment vas-tu ?)
- **Hoe gaat het?** (*houou ghaat h'et*) (Comment va ?)

INFO CULTURELLE

Les salutations et les rencontres s'accompagnent de certaines formes de contact physique. La poignée de main est la forme la plus habituelle. Aux Pays-Bas, on ne s'embrasse qu'entre amis et parents. Les femmes qui se connaissent bien s'embrassent sur la joue. Il est courant de s'embrasser trois fois (à droite, à gauche, à droite). Les hommes ne s'embrassent généralement pas ni ne se serrent dans les bras. Ils se donnent une poignée de main. Des hommes qui sont amis et veulent démontrer leur amitié se serrent la main et se donnent une tape sur le dos. Un homme, s'il est un ami d'une femme qu'il rencontre, l'embrasse. Les hommes n'embrassent pas leurs supérieurs féminins !

Dans la plupart des rencontres informelles, les hommes néerlandais ne se serrent pas la main ni ne se touchent : ils disent simplement **hallo**. La poignée de main est surtout réservée aux occasions formelles : quand on se rencontre pour la première fois ou lors de situations spéciales telles qu'un anniversaire ou dans toute circonstance justifiant des félicitations. Les hommes néerlandais ne serrent pas non plus la main de leurs voisins : ils disent simplement **dag** (*dâgh*), **hallo** (*h'â-lôô*) ou **hoi** (*h'oï*). Les collègues de bureau qui se voient chaque jour ou chaque semaine ne se serrent pas la main. Au bureau, ils se saluent réciproquement en disant **goedemorgen** (*gouou-de-mor-ghen*) (bonjour) ou **goedemiddag** (*gouou-de-mi-dâgh*) (bon après-midi). Des partenaires en affaires se serrent beaucoup la main. Ils le font en arrivant et, quand l'affaire est conclue, en partant. Sous l'influence des autres cultures, les jeunes adoptent souvent des salutations internationales, comme le salut du rappeur ou la poignée de main à chaque rencontre.

En Belgique, on s'embrasse un peu plus volontiers, les hommes et les femmes surtout ou les femmes entre elles quand elles se rencontrent, mais on n'échange plus qu'un seul baiser sur la joue. Dès qu'il y a une différence hiérarchique on se serre la main ou l'on fait un petit signe de tête avant de dire bonjour. Le mot « goedemorgen » est devenu « goeiemorgen » (*ghou-ye-morghen*).

Donner la bonne réponse

En français, « Comment ça va ? » est une salutation et personne n'attend une réponse. Dans les situations de business, en néerlandais, vous répondez à la question, mais personne n'écoute réellement : votre réponse est toujours **prima** (*prii-maa*) (FL) **Heel goed** (*h'éél ghout*) (très bien). Dans des situations plus personnelles, la question est censée appeler une réponse sérieuse et vous pouvez alors utiliser l'une des réponses suivantes :

- **Uitstekend.** (*oeït-stéé-kent*) (Parfaitement bien.)
- **Prima.** (*prii-maa*) (FL) **Heel goed.** (*h'éél ghout*) (Très bien.)
- **Goed, dank je.** (*ghouout dânk ye*) (Bien, merci.)

Si vous êtes vraiment entre amis, vous pouvez dire :

- **Het gaat wel.** (*h'et ghaat wèl*) (Ça peut aller.)
- **Niet zo goed.** (*niit zôô ghouout*) (Pas très bien.)

Un véritable intime, plus tard dans la conversation, vous demandera plus de détails ! Il vous demandera ce qui ne va pas si vous avez répondu **Het gaat wel** ou **Niet zo goed**.

Dans les situations formelles, après avoir répondu, vous demandez à votre tour : **En met u?** (*èn mèt uu*) (Et comment allez-vous ?) Les personnes âgées aimeront vos manières si vous leur posez cette question en retour et prenez le temps d'écouter leur réponse. Dans les situations informelles vous serez bien vu si vous répondez à la question **Hoe gaat het?** (*h'ouou ghaat h'et*) par : **Met mij prima en met jou?** (*met mèï prii-maa èn mèt yaôw*) (Je vais très bien, et toi ?)

Conversation

Dans le dialogue suivant, vous entendrez quelques phrases utilisées par des personnes âgées dans un contexte formel :

Chris Vreugdehil : **Goedenavond mevrouw De Hoogh.**

ghouou-den-aa-vont me-vraôw de h'ôôgh

Bonsoir, madame De Hoogh.

Margriet de Hoogh : **Goedenavond meneer Vreugdehil, hoe gaat het met u?**

ghouou-den-aa-vont me-néér vreugh-de-h'il h'ouou ghaat h'et mèt uu

Bonsoir monsieur Vreugdehil, comment allez-vous ?

Chris Vreugdehil : **Prima [PB] / Heel goed [FL], dank u. En met u?**

prii-maa dânk uu. èn mèt uu

Très bien, merci. Et vous ?

Margriet de Hoogh : **Ook goed, dank u.**

ôôk ghouout dânk uu

Très bien également, merci.

Conversation

Vous allez entendre maintenant un dialogue entre Erik et Mark. Ce sont d'anciens collègues qui se rencontrent au supermarché.

Erik : **Hallo Mark!**

h'â-lôô mârkl

Hello Mark !

Mark : **Hallo, hoe gaat het?**

h'â-lôô h'ouou ghaat h'et

Hello, comment ça va ?

Erik : **Met mij prima [PB] / heel goed [FL] en met jou?**

mèt mèï prii-maa èn mèt yaôw

Très bien, et toi ?

Mark : **Wat doe je tegenwoordig?**

wât douou ye téé-ghen-wôôr-digh

Que fais-tu actuellement ?

Erik : **Ik werk bij Experteam op personeelszaken. En jij?**

ik wèrk bèï èk-spèr-tiim op per-sôô-nééls-zaa-ken. èn yèï

Je travaille chez Experteam aux ressources humaines. Et toi ?

Mark : **Ik werk als accountant bij Biz Accountants. Woon je nog steeds in Amsterdam?**

ik wèrk âls e-kaôwn-tent bèï biz e-kaôwn-tents. wôôn ye nogh stééts in âm-ster-dâm

Je travaille comme comptable chez Biz Accountants. Habites-tu toujours à Amsterdam ?

Erik : **Nee, ik woon tegenwoordig in Lelystad. Maar ik moet nu snel weg, mijn vrouw en kinderen staan buiten te wachten. Ik bel je.**

néé ik wôôn téé-ghen-wôôr-digh in léé-lii-stât. maar ik mouout nuu snèl wègh mèïn vraôw èn kin-de-ren staan boeï-ten te wâgh-ten. ik bèl ye

Non, j'habite actuellement à Lelystad. Mais je dois maintenant me dépêcher, ma femme et mes enfants attendent dehors. Je te téléphonerai.

Mark : **OK, hoi [PB] / tot ziens [FL]!**

ôô-kéé h'oï

OK, salut !

Erik : **Hoi [PB] / Tot ziens [FL]!**

h'oï

Salut !

Mots clés

met mij prima	mèt mèï prii-ma (FL) méî h'éél ghout	je vais très bien
tegenwoordig	téé-ghen-wôôr-digh	en ce moment, actuellement
personeelszaken	per-sôô-nééls-zaa-ken	ressources humaines
de accountant	de a-kaôwn-ent	le comptable
snel	snèl	rapidement

Se présenter

Dans certaines circonstances, vous devez vous présenter vous-même. Beaucoup de gens se présentent en disant simplement leur nom, même dans des contextes plus formels. En néerlandais, les gens se présentent généralement en disant :

Hallo, ik ben Jessica de Rover. (*h'â-lôô ik bèn yè-sii-kaa de rôô-ver*) (Hello, je suis Jessica de Rover.)

ou

Ik zal me even voorstellen, ik ben Jacco Plooi. (*ik zâl me éé-ven vôôr-stè-len ik bèn yâ-kôô plôôïy*) (Permettez-moi de me présenter, je m'appelle Jacco Plooi.)

Conversation

Dans la conversation suivante, Erik arrive à sa première réunion avec certains collègues qu'il n'a jamais rencontrés auparavant. Il cherche un siège.

Erik : **Goedemorgen, zit hier iemand?**

Gouou-de-môr-ghen zit h'iir ii-mânt

Bonjour, quelqu'un s'assoit-il ici ?

Sofie : **Nee hoor, ga je gang.**

néé h'ôôr ghaa ye ghâng

Non, assieds-toi sans façon.

Erik : **Dank je. Ik ben Erik Plooi van personeelszaken.**

dânk ye ik bèn éé-rik plôôïy vân per-sôô-néél-saa-ken

Merci. Je suis Erik Plooi, aux ressources humaines.

Sofie : **Hallo, ik ben Sofie Vermeent, de secretaresse van Hans van der Jagt.**

h'â-lôô ik bèn sôô-fii ver-méént de si-kre-taa-rès-se vân h'âns vân der yâght

Bonjour, je suis Sofie Vermeent, la secrétaire de Hans van der Jagt.

Présenter d'autres personnes

Quand vous rencontrerez des gens, vous voudrez savoir comment présenter d'autres personnes que vous-même. C'est très simple. Vous commencez par : **Dit is...** (*dit is*) (Voici...). Vous dites ensuite le nom de la personne que vous présentez. Vous pouvez clarifier la situation en disant : **Dit is Sofie Vermeent, de secretaresse van Hans van der Jagt** (*dit is sôô-fii ver-méént de si-kre-taa-rès-se vân h'âns vân der yâght*) (Voici Sofie Vermeent, la secrétaire de Hans van der Jagt) ou **Dit is mijn collega Jessica de Rover** (*dit is mèïn ko-léé-ghaa yè-sii-kaa de rôô-ver*) (Voici ma collègue Jessica de Rover).

Si vous êtes présenté à une personne de langue anglaise – et si vous parlez l'anglais –, vous direz probablement : **Nice to meet you**. Les Néerlandais d'un certain âge apprécieront que vous utilisiez la phrase : **Prettig met u kennis te maken** (*prè-tigh mèt uu kè-nis te maa-ken*) (Ravi de faire votre connaissance). À des gens plus jeunes et moins formels à qui vous venez d'être présenté, vous dites simplement **Hallo** et, tout en leur serrant la main, vous répétez votre propre nom. Aussitôt après, vous posez une question, par exemple : **Bent u een collega van Jacco Plooi?** (*bènt uu en ko-léé-ghaa fân iâ-kôô plôôï*), ou dans des situations plus personnelles : **Bent u een kennis van Erik Plooi?** (*bènt uu en kè-nis vân éé-rik plôôïy*) (Êtes-vous une connaissance de Erik Plooi ?) Vous vous adressez à la personne à qui vous êtes présenté. Souvent la question concerne sa relation avec la personne qui vous a présentés l'un à l'autre, mais elle peut aussi la concerner elle-même : **Bent u hier voor het eerst?** (*bènt uu h'iir vôôr h'et éérst*) (Est-ce la première fois que vous venez ici ?)

Présentations lors d'occasions spéciales

Il arrive que les présentations et les rencontres soient très formelles. Voici quelques phrases qui conviennent bien :

- **Mag ik u voorstellen: Jessica de Rover.** (*mâgh ik uu vôôr-stè-len yè-sii-kaa de rôô-ver*) (Permettez que je vous présente : Jessica de Rover.)
- **Prettig met u kennis te maken.** (*prè-tigh mèt uu kè-nis te maa-ken*) (Enchanté de vous connaître.)
- **Insgelijks.** (*ins-ghe-lèïks*) (Moi de même.)

Conversation

Dans ce dialogue, un jeune directeur, Bart, rencontre un directeur plus âgé, Hans, dans une réunion formelle. Ils se connaissent bien, appartenant au monde des affaires. Hans présente sa femme.

Bart : **Goedenavond Hans.**

gouou-den-aa-vont h'âns

Bonsoir, Hans.

Hans : **Goedenavond Bart, hoe gaat het! Mag ik je mijn vrouw Rita voorstellen?**

gouou-den-aa-vont bârt h'ouou ghaat h'et. mâgh ik ye mèïn vraôw rii-taa vôôr-ste-len

Bonsoir Bart, comment va ! Puis-je te présenter ma femme ?

Bart : **Goedenavond mevrouw van der Jagt, ik ben Bart van Dieren van Biz Accountants. Prettig met u kennis te maken!**

gouou-den-aa-vont me-vraôw vân der yâght, ik bèn bârt vân dii-ren vân biz e-kaôwn-tents. prè-tigh mèt uu kè-nis te maa-ken

Bonsoir madame van der Jagt, je suis Bart van Dieren de Biz Accountants. Heureux de vous connaître !

Rita : **Insgelijks. Hans heeft mij al veel over u verteld. Woont u nog steeds in Amsterdam-Noord?**

ins-ghe-lèïks. h'âns h'ééft me âl véél ôô-ver uu ver-tèlt. wôônt uu nogh stééts in âm-ster-dâm-nôôrt

Moi de même. Hans m'a beaucoup parlé de vous. Habitez-vous toujours dans la partie nord d'Amsterdam ?

Bart : **Nee, ik woon nu op het Java-eiland.**

Néé ik wôôn nuu op h'et yaa-vaa èï-lânt

Non, j'habite maintenant dans l'île de Java.

Dire au revoir

Quand il est temps de dire au revoir, vous pouvez dire (ce qui est aussi bien formel qu'informel) **tot ziens** (*tot ziins*) ou **dag** (*dâgh*), ou bien (ce qui est très informel) **doei** (*douoüy*) ou **doeg** (*douough*) (Ces deux termes ne sont pas utilisés en Flandres, on trouvera des mots comme **Houd je goed** (*h'out ye ghout*) = tiens bon). S'il s'agit d'une rencontre entre amis, vous dites : **Het was gezellig** (*h'et wâs ghe-zè-ligh*) (C'était très agréable). Si les gens ont parlé de leurs projets ou travaillent à quelque chose, vous concluez souvent sur un souhait : **Veel succes!** (*véél suk-sès*) (Bonne chance !)

Dans les affaires, en partant, vous mentionnez généralement des choses à faire, comme **Ik stuur u zo spoedig mogelijk het voorstel** (*ik stuur uu zôô spouou-digh môô-ghe-lek h'et vôôr-stèl*) (Je vous envoie la proposition dès que possible) ou **Ik wacht uw verslag af** (*ik wâght uuw ver-slâgh âf*) (J'attends votre rapport).

Conversation

CD

Sofie et Gerda se sont rencontrées à la partie de Mike Johnson à Laren. Elles se disent au revoir.

Gerda : **Het is laat, ik moet naar huis. Het was leuk om je te leren kennen.**

h'et is laat ik mouout naar h'oeïs. h'et wâs leueuk ôm ye te léé-ren kè-nen

Il est tard, je dois rentrer. J'ai eu plaisir à te rencontrer.

Sofie : **Ja, het was gezellig. Veel succes met je plannen.**

yaa h'et wâs ghe-zè-ligh. véél suk-sès mèt ye plâ-nen

Oui, c'était très bien. Tous mes vœux pour tes projets.

Gerda : **Bedankt en tot ziens.**

be-dânkt en tot ziins

Merci, et à bientôt.

Bavarder à propos des villes, des pays et des langues

Les présentations sont un bon début, mais comment amorcer une conversation ? Dans cette section, vous apprenez à dire d'où vous êtes, à demander d'où est l'autre personne et quelles langues elle parle.

Dire d'où vous êtes

Vous avez seulement besoin des mots :

Ik kom uit... (*ik kom oeït*) (Je suis de...)

En disant cela, la plupart des gens se réfèrent à l'endroit où ils habitent actuellement. C'est rarement l'endroit où ils sont nés. Quand ils pensent qu'il est important de mentionner leur lieu de naissance, ils disent : **Ik kom uit Amsterdam, maar ik ben geboren op Curaçao** (*ik kom oeït âm-ster-dâm maar ik bèn ghe-bôô-ren op kuu-raa-saôw*). Normalement ils s'en tiennent à : **Ik kom uit...** Cette expression peut se référer à un village, une ville, une région ou un pays. Voici quelques exemples :

- **Ik kom uit Kortenhoef.** (*ik kom oeït kor-ten-h'ouf*) (Je suis de Kortenhoef.)
- **Ik kom uit Maastricht.** (*ik kom oeït maa-stright*) (Je suis de Maastricht.)
- **Ik kom uit Friesland.** (*ik kom oeït friis-lânt*) (Je suis de la Frise.)
- **Ik kom uit Duitsland.** (*ik kom oeït doeïts-lânt*) (Je suis d'Allemagne.)

Connaissez-vous les capitales et les pays européens suivants ?

Tableau 4.1 Capitales et pays européens

Capitale		***Pays***	
Berne (*bern*)	Berne	Zwitserland (*zwit-ser-lânt*)	Suisse
Boedapest (*bouou-daa-pèst*)	Budapest	Hongarije (*h'on-gha-rèï-ye*)	Hongrie
Brussel (*bru-sel*)	Bruxelles	België (*bèl-ghii-ye*)	Belgique
Dublin (*duu-blin*)	Dublin	Ierland (*iir-lânt*)	Irlande

Capitale		***Pays***	
Kopenhagen (*kôô-pen-h'aa-ghen*)	Copenhague	Denemarken (*déé-ne-mâr-ken*)	Danemark
Luxemburg (*luuk-sem-burgh*)	Luxembourg	Luxemburg (*luuk-sem-burgh*)	Luxembourg
Lissabon (*li-saa-bon*)	Lisbonne	Portugal (*por-tuu-ghâl*)	Portugal
Londen (*lon-den*)	Londres	Engeland (*eng-e-lânt*)	Angleterre
Madrid (*maa-drit*)	Madrid	Spanje (*spân-ye*)	Espagne
Oslo (*os-lôô*)	Oslo	Noorwegen (*nôôr-wéé-ghen*)	Norvège
Parijs (*paa-rèïs*)	Paris	Frankrijk (*frânk-rèïk*)	France
Praag (*praagh*)	Prague	Tsjechië (*tsyè-ghi-ye*)	République tchèque
Rome (*rôô-me*)	Rome	Italië (*ii-taa-lii-ye*)	Italie
Stockholm (*stok-h'olm*)	Stockholm	Zweden (*zwéé-den*)	Suède
Warschau (*wâr-chaôw*)	Varsovie	Polen (*pôô-len*)	Pologne
Wenen (*wéé-nen*)	Vienne	Oostenrijk (*ôô-sten-rèïk*)	Autriche

Être : le verbe « zijn »

L'un des verbes les plus importants dans toutes les langues est **être**, en néerlandais, **zijn** (*zèïn*). Exactement comme en français, ce verbe sert à décrire quelque chose : depuis l'humeur comme dans **verdrietig zijn** (*ver-drii-tigh zèïn*) (être triste) ou **blij zijn** (*blèï zèïn*) (être heureux) jusqu'à des caractéristiques physiques comme **groot zijn** (*ghrôôt zèïn*) (être grand) et **slank zijn** (*slânk zèïn*) (être mince). **Zijn** est un verbe très irrégulier.

Conjugaison	*Prononciation*
ik ben	*ik bèn*
jij bent	*yèï bènt*
u bent	*uu bènt*
hij/zij/het is	*h'èï/zèï/h'et is*
wij zijn	*wèï zèïn*
jullie zijn	*yu-lii zèïn*
zij zijn	*zèï zèïn*

Demander d'où est quelqu'un

Pour demander à une ou plusieurs personnes d'où elles viennent, vous devez d'abord décider si vous voulez employer le tutoiement ou le vouvoiement. Dans le premier cas, vous devez faire un choix entre le singulier (si vous vous adressez à une personne) ou le pluriel (si vous vous adressez à plusieurs personnes). Vous devez donc choisir entre ces trois formules :

- **Waar komt u vandaan?** (formel, singulier et pluriel) (*waar komt uu vân-daan*)
- **Waar kom je vandaan?** (informel, singulier) (*waar kom ye vân-daan*)
- **Waar komen jullie vandaan?** (informel, pluriel) (*waar kôô-men yu-lii vân-daan*)

Conversation

CD

Sytske et Klaus font connaissance au cours d'une excursion sur un canal à Amsterdam.

Klaus : **Waar kom jij vandaan?**

waar kôm yèï vân-daan

D'où es-tu ?

Sytske : **Uit Sneek, dat is in Friesland.**

oeït snéék dât is in friis-lânt

De Sneek, c'est en Frise.

Klaus : **Waar ligt Friesland?**

waar light friis-lânt

Où se trouve la Frise ?

Sytske : **In het noorden van Nederland. En waar kom jij vandaan?**

in h'et nôôr-den vân néé-der-lânt. èn waar kom yèï vân-daan

Dans le nord des Pays-Bas. Et d'où es-tu ?

Klaus : **Ik kom uit Duitsland. Ik kom uit Berlijn.**

ik kom oeït doeïts-lânt. ik kom oeït ber-lèïn

Je viens d'Allemagne. Je suis de Berlin.

Venir : komen

Vous rencontrerez très souvent ce verbe néerlandais. C'est un verbe régulier.

Conjugaison	*Prononciation*
ik kom	*ik kom*
jij komt	*yèï komt*
u komt	*uu komt*
hij/zij/het komt	*h'èï/zèï/h'et komt*
wij komen	*wèï kôô-men*
jullie komen	*yu-lii kôô-men*
zij komen	*zèï kôô-men*

Apprendre quelque chose sur les nationalités

Tandis que vous bavardez au sujet du pays d'où vous venez, la personne à qui vous parlez peut vous demander quelle nationalité vous avez et quelle est votre propre langue.

Vous trouverez dans le tableau 4.2 différents pays, les mots pour dire votre nationalité ainsi que les mots néerlandais désignant les langues parlées dans ces pays.

Tableau 4.2 Noms de pays, noms masculins et féminins, et adjectifs

Français	*Néerlandais*	*Nom masculin*	*Nom féminin*	*Adjectif*
Pays-Bas	Nederland *néé-der-lânt*	Nederlander *néé-der-lân-der*	Nederlandse *néé-der-lânt-se*	Nederlands *néé-der-lânts*
Autriche	Oostenrijk *ôô-sten-rèïk*	Oostenrijker *ôô-sten-rèï-ker*	Oostenrijkse *ôô-sten-rèïk-se*	Oostenrijks *ôô-sten-rèïks*
Belgique	België *bèl-ghii-ye*	Belg *bèlgh*	Belgische *bèl-ghii-se*	Belgisch *bèl-ghiis*
Angleterre	Engeland *èng-e-lânt*	Engelsman *èng-els-mân*	Engelse *èng-el-se*	Engels *èng-els*
France	Frankrijk *frânk-rèïk*	Fransman *frâns-mân*	Française *frân-sèè-se*	Frans *frâns*
Allemagne	Duitsland *doeïts-lânt*	Duitser *doeït-ser*	Duitse *doeït-se*	Duits *doeïts*
Italie	Italië *ii-taa-lii-ye*	Italiaan *ii-tal-yaan*	Italiaanse *ii-tal-yaan-se*	Italiaans *ii-tal-yaans*
Suisse	Zwitserland *zwit-ser-lânt*	Zwitser *zwit-ser*	Zwitserse *zwit-ser-se*	Zwitsers *zwit-sers*
États-Unis	Verenigde Staten *ve-réé-nigh-te staa-ten*	Amerikaan *aa-méé-rii-kaan*	Amerikaanse *aa-méé-rii-kaan-se*	Amerikaans *aa-méé-rii-kaans*

Utilisation de ces termes dans une phrase

- **Sofie Vermeent komt uit Nederland.** (*sôô-fii ver-méént komt oeït néé-der-lânt*) (Sofie Vermeent est des Pays-Bas.)
- **Sofie is Nederlandse.** (*sôô-fii is néé-der-lânt-se*) (Sofie est néerlandaise.)
- **Mike Johnson komt uit de Verenigde Staten.** (*maïk djon-sen komt oeït de ver-réé-nigh-de staa-ten*) (Mike Johnson est originaire des Etats-Unis.)
- **Mike is Amerikaan.** (*maïk is aa-méé-rii-kaan*) (Mike est américain.)
- **Mike heeft de Amerikaanse nationaliteit.** (*maïk h'ééft de aa-méé-rii-kaan-se naa-tsyôô-naa-lii-tèït*) (Mike a la nationalité américaine.)
- **Kirstin Liebherr komt uit Duitsland.** (*kir-stin liip-h'èr komt oeït doeïts-lânt*) (Kirstin Liebherr vient d'Allemagne.)
- **Kirstin is Duitse.** (*kir-stin is doeït-se*) (Kirstin est allemande.)
- **Kirstin heeft de Duitse nationaiteit.** (*kir-stin h'ééft de doeït-se naa-tsyôô-naa-lii-tèït*) (Kirstin a la nationalité allemande.)

Parler au sujet des langues

Vous utilisez le verbe spreken (parler) pour discuter de langues.

Conjugaison	***Prononciation***
ik spreek	*ik spréék*
jij spreekt	*yèï spréékt*
u spreekt	*uu spréékt*
hij/zij/het spreekt	*h'èï/zèï/h'et spréékt*
wij spreken	*wèï spréé-ken*
jullie spreken	*yu-lii spréé-ken*
zij spreken	*zèï spréé-ken*

Conversation

Klaus et Sytske sont sur un canal à Amsterdam. Le guide parle anglais, allemand et espagnol. Klaus remarque que Sytske comprend l'espagnol.

Klaus : **Spreek je ook Spaans?**

spréék ye ôôk spaans

Parles-tu aussi l'espagnol ?

Sytske : **Ja, ik spreek Spaans. En jij?**

yaa, ik spréék spaans. èn yèï

Oui, je parle espagnol. Et toi ?

Klaus : **Nee, ik spreek alleen Duits en een beetje Nederlands. Spreek jij Duits?**

Néé ik spréék â-léén doeïts èn en béét-ye néé-der-lânts. spréék yèï doeïts

Non, je parle seulement l'allemand et un peu le néerlandais. Parles-tu allemand ?

Sytske : **Nee, ik spreek geen Duits. Ik spreek Fries, Nederlands, Engels en Spaans.**

néé ik spréék ghéén doeïts. ik spréék friis néé-der-lânts èng-els èn spaans

Non, je ne parle pas allemand. Je parle le frison, le néerlandais, l'anglais et l'espagnol.

Klaus : **Spreken alle Nederlanders zoveel talen?**

spréé-ken â-le néé-der-lân-ders zôô-véél taa-len

Tous les Néerlandais parlent-ils autant de langues ?

Sytske : **Alle Nederlanders leren op school Nederlands en nog twee talen. Alleen Friezen spreken Fries.**

â-le néé-der-lân-ders léé-ren op sghôôl néé-der-lânts èn nogh twéé taa-len. â-léén frii-zen spréé-ken friis

Tous les Néerlandais apprennent à l'école le néerlandais et encore deux autres langues. Seuls les Frisons parlent frison.

Mots clés

Engels	èng-els	l'anglais
Duits	doeïts	l'allemand
Spaans	spaans	l'espagnol
Fries	friis	le frison
Nederlands	néé-der-lânts	le néerlandais
de taal	de taal	la langue
de school	de sghôôl	l'école

Chapitre 5

Faire plus ample connaissance

Dans ce chapitre :

- Inciter l'autre à parler
- Parler de soi
- Parler du temps

Pour connaître une personne, il faut parler avec elle. En utilisant les conversations de ce chapitre, vous pourrez non seulement nouer de nouvelles relations, mais aussi apprendre à parler en néerlandais. Que vous soyez dans le train, l'autobus, l'avion ou dans une réception, il y a toujours des sujets dont vous pouvez parler. Posez des questions, parlez de vous-même ou du temps qu'il fait.

Quand les gens s'intéressent vraiment à vous, ils peuvent poser des questions sur votre famille. Vous trouverez des expressions utiles pour les discussions sur la famille dans l'avant-dernière partie de ce chapitre. Si vous voulez vous en tenir à des sujets plus neutres, parler de la pluie et du beau temps vous aidera à rompre la glace.

Inciter l'autre à parler

Trouvez-vous difficile d'établir un contact ? Utilisez des questions pour amorcer le dialogue. Demandez aux gens s'ils connaissent l'endroit où vous allez ou celui où vous vous trouvez. Ils vous répondront, et s'ils s'intéressent à vous, ils vous poseront une question à leur tour. À un stade ultérieur, vous pourrez poser des questions plus personnelles. Les phrases d'amorce suivantes pourraient vous être utiles :

- **Bent u hier bekend?** (*bènt uu h'iir be-kènt*) (FL) **Kent u deze streek?** (*kènt uu de-ze stréék?*) (Connaissez-vous cet endroit ?) (formel)
- **Ben je hier bekend?** (*bèn ye h'iir be-kènt*) (FL) **Ken je deze streek ?** (*kèn ye dé -ze stréék?*) (Connais-tu cet endroit ?) (informel)

- **Bent u hier voor de eerste keer?** (*bènt uu h'iir vôôr de éér-ste kéér*) (Est-ce la première fois que vous venez ici ?) (formel)
- **Ben je hier voor de eerste keer?** (*bèn ye h'iir vôôr de éér-ste kéér*) (Est-ce la première fois que tu viens ici ?) (informel)
- **Komt u hier wel vaker?** (*komt uu h'iir wèl vaa-ker*) (FL) **Komt u hier dikwijls ?** (*komt uu h'iir dik-wels*) (Venez-vous souvent ici ?)
- **Komen we binnenkort aan?** (*kôô-men we bi-nen-kort aan*) (Allons-nous arriver bientôt ?)
- **Moeten we lang wachten?** (*mouou-ten we lâng wâgh-ten*) (Devons-nous attendre longtemps ?)

Toutes les questions qui commencent par un verbe sont des questions fermées. La personne à qui vous parlez peut y répondre simplement par un oui ou un non.

Les questions ouvertes commencent par un mot interrogatif. Les interrogatifs sont des mots comme **wie** (*wii*) (qui ?), **wat** (*wât*) (quoi ? que ?), **waar** (*waar*) (où ?), **hoe** (*h'ouou*) (comment ?) et **wanneer** (*wâ-néér*) (quand ?). Si vous posez une question ouverte, la personne à qui vous parlez vous donnera une réponse plus longue que **ja** (*yaa*) (oui) ou **nee** (*néé*) (non). Voici quelques questions ouvertes appropriées, commençant par un mot interrogatif :

- **Wanneer komen we aan?** (*wâ-néér kôô-men we aan*) (Quand arrivons-nous ?)
- **Waar gaat u naartoe?** (*waar ghaat uu naar touou*) (Où allez-vous ?) (formel)
- **Waar ga je naartoe?** (*waar gaa ye naar touou*) (Où vas-tu ?)
- **Wat is dit voor soort restaurant?** (*wât is dit vôôr sôôrt rès-to-rânt*) (Quel genre de restaurant est-ce ?)
- **Wie is dat** (*wii is dât*) (Qui est-ce ?)

Quand vous êtes à une soirée, vous pouvez interroger l'autre personne sur sa relation avec l'hôte ou l'hôtesse :

- **Hoe lang kent u de familie Sturmey al?** (*h'ouou lâng kènt uu de faa-mii-lii stur-mai âl*) (Depuis quand connaissez-vous la famille Sturmey ?)

Les gens parleront plus longtemps quand vous leur poserez des questions qui nécessitent une réponse personnelle. Voyez ce qui arrive quand vous posez une question comme la suivante :

- **Kent u Allan Sturmey goed?** (*kènt u â-lân stur-mai ghout*) (Connaissez-vous bien Allan Strumey ?)

Pour plus d'informations sur les questions, consultez la section du chapitre 2 relative à la manière de poser des questions.

Parler de soi

Quand vous parlez de vous-même, dites à la personne à qui vous parlez des choses que vous aimeriez savoir sur elle ! Vous pouvez dire quel genre de travail vous faites et d'où vous venez. Peut-être voudrez-vous lui donner votre numéro de téléphone à la fin de la conversation.

Parlez de votre travail

En général, vous pouvez indiquer le genre de travail que vous faites en utilisant les mots « je suis » suivis de votre profession ou votre fonction. Vous n'utilisez pas d'article. Certaines professions ont des formes masculines et féminines.

- **Ik ben secretaris.** (*ik bèn si-kre-taa-ris*) (Je suis secrétaire, masculin.)
- **Ik ben secretaresse.** (*ik bèn si-kre-taa-rè-se*) (Je suis secrétaire, féminin.)
- **Ik ben student.** (*ik bèn stuu-dènt*) (Je suis étudiant.)
- **Ik ben hoogleraar.** (*ik bèn h'ôôgh-léé-raar*) (Je suis professeur.)

De nombreuses professions avaient autrefois une forme féminine, qu'elles ont perdue. En pareil cas, vous utilisez toujours la forme masculine. Les femmes disent en général : **Ik ben directeur** (*ik bèn di-rèk-teur*) (Je suis directrice), au lieu d'employer l'expression démodée **Ik ben directrice** (*ik bèn di-rèk-trii-se*) (Je suis directrice). De jeunes enseignants diront : **Ik ben docent Nederlands** (*ik bèn dôô-sènt néé-der-lânts*) (Je suis professeur de néerlandais). Seules des personnes âgées continueront d'utiliser la forme féminine **Ik ben docente Nederlands** (*ik bèn dôô-sèn-te néé-der-lânts*) (Je suis professeur de néerlandais). En revanche, en Flandres on utilise encore les formes féminines des métiers.

De plus en plus de professions ont des noms anglais. Vous rencontrerez les professions suivantes parmi vos relations d'affaires néerlandaises :

- **Ik ben accountmanager.** (*ik bèn e-kaôwnt mè-ne-djer*) (Je suis account manager.)
- **Ik ben general manager.** (*ik bèn djè-ne-rel mè-ne-djer*) (FL) (*ik bèn djè-ne-rel mai-ne-djer*) (Je suis directeur général.)

- **Ik ben HR-assistent.** (*ik bèn h'â èr e-sis-tent*) (Je suis assistant au département RH.)
- **Ik ben supervisor.** (*ik bèn souou-per-vaï-zer*) (Je suis responsable d'une équipe.)

Si vous ne trouvez pas le mot correspondant à votre occupation, prenez un dictionnaire ou consultez un dictionnaire sur Internet. Vous pouvez choisir une autre solution et mentionner l'endroit où vous travaillez :

- **Ik werk op de universiteit.** (*ik wèrk op de uu-nii-ver-sii-tèït*) (Je travaille à l'université.)
- **Ik werk bij een internationaal bedrijf.** (*ik wèrk bèï en in-ter-naa-tsyôô-naal be-drèïf*) (Je travaille dans une société internationale.)
- **Ik werk in een ziekenhuis.** (*ik wèrk in en zii-ken-h'oeïs*) (Je travaille dans un hôpital.)

Si vous êtes un étudiant, vous pouvez mentionner ce que vous étudiez. Commencez seulement par dire : **Ik studeer** (*ik stuu-déér*) (J'étudie), puis vous ajoutez :

- **wiskunde** (*wis-kun-de*) (les mathématiques)
- **literatuur** (*lii-téé-raa-tuur*) (la littérature)
- **internationaal recht** (*in-ter-naa-tsyôô-naal règht*) (le droit international)
- **medicijnen** (*méé-dii-sèï-nen*) (la médecine)

Au cas où vous feriez d'autres choses, les phrases suivantes pourraient vous être utiles :

- **Ik ben op reis.** (*ik bèn op rèïs*) (Je suis en voyage.)
- **Ik ben op zakenreis.** (*ik bèn op zaa-ken-rèïs*) (Je suis en voyage d'affaires.)
- **Ik ben hier op tijdelijke basis.** (*ik bèn h'iir op tèï-de-le-ke baa-sis*) (Je suis ici temporairement.)

Demander et donner un numéro de téléphone

Si vous offrez le premier de donner votre numéro de téléphone, l'autre personne vous donnera probablement le sien en retour. Donc, si vous souhaitez garder le contact, vous pourrez dire : **Ik geef je mijn telefoonnummer, in geval je contact met me wilt opnemen** (*ik ghééf ye mèïn téé-léé-fôôn-nu-mer in ghe-vâl ye kon-tâkt mèt me wilt op-néé-men*) (Je te donne mon numéro de téléphone pour le cas où tu voudrais prendre contact avec moi). En général, vous écrivez votre numéro de téléphone ou vous donnez votre carte de visite. Après avoir tendu la carte, vous pouvez ajouter : **Dit is mijn mobiele nummer** (*dit is mèïn môô-bii-le nu-mer*) (Ceci est mon numéro de portable) ou **Het netnummer is...** (*h'et nèt-nu-mer is*) (Le préfixe est...) et **Het abonneenummer is...** (*h'et a-bo-néé-nu-mer is*) (Le numéro d'abonné est...). Une bonne phrase pour terminer l'échange des numéros de téléphone est : **Je kunt me altijd bellen** (*ye kunt me âl-tèït bè-len*) (Tu peux m'appeler à tout moment).

INFO CULTURELLE

Les numéros de téléphone néerlandais ont toujours dix chiffres. Le premier groupe de deux, trois ou quatre chiffres représente le préfixe : 06 pour les téléphones cellulaires, 0 plus deux chiffres pour les villes importantes, et 0 plus trois chiffres pour les villes plus petites.

- **06** (portable) **nul zes** (*nul zès*) (zéro six)
- **010** (Rotterdam) **nul tien** (*nul tiin*) (zéro dix)
- **020** (Amsterdam) **nul twintig** (*nul twin-tigh*) (zéro vingt)
- **030** (Utrecht) **nul dertig** (*nul dèr-tigh*) (zéro trente)
- **070** (La Haye) **nul zeventig** (*nul zéé-ven-tigh*) (zéro soixante-dix)

Sur l'annuaire téléphonique, le numéro d'abonné commence par trois chiffres, et est divisé ensuite en groupes de deux.

> 020-679 04 28 : **nul twintig, zes zeven negen, nul vier, twee acht** (*nul twin-tigh, zès zéé-ven néé-ghen, nul viir, twéé âght*) (zéro vingt, six sept neuf, zéro quatre, deux huit)

Sur les sites Web, les cartes de visite et les documents officiels, les numéros de téléphone sont divisés de cette manière. Si vous demandez à un particulier son numéro de téléphone, il vous l'indiquera sous la forme qui lui paraît la meilleure : très souvent avec des chiffres séparés, mais d'autres combinaisons sont également possibles. Vous verrez même des couples dire leur numéro de téléphone commun de deux manières différentes ! L'un dira :

> 036-532 532 1 : **nul zesendertig, vijf drie twee, vijf drie twee, een** (*nul zès-en-dèr-tigh, wèïf drii twéé, wèïf drii twéé, één*)

L'autre dira :

> 036-532 532 1 : **nul zesendertig, drieënvijftig, vijfentwintig, drie twee een** (*nul zès-en-dèr-tig, drii-en-wèïf-tigh, wèïf-en-twin-tigh, drii twéé één*) (zéro trente-six, cinquante-trois, vingt-cinq, trois deux un)

Tout n'est pas perdu. Les Néerlandais s'accordent en général sur le préfixe : il commence toujours par zéro, et les dizaines sont prononcées en tant que dizaines, ainsi **nul tien** (*nul tiin*) (zéro dix) et **nul twintig** (*nul twin-tigh*) (zéro vingt). Quand le préfixe comporte quatre chiffres, il est prononcé comme 0320, **nul drie twee nul** (*nul drii twéé nul*), en séparant les chiffres.

Conversation

Sofie est allée à une soirée un vendredi. Elle prend son premier verre de vin quand elle rencontre Mike. Elle remarque aussitôt qu'il n'est pas Néerlandais, bien qu'il parle assez bien le néerlandais.

Sofie Vermeent : **Wat heeft u naar Nederland gebracht?**

wât h'ééft uu naar néé-der-lânt ghe-brâght

Qu'est-ce qui vous a amené aux Pays-Bas ?

Mike Johnson : **Ik ben hier op tijdelijke basis. Ik werk voor een internationaal bedrijf.**

ik bèn h'iir op tèï-de-le-ke baa-sis. ik wèrk vôôr en in-ter-naa-tsyôô-naal be-drèïf

Je suis ici à titre temporaire. Je travaille dans une société internationale.

Sofie Vermeent : **En welk bedrijf is dat, als ik vragen mag?**

èn wèlk be-drèïf is dât âls ik vraa-ghen mâgh

Et quelle société est-ce, si je puis vous le demander ?

Mike Johnson : **Ik werk voor Golfwagen Duitsland en ben nu in Amsterdam gestationeerd.**

ik wèrk vôôr gholf-waa-ghen doeïts-lânt èn bèn nuu in âm-ster-dâm ghe-staa-tsyô-néért

Je travaille pour Golfwagen Allemagne et suis maintenant en poste à Amsterdam.

Sofie Vermeent : **Bent u dan Duits?**

bènt u dân doeïts

Êtes-vous donc allemand ?

Mike Johnson : **Mijn moeder is Duits en mijn vader is Amerikaans.**

mèïn mouou-der is doeïts èn mèïn vaa-der is a-méé-rii-kaans

Ma mère est allemande et mon père est américain.

Sofie Vermeent : **Waar woont u?**

waar wôônt uu

Où habitez-vous ?

Mike Johnson : **Doorde weeks woon ik in een hotel in Naarden. In het weekend ga ik naar Keulen, naar mijn vrouw. Dat is maar een paar uur rijden. En waar woon jij?**

dôôr-de-wééks wôôn ik in en h'ôô-tel in naar-den. in h'et wii-kent ghaa ik naar keueu-len naar mèïn vraôw. dât is maar en paar uur rèï-den. èn waar wôôn yèï

Pendant la semaine, j'habite dans un hôtel à Naarden. Pour le week-end je vais voir ma femme à Cologne. C'est seulement deux heures de route. Et où habites-tu ?

Sofie Vermeent : **Hier vlakbij, in Kortenhoef. Blijft u vanavond in Nederland?**

h'iir vlâk-bèï in kor-ten-h'ouf. blèïft uu vân-aa-vont in néé-der-lânt

Près d'ici, à Kortenhoef. Restez-vous ce soir aux Pays-Bas ?

Mike Johnson : **Nee, ik rij straks naar huis.**

néé ik rèï strâks naar h'oeïs

Non, je retourne bientôt chez moi en voiture.

Sofie Vermeent : **O, dus daarom drinkt u geen alcohol. Ik wens u een goeie reis!**

ôô, dus daa-rom drinkt uu ghéén âl-kôô-h'ol. ik wèns uu één ghouïye rèïs

Oh, c'est pour cela que vous ne buvez pas d'alcool. Je vous souhaite un bon voyage !

Parler de votre famille

Ayant fait meilleure connaissance, vous pouvez parler de votre famille. Dans les circonstances non professionnelles, les femmes parlent à d'autres femmes de leurs enfants. C'est très naturel après le travail, dans des lieux accueillant les enfants, comme les écoles, les terrains de sport et les piscines. Faites attention dans le contexte professionnel : les patrons néerlandais veulent que vous vous consacriez à votre travail quand vous travaillez ! Parler de votre famille est une chose que vous faites quand vous êtes en confiance avec des gens ou quand ils vous posent des questions à ce sujet. Vous pouvez utiliser les mots suivants :

- **de ouders** (*de aôw-ders*) (les parents)
- **de vader** (*de vaa-der*) (le père)
- **de moeder** (*de mouou-der*) (la mère)
- **de kinderen** (*de kin-de-ren*) (les enfants)
- **de zoon** (*de zôôn*) (le fils)
- **de jongen** (*de yong-en*) (le garçon)
- **de dochter** (*de dogh-ter*) (la fille – et non le fils)
- **het meisje** (*h'et mèïs-ye*) (la fille – et non le garçon)
- **de broers en zussen** (*de brours en zu-sen*) (les frères et sœurs)
- **de grootvader** (*de ghrôôt-vaa-der*) (le grand-père)
- **de opa** (*de ôô-paa*) (le papi)
- **de grootmoeder** (*de grôôt-mouou-der*) (la grand-mère)
- **de oma** (*de ôô-maa*) (la mami)
- **de oom** (*de ôôm*) (l'oncle)
- **de tante** (*de tân-te*) (la tante)
- **de neef** (*de nééf*) (le cousin)
- **de neef, het neefje** (*de nééf, h'et nééf-ye*) (le neveu)
- **de nicht** (*de night*) (la cousine)
- **de nicht, het nichtje** (*de night, h'et nigh-tye*) (la nièce)
- **de schoonfamilie** (*de sghôôn-fa-mii-lii*) (la belle-famille)
- **de schoonvader** (*de sghôôn-vaa-der*) (le beau-père)
- **de schoonmoeder** (*de sghôôn-mouou-der*) (la belle-mère)
- **de schoonzoon** (*de sghôôn-zôôn*) (le gendre)
- **de schoondochter** (*de sghôôn-dogh-ter*) (la belle-fille)
- **de schoonzus** (*de sghôôn-zus*) (la belle-sœur)
- **de zwager** (*de zwaa-gher*) (Fl) **de schoonbroer** (*de sghôôn-brour*) (le beau-frère)

Le divorce est presque aussi courant aux Pays-Bas que la famille. Dans les villes importantes vous rencontrez beaucoup de **alleenstaanden** (*a-léén-staan-den*) (personnes seules). Certains restent célibataires, d'autres ont des relations mais évitent le mariage.

Le néerlandais a beaucoup de mots pour décrire les relations entre les gens. Un homme qui dit **mijn vriend Marcel** (*mèïn vriint mâr-sèl*) a probablement fait la connaissance de Marcel à l'école ou pendant ses études supérieures. Ils sont restés en contact. Chaque fois qu'une femme parle de **mijn vriend** (*mèïn vriint*), sans mentionner de nom, elle se réfère probablement à son partenaire dans la vie. Quand elle dit **mijn vriend Gerda** (*mèïn vriind ghèr-daa*), elle se réfère probablement à une amie d'école ou d'études avec laquelle elle est restée en contact. Inversement, quand un homme parle de **mijn vriendin** (*mèïn vriin-din*), il se réfère probablement à sa partenaire dans la vie.

Comme les mots **mijn vriend** et **mijn vriendin** peuvent prêter à confusion, il est plus sûr d'utiliser **mijn partner** (*mèïn pârt-ner*) pour parler de votre partenaire dans la vie.

Un homme marié dira **mijn vrouw** (*mèïn vraôw*) pour se référer à sa femme. Des hommes d'un certain âge ou des hommes plus jeunes voulant marquer une certaine distance envers leur conjointe l'appellent **mijn echtgenote** (*mèïn èght-ghe-nôô-te*) (mon épouse). Des femmes d'un certain âge ou des femmes plus jeunes voulant marquer une certaine distance à l'égard de leur conjoint l'appellent **mijn echtgenoot** (*mèïn èght-ghe-nôôt*).

INFO CULTURELLE

En Belgique on entendra aussi le mot **mijn lief** (*mêïn liif*) (mon amoureux / mon amoureuse) pour désigner le ou la partenaire- ou bien le mot **mijn vriendje** (*mêîn vriin-tye*) (mon petit ami), par contre le féminin **mijn vriendinnetje** (*mèin vriin-di-ne-tye*) ne veut pas dire ma petite amie, mais renvoie au jeune âge de cette personne et désigne une amie qui est encore une enfant.

Conversation

CD

Hans a fait la connaissance de Gabriele, de Munich, à la cérémonie d'élection de la secrétaire de l'année à Amsterdam. Gabriele est une secrétaire de direction qui travaille chez Golfwagen à Amsterdam. Quand Hans et Gabriele se rencontrent pour la seconde fois, ils parlent de leurs familles.

Hans : **Heb je broers en zussen?**
h'èp ye brours èn zu-sen
As-tu des frères et sœurs ?

Gabriele : **Ik heb een zus in Duitsland.**
ik h'èp en zus in doeïts-lânt
J'ai une sœur en Allemagne.

Hans : **Wat toevallig, ik heb ook een zus.**
wât touou-vâ-ligh ik h'èp ôôk en zus
Quelle coïncidence, j'ai aussi une sœur.

Gabriele : **Is ze ouder of jonger dan jij?**

is ze aôw-der of yong-er dân yèï

Est-elle plus âgée ou plus jeune que toi ?

Hans : **Ze is ouder. En die van jou?**

ze is aôw-der. èn dii vân yaôw

Elle est plus âgée. Et la tienne ?

Gabriele : **De mijne ook, wat toevallig!**

de mèï-ne ôôk wât touou-vâ-ligh

La mienne aussi, quelle coïncidence !

Hans : **Heeft jouw zus kinderen?**

h'ééft yaôw zus kin-der-en

Ta sœur a-t-elle des enfants ?

Gabriele : **Ja, twee: een jongen en een meisje.**

ya twéé en yong-en èn en mèïs-ye

Oui, deux : un garçon et une fille.

Hans : **Nou [PB] / Wel [FL], dan hebben we nu een verschil gevonden: mijn zus is niet getrouwd en heeft geen kinderen.**

naôw wèl dân h'è-ben we nuu en ver-sghil ghe-von-den mèïn zus is niit ghe-traôwt èn h'ééft ghéén kin-der-en

Eh bien, maintenant nous avons trouvé une différence : ma sœur n'est pas mariée et n'a pas d'enfants.

Mots clés

ouder	aôw-der	plus âgé
jonger	yong-er	plus jeune
toevallig	touou-vâ-ligh	par coïncidence
en die van jou	èn dii vân yaôw	et la tienne ?
een verschil	en ver-sghil	une différence
getrouwd	ghe-traôwt	marié(e)

Négation : « niet » et « geen »

La négation existe sous deux formes en néerlandais. La première consiste à employer niet avec un verbe.

- **Mijn zus is niet getrouwd.** (*mèïn zus is niit ghe-traôwt*) (Ma sœur n'est pas mariée.)
- **Ik ben niet rijk**. (*ik bèn niit rèïk*) (Je ne suis pas riche.)
- **Ik luister niet naar jou.** (*ik loeï-ster niit naar yaôw*) (Je ne t'écoute pas.)

La seconde forme emploie geen avec un nom : une personne ou un objet.

- **Mijn zus heeft geen kinderen.** (*mèïn zus h'ééft ghéén kin-der-en*) (Ma sœur n'a pas d'enfants.)
- **Ik heb geen geld.** (*ik h'èp ghéén ghèlt*) (Je n'ai pas d'argent.)
- **Ik heb geen auto.** (*ik h'èp ghéén aôw-tôô*) (Je n'ai pas de voiture.)

Entre **geen** et la personne ou la chose, vous pouvez placer un adjectif qui caractérise la personne ou l'objet.

- **Mijn zus heeft geen kleine kinderen.** (*mèïn zus h'ééft ghéén klèï-ne kin-der-en*) (Ma sœur n'a pas d'enfant en bas âge.)
- **Ik heb geen euro's.** (*ik h'èp ghéén eu-rôô*) (Je n'ai pas d'euros.)
- **Ik heb geen zwarte auto.** (*ik h'èp ghéén zwâr-te aôw-tôô*) (Je n'ai pas de voiture noire.)

INFO CULTURELLE

Relations avec les voisins

Les Néerlandais passent beaucoup de temps à la maison ou autour de la maison, surtout en hiver. Leur maison est leur château, et en général ils n'aiment pas les visites impromptues, à moins qu'elles ne leur soient rendues par de très bons amis. S'ils vous demandent : **Kom eens langs** (*kom ééns lângs*) (Viens nous voir un de ces jours), vous devez répondre : **Wanneer komt dat uit?** (*wâ-néér kômt dât oeït*) (FL) **Wanneer past het (voor jullie)?** (*wâ-néér pâst h'ét (vôôr yu- lii*) (Quand est-ce que ce serait commode pour vous ?) Ils regarderont dans leur agenda ou devront d'abord en parler avec leur compagne ou compagnon.

Ils vous diront alors quand : le matin ou l'après-midi, pour prendre un café, avant le repas du soir, pour dîner ou juste prendre un verre. Si vous être très familiarisé avec vos voisins et si vous entrez parfois simplement chez eux, ne faites pas cela à l'heure du dîner, entre 18 et 19 heures. Vos voisins se sentiraient embarrassés. De même, vos voisins s'abstiendront de vous rendre visite à l'heure du dîner.

Parler du temps

Les Néerlandais aiment à parler du temps. Même si vous habitez et travaillez dans une ville, le temps est important : qu'allez-vous mettre, qu'allez-vous faire, irez-vous travailler à pied, en bicyclette ou par le bus, et même quelle sera l'humeur de vos collègues aujourd'hui ? Parler du temps est un passe-temps favori des Néerlandais. Voici quelques expressions pour participer à la conversation.

Quel temps fait-il ?

Commencez votre phrase par **het is** (*h'et is*) (il fait) :

- **Het is fris.** (*h'et is fris*) (Il fait très froid.)
- **Het is koud.** (*h'et is kaôwt*) (Il fait froid.)
- **Het is mooi weer.** (*h'et is môôïy wéér*) (Il fait mauvais temps.)
- **Het is warm.** (*h'et is wârm*) (Il fait chaud.)
- **Het is heet.** (*h'et is h'éét*) (Il fait très chaud.)

Remarquez que les gens commencent leur bavardage sur le temps en mentionnant ce que leur interlocuteur a probablement remarqué aussi ! Pour faire part de vos sentiments sur le temps (le bonheur, la frustration ou la colère), vous pouvez ajouter le mot **hè** (*h'è*) et faire ainsi une question en élevant le ton en fin de phrase. Par exemple, **Het is koud hè?** (*h'et is kaôwt h'è*) (Il fait froid, hein ?) ou **Het is heet hè?** (*h'et is h'éét h'è*) (Il fait très chaud, hein ?) Cette remarque en forme de question provoquera une réaction, probablement quelque chose comme : **Ik moest krabben** (*ik moust krâ-ben*) (J'ai dû gratter le givre sur mon pare-brise) ou **Ja, hadden we maar een airco** (*yaa h'â-den we maar en air-kôô*) (Oui, si seulement nous avions la climatisation).

Le temps néerlandais étant très variable, les descriptions du temps ci-après vous seront bien utiles :

- **Het is zonnig.** (*h'et is zô-nigh*) (Il y a du soleil.)
- **Het is bewolkt.** (*h'et is be-wolkt*) (Il y a des nuages.)
- **Het is mistig.** (*h'et is mis-tigh*) (Il y a du brouillard.)
- **Het is regenachtig.** (*h'et is réé-ghen-agh-tigh*) (Il y a de la pluie.)
- **Het is buiig.** (*h'et is boeï-yigh*) (Il y a des averses.)
- **Het is winderig.** (*h'et is win-der-igh*) (Il y a du vent.)
- **Het vriest.** (*h'et friist*) (Il gèle.)

En regardant les prévisions météo à la télé, vous pourriez entendre les phrases suivantes :

- **Het gaat regenen.** (*h'et ghaat réé-ghe-nen*) (Il va pleuvoir.)
- **Het klaart op.** (*h'et klaart op*) (Le ciel s'éclaircit.)
- **We krijgen zonnige perioden.** (*we krèï-ghen zô-nighe péé-ri-ôô-den*) (Il y aura des périodes ensoleillées.)
- **Het houdt op met regenen.** (*h'et h'aôwt op mèt réé-ghe-nen*) (La pluie va cesser de tomber.)
- **Het gaat onweren.** (*h'et ghaat on-wéé-ren*) (Il y aura des orages.)
- **Het gaat vriezen.** (*h'et ghaat frii-zen*) (Il va geler.)
- **'s Ochtends is er kans op mist.** (*sogh-tens is èr kâns op mist*) (Ce matin il pourrait y avoir du brouillard.)
- **'s Ochtends is er kans op gladheid.** (*sogh-tens is èr kâns op ghlât-h'èït*) (Dans la matinée il pourrait y avoir du verglas.)

Parler de la température

Quand la personne avec qui vous parlez du temps a dit quelque chose en réaction à votre remarque, vous pouvez confirmer les observations échangées en ajoutant un détail, comme la température, et dire :

- **Het is min 10.** (*h'et is min tiin*) (Il y a moins 10 degrés.)
- **Het is 10 graden onder nul.** (*h'et is tiin ghraa-den on-der nul*) (Il fait 10 degrés au-dessous de zéro.)
- **Het is 30 graden in de schaduw.** (*h'et is der-tigh ghraa-den in de sghaa-duuw*) (Il fait 30 degrés à l'ombre.)

Et terminez la discussion comme suit :

Morgen wordt het nog kouder. (*mor-ghen wort h'et nogh kaôw-der*) (Demain il fera encore plus froid.)

ou

Morgen wordt het nog warmer. (*mor-ghen wort h'et nogh wâr-mer*) (Demain il fera encore plus chaud.)

Conversation

Gerda et Jessica sont membres du même club de mise en forme. En été elles pratiquent aussi des sports de plein air comme la bicyclette ou la course à pied. Elles ont convenu de courir ensemble samedi matin à 10 heures. Elles se rencontrent au club.

Gerda : **Hallo Jessica, hoe gaat het?**

h'a-lôô yè-sii-kaa h'ouou ghaat h'et

Salut Jessica, comment va ?

Jessica : **Hallo Gerda, met mij prima, maar ik ben bang dat het gaat regenen !**

h'a-lôô gher-daa mèt mèï prii-maa maar ik bèn bâng dât h'et ghaat réé-ghe-nen

Bonjour Gerda, moi ça va très bien, mais j'ai peur qu'il ne se mette à pleuvoir.

Gerda : **Denk je dat echt? Het weerbericht zegt dat het vanmiddag pas gaat regenen.**

dènk ye dât èght. h'et wéér-be-right zèght dât h'et vân-mi-dâgh pâs ghaat réé-ghe-nen

Crois-tu ça vraiment ? La météo dit que c'est cet après-midi qu'il va pleuvoir.

Jessica : **Nou, het is nu al erg bewolkt. We hebben gepland om de lange route te lopen, maar mischien is het beter om de korte te nemen.**

naôw h'et is nuu âl èrgh be-wolkt. we hè-ben ghe-plènt om de lâng-e rouou-te te lôô-pen maar mi-sghiin is h'et béé-ter om de korte te néé-men

Eh bien, il y a déjà beaucoup de nuages. Nous avions prévu de prendre le grand itinéraire, mais peut-être vaut-il mieux prendre le plus court.

Gerda : **Ik wil dolgraag de lange lopen. Kijk, de lucht klaart op, laten we nu gaan! In het park kunnen we nog besluiten of we de lange of de korte route nemen.**

ik wil dol-ghraagh de lang-e lôô-pen. kèïk de lught klaart op laa-ten we nuu ghaan. in het pârk ku-nen we nogh be-sloeï-ten of we de lâng-e of de kor-te rouou-te néé-men

J'ai très envie de courir le plus long. Regarde, le ciel s'éclaircit, partons maintenant ! Dans le parc nous pourrons encore décider si nous prenons le trajet long ou le court.

Jessica : **OK, laten we dan gaan!**

ôô-kéé laa-ten we dân ghaan

OK, alors allons-y.

Mots clés

bang zijn	bâng zèin	avoir peur
het weerbericht	h'et wéér-be-right	le bulletin météo
een route lopen	en rouou-te lôô-pen	prendre un chemin (à pied, en courant ou en marchant)
laten we gaan	laa-ten we ghaan	allons-y
het park	h'et pârk	le parc

Chapitre 6

Repas et restaurants

Dans ce chapitre :

- Le plaisir des repas
- Mettre la table
- Verbes essentiels à table
- Choix d'un restaurant
- Entrer dans un restaurant et prendre place
- Le menu
- Prendre son temps pour dîner
- Verbe du repas acheté chez un traiteur : meenemen
- Trouver ce qu'il vous faut
- Faire les courses au marché

La nourriture, les habitudes alimentaires et les repas au restaurant sont d'excellents moyens d'apprendre à connaître un pays. Que vous fassiez vous-même la cuisine pour recevoir des amis à dîner ou que vous participiez à un repas d'affaires, il est toujours utile de savoir parler de la nourriture.

Bon appétit !

Manger au restaurant aux Pays-Bas est une expérience internationale. Surtout dans l'ouest des Pays-Bas, il est difficile de trouver des restaurants proposant des plats « typiquement » néerlandais : il est plus facile de trouver ceux qui offrent des plats non néerlandais !

Jusqu'à ces trente dernières années environ, le repas néerlandais traditionnel se composait de pommes de terre (à l'eau), de légumes et de viande. Après 1950, lorsque de nombreuses personnes revinrent des Indes néerlandaises, les « repas chinois » devinrent à la mode pour les sorties au restaurant. Il ne s'agissait pas vraiment de plats de Chine, mais de plats que les cuisiniers chinois préparaient en Indonésie pour leurs maîtres : des plats épicés et aigres-doux. Après 1960, les plats italiens pénétrèrent dans les cuisines néerlandaises. Ils étaient principalement considérés comme de la restauration rapide. Les voyages hors des Pays-Bas devinrent de plus en plus populaires, et il en alla de même des plats que les gens découvraient pendant leurs vacances, comme ceux de la cuisine espagnole ou grecque. Ce processus se poursuivit dans les années 1970 et 1980. Des chaînes de hamburgers introduisirent le fast-food, et dans les années 1990, les supermarchés commencèrent à vendre du fast-food eux aussi. Contrebalançant cette nourriture riche en calories, la « nouvelle cuisine » eut du succès dans les restaurants plus coûteux : une cuisine internationale raffinée. Vous pouvez reconnaître ces restaurants à leurs tables élégamment disposées, garnies de nombreux verres posés sur des nappes blanches.

Les grandes villes offrent un large choix de restaurants, de pratiquement tous les pays. Bien sûr, vous les trouverez aussi ailleurs en Europe, mis à part les restaurants chinois-indonésiens des anciennes colonies néerlandaises. Vous reconnaîtrez ces restaurants par leur aspect traditionnel : ils sont généralement décorés de rouge et d'or ou de vert et d'or. Essayez-en un ! Contrairement à la plupart des autres restaurants, ils servent aussi des repas de midi chauds, et leur service est rapide.

Pour les déjeuners et dîners d'affaires coûteux, la nouvelle cuisine est toujours à la mode. Demandez à vos collègues les noms de bons restaurants ! Dans les librairies près des gares, vous trouverez toutes sortes de guides sur les restaurants.

Est-ce l'heure de manger ?

Traditionnellement, les Néerlandais prennent trois repas : petit déjeuner, déjeuner et dîner. Le petit déjeuner est moins en vogue dans la plupart des ménages néerlandais, mais les hôtels le servent le matin entre 7 et 10 heures. Le petit déjeuner de restaurant est en général international. Il comporte des jus de fruits, des céréales, des produits laitiers, du pain, du beurre, de la marmelade, du fromage, des tranches de viande froide et des fruits.

INFO CULTURELLE

Le petit déjeuner néerlandais à la maison est frugal : un verre de jus de fruits, une tasse de thé ou de café, peut-être des céréales. La tranche de pain traditionnelle avec du fromage, de la marmelade ou **chocoladehagel** (*chôô-kôô-laa-de-h'aaghel*) (du chocolat en poudre) est en voie de disparition. Dans la partie occidentale des Pays-Bas, de nombreux banlieusards prennent leur petit déjeuner dans leur voiture pendant les embouteillages : une boisson de petit déjeuner ou du café de chez eux et un snack emballé ou une barre de chocolat. Les gares proposent des boissons de petit déjeuner, du café chaud et des snacks.

Le déjeuner a lieu vers 12 heures / 12 h 30. Si vous venez d'une région méridionale de l'Europe, il vous décevra ! Le déjeuner néerlandais est simple : des petits pains avec du jambon ou du fromage et un verre de lait. Les gens apportent souvent leur propre repas de chez eux : un sandwich ou des fruits. Déjeuner leur prend seulement dix minutes. La loi imposant aux employeurs de prévoir une interruption d'une heure pour le déjeuner, les gens passent le reste du temps à parler sur leur portable, à surfer sur Internet ou à se promener.

Les déjeuners pris au restaurant sont plus élaborés. Les restaurants offrent quelque chose de chaud avec des petits pains : une soupe, une part de pizza ou une **kroket** (croquette). Comme, de nos jours, seuls les cultivateurs et les gens qui travaillent en équipe prennent leur principal repas à midi, un déjeuner d'affaires, même pris dans un restaurant étoilé, sera toujours un repas léger.

Le dîner est toujours le repas principal. Vous le prenez entre 18 et 20 heures ou, au restaurant, entre 19 et 22 heures. Le dîner à la maison peut comporter n'importe quoi. Un petit nombre de Néerlandais s'en tient aux traditionnelles pommes de terre accompagnées de viande et de légumes. Les plats industrialisés et le fast-food gagnent du terrain. Les supermarchés offrent une grande variété de repas tout préparés, à réchauffer au four ou au micro-ondes. À la maison, le dîner comporte un plat principal et un dessert. Le dessert peut être un fruit, mais c'est généralement l'une des centaines de préparations à base de lait proposées par les supermarchés, telles que **vla** (du flan).

Les restaurants proposent trois plats : entrée, plat principal et dessert. Ils servent également du café ou du thé, mais vous pouvez aussi aller les prendre ailleurs. De nombreuses personnes, surtout des femmes, sautent l'un des plats, l'entrée ou le dessert. Elles attendent que les autres aient fini ce qu'ils sont en train de manger – le plat principal est mangé par tout le monde en même temps.

INFO CULTURELLE

Les Ducs de Bourgogne possédaient indirectement et directement les Flandres de la fin du XIIIe siècle jusqu'au mariage de Marie de Bourgogne avec l'empereur habsbourgeois Maximilien, deux siècles plus tard. Ce passé bourguignon a laissé des traces et bien manger reste une grande priorité en Belgique. Ainsi la plupart des grandes entreprises (étatiques ou privées) possèdent tous une cantine, où des plats chauds, fabriqués sur place, sont servis à midi.

On y propose toujours (surtout en automne et en hiver) de la soupe en entrée, une tradition qui vient des paysans. Et à la campagne, on continue encore à manger une assiette de soupe en entrée, avant de manger le plat traditionnel de pommes de terre, légumes et viande.

Les gens qui n'ont pas de cantine sur leur lieu de travail (où préfèrent ne pas s'en servir) apportent leurs tartines (le pain en Belgique a une forme ronde ou rectangulaire, facile à couper en tranches régulières) et les accompagnent d'une ou deux tasses de café. Cette habitude de faire des « tartines » a fait naître un choix très large de « salades à tartiner » et de charcuterie dans les supermarchés. La mayonnaise est souvent le liant de ces salades au poulet, au thon, au crabe, à la viande haché (appelé l'américain parce qu'on y rajoute aussi du ketchup et des oignons parfois).

Dans le repas principal, l'influence de la cuisine française reste très présente, mais la présentation est tout autre. La salade, les légumes frais ou cuisinés se mangent en même temps que les pommes de terre et la viande et en dehors des grands restaurants, on ne propose pas de fromage après le repas. Les pommes de terres ne sont pas considérées comme des légumes, mais comme des féculents. On ne mange donc pas de pain quand le repas comporte des pommes de terre, du riz ou des pâtes. Cependant dans un restaurant, cette habitude française ne surprend pas et vous recevrez toujours du pain avec votre plat principal, si vous le demandez.

Quelques plats typiquement belges « de souche » : **le waterzooi Gantois** (une julienne de légumes dans un bouillon de poulet , avec crème fraiche et œufs) **le waterzooi flamand** (à base de poisson) – **le vol-au-vent** (une préparation de poulet bouilli à la sauce blanche, avec des champignons et des boulettes) – **le hutsepot** (un pot au feu avec de jeunes légumes – petits pois – carottes-oignons, des pommes de terre nouvelles et des morceaux assez pittoresques du porc (la queue, les ribs) – **de stoverij** (les carbonnades) (des morceaux de bœuf cuit dans leur jus et de la bière, accompagné de frites.

L'aliment belge le plus connu : **de friet** (les frites)- aux abords des gares et dans tout village, qui se respecte, vous trouverez un « **Frietkot** » (une friterie)- à tout moment de la soirée et de la nuit, une petite ou grande faim peut être calmée avec un paquet de frites, accompagné d'une sauce et d'un choix de boulettes, saucisses, brochettes. Le prix de ce repas peu diététique reste très attractif : entre 1,50 et 2,50 euros pour le paquet de frites et de 1 à 3 euros pour la viande en sus.

Mettre la table

Quand vous mangez au restaurant, vous trouvez les couverts suivants sur votre table :

- **het glas** (*h'et ghlâs*) (le verre)
- **het bord** (*h'et bort*) (l'assiette)
- **het soepbord** (*h'et <u>soup</u>-bort*) (l'assiette à soupe)

- **het servet** (*h'et sèr-vèt*) (la serviette)
- **het mes** (*h'et mes*) (le couteau)
- **de vork** (*de vork*) (la fourchette)
- **de lepel** (*de léé-pel*) (la cuiller)
- **het lepeltje** (*h'et léé-pel-tye*) (la petite cuiller)
- **het kopje** (*h'et kop-ye*) (la tasse)

S'il manque quelque chose sur la table, vous demandez au serveur :

> **Mag ik een lepel alstublieft?** (*mâgh ik en léé-pel âls-tuu-bliift*) (Puis-je avoir une cuiller s'il vous plaît ?)

Quand vous mangez à la maison, vous pouvez utiliser les mêmes couverts pour mettre la table de la manière traditionnelle, avec **een tafellaken** (*en taa-fel-laa-ken*) (une nappe) ou avec des **placemats** (*plaïs-mats*) (sets de table). Ou vous pouvez faire comme la plupart des jeunes Néerlandais et prendre le dîner assis sur **de bank** (*de bânk*) (le sofa) en regardant la télé.

Quand il y en a plusieurs : pluriels

On peut diviser les pluriels des noms néerlandais (les noms sont les mots pouvant être précédés par **de** (*de*), **het** (*h'et*) ou **een** (*en*)) en deux groupes principaux. Le groupe le plus nombreux comporte un pluriel se terminant par **-en** : **de borden** (*de bor-den*) (les assiettes), **de vorken** (*de vor-ken*) (les fourchettes).

Le second groupe a un pluriel se terminant par **-s**, comme **de lepels** (*de léé-pels*) (les cuillers), **de kopjes** (*de kop-yes*) (les tasses).

Comment savoir si le suffixe du pluriel est **-en** ou **-s** ?

Les mots qui se terminent par **-el, -en, -er, -em, -erd, -e, -ie,** ou **-aar**, prennent un **-s**. Il peut être difficile de mémoriser cette longue série, mais elle comporte une certaine logique : tous les suffixes indiqués sont non accentués. Ainsi les noms qui se terminent par une syllabe non accentuée prennent le plus souvent un -s au pluriel :

- **de tafel** (*de taa-fel*) (la table)
  de tafels (*de taa-fels*) (les tables)
- **de jongen** (*de yông-en*) (le garçon)
  de jongens (*de yông-ens*) (les garçons)
- **de moeder** (*de mouou-der*) (la mère)
  de moeders (*de mouou-ders*) (les mères)

- **de bezem** (*de béé-zem*) (le balai)
  de bezems (*de béé-zems*) (les balais)
- **de lieverd** (*de lii-vert*) (le bien-aimé)
  de lieverds (*de lii-verts*) (les bien-aimés)
- **de secretaresse** (*de si-cre-taa-rè-se*) (la secrétaire)
  de secretaresses (*de si-cre-taa-rè-ses*) (les secrétaires)
- **de vakantie** (*de vâ-kân-sii*) (le congé)
  de vakanties (*de vâ-kân-siis*) (les congés)
- **de winnaar** (*de wi-naar*) (le vainqueur)
  de winnaars (*de wi-naars*) (les vainqueurs)

Presque tous les diminutifs (les mots utilisés pour désigner de petites choses ou de petites personnes) se terminent par un **-je** ou un **-tje** non accentué, comme **het kopje** (*h'et kop-ye*) (la petite tasse) et **het lepeltje** (*h'et léé-pel-tye*) (la petite cuiller). Conformément aux règles générales de formation des pluriels, ils prennent un **-s** : **de kopjes** (*de kop-yes*) (les petites tasses) et **de lepeltjes** (*de léé-pel-tyes*) (les petites cuillers).

Le deuxième groupe de mots, beaucoup plus nombreux, est celui de ceux qui ne se terminent pas par un **-el, -en, -er, -em, -erd, -e, -ie** ou **-aar** non accentué. Ils ont un pluriel en **-en**.

- **het bord** (*h'et bort*) (l'assiette)
  de borden (*de bor-den*) (les assiettes)
- **het land** (*h'et lânt*) (le pays)
  de landen (*de lân-den*) (les pays)
- **de deur** (*de deur*) (la porte)
  de deuren (*de deueu-ren*) (les portes)
- **de fiets** (*de fiits*) (la bicyclette)
  de fietsen (*de fiit-sen*) (les bicyclettes)

Pour l'instant, tout va bien. En parlant, vous n'aurez pas trop de difficultés avec les pluriels, parce que vous n'aurez pas le temps de penser aux règles. Très souvent, vous imiterez les autres personnes. Après quelque temps, vous connaîtrez la plupart des pluriels par intuition. Toutefois, quand vous commencerez à écrire, vous vous heurterez à des complications dans l'orthographe des mots.

Le traitement de ces complications sort du cadre de ce livre, mais voici quelques exemples :

- **de kat** (*de kât*) (le chat)
  de katten (*de kâ-ten*) (les chats)

- **het mes** (*h'et mès*) (le couteau)
  de messen (*de mè-sen*) (les couteaux)
- **de pil** (*de pil*) (la pilule)
  de pillen (*de pi-len*) (les pilules)
- **de rok** (*de rok*) (la jupe)
  de rokken (*de ro-ken*) (les jupes)
- **de rug** (*de rugh*) (le dos)
  de ruggen (*de ru-ghen*) (les dos)

Chacun de ces mots subit un doublement de la consonne à la fin de la première syllabe, pour que la voyelle puisse rester brève. Les consonnes sont toutes les lettres autres que **a, e, i, o, u**.

Dans d'autres cas vous devrez employer une astuce pour écrire une voyelle longue (**a, e, i, o** et **u**) correctement. Comparez l'orthographe des singuliers avec celle des pluriels :

- **de baan** (*de baan*) (le job)
  de banen (*de baa-nen*) (les jobs)
- **het been** (*h'et béén*) (la jambe)
  de benen (*de béé-nen*) (les jambes)
- **de boom** (*de bôôm*) (l'arbre)
  de bomen (*de bôô-men*) (les arbres)
- **de muur** (*de muur*) (le mur)
  de muren (*de muu-ren*) (les murs)

Pour plus d'informations sur les voyelles courtes et les voyelles longues, reportez-vous au chapitre 1.

Les changements les plus importants dans l'orthographe des consonnes touchent des mots se terminant par **-f** ou **-s**. Le singulier **de brief** (*de briif*) s'écrit au pluriel **de brieven** (*de brii-ven*). Le singulier **het huis** (*h'et h'oeïs*) (la maison) s'écrit au pluriel **de huizen** (*de h'oeï-zen*) (les maisons).

Vous voici désormais armé pour utiliser d'autres pluriels !

INFO CULTURELLE

Les paragraphes précédents peuvent faire apparaître les variations dans l'orthographe de certains mots comme une complication arbitraire. Il n'en est rien. Elles assurent au contraire le maintien d'une caractéristique fondamentale du néerlandais, qui en facilite grandement l'apprentissage : l'étroite correspondance entre l'écriture et la prononciation. À part quelques rares exceptions dues à l'influence de langues étrangères, le néerlandais s'écrit comme il se prononce, et se prononce comme il s'écrit. À cet égard, le néerlandais présente un net avantage sur le français, et plus encore sur l'anglais, dont l'orthographe flottante rend la maîtrise extrêmement difficile.

Verbes essentiels à table

Drinken (*drin-ken*) (boire) et **eten** (*éé-ten*) (manger) sont essentiels pour rester en vie, et donc il importe que vous puissiez les utiliser quand vous vous trouvez aux Pays-Bas.

Boire : le verbe « drinken »

Le verbe **drinken** est régulier. Enlevez le **-en**, et vous avez la première personne. Pour la deuxième (tutoiement) et la troisième (il, elle, et vous formel), ajoutez simplement **-t** ! Pour les pluriels (nous, tutoiement au pluriel et ils/elles), vous pouvez prendre la forme complète du verbe, c'est-à-dire l'infinitif : **drinken**.

Conjugaison	***Prononciation***
ik drink	*ik drink*
jij drinkt	*yèï drinkt*
u drinkt	*uu drinkt*
hij/zij/het drinkt	*h'èï/zèï/h'et drinkt*
wij drinken	*wèï drin-ken*
jullie drinken	*yu-lii drin-ken*
zij drinken	*zèï drin-ken*

Manger : le verbe « eten »

Le verbe **eten** est régulier lui aussi. Toutefois, il comporte quelques complications en orthographe. Pour que le e continue d'être prononcé comme une voyelle longue, vous devez le doubler à la première, la deuxième et la troisième personne (je, tu, il, elle et vouvoiement).

Conjugaison	***Prononciation***
ik eet	*ik éét*
jij eet	*yèï éét*
u eet	*uu éét*
jij/zij/het eet	*h'èï/zèï/h'et éét*
wij eten	*wèï éé-ten*

jullie eten	*yu-lii éé-ten*
zij eten	*zèï éé-ten*

Au restaurant

Manger au restaurant est à la mode pour les célibataires et les couples. Beaucoup de Néerlandais considèrent que manger au restaurant est un luxe – les gens vont au restaurant les jours fériés tels que le lendemain de Noël ou lorsqu'ils ont quelque chose à fêter. Les familles avec de jeunes enfants fréquentent des chaînes de hamburgers ou des crêperies lors des sorties en famille. Les grills sont fréquentés quand les enfants sont plus grands.

Choisir un restaurant

Les grandes villes offrent un grand choix de restaurants. Un **Argentijns grillrestaurant** (*âr-ghen-tèïns ghril-rès-to-rânt*) (un grill argentin) vous propose de grands plats de viande à un prix modéré.

Dans les villes portuaires comme Amsterdam et Rotterdam vous pouvez trouver un **Chinees restaurant** (*chii-nééś rès-to-rânt*) authentique. La nourriture des restaurants chinois est très différente de celle des restaurants chinois-indonésiens. Les Néerlandais appellent à tort les restaurants indonésiens **de Chinees** (*de chii-nééś*). Les plats de Chine ne sont pas épicés ni aigres-doux comme la cuisine indonésienne des anciennes colonies néerlandaises, les Indes orientales (l'Indonésie actuelle).

- **Eten bij de Chinees** (*éé-ten bèï de chii-nééś*) (manger indonésien) a toujours été apprécié par ceux qui veulent de gros repas à un prix raisonnable.
- **Frans eten** (*frâns éé-ten*) (aller dans un restaurant français) est possible dans les grandes villes. **Franse restaurants** (*frân-se rès-to-rânts*) (les restaurants proposant de la cuisine française) sont généralement luxueux et coûteux.
- Vous trouverez des **Indiase restaurants** (*in-dii-aa-se rès-to-rânts*) (restaurants indiens) dans les grandes villes.
- **Nederlandse restaurants** (*néé-der-lân-se rès-to-rânts*) (les restaurants néerlandais) sont pratiquement inexistants et très difficiles à trouver. Seuls quelques restaurants se spécialisent dans les plats néerlandais traditionnels comme les crêpes et la soupe aux pois, surtout pour les touristes.

- **Thais of Vietnamees eten** (*thaïs of viét-naa-méés éé-ten*) (manger thaï ou vietnamien) est possible dans de nombreux restaurants des grandes villes.
- **Visrestaurants** (*vis-res-to-rânts*) (les restaurants à poisson) se trouvent dans les villes assez grandes et dans celles qui ont un port.
- **Internationaal eten** (*in-ter-na-tsyôô-naal éé-ten*) (manger une cuisine internationale) dans les styles cajun, fusion, grec, mexicain, espagnol, etc. est possible dans presque n'importe quelle ville.
- Si vous désirez trouver un **vegetarisch restaurant** (*véé-ghe-taa-rish res-to-rânt*) (restaurant végétarien), achetez un bon guide dans une librairie ou regardez à www.iens.nl.
- **Zakenrestaurants** (*zaa-ken-rès-to-rânts*) (les restaurants d'affaires avec trois étoiles ou plus) sont généralement coûteux et ne se trouvent pas nécessairement en centre-ville. Vous pouvez les trouver dans des guides spéciaux ou par des recommandations de vos collègues. Vous vous y rendez généralement en voiture, et ils offrent de bonnes possibilités de parking.

Où déjeuner

Les déjeuners néerlandais sont simples et le plus souvent froids.

- Si vous n'avez pas trop faim, essayez un **haringkraam** (*h'aa-ring-kraam*) (une voiture à poissons) et prenez un **haring** (*h'aa-ring*) (hareng) ou **een lekkerbekje** (*en lè-ker-bèk-ye*) (filet de poisson frit).
- Si vous ne craignez pas les calories, essayez un **patatkraam** (*pa-tât-kraam*) (un stand de frites/chips) pour un **patatje** (*pa-tât-ye*) (portion de frites/chips) ou une **frikadel** (*frii-kaa-dèl*) (fricadelle – petite boulette de viande hachée frite).
- Si vous préférez quelque chose de plus sain, achetez-vous un **broodje gezond** (*brôôt-ye ghe-zônt*) (un sandwich avec fromage, tomate et un peu de laitue ou de concombre) dans une **croissanterie** (*croâ-sân-te-rii*) (croissanterie) ou **een broodjeszaak** (*en brôô-tyes-zaak*) (une sandwicherie).
- Dans un **snackbar** (*snèk-bâr*) (un snack-bar) ou une **cafetaria** (*ka-fè-taa-riaa*) (cafétéria) vous trouverez la plupart des choses mentionnées ci-dessus et en outre un **uitsmijter** (*oeït-smèï-ter*) (œuf au plat et jambon sur deux tranches de pain).
- Dans certaines villes vous trouverez un **poffertjeskraam** (*po-fer-tyes-kraam*) (un stand vendant des poffertjes). Ces minuscules crêpes traditionnelles sont mangées avec du sucre et du beurre. Les enfants les adorent.

- **Een pannekoek** (*en pâ-ne-kouk*) (une crêpe) dans une **pannekoekenhuis** (*pâ-ne-kouk-en-hoeïs*) (crêperie) est un repas substantiel, surtout si vous prenez le traditionnel **spekpannekoek** (*spèk-pâ-ne-kouk*). Cette crêpe est un curieux mélange de sucré et de salé : elle est recouverte de beaucoup de bacon et se mange avec du sirop.

En fin d'après-midi, vous pouvez avoir grande envie d'une boisson alcoolisée et de quelque chose de salé. Si vous recherchez une consommation internationale, trouvez un bar à tapas et accompagnez un verre de vin avec de petites portions d'olives, de poisson ou de viande.

Mais si vous voulez quelque chose de vraiment néerlandais, entrez dans **een bruin café** (*en broeïn kâ-féé*) (un « café brun » ou bistrot) et prenez **een biertje** (*en biir-tye*) (une bière) ou **een borrel** (*en bo-rel*) (un verre). Dans les cafés bruns traditionnels, les snacks sont limités à **een portie kaas** (*en por-sii kaas*) (une portion de fromage) ou **een portie leverworst** (*en por-sii léé-ver-worst*) (une portion de saucisson au foie).

Dans un **café** (*kâ-féé*) (café, pub ou bar), l'alcool est la principale consommation que vous trouverez. Certains cafés servent **een portie saté** (*en por-sii saa-téé*), des morceaux de viande de porc sur un bâtonnet, avec une sauce chaude, épicée, aux cacahuètes, ou peut-être **een portie bitterballen** (*en por-sii bi-ter-bâ-len*) (un genre de croquette servie comme hors-d'œuvre). Il y a de nombreuses sortes de **cafés**, la plupart avec leur propre clientèle, mais ils ne seront pas aussi vieux et bruns qu'un bruin café.

Si vous avez vraiment faim, si vous avez envie d'un verre de bière ou de vin et si vous ne voulez pas dépenser trop en nourriture, essayez un **eetcafé** (*en éét-kâ-féé*) (bar/pub servant des repas). Les propriétaires vous serviront à manger dans une ambiance détendue.

Les **coffeeshops** (*ko-fii-shops*) (coffee-shops) sont des lieux où vous pouvez acheter et consommer légalement de la marijuana. Consultez un guide pour faire votre choix !

INFO CULTURELLE

Manger des harengs

La génération plus âgée adore le hareng. Bien que beaucoup de jeunes soient horrifiés à l'idée de manger du poisson cru, le hareng salé, garni avec de l'oignon, est proposé comme un véritable délice dans les soirées et les réceptions. En particulier, les premiers harengs jeunes de la saison, **nieuwe haring** (*nii-we h'aa-ring*), vendus en mai, sont délicieux et chers. Toutefois, dans les grandes villes et sur les marchés traditionnels, les poissonneries vendent cette spécialité néerlandaise à ceux qui l'adorent. Essayez-la quand vous avez bu beaucoup de bière le soir précédent. On dit que le hareng est un remède contre la gueule de bois !

Faire une réservation

Pour certains restaurants, vous pouvez faire une réservation sur Internet. Vous pouvez aussi appeler après 15 heures et faire une réservation pour le soir ou pour le week-end. Ne manquez pas de réserver dans le cas des restaurants à la mode et des restaurants d'affaires ! Les phrases suivantes vous seront utiles :

- **Ik wil graag een tafel reserveren.** (*ik wil ghraagh en taa-fel réé-sèr-véé-ren*) (Je voudrais réserver une table.)
- **Ik wil een tafel reserveren voor vier personen om zeven uur. Is dat mogelijk?** (*ik wil en taa-feel réé-sèr-véé-ren vôôr viir per-sôô-nen om zéé-ven uur. is dât môô-ghe-lek*) (Je voudrais réserver pour quatre personnes à sept heures. Est-ce possible ?)

Pour être précis, vous devez mentionner l'heure et la date. Par exemple :

- **voor vanavond** (*vôôr vân-aa-vont*) (FL) (*vôôr vâ- naa-vont*) (pour ce soir)
- **voor morgenavond** (*vôôr mor-ghen-aa-vont*) (FL) (*vôôr mor-ghen- aa-vont*) (pour demain soir)
- **voor zaterdagavond** (*vôôr zaa-ter-dâgh-aa-vont*) (FL) (*vôôr zâa-ter-dagh-aa-vont*) (pour samedi soir)
- **voor zondagavond** (*vôôr zon-dâgh-aa-vont*) (FL) (*vôôr zon-dagh- aa-vont*) (pour dimanche soir)

Vous pouvez aussi utiliser les phrases complètes ci-après :

- **Ik wil graag een tafel voor vanavond reserveren.** (*ik vil ghraagh en taa-fel vôôr vân-aa-vont rè-ser-véé-ren*) (FL) (*…vôôr vâ- naa-vont…*) (Je voudrais réserver une table pour ce soir.)
- **Heeft u een tafel voor morgenavond om zeven uur?** (*hééft uu en taa-fel vôôr mor-ghen-aa-vont om zéé-ven uur*) (FL) (*…vôôr mor-ghen- aa-vont…*) (Avez-vous une table disponible pour demain soir à sept heures ?)

Conversation

Bart et son collège Mark veulent essayer le restaurant Newton. Mark appelle le restaurant, pour faire une réservation.

Restaurant : **Newton, met [PB] / u spreekt met [FL] Olivia.**

niououw-ten mèt uu spréékt mèt ôô-lii-viia

Newton, Olivia à l'appareil.

Mark : **Hoi [PB] / Hallo [FL], ik wil graag een tafel reserveren voor vanavond.**

H'oï h'â-lôô ik wil ghraagh en taa-fel ré-sèr-véé-ren vôôr vân-aa-vont

Bonjour, je voudrais réserver une table pour ce soir.

Restaurant : **Voor hoeveel personen?**

vôôr h'ouou-véél per-sôô-nen

Pour combien de personnes ?

Mark : **Voor twee personen graag. Heb je [PB] / Heeft u [FL] een tafel vrij om acht uur?**

vôôr twéé per-sôô-nen ghraagh. h'èp ye h'ééft uu en taa-fel vrèï om âght uur

Pour deux personnes, s'il te plaît. As-tu une table de libre pour huit heures ?

Restaurant : **Het spijt me, om acht uur zijn we volgeboekt. Er is een tafel vrij om half negen.**

h'et spèït me om âght uur zèïn we vol-ghe-boukt. èr is en taa-fel vrèï om h'âlf néé-ghen

Désolé, pour huit heures nous sommes complets. Il y a une table de libre à huit heures et demie.

Mark : **Nou, half negen is ook goed.**

naôw h'âlf néé-ghen is ôôk ghout

Eh bien, huit heures et demie convient également.

Restaurant : **Mag ik uw naam mischien?**

mâgh ik uuw naam mis-ghiin

Quel est votre nom s'il vous plaît ?

Mark : **Westendorp.**

wès-ten-dorp

Westendorp.

Restaurant : **OK, ik heb een tafel voor u gereserveerd om half negen vanavond.**

ôô-kéé ik h'èp en taa-fel vôôr uu ghe-réé-ser-véért om h'âlf néé-ghen vâ-naa-vont

OK, je vous ai réservé une table pour ce soir à huit heures et demie.

Mark : **Bedankt. Tot vanavond.**

be-dânkt. tot vâ-naa-vont

Merci. À ce soir.

INFO CULTURELLE

Partager une table

Aux Pays-Bas, il est inhabituel de partager une table pour déjeuner ou dîner, même pour prendre seulement un verre. La seule table que vous pouvez partager est la table de lecture, s'il y en a une.

Entrer au restaurant et prendre place

Si vous arrivez dans un restaurant sans réservation, les phrases suivantes pourront vous être utiles :

- **Heeft u plaats voor twee personen?** (*h'ééft uu plaats vôôr twéé per-sôô-nen*) (Avez-vous de la place pour deux personnes ?)
- **Nee, het spijt me, we zijn volgeboekt voor vanavond.** (*néé h'et spèït me we zèïn vol-ghe-boukt vôôr vân-aa-vont*) (Non, je regrette, nous sommes complets pour ce soir.)
- **Kunt u wachten bij de bar? Over 10 minuten komt een tafel vrij.** (*kunt uu wâgh-ten bèï de bâr. ôô-ver tiin mi-nuu-ten kômt en taa-fel vrèï*) (Pouvez-vous attendre au bar ? Une table sera libre dans dix minutes.)

Dès que vous vous asseyez à votre table, le serveur vient et vous apporte votre menu. Si vous n'avez pas déjà eu quelque chose à boire, il vous demandera d'abord ce que vous aimeriez. Pendant que vous étudiez le menu, il vous apportera votre boisson.

Conversation

CD

Mark et Bart entrent dans le restaurant où Mark a réservé une table.

Mark : **Goedenavond, mijn naam is Westendorp. Ik heb een tafel gereserveerd voor twee personen.**

ghouou-den-aa-vont mèïn naam is wès-ten-dorp. ik h'èp en taa-fel ghe-réé-sèr-véért vôôr twéé per-sôô-nen

Bonsoir, mon nom est Westendorp. J'ai réservé une table pour deux personnes.

Serveuse : **Goedenavond, gaat u hier zitten. Kan ik uw jassen aannemen?**

gouou-den-aa-vont ghaat u h'iir zi-ten. kân ik uuw yâ-sen aan-néé-men

Bonsoir. Veuillez vous asseoir ici. Puis-je prendre vos manteaux ?

Mark : **Kunnen we mischien die tafel naast het raam krijgen?**

Ku-nen we mi-sghiin dii taa-fel naast h'et raam krèï-ghen

Pouvons-nous s'il vous plaît avoir cette table près de la fenêtre ?

Serveuse : **Jazeker, geen probleem. Gaat u zitten en ik breng u de menukaart.**

yaa-zéé-ker ghéén pro-bléém. ghaat uu zi-ten èn ik brèng uu de me-nuu-kaart

Oui, bien sûr, pas de problème. Asseyez-vous et je vous apporte les menus.

Mots clés

gereserveerd	ghe-réé-sèr-véért	réservé
gaan zitten	ghaan zi-ten	s'asseoir
jassen aannemen	yâ-sen aan-néé-men	prendre les manteaux
krijgen	krèï-ghen	obtenir/avoir
het menu	h'et me-nuu	le menu

Obtenir ce que vous voulez : le verbe « willen »

La manière la plus simple de dire ce que vous voulez est : **ik wil** (*ik wil*) (je veux). Le présent de **willen** est régulier.

Conjugaison	*Prononciation*
ik wil	*ik wil*
jij wilt/wil	*yèï wilt/wil*
u wilt	*uu wilt*
hij/zij/het	*h'èï/zèï/h'èt wil*
wij willen	*wèï wi-len*
jullie willen	*yu-lii wi-len*
zij willen	*zèï wi-len*

Commander quelque chose de spécial : graag

C'est acceptable de dire **ik wil** (*ik wil*) (je veux). Toutefois, vous serez beaucoup plus poli en ajoutant le mot **graag** (*ghraagh*) (s'il vous plaît ou volontiers). Vous pouvez donc dire : **Ik wil tomatensoep** (*ik wil tôô-maa-ten-soup*) (Je veux de la soupe de tomates), mais le serveur sera plus attentif à vos besoins si vous dites : **Ik wil graag tomatensoep** (*ik wil ghraagh tôô-maa-ten-soup*) (Je voudrais de la soupe de tomates). **Ik wil graag een biertje** (*ik wil ghraagh en biir-tye*) est une bonne façon de commencer une soirée agréable !

Une façon de commander d'urgence mais poliment est : **Geeft u mij alstublieft eerst een biertje** (*ghééft uu mèï âl-stuu-bliift en biir-tye*) (Donnez-moi d'abord s'il vous plaît une bière).

> **Wat zou u ons aanraden?** (*wât zâow uu ons âan-râ-den?*)(Qu'est-ce que vous nous conseillez?)

Voulez-vous être encore plus poli ? Dans ce cas, ne dites pas **ik wil** au présent, mais utilisez ce même verbe au passé avec **graag** : **ik wilde graag** (*ik wil-de ghraagh*).

- **Ik wilde graag tomatensoep.** (*ik wil-de ghraagh tôô-maa-ten-soup*) (J'aurais voulu s'il vous plaît de la soupe de tomates.)
- **Ik wilde graag gemengde salade.** (*ik wil-de ghraagh ghe-mèng-de sâ-laa-de*) (J'aurais voulu s'il vous plaît de la salade mélangée.)

Attention ! Un plaisantin pourrait vous répondre : **En nu niet meer?** (*èn nuu niit méér*) (Et maintenant vous n'en voulez plus ?)

Qu'y a-t-il au menu ?

Il est maintenant temps de choisir. Ce qu'il y a au menu dépend bien sûr du genre de restaurant que vous avez choisi.

Comme les Pays-Bas sont un petit pays avec de nombreux moyens de communication, il n'y reste pas beaucoup de plats régionaux. Vous trouverez plus de spécialités dans les confiseries que dans les restaurants !

Prendre ou non le petit déjeuner, telle est la question

Les hôtels néerlandais vous proposent toujours un petit déjeuner. On peut vous y offrir les choses suivantes :

- **de boterham** (*de bôô-ter-h'âm*) (la tranche de pain – avec éventuellement du beurre et du jambon)
- **het broodje** (*het brôô-tye*) (le petit pain)
- **de croissant** (*de kroâ-sânt*) (le croissant)
- **de kaas** (*de kaas*) (le fromage)
- **de vleeswaren** (*de vléés-waa-ren*) (des tranches de viande froide)
- **de boter** (*de bôô-ter*) (le beurre)
- **de granen** (*de ghraa-nen*) (les céréales)
- **het sap** (*h'et sâp*) (le jus de fruits)
- **de melk** (*de mèlk*) (le lait)
- **het sinaasappelsap** (*h'et sii-naa-sa-pel-sâp*) (le jus d'orange)
- **het ei** (*h'et èi*) (l'œuf)

INFO CULTURELLE

Le petit déjeuner néerlandais est d'ordinaire un repas léger. Votre œuf sera à la coque, à moins que vous ne demandiez **een omelet** (*en o-me-lèt*) (une omelette) ou **roerei** (*rour-èi*) (des œufs brouillés).

INFO CULTURELLE

En Belgique le petit déjeuner n'est pas un repas très sucré. Les gens mangent souvent du pain avec du fromage en tranches ou à tartiner et du café non sucré. Cependant sous l'influence des Pays-Bas, on y mange aussi du pain avec du fromage couvert d'une fine couche de confiture. Dans toutes les boulangeries, on vend des « **koffiekoeken** » (des viennoiseries aux amandes, à la crème, aux raisins) dès le bon matin.

Promenade du déjeuner : attraper un oiseau en vol

Dès que vous commencerez à travailler aux Pays-Bas, vous vous habituerez au déjeuner néerlandais. Pour la plupart des Néerlandais, le déjeuner ne veut rien dire d'autre qu'un simple petit pain et une courte pause. Dans les villes, une promenade du déjeuner peut être intéressante. Les grandes sociétés ont des cantines, et à défaut, la manière d'employer la pause du déjeuner est une affaire personnelle – certaines personnes jouent à un jeu sur ordinateur, d'autres passent un appel téléphonique urgent à la maison. Dans la vie professionnelle, les déjeuners de travail peuvent offrir de bonnes choses à manger, mais pas de détente. Les cantines des entreprises, des écoles et des hôpitaux servent :

- **de soep** (*de soup*) (la soupe)
- **het broodje kaas** (*h'et brôô-tye kaas*) (le petit pain avec du fromage)
- **het broodje ham** (*h'et brôô-tye h'âm*) (le petit pain avec du jambon)
- **het broodje kroket** (*h'et brôô-tye krôô-kèt*) (le petit pain avec une croquette)
- **de uitsmijter** (*de oeït-smèï-ter*) (des œufs au bacon sur des tranches de pain)
- **de tosti** (*de tos-ti*) (toast au jambon et au fromage)
- **de melk** (*de mèlk*) (le lait)
- **de karnemelk** (*de kâr-ne-mèlk*) (le petit lait)
- **de appel** (*de â-pel*) (la pomme)
- **de sinaasappel** (*de sii-naa-sâ-pel*) (l'orange)
- **de banaan** (*de bâ-naan*) (la banane)

Prenez votre temps pour dîner

Si le petit déjeuner et le déjeuner sont des repas d'importance mineure pour la plupart des Néerlandais, il n'en va pas de même du dîner. Le dîner à la maison peut être simple, mais quand vous allez au restaurant, vous devrez prendre votre temps : une heure et demie ou deux heures au moins, selon le nombre de serveurs, le jour de la semaine ou le restaurant choisi.

Dans des pays comme la France ou l'Espagne, les dîners comportent toujours trois plats ou davantage. Aux Pays-Bas, quand vous dînez dans un restaurant, vous pouvez prendre deux ou trois plats : soit une entrée et le plat principal, soit le plat principal et ensuite un dessert. Dans la plupart des restaurants le plat principal n'arrive pas tant que vos compagnons n'ont pas fini de manger leur entrée, mais en général, vous pouvez déjà prendre du café ou du thé tandis que les autres en sont toujours au dessert. Le café et le thé des autres arrivent très vite après leurs desserts.

Entrées

Les soupes et les salades servent d'entrée. Voici une sélection de soupes néerlandaises que vous pouvez trouver sur les menus :

- **tomatensoep** (*tôô-maa-ten-soup*) (soupe de tomates)
- **kippensoep** (*ki-pen-soup*) (bouillon de poule)
- **groentesoup** (*ghroun-te-soup*) (potage de légumes)
- **champignonsoep** (*châm-piin-yôn-soup*) (soupe aux champignons)
- **ossenstaartsoup** (*o-sen-staart-soup*) (soupe de queue de bœuf)
- **aspergesoup** (*âs-pèr-je-soup*) (potage d'asperges)
- et en hiver, quand il fait froid : **erwtensoep** (*èr-ten-soup*) ou **snert** (*snèrt*) (soupe aux pois)

Voici d'autres entrées courantes :

- **meloen met ham** (*me-loun mèt h'âm*) (melon et jambon)
- **haring met toast** (*h'aa-ring mèt tôôst*) (hareng sur toast)
- **Hollandse garnalen met citroenmayonnaise** (*h'o-lânt-se ghar-naa-len mèt sii-troun-ma-yô-nè-se*) (crevettes hollandaises avec mayonnaise au citron)
- **gestoomde makreel met toast** (*ghe-stôôm-de ma-kréél mèt tôôst*) (maquereau vapeur sur toast)
- **gerookte paling met toast** (*ghe-rôôk-te paa-ling mèt tôôst*) (anguille fumée sur toast)
- **gemengde salade** (*ghe-mèng-de sâ-laa-de*) (salade mélangée)
- **groene salade met geitekaas** (*ghrou-ne sâ-laa-de mèt ghèï-te-kaas*) (salade verte au fromage de chèvre)
- **gevulde aubergine** (*ghe-vul-de ôô-bèr-jiin*) (aubergine farcie)

Pour la Belgique

Au restaurant, en entrée, vous trouverez des spécialités comme : **Tomaat met garnalen** (*tô-mâat mèt ghar-nâ-len*)(tomates crevettes) – **garnaalkroketten** (*ghar-nâal-krô-kè-ten*) (des croquettes aux crevettes) – **koninginnehapje** (*kôô-ning-ghinne-h'ap-ye*) (un feuilleté au vol-au-vent)

Plats principaux

Les plats néerlandais traditionnels sont à base de viande et de pommes de terre à l'eau ou frites. Des légumes supplémentaires peuvent être servis. Parfois, de la salade est incluse, mais en général, la salade doit être commandée séparément. Aux Pays-Bas, les salades vertes sont mangées après le plat principal ou en accompagnement du plat principal à moins qu'elles ne soient proposées comme entrée. Voici quelques plats de viande :

- **biefstuk** (*biif-stuk*) (steak)
- **kalfsentrecote** (*kâlfs-ân-tre-côôt*) (côte de veau) (FL) **kalfscotelet** (*kâlfs-kô-te-lèt*)
- **kalfslever met madera** (*kâlfs-léé-ver mèt ma-déé-ra*) (foie de veau au madère)
- **lamskoteletten** (*lâms-kôô-te-lè-ten*) (côtelettes d'agneau)

Voici quelques **gevogelte** (*ghe-vôô-ghel-te*) (volailles) :

- **gevulde kalkoen** (*ghe-vul-de kâl-koun*) (dinde farcie)
- **eendenborst** (*één-den-borst*) (magret de canard)
- **kip met dragon** (*kip mèt draa-ghon*) (poulet à l'estragon)
- **kipfilet** (*kip-fii-léé*) (blanc de poulet)

Les amateurs de poissons et de fruits de mer trouveront :

- **gekookte mosselen** (*ghe-kôôk-te mo-se-len*) (moules vapeur)
- **gebakken tong** (*ghe-bâ-ken tong*) (sole meunière)
- **gegrilde tonijn** (*ghe-ghril-de tôô-nèïn*) (thon grillé)
- **gerookte zalm** (*ghe-rôôk-te zâlm*) (saumon fumé)
- **zeebaars** (*zéé-baars*) (bar)

La plupart de ces plats sont servis avec :

- **gekookte aardappelen** (*ghe-kôôk-te aar-dâ-pe-len*) (des pommes vapeur)
- **gebakken aardappelen** (*ghe-bâ-ken aar-dâ-pe-len*) (des pommes de terre frites)
- **(patat) frites** (*pâ-tât friit*) (Fl) **frietjes** (*friit-yes*) (chips/frites)

Desserts

Les restaurants néerlandais offrent de nombreux plats comme **nagerecht** (*naa-ghe-reght*), parmi lesquels les suivants :

- **fruitsalade** (*froeït-sâ-laa-de*) (salade de fruits)
- **aardbeien met ijs en slagroom** (*aart-bèï-en mèt èïs èn slâgh-rôôm*) (fraise avec glace et crème fouettée)
- **warme appeltaart met ijs en slagroom** (*wâr-me â-pel-taart met èïs èn slâgh-rôôm*) (tarte aux pommes chaudes avec glace et crème fouettée)
- **griesmeelpudding met bessensap** (*ghriis-méél-pu-ding mèt bè-sen-sâp*) (pudding à la semoule avec du jus de groseille)
- **flensjes** (*flèn-syes*) (crêpes)
- **chocolademousse** (*shôô-kôô-laa-de-mous*) (mousse au chocolat)

Une autre possibilité consiste à manger des biscuits avec du café ou du thé.

Boissons

Quand vous commandez **water** (*waa-ter*) (de l'eau) **spa** ou **mineraalwater** (*mii-ne-raal-waa-ter*) (de l'eau minérale), vous avez le choix entre l'eau avec ou sans gaz carbonique. Le serveur ou la serveuse vous demandera : **Met of zonder koolzuur?** (*mèt of zon-der kôôl-zuur*) (Gazeuse ou non gazeuse ?) ou **Met of zonder prik?** (*mèt of zon-der prik*) (FL) **Met of zonder bruis** (*mèt of zon-der brœïs*) (Avec ou sans bulles ?)

Le vin est généralement proposé sous la forme **een fles** (*en flès*) (une bouteille), **een karaf** (*en kaa-râf*) ou **een glas** (*en ghlâs*) (un verre).

Dans la liste ci-après, vous trouverez quelques boissons courantes, **dranken** (*drân-ken*), que vous pourrez voir sur le menu :

- het bier (h'et biir) (la bière)
- het tapbier (h'et tâp-biir) (la bière à la pression)
- het pils (h'et pils) (un demi)
- de wijn (de wèïn) (le vin)
- de rode wijn (de rôô-de wèïn) (le vin rouge)
- de witte wijn (de wi-te wèïn) (le vin blanc)
- de rosé (de rôô-séé) (le rosé)
- de huiswijn (de h'oeïs-wèïn) (le vin maison, de moindre qualité)
- de koffie (de ko-fii) (le café)
- de thee (de téé) (le thé)

Conversation

Mark et Bart viennent de s'asseoir. La serveuse leur apporte le menu et dit :

Serveuse : **Kan ik u iets te drinken brengen terwijl u uw keuze maakt?**

kân ik uu iits te drin-ken brèng-en ter-wèïl uu uuw keu-ze maakt

Puis-je vous apporter quelque chose pendant que vous faites votre choix ?

Mark : **Ja, ik wil graag een glas bier.**

yaa ik wil ghraagh en ghlâs biir

Oui, je voudrais bien un verre de bière.

Serveuse : **Bier van de tap? We hebben gewoon bier en witbier.**

biir vân de tâp? we h'è-ben ghe-wôôn biir èn wit-biir

Bière pression ? Nous avons de la pilsen et de la bière blanche.

Mark : **Witbier graag.**

wit-biir ghraagh

De la bière blanche, s'il vous plaît.

Serveuse : **En wat mag het voor u zijn?**

èn wât mâgh h'et vôôr uu zèïn?

Et qu'est-ce que vous aimeriez ?

Bart : **Ik wil graag een glas droge rode wijn.**

ik wil ghraagh en ghlâs drôô-ghe rôô-de wèïn

Je voudrais un verre de vin rouge sec.

Mots clés

een glas bier	en ghlâs biir	un verre de bière
bier van de tap	biir vân de tâp	bière pression
het witbier	h'et wit-biir	la bière blanche
een glas droge rode wijn	en glâs drôô-ghe rôô-de wèïn	un verre de vin rouge sec

Commander quelque chose de spécial

Vous pouvez avoir besoin des phrases suivantes pour commander quelque chose qui sort de l'ordinaire :

- **Heeft u vegetarische schotels?** (*h'ééft uu véé-ghéé-taa-ri-se sghôô-tels*) (Avez-vous des plats végétariens ?)
- **Heeft u iets zonder varkensvlees?** (*h'ééft uu iits zôn-der vâr-kens-fléés*) (Avez-vous quelque chose sans viande de porc ?)
- **Heeft u schotels voor diabetici?** (*h'ééft uu sghôô-tels vôôr dii-aa-béé-tii-sii*) (Avez-vous des plats pour diabétiques ?)
- **Heeft u porties voor kinderen?** (*h'ééft uu por-siis vôôr kin-de-ren*) (Avez-vous des portions pour enfants ?)

INFO CULTURELLE

Fumer dans les restaurants

Il n'est plus permis de fumer dans les bâtiments publics. Dans les gares vous n'êtes plus autorisé à fumer que près de piliers spéciaux, qui servent de cendriers, sur le quai. Dans les bureaux et les bâtiments industriels, fumer n'est autorisé que dehors, ou à l'intérieur dans une pièce spéciale dont l'air est évacué mécaniquement. Les restaurants et les bars ont une section fumeurs et une section non-fumeurs. Dans la plupart des petits bars, vous pouvez allumer une cigarette n'importe où.

POINT DE GRAMMAIRE

La politesse : le verbe « mogen »

Mogen (avoir la permission de) est un verbe qui vous fait paraître plus courtois. Au présent singulier, le o se change en a.

Conjugaison	***Prononciation***
ik mag	*ik mâgh*
jij mag	*yèï mâgh*
hij/zij/het mag	*h'èï/zèï/h'et mâgh*
wij mogen	*wèï môô-ghen*
jullie mogen	*yu-lii môô-ghen*
zij mogen	*zèï môô-ghen*

Vous pouvez utiliser ce verbe pour poser les questions suivantes :

- **Mag ik een glas bier?** (*mâgh ik en ghlâs biir*) (Puis-je avoir un verre de bière ?)
- **Mag ik een glas wijn?** (*mâgh ik en ghlâs wèïn*) (Puis-je avoir un verre de vin ?)
- **Mag je hier roken?** (*mâgh ye h'iir rôô-ken*) (Peut-on fumer ici ?)

INFO CULTURELLE

Tout comme en Italie et bientôt en France, la Belgique pourrait choisir d'interdire complètement la cigarette dans les lieux publics. Si vous êtes fumeur il faudra vous renseigner avant de partir.

Répondre à la question habituelle

Au milieu du dîner, le serveur viendra vous voir pour demander : **Is alles naar wens?** (*is â-les naar wèns*) (Tout va-t-il selon vos désirs ?) Si vous désirez quelque chose de spécial, c'est le moment de dire ce que vous voulez. Si tout va selon vos souhaits, la réponse classique est : **Dank u, alles is in orde** (*dânk uu â-les is in or-de*) (Merci, tout va bien).

Quand vous avez fini de manger le plat principal, le serveur peut revenir et demander : **Heeft het gesmaakt?** (*h'ééft h'et ghe-smaakt*) (Est-ce que cela vous a plu ?) C'est le moment d'être critique si vous en éprouvez le besoin ; vous pourriez dire : **Nou (FL) Wel, het vlees was een beetje aan de rauwe kant** (*naôw wèl h'et vléés wâs en béé-tye aan de raô-we kânt*) (Eh bien, la viande était un peu trop saignante). Le serveur pourrait alors réagir : **Dat had u eerder moeten zeggen, dan hadden we u een medium gebracht!** (*dât h'ât uu éér-der moeten zè-ghen dân h'â-den we uu en mii-dii-um ghe-brâght*) (Vous auriez dû nous le dire plus tôt, nous vous aurions apporté un steak à point !) **(FL) In dat geval vraagt u beter een steak à point in het vervolg.** (*in dat ge-val vraaght uu bé-ter en steak à point in h'et ver-volgh*) (Dans ce cas, vous feriez mieux de demander un steak à point à l'avenir.)

Si vous êtes content du repas ou si vous ne voulez pas faire d'histoire, vous dites : **Dank u, goed** (*dânk uu ghout*) (Merci, c'était bien), ou un peu plus fort : **Dank u, erg goed** (*dânk uu èrgh ghout*) (très bien), ou même encore plus enthousiaste : **Dank u, uitstekend** (*dânk uu oeït-stéé-kent*) (excellent). Vous pouvez aussi assembler ces mots dans une phrase : **Dank u, het heeft erg goed gesmaakt** (*dânk uu h'et h'ééft èrgh ghout ghe-smaakt*) (Merci, cela nous a beaucoup plu).

L'addition, s'il vous plaît

Les serveurs des restaurants néerlandais ne veulent pas que vous vous leviez pour régler à la caisse. Vous devez demander au serveur de rekening (de réé-ke-ning) (l'addition), ce que vous pouvez faire des deux façons suivantes :

- **Ik wil graag afrekenen.** (*ik wil ghraagh âf-réé-ke-nen*) (Je voudrais payer.)
- **De rekening alstublieft.** (*de réé-ke-ning âls-tuu-bliift*) (L'addition, s'il vous plaît.)

INFO CULTURELLE

Pourboire

Bien que le pourboire ait été aboli par la loi depuis de nombreuses années, la plupart des gens éprouvent le besoin de laisser un pourboire. Après avoir indiqué clairement au serveur que vous voulez payer, vous devez attendre. Très souvent l'addition doit encore être établie, et le serveur s'occupe d'autres tables avant de vous apporter l'addition, soigneusement pliée sur une soucoupe. Si vous payez en argent et si le serveur doit rapporter la monnaie, vous pouvez dire : **Maak er ... van** (*maak èr ... vân*) (Faites que ce soit...) et lui offrir un pourboire de 8 à 10 %. Si vous avez la monnaie exacte, arrondissez la somme que vous payez en l'augmentant de 8 à 10 %.

L'expression **Zo is het goed** (*zôô is h'et ghout*) ou **Het is OK zo** (*h'et is ôô-kéé zôô*) (Gardez la monnaie) informe le serveur que la somme ajoutée à l'addition est son pourboire.

Quand vous payez avec une carte bancaire, vous devez signer pour le montant marqué sur le ticket de caisse. Si vous n'avez pas de monnaie, vous devez indiquer au serveur le montant total du ticket de caisse avant qu'il ne le produise, en disant : **Maak er ... euro van** (*maak er ... eu-rôô vân*) (Faites que ce soit ... euros). Autrement vous laissez votre pourboire sur la soucoupe.

Vous pouvez payer ensemble : **Alles bij elkaar graag** (*â-les bèï èl-kaar ghraagh*) (Tout ensemble, s'il vous plaît), ou payer à la néerlandaise, séparément : **Wij willen graag apart afrekenen** (*wèï wi-len ghraagh a-pârt âf-réé-ke-nen*) (Nous voudrions payer séparément).

Conversation

Mark et Bart ont bien aimé leur repas. Ils sont prêts à payer et prévoient de laisser un pourboire à la serveuse.

Mark : **Mevrouw, de rekening graag.**

me-vrôaw, de réé-ke-ning ghraagh

Madame, l'addition s'il vous plaît.

Serveuse : **Alstublieft.**

âl-stuu-bliift

S'il vous plaît.

Mark prend l'addition et y jette un coup d'œil. Le total est 82 euros. Mark met 90 euros sur la soucoupe.

Mark : **Het is OK zo.**

h'et is ôô-kéé zôô

Gardez la monnaie.

Serveuse : **Dank u, een fijne avond nog.**

dânk u en fèï-ne aa-vont nogh

Merci, et passez une bonne soirée.

Votre propre restaurant à la maison : Plats à emporter

Si vous n'avez pas envie de faire la cuisine, recherchez un **afhaalchinees** (*âf-h'aal-chii-nées*) (traiteur chinois). Presque tous les restaurants chinois-indonésiens offrent la possibilité d'emporter des plats. Vous pouvez prendre votre repas de restaurant chez vous ! Avez-vous raté le supermarché de la gare ou le **avondwinkel** (*aa-vont-win-kel*) (petite boutique de certaines grandes villes offrant des snacks et des fast-foods) est-il fermé ce soir ? Appelez **een pizzakoerier** (*en piit-saa-kouou-riir*) (un livreur de pizzas) pour qu'il vous apporte une **pizza** (*piit-saa*) ou des **spare ribs** (*spèr-rips*) (côtes découvertes de porc).

Séparation des verbes. Le verbe des plats à emporter : meenemen

Après avoir fait votre choix dans un restaurant, vous pourriez dire à votre compagnon, tout en étudiant le menu : **Ik neem tomatensoep** (*ik néém tôô-maa-ten-soup*) (Je prendrai la soupe de tomates). Vous pouvez utiliser la même expression pour dire au serveur ce que vous voulez : **Ik neem tomatensoep en mijn partner neemt meloen met ham** (*ik néém tôô-maa-ten-soup èn mèïn pârt-ner néémt me-loun mèt h'ãm*) (Je prendrai de la soupe de tomates et mon compagnon du melon avec du jambon).

Le verbe **nemen** (*néé-men*) veut dire prendre. Quand il est précédé du petit mot ou préfixe mee (méé) (avec), il devient le verbe **meenemen** (*méé-néé-men*) (emporter, emmener avec soi). Le néerlandais possède de nombreux verbes commençant par une syllabe accentuée, généralement une préposition telle que **op-** (*op*), **aan-** (*aan*), **uit-** (*oeït*) : **opbellen** (*op-bè-len*) (donner un coup de téléphone), **aanraken** (*aan-raa-ken*) (toucher), **uitkleden** (*oeït-kléé-den*) (déshabiller). Au présent, ces verbes séparables sont divisés en deux parties. Voici **meenemen** :

Conjugaison	*Prononciation*
ik neem mee	*ik néém méé*
jij neemt mee	*yèï néémt méé*
u neemt mee	*uu néémt méé*
hij/zij/het neemt mee	*h'èï/zèï/h'et néémt méé*
wij nemen mee	*wèï néé-men méé*
jullie nemen mee	*yu-lii néé-men méé*
zij nemen mee	*zèï néé-men méé*

Un autre exemple est le verbe **aanraken** (*aan-raa-ken*) (toucher) :

Conjugaison	*Prononciation*
ik raak aan	*ik raak aan*
jij raakt aan	*yèï raakt aan*
u raakt aan	*uu raakt aan*
hij/zij/het raakt aan	*h'èï/zèï/h'et raakt aan*
wij raken aan	*wèï raa-ken aan*
jullie raken aan	*yu-lii raa-ken aan*
zij raken aan	*zèï raa-ken aan*

Parfois l'insertion d'un complément peut sembler compliquée. Quand vous appelez votre compagnon pour lui dire qu'après votre travail vous avez l'intention d'aller chez le **afhaalchinees** (*âf-h'aal-chii-nééś*) (traiteur chinois) pour acheter du **bami** (*baa-mii*) (vermicelle chinois frit), vous dites : **Ik neem bami mee** (*ik néém baa-mii méé*) (j'apporte les vermicelles [avec moi]). Vous pouvez demander à votre compagnon d'apporter quelque chose du magasin de la gare : **Neem jij een toetje mee?** (*néém yèï en tout-ye méé*) (Fl) **Neem jij een zoetigheidje/ een dessert mee?** (*néém yéi en zou-tigh'eïtyé/ en dé-sèrt méé ?*) (Apporteras-tu un dessert [avec toi] ?)

Scheidbare werkwoorden (*sghèïd-baa-re wèrk-wôôr-den*) (les verbes séparables) sont séparés aux temps du présent et du passé. Toutefois, vous ne les séparez pas au passé composé. Pour voir les verbes séparables au passé, consultez le chapitre 13, et pour les verbes séparables au passé composé, consultez le chapitre 8.

Faire les courses

Parfois vous n'avez pas envie de manger au restaurant et vous préférez faire la cuisine vous-même. Vous devez d'abord savoir où faire les courses.

Où acheter ce que vous allez manger ?

Voici une liste de commerces où vous pouvez vous approvisionner :

- **de supermarkt** (*de suu-per-mârkt*) (le supermarché)
- **de markt** (*de mârkt*) (le marché)
- **de slager** (*de slaa-gher*) (le boucher)
- **de bakkerij** (*de bâ-ke-rèï*) (la boulangerie)
- **de slijterij** (*de slèï-te-rèï*) (FL) **De wijnhandelaar** (*de wèïn-h'ân-dè-lââr*) (le marchand de vin)
- **de banketbakkerrij** (*de bân-ket-bâ-ke-rèï*) (la pâtisserie)
- de **groenteboer / de groentewinkel** (*de ghroun-te-bour / de ghroun-te-win-kel*) (le marchand de légumes)
- **de viswinkel** (*de vis-win-kel*) (la poissonnerie)

TRUC

Vous trouverez des supermarchés partout – il y en a un dans chaque **buurt** (*buurt*) (quartier). Si vous êtes au centre d'une grande ville comme Amsterdam, Rotterdam ou La Haye, vous n'en trouverez pas beaucoup. Cherchez-les dans les gares !

Trouver ce que vous cherchez

- **het brood** (*h'et brôôt*) (le pain)
- **het broodje** (*h'et brôô-tye*) (le petit pain)
- **het bruinbrood** (*h'et broeïn-brôôt*) (le pain bis)
- **het witbrood** (*h'et wit-brôôt*) (le pain blanc)
- **de cake** (*de kéék*) (le cake)
- **het gebak** (*h'et ghe-bâk*) (la pâtisserie)
- **de koekjes** (*de kouk-yes*) (les biscuits)
- **de boter** (*de bôô-ter*) (le beurre)
- **de margarine** (*de mâr-ghe-rii-ne*) (la margarine)
- **de kaas** (*de kaas*) (le fromage)
- **de karnemelk** (*de kâr-ne-mèlk*) (le petit lait)
- **de melk** (*de mèlk*) (le lait)
- **de room, de slagroom** (*de rôôm, de slâgh-rôôm*) (la crème, la crème Chantilly)
- **het rundvlees** (*h'et runt-vléés*) (le bœuf)
- **het varkensvlees** (*h'et vâr-kens-vléés*) (le porc)
- **het spek** (*h'et spèk*) (le bacon)
- **de ham** (*de hâm*) (le jambon)
- **de kip** (*de kip*) (le poulet)
- **de forel** (*de fôô-rèl*) (la truite)
- **de kabeljauw** (*de ka-bel-yaôw*) (la morue)
- **de tonijn** (*de tôô-nèïn*) (le thon)
- **de zalm** (*de zâlm*) (le saumon)
- **de garnalen** (*de ghâr-naa-len*) (les crevettes)
- **de kreeft** (*de krééft*) (la langouste / le homard)
- **de mossel** (*de mo-sel*) (la moule)
- **de aardbei** (*de aart-bèï*) (la fraise)
- **de appel** (*de â-pel*) (la pomme)
- **de banaan** (*de bâ-naan*) (la banane)
- **de peer** (*de péér*) (la poire)
- **de sinaasappel** (*de sii-naa-sâ-pel*) (l'orange)

- **de aardappel** (*de aar-â-pel*) (la pomme de terre)
- **de broccoli** (*de bro-kôô-lii*) (le brocoli)
- **de champignon** (*de châm-piin-yôn*) (le champignon)
- **de komkommer** (*de kom-ko-mer*) (le concombre)
- **de knoflook** (*de knof-lôôk*) (l'ail)
- **de kropsla** (*de krop-slaa*) (la laitue)
- **de paprika** (*de pâ-prii-kaa*) (le poivron)
- **de sperzieboon** (*de spèr-zii-bôôn*) (le haricot vert)
- **de spinazie** (*de spii-naa-zii*) (l'épinard)
- **de tomaat** (*de tôô-maat*) (la tomate)
- **de ui** (*de oeï*) (l'oignon)
- **de wortel** (*de wor-tel*) (la carotte)
- **de zuurkool** (*de zuur-kôôl*) (la choucroute)
- **de macaroni** (*de ma-ka-rôô-ni*) (les macaronis)
- **de rijst** (*de rèïst*) (le riz)
- **de spaghetti** (*de spâ-ghè-tii*) (les spaghettis)
- **de salade** (*de sâ-laa-de*) (la salade)

Payer et recevoir la monnaie

Dans les supermarchés, la façon la plus courante de payer est **pinnen** (*pi-nen*) (payer par carte bancaire). Vous trouverez partout des signes **PIN**. Seules les cartes des banques néerlandaises sont acceptées ! Les cartes de crédit sont acceptées seulement dans les très grands supermarchés. Si vous payez en argent, la caissière peut vous demander :

- **Heeft u het gepast?** (*h'ééft uu h'et ghe-pâst*) **(Fl) Hebt u pasgeld ?** (*hèbt uu pas-ghelt ?*) (Avez-vous le montant exact ?)
- **Heeft u mischien een euro?** (*h'ééft u mis-sghiin één eu-rôô*) (Auriez-vous peut-être un euro ?)

Et vous pourriez répondre :

- **Het spijt me, ik heb niet kleiner.** (*h'et spèït me ik h'èp niit klèï-ner*) (Je regrette, je n'ai pas plus petit.)
- **Het spijt me, ik heb helemaal geen kleingeld.** (*h'et spèït me ik h'èp h'éé-le-maal ghéén klèïn-ghèlt*) (Désolé, je n'ai pas du tout de monnaie.)

Répondre à la question : Bonnetje erbij?

Ensuite, quand vous avez payé, le caissier vous posera différentes questions : **Wilt u de bon erbij?** (*wilt uu de bôn er-bèi*) **(Fl) Wilt u het kasticket?** (*wilt uu h'èt kas-ti-kèt ?*) (Voulez-vous le reçu ?)

Comme les Néerlandais aiment bien **zegels sparen** (*zéé-ghels spaa-ren*) (collectionner des coupons à échanger contre des produits ou de l'argent), le caissier peut vous demander : **Spaart u zegels?** (*spaart uu zéé-ghels*) (Collectionnez-vous les coupons ?) ou **Zegels erbij?** (*zéé-ghels èr-bèi*) (Voulez-vous des coupons ?)

De nombreuses boutiques ou stations-service proposent à leurs clients une carte plastique pour collectionner des points à échanger contre de l'argent ou des produits. L'une des plus célèbres est la carte Air Miles. Le caissier vous demandera : **Wilt u airmiles?** (*wilt uu èr-maïlz*) (Voulez-vous des Air Miles ?)

En Belgique, les supermarchés travaillent aussi de plus en plus avec une carte de fidélité permettant aux gens d'accumuler des points selon le montant de leurs achats. Une caissière vous demandera donc avant de commencer à comptabiliser vos achats : **Heb u een ...kaart?** (*h'èbt uu en ...kaart ?*) (Avez-vous la carte de...+ nom du magasin?).

La caissière ne fait donc aucunement allusion à une carte de crédit, mais à la carte de fidélité qui donne droit soit à des remises sur vos prochains achats, soit à des cadeaux à choisir selon le nombre de points obtenus.

Faire les courses sur un marché traditionnel

Des marchés traditionnels ont lieu une ou deux fois par semaine sur les places du marché des plus petites villes. Amsterdam a des marchés ouverts tous les jours : **Albert Cuyp** (*âl-bert koeïp*) est le plus célèbre. Il a de nombreux stands de produits alimentaires et de vêtements exotiques.

Dans les supermarchés, la plupart des produits alimentaires sont préemballés et leur prix est inscrit sur l'emballage. Les plus grands supermarchés ont des boutiques spécialisées pour le pain, le fromage et d'autres produits comme les tranches de viande froide. Dans les boutiques spécialisées et au marché, vous devez demander une certaine quantité ou un certain poids.

Vous commencez par : **Ik wil graag** (*ik wil ghraagh*) (Je voudrais), et ensuite, vous mentionnez les mesures ou poids ci-après :

- **een ons** (*en ôns*) **(FL) honderd gram** (*h'on-dert-ghram*) (100 grammes)
- **een half pond** (*en h'âlf pônt*) (une demi-livre)
- **een pond** (*één pônt*) (une livre)
- **anderhalf pond** (*ân-der-h'âlf pônt*) (une livre et demie)
- **een kilo** (*één kii-lôô*) (un kilo)
- **een stuk, twee stuks** (*één stuk, twéé stuks*) (un morceau, deux morceaux)
- **een plak, twee plakken** (*één plâk, tvéé plâ-ken*) **(FL) een snee, twee sneden** (*en snéé, twéé sné-den*) (une tranche, deux tranches).

A la suite de la quantité, vous mentionnez le genre de produit désiré, sans mot supplémentaire entre la quantité et le produit :

- **Ik wil graag een kilo appels.** (*ik wil ghraagh één kii-lôô â-pels*) (Un kilo de pommes, s'il vous plaît.)
- **Ik wil graag een pond kaas.** (*ik wil ghraagh één pônt kaas*) **(FL) Ik wil graag 500gr / een halve kilo kaas** (*ik wil ghraagh véïf hon-dert ghram/ en h'alve ki-lo kaas*) (Une livre de fromage, s'il vous plaît.)
- **Twee plakken ham graag.** (*twéé plâ-ken h'âm ghraagh*) (Deux tranches de jambon, s'il vous plaît.)

Répondre à la question : Mag het ietsje meer zijn?

Les vendeurs des marchés essaient souvent de vous vendre un peu plus que ce que vous avez demandé. Cela concerne surtout les produits frais qu'il faut vendre avant la fin du marché. La question **Mag het ietsje meer zijn?** (*mâgh h'et iit-sye méér zèïn*) veut dire : « Est-ce que ça peut être un peu plus ? » En général, le vendeur ne mentionne pas le nouveau prix en même temps que le poids supplémentaire. Dans ce cas, demandez-lui : **Hoeveel kost het dan?** (*h'ouou-véél kost h'et dân*) (Il y en a pour combien ?) Si vous êtes d'accord, vous pouvez répondre : Dat is goed (dât is ghout) (C'est bon).

TRUC

Marchander le prix des produits alimentaires n'est pas courant chez les Néerlandais, ni en Belgique. Les marchés visités surtout par les non-Néerlandais, par exemple le **Zwarte markt** (*zwâr-te mârkt*) (« marché noir » ou bazar) de Beverwijk, non loin d'Amsterdam, ont leurs propres règles.

Conversation

Petra achète ses fruits, son fromage, son poisson et ses fleurs au marché. Aujourd'hui elle achète du fromage.

Marchand : **Goedemorgen, waarmee kan ik u helpen?**

Ghouou-de-mor-ghen waar-méé kân ik uu h'èl-pen

Bonjour, que puis-je faire pour vous ?

Petra : **Een pond [PB] / halve kilo [FL] belegen Goudse kaas graag.**

één pont h'âl-ve kii-lôô be-léé-ghen ghaôwt-se kaas ghraagh

en h'al-ve ki-lo be-léé-ghen ghaôwt-se kaas ghraagh

Une livre de gouda, s'il vous plaît.

Marchand : **Ik heb hier een mooi stuk. Mag het ietsje meer zijn? Het is 600 gram.**

ik h'èp h'iir en môôïy stuk. mâgh het iit-sye méér zèïn. h'et is zès-h'on-dert ghrâm

J'ai là un beau morceau. Voulez-vous bien que ce soit un peu plus ? Il fait 600 grammes.

Petra : **Dat is goed. Wat voor soort oude kaas heeft u?**

dât is ghout. wât vôôr sôôrt aôw-de kaas h'ééft uu

C'est bon. Quelles sortes de vieux fromages avez-vous ?

Marchand : **Ik heb Edammer en Maaslander. Wilt u proeven?**

ik h'èp éé-dâ-mer en maas-lân-der. wilt uu prouou-ven

J'ai de l'édam et du maaslander. Voulez-vous les essayer ?

Petra : **Ja graag. Ik vind de Maaslander lekker. Hoeveel kost die?**

yaa ghraagh. ik vint de maas-lân-der lè-ker. h'ouou-véél kost dii

Oui, s'il vous plaît. J'aime bien le maaslander. Combien coûte-t-il ?

Marchand : **U mag dit stuk van anderhalf pond [PB] / 750 gram. [FL] hebben voor 8,50.**

uu mâgh dit stuk vân an-der-h'âlf pont zé-ven hon-dert véif-tegh ghram h'è-ben vôôr acht eu-rôô vèïf-tigh

Vous pouvez avoir ce morceau d'une livre et demie pour 8,50.

Petra : **Oké, dank u.**

ôô-kéé dânk uu

OK, merci.

Marchand : **Anders nog iets?**

ân-ders nogh iits

Autre chose ?

Petra : **Nee, dank u. Dat is het.**

Néé dânk uu. dât is h'et

Non, merci. C'est tout.

Mots clés

een stuk	en stuk	un morceau
een soort	en sôôrt	une sorte
proeven	prouou-ven	essayer
lekker vinden	lè-ker vin-den	trouver bon
kosten	kos-ten	coûter

Info culturelle

Les fromages néerlandais

Le fromage néerlandais est connu pour ses nombreuses variétés. La plupart des fromages portent le nom des régions d'où ils viennent. **Edammer** (*éé-dâ-mer*) (l'édam, du village d'Edam, juste au nord d'Amsterdam) est un petit fromage rond enveloppé dans du papier rouge. Le **Maaslander** (*maas-lân-der*) est plus doux, moins salé. Le **Oud Amsterdam** (*aôwt âm-ster-dâm*) est fort et salé. La plupart des fromages sont vendus en trois variétés : **jong** (*yong*) (jeune), **belegen** (*be-léé-ghen*) (demi-vieux) et **oud** (*aôwt*) (vieux). Les variétés sont fonction du temps pendant lequel le fromage a mûri dans la **kaasboerderij** (*kaas-bour-de-rèi*) (fromagerie) ou **kaasfabriek** (*kaas-fa-briik*) (fromagerie industrielle).

Bien que le fromage soit un produit traditionnel élaboré aux Pays-Bas depuis des siècles, de nouvelles sortes de fromages naissent chaque année : surtout des sortes comportant moins de matière grasse que les traditionnels 40 % ou même 60 %.

Chapitre 7

Les achats

Dans ce chapitre :

- Trouver les meilleurs endroits
- Faire le tour du magasin
- Acheter des vêtements
- Indiquer : **deze, die, dit** et **dat**
- Comparer mieux et le meilleur : les niveaux de comparaison
- Les achats sur un marché traditionnel

Faire des achats dans un autre pays peut être une façon amusante de plonger dans sa culture et une bonne occasion de rencontrer les gens du pays. Si vous désirez faire vos achats à un seul endroit, allez jusqu'aux grands magasins situés dans toutes les grandes villes.

La plupart des quartiers centraux sont denses. Vous trouverez tous les magasins regroupés dans quelques rues, généralement dans une zone piétonnière. Un parking se trouve généralement à proximité.

Les magasins spécialisés sont plus difficiles à trouver : si vous recherchez quelque chose de très particulier, regardez sur Internet.

Trouver les meilleurs endroits

Dans les plus grandes villes se trouvent différentes sortes de magasins :

- **het warenhuis** (*h'et waa-ren-h'oeïs*) (le grand magasin)
- **de speciaalzaak** (*de spéé-syaal-zaak*) (le magasin spécialisé) comme :
  - **de antiquair** (*de ân-tii-kèr*) (l'antiquaire)
  - **de bloemenwinkel** (*de blouou-men-win-kel*) (le fleuriste)
  - **de boekwinkel** (*de bouk-win-kel*) (la librairie)

- **de computer winkel** (*de kom-piouou-ter-win-kel*) (le magasin d'informatique)
- **de delicatessenwinkel** (*de déé-lii-kaa-tè-sen win-kel*) (l'épicerie de luxe)
- **de dierenwinkel** (*de dii-ren-win-kel*) (la boutique d'animaux de compagnie)
- **de drogisterij** (*de drôô-ghis-te-rèï*) (la pharmacie)
- **de juwelier** (*de yuu-we-liir*) (le bijoutier)
- **de kledingzaak** (*de kléé-ding-zaak*) (le magasin de vêtements)
- **de leerwinkel** (*de léér-win-kel*) (la maroquinerie)
- **de notenbar** (*de nôô-ten-bâr*) (la boutique de noix)
- **de parfumerie** (*de pâr-fuu-me-rii*) (la parfumerie)
- **de poelier** (*de pouou-liir*) (le volailler)
- **de schoenenzaak** (*de sghouou-nen-zaak*) (le magasin de chaussures)
- **de sportzaak** (*de sport-zaak*) (le magasin de sport)
- **de telefoonwinkel** (*de téé-léé-fôôn-win-kel*) (la boutique de téléphones)

Remarquez que la plupart de ces noms de commerce ont le suffixe **winkel** ou **-zaak**. L'un et l'autre veulent dire magasin, boutique.

La plupart des magasins sont ouverts de 9 à 18 heures. Les supermarchés ouvrent de 9 à 20 heures. Un soir par semaine, souvent le jeudi ou le vendredi, les magasins peuvent rester ouverts jusqu'à 21 heures : **koopavond** (*kôôp-aa-vont*) (nocturne). Le samedi, les magasins ferment à 17 heures. Dans les villes de quelque importance, certains magasins sont ouverts le dimanche (généralement une fois par mois). En font partie des grands magasins et des jardineries : des endroits où vous avez besoin de temps pour faire votre choix. En dehors des villes, souvent près d'une grande route, vous trouverez de **meubelboulevard** (*meueu-bel-bouou-le-vaar*) (le coin des meubles) : des magasins de meubles ainsi que des magasins de bricolage et des halls d'exposition de cuisines ou de salles de bains. Les magasins de ce genre sont ouverts non seulement le dimanche, mais aussi les jours fériés. Consultez leurs sites Web !

Dans les endroits très touristiques comme les stations balnéaires, les magasins restent ouverts le soir et les week-ends au cours de la saison des vacances.

En Belgique, les magasins de mode (vêtements, chaussures, lingerie, accessoires) sont souvent ouvert jusqu'à 19h, mais tous les autres magasins sont fermés à 18h, y compris le samedi. Les ouvertures exceptionnelles le dimanche ne sont pas encore très répandues.

Pour connaître les heures d'ouverture d'un magasin, vous pouvez demander :

- **Wanneer is deze winkel open?** (*wâ-néér is déé-ze win-kel ôô-pen*) (Quand ce magasin est-il ouvert ?)
- **Wanneer bent u gesloten?** (*wâ-néér bènt uu ghe-slôô-ten*) (Quand êtes-vous fermé ?)
- **Hoe laat sluit u vanavond?** (*houou laat sloeït uu vân-aa-vont*) (A quelle heure fermez-vous ce soir ?)
- **Bent u open op zondag?** (*bènt uu ôô-pen op zon-dâgh*) (Etes-vous ouvert le dimanche ?)

Le verbe des achats : kopen

Le verbe **kopen** (*kôô-pen*) est essentiel. De nombreux mots appartiennent à la même famille que lui, comme **te koop** (*te kôôp*) (à vendre) et **uitverkoop** (*oeït-ver-kôôp*) (solde). Le verbe **kopen** est régulier, mais son orthographe doit être modifiée dans certains cas pour que le **o** reste une voyelle longue dans toutes les formes du verbe.

Conjugaison	*Prononciation*
ik koop	*ik kôôp*
jij koopt	*yèï kôôpt*
u koopt	*uu kôôpt*
hij/zij/het koopt	*h'èï/zèï/h'et kôôpt*
wij kopen	*wèï kôô-pen*
jullie kopen	*yu-lii kôô-pen*
zij kopen	*zèï kôô-pen*

Faire le tour du magasin

Si vous avez besoin d'aide pour trouver un article ou un rayon d'un grand magasin, vous pouvez consulter **inlichtingen** (*in-ligh-ting-en*) (le bureau d'informations). Vous y trouverez des réponses à la plupart de vos questions.

Si vous cherchez un article particulier, vous pouvez le demander au moyen de l'une des expressions suivantes. A la fin de l'expression, ajoutez la forme plurielle de l'article que vous cherchez.

- **Waar zijn de ...?** (*waar zèïn de*) (Où sont les ... ?)
- **Waar zijn de badjassen?** (*waar zèïn de bât-yâ-sen*) (Où sont les peignoirs de bain ?)

Vous pouvez aussi utiliser l'expression suivante en lui adjoignant un mot au singulier ou au pluriel :

- **Waar kan ik ... vinden?** (*waar kân ik ... vin-den*) (Où puis-je trouver... ?)
- **Waar kan ik de badjassen vinden?** (*waar kân ik de bât-yâ-sen vin-den*) (Où puis-je trouver les peignoirs de bain ?)
- **Waar kan ik een badjas vinden?** (*waar kân ik en bât-yâs vin-den*) (Où puis-je trouver un peignoir de bain ?)

Le vendeur ou la vendeuse vous dira : **Die verkopen we niet** (*dii ver-kôô-pen we niit*) (Nous n'en vendons pas), ou bien vous dirigera vers le rayon approprié au moyen de l'une des expressions suivantes :

- **op de parterre** (*op de pâr-tè-re*) **(FL) op het gelijkvloers** (*op èt ge-léïk-vlours*) (au rez-de-chaussée)
- **in het souterrain** (*in h'et souou-te-rain*) **(Fl) in de ondergrond** (*in de on-der-ghront*)(au sous-sol)
- **op de eerste vedieping** (*op de éér-ste ver-dii-ping*) (au premier étage)
- **een verdieping hoger** (*en ver-dii-ping h'ôô-gher*) (un étage plus haut)
- **een verdieping lager** (*en ver-dii-ping laa-gher*) (un étage plus bas)

Si vous désirez fureter dans un rayon particulier, vous pouvez utiliser l'expression : **Waar kan ik ... vinden?** (*waar kân ik ... vin-den*) (Où puis-je trouver... ?) et terminer la phrase par l'un des noms de rayon, d'article ou d'endroit suivants :

- **huishoudelijke artikelen** (*h'oeïs-h'aôw-de-le-ke ar-tii-ke-len*) **(Fl) huishoudapparaten** (*h'œïs-h'aôwt-âpa-raa-ten*) (des appareils électroménagers)
- **herenkleding** (*h'éé-ren-klée-ding*) (des vêtements pour hommes)
- **dameskleding** (*daa-mes-klée-ding*) (des vêtements pour dames)
- **kinderkleding** (*kin-der-klée-ding*) (des vêtements pour enfants)
- **de schoenenafdeling** (*de sghouou-nen-âf-déé-ling*) (le rayon des chaussures)

- **de parfumerie** (*de par-fuu-me-rii*) (la parfumerie)
- **de lift** (*de lift*) (l'ascenseur)
- **de roltrap** (*de rol-trâp*) (l'escalier roulant)

S'enquérir courtoisement

Si vous demandez à quelqu'un de vous aider, vous avez intérêt à le faire poliment.

La façon la plus simple de demander est : **Kunt u mij vertellen waar de badjassen zijn?** (*kunt uu mèï ver-tè-len waar de bât-yâ-sen zèïn*) (Pouvez-vous me dire où sont les peignoirs de bain ?)

Vous pouvez inclure le mot **misschien** (*mis-sghiin*). La phrase **Kunt u mij misschien vertellen waar de badjassen zijn?** (*kunt uu mèï mis-sghiin ver-tè-len waar de bât-yâ-sen zèïn*) **(Fl) Kunt u mij vertellen waar de badjassen zijn, alstublieft = a.u.b?** est très courtoise. (a.u.b = s.v.p)

Si vous avez l'impression que vous dérangez vraiment quelqu'un, disons quand il parle à quelqu'un d'autre, vous pouvez commencer par vous excuser : **Sorry, kunt u mij vertellen waar de badjassen zijn?** (*so-rii kunt uu mèï ver-tè-len waar de bât-yâ-sen zèïn*) (Pardon, pourriez-vous me dire où se trouvent les peignoirs de bain ?)

Chercher soi-même

Parfois vous voulez seulement regarder les articles sans l'assistance de personne. Cependant, les vendeurs peuvent vouloir s'assurer que vous n'avez pas besoin d'aide en disant quelque chose comme :

- **Wilt u geholpen worden of rondkijken?** (*wilt uu ghe-h'ol-pen wor-den of ront-kèï-ken*) (Voulez-vous que je vous aide, ou regarder vous-même ?)
- **Kan ik u misschien helpen?** (*kân ik uu mis-sghiin h'èl-pen*)

Votre réponse pourrait être :

Ja graag, dank u. (*yâ ghraagh dânk uu*) (Oui, volontiers, merci.)

Dans certains petits magasins, les vendeurs n'aiment pas vous voir fouiner. Ils voudront vous aider et diront : **Zoekt u iets speciaals?** (*zoukt uu iits spéé-syaals*) (Cherchez-vous quelque chose de spécial ?)

Si vous voulez seulement regarder, cette expression peut vous aider à décliner poliment une offre de service :

Ik wil graag rondkijken. (*ik wil ghraagh ront-kèï-ken*) (Je voudrais seulement regarder.)

Le vendeur vous dira :

- **Natuurlijk. Zegt u het maar als u een vraag heeft.** (*nâ-tuur-lek. zèght uu h'et maar âls uu en vraagh h'ééft*) (Bien sûr. Prévenez-moi seulement si vous avez une question.)
- **Roept u me als u een vraag heeft.** (*roupt uu me âls uu en vraagh h'ééft*) (Appelez-moi si vous avez une question.)

Obtenir de l'aide

Dans certaines situations, vous pouvez souhaiter de l'aide ou en avoir vraiment besoin. Dans ce cas, vous pouvez dire :

- **Kunt u mij alstublieft helpen? Ik zoek...** (*kunt uu mèï âls-tuu-bliift h'èl-pen. ik zouk*) (Pouvez-vous m'aider s'il vous plaît ? Je cherche...)

Vous pourrez entendre les expressions suivantes :

- **Welke maat zoekt u?** (*wèl-ke maat zoukt uu*) (Quelle taille cherchez-vous ?)
- **Welke kleur zoekt u?** (*wèl-ke kleur zoukt uu*) (Quelle couleur cherchez-vous ?)
- **Hoe vind u deze kleur?** (*h'ouou vint uu déé-ze kleur*) (Comment trouvez-vous cette couleur-ci ?)

Acheter des vêtements

De quoi avez-vous envie ? De nombreux termes d'habillement sont unisexes, mais certains sont réservés à un seul genre.

Voici des articles habituellement portés par les femmes :

- **de blouse/bloes** (*de blous*) (le corsage)
- **de jurk** (*de yurk*) (la robe)
- **het pak, het mantelpak** (*h'et pâk, h'et mân-tel-pâk*) (le tailleur)

- **het broekpak** (*h'et brouk-pâk*) (le tailleur pantalon)
- **de rok** (*de rok*) (la jupe)

Les mots suivants s'appliquent habituellement à des vêtements masculins :

- **het overhemd** (*h'et ôô-ver-hèmt*) (la chemise)
- **het kostuum** (*h'et kos-tuum*) (formel, le costume), **het pak** (*h'et pâk*) (le costume)
- **de das** (*de dâs*) (la cravate)

Les vêtements suivants sont portés par des hommes et par des femmes :

- **de pullover** (*de puul-ôô-ver*) (formel), **de trui** (*de troeï*) (le pull-over)
- **het sweatshirt** (*h'et svèt-syeurt*) (le sweat-shirt)
- **het jasje** (*h'et yâs-ye*) (la veste)
- **de blazer** (*de bléé-zer*) (le blaser)
- **het vest** (*h'et vèst*) (le cardigan)
- **de jas** (*de yâs*) (le manteau)
- **de pantalon** (*de pân-taa-lon*) (formel), de broek (de brouk) (le pantalon)
- **het T-shirt** (*h'et tii-syeurt*) (le T-shirt)

Ces articles peuvent être fabriqués dans toutes sortes de textiles et de styles. Voici des mots pour les décrire :

- **de zijde** (*de zèï-de*) (la soie)
- **de wol** (*de wol*) (la laine)
- **het katoen** (*h'et kâ-toun*) (le coton)
- **het linnen** (*h'et li-nen*) (le lin)
- **het leer** (*h'et léér*) (le cuir)
- **gestreept** (*ghe-stréépt*) (rayé)
- **geruit** (*ghe-roeït*) (à carreaux)
- **gebloemd** (*ghe-bloumt*) (à fleurs)
- **met stippen** (*mèt sti-pen*) **(Fl) met bolletjes** (*mèt bol-le-tyès*) (à pois)
- **effen** (*è-fen*) (uni)
- **sportief** (*spor-tiif*) (de sport, décontracté)
- **gekleed/netjes** (*ghe-kléét/nèt-yes*) (habillé/élégant)

Demander la couleur et la taille

Avez-vous une préférence pour une couleur particulière ? Les noms des couleurs de base sont :

- **zwart** (*zwârt*) (noir)
- **wit** (*wit*) (blanc)
- **rood** (*rôôt*) (rouge)
- **geel** (*ghéél*) (jaune)
- **blauw** (*blaôw*) (bleu)
- **groen** (*ghroun*) (vert)

Ces mots sont tous utilisés comme adjectifs, ce qui signifie qu'ils veulent dire quelque chose sur le mot auquel ils se rapportent. **Dans de zwarte jas** (*de zwâr-te yâs*) (le manteau noir) **zwarte** dit quelque chose sur le manteau. Dans **het blauwe T-shirt** (*h'et blaô-we tii-syeurt*) l'adjectif blauwe vous dit que le T-shirt est bleu. Pour en apprendre davantage sur la façon d'insérer des adjectifs dans des expressions et des phrases, allez au chapitre 2.

Connaître votre taille

TRUC

Il vous sera plus facile de trouver la bonne taille si vous savez que beaucoup de vêtements comportent des étiquettes avec différentes tailles européennes et américaines. Etes-vous dérouté par cette question ? La liste suivante peut vous aider à trouver la bonne taille.

Vêtements de dames

US	UK	NL	FR
6	8	34	36
8	10	36	38
10	12	38	40
12	14	40	42
14	16	42	44
16	18	44	46
18	20	46	48
20	22	48	50

Chemises d'hommes

US	UK	NL	FR
14½	14½	37	37
15	15	38	38
15½	15½	39,5	39,5
16	16	41	41
16½	16½	42	42
17	17	43	43
17½	17½	44	44

INFO CULTURELLE

En Belgique les tailles de vêtements sont les mêmes qu'en France.

Conversation

CD

Petra se trouve dans une boutique de mode. Elle veut acheter un corsage et parle à la vendeuse.

Vendeuse : **Kan ik u helpen?**

kân ik uu h'èl-pen

Puis-je vous aider ?

Petra : **Ja graag, ik zoek een bloes.**

yaa ghraagh ik zouk en blous

Oui, s'il vous plaît, je cherche un corsage.

Vendeuse : **Welke kleur [PB] / In welke kleur [FL] moet het zijn?**

wèl-ke kleur mout h'et zèïn

(Fl) *In wèl-ke kleur mout h'et zèïn*

Quelle couleur voulez-vous ?

Petra : **Wit.**

vit

Blanche.

Vendeuse : **Zoekt u naar iets sportiefs?**

zoukt uu naar iits spor-tiifs

Cherchez-vous quelque chose de sportif ?

Petra : **Nee, ik zoek een geklede bloes.**

néé ik zouk en ghe-kléé-de blous

Non, je cherche un corsage habillé.

Vendeuse : **Prima [PB] / Goed [FL]. Welke maat heeft u?**

prii-ma ghout wèl-ke maat hééft uu

Très bien. Quelle taille faites vous ?

Petra : **Maat 40.**

maat *vèr*-tigh

Taille 42.

Vendeuse : **Hoe vindt u dit model?**

h'ouou fint uu dit môô-dèl

Comment trouvez-vous ce modèle ?

Petra : **Ik vind het erg mooi.**

ik fint h'et èrgh môôï

Je le trouve très beau.

Mots clés

gekleed	ghe-klééd	habillé
de maat	de maat	la taille
het model	h'et môô-dèl	le modèle

Montrer : deze, die, dit, dat

Dans presque toutes les boutiques de vêtements, vous pouvez décrocher vous-même des articles sur un présentoir. Dans d'autres magasins, comme une bijouterie, vous devez montrer l'objet que vous voulez. Il vous faut alors connaître les mots adéquats : ceci, ceux-ci, cela et ceux-là. Le problème est que vous devez savoir si le mot pour l'objet désigné est un mot avec de ou avec het.

Si c'est un mot avec de, vous utilisez toujours **deze** (*déé-ze*) ou **die** (*dii*). Ainsi :

- **de** → **deze** (ceci, celui-ci, tout près) ou **die** (celui-là, un peu plus loin)
- **de pullover** (*de puul-ôô-ver*) (le pull-over) → **deze pullover** (*déé-ze puul-ôô-ver*) (ce pull-over-ci), **die pullover** (*dii puul-ôô-ver*) (ce pull-over-là)

- **de rok** (*de rok*) (la jupe) → **deze rok** (*déé-ze rok*) (cette jupe-ci), **die rok** (*dii rok*) (cette jupe-là)
- **de sok** (de sok) (la chaussette) → **deze sok** (*déé-ze sok*) (cette chaussette-ci), **die sok** (*dii sok*) (cette chaussette-là)

Si le mot pour l'objet indiqué s'emploie avec l'article het, vous utilisez toujours dit ou dat.

- **het** → **dit** (ceci, celui-ci, tout près) ou **dat** (cela, celui-là, un peu plus loin)
- **het overhemd** (*h'et ôô-ver-h'èmt*) (la chemise) → **dit overhemd** (*dit ôô-ver-h'èmt*) (cette chemise-ci), **dat overhemd** (*dât ôô-ver-h'èmt*) (cette chemise-là)
- **het T-shirt** (*h'et tii-syeurt*) (le T-shirt) → **dit T-shirt** (*dit tii-syeurt*) (ce T-shirt-ci), **dat T-shirt** (*dât tii-syeurt*) (ce T-shirt-là)
- **het vest** (*h'et vèst*) **(Fl) de vest** (*de vèst*) (le cardigan) → **dit vest** (*dit vèst*) **(Fl) deze vest** (*dé-ze vèst*) (ce cardigan-ci), **dat vest** (*dât vèst*) **(FL) die vest** (*dïi vèst*)(ce cardigan-là) Les pluriels ne posent aucun problème : tous les pluriels utilisent l'article de. Le pluriel de se change en deze (ceux-ci, tout près) ou die (ceux-là, plus loin).
- **de** → **deze** (ceux-ci, tout près) ou **die** (ceux-là, un peu plus loin)
- **de pullovers** → **deze pullovers** (*déé-ze puul-ôô-vers*) (ces pull-overs-ci), **die pullovers** (*dii puul-ôô-vers*) (ces pull-overs-là)
- **de overhemden**→ **deze overhemden** (*déé-ze ôô-ver-h'èm-den*) (ces chemises-ci), **die overhemden** (*dii ôô-ver-h'èm-den*) (ces chemises-là)

Voici quelques autres exemples :

- **de broek** (le pantalon) → **deze broek** (*déé-ze brouk*) (ce pantalon-ci), **die broek** (*dii brouk*) (ce pantalon-là)
- **de broeken** (les pantalons) → **deze broeken** (*déé-ze brou-ken*) (ces pantalons-ci), **die broeken** (*dii brou-ken*) (ces pantalons-là)
- **de zonnebril** (la paire de lunettes de soleil) → **deze zonnebril** (*déé-ze zo-ne-bril*) (cette paire-ci de lunettes de soleil), **die zonnebril** (*dii zo-ne-bril*) (cette paire-là de lunettes de soleil)
- **de zonnebrillen** (les lunettes de soleil [plusieurs paires]) → **deze zonnebrillen** (*déé-ze zo-ne-bri-len*) (ces lunettes de soleil ci), **die zonnebrillen** (*dii zo-ne-bri-len*) (ces lunettes de soleil là)

TRUC

Il vous faudra un peu de temps pour vous habituer à utiliser **deze, die, dit** et **dat** comme le font les Néerlandais ! Voici une astuce mnémotechnique :

- **d e**
- **d eze**
- **d ie**

Tous ces mots commencent par d. Ce qui vous aidera à vous souvenir que les mots en **de** (**de auto**) sont remplacés par **deze** (**deze auto**) ou **die** (**die auto**) quand vous les pointez du doigt. **Deze** et **die** commencent eux aussi par un **d**.

- **he t**
- **di t**
- **da t**

se terminent tous par un **t**. Cela vous aidera à vous souvenir que les mots en **het** (**het fietsje**) sont remplacés par **dit** (**dit fietsje**) ou **dat** (**dat fietsje**) quand vous les pointez du doigt. **Dit** et **dat** se terminent eux aussi par un **t**.

Trouver ce qui vous va et faire des essayages

Si vous voyez un vêtement qui semble convenir, vous pouvez souhaiter l'essayer. Vous pouvez poser à la vendeuse la question suivante en ajoutant le nom de l'article que vous voulez essayer :

- **Kan ik dit/deze … passen?** (*kân ik dit/déé-ze… pâ-sen*) (Puis-je essayer ce … ?)
- **Kan ik dit shirt passen?** (*kân ik dit syeurt pâ-sen*) **(FL) Kan ik dit hemd passen?** (*kân ik dit h'emt pâ-sen*) (Puis-je essayer cette chemise ?)
- **Kan ik deze broek passen?** (*kân ik déé-ze brouk pâ-sen*) (Puis-je essayer ce pantalon ?

La phrase suivante vous permettra de trouver la cabine d'essayage :

> **Waar zijn de paskamers?** (*waar zèïn de pâs-kaa-mers*) (Où sont les cabines d'essayage ?)

La vendeuse ou le vendeur qui s'occupe de vous pourrait utiliser la phrase suivante :

> **Wilt u dat passen?** (*wilt uu dât pâ-sen*) (Voulez-vous essayer celui-là ?)

Après l'essai de l'article, la vendeuse peut vous poser l'une des questions suivantes pour voir si vous aimez ce que vous avez vu dans la cabine d'essayage :

- **Past het?** (*pâst h'et*) (Est-ce que ça vous va ?)
- **Hoe is het?** (*h'ouou is h'et*) (Comment est-ce ?)
- **Wat vindt u ervan?** (*wât vint uu èr-vân*) (Qu'en pensez-vous ?)

Votre réponse peut être l'une des suivantes selon le cas :

- **Het is te lang.** (*h'et is te lâng*) (C'est trop long.)
- **Het is te kort.** (*h'et is te kort*) (C'est trop court.)
- **Het is te groot.** (*h'et is te ghrôôt*) (C'est trop grand.)
- **Het is te klein.** (*h'et is te klèïn*) (C'est trop petit.)
- **Het is te wijd.** (*h'et is te wèït*) (C'est trop large.)
- **Het is te strak.** (*h'et is te strâk*) (C'est trop serré.)
- **Het zit hier niet goed.** (*h'et zit h'iir niit ghout*) (Ça ne va pas bien ici.)
- **Ik denk dat ik een grotere maat nodig heb.** (*ik dènk dât ik en grôô-te-re maat nôô-digh h'èp*) (Je pense avoir besoin d'une taille plus grande.)
- **Ik denk dat ik een kleinere maat nodig heb.** (*ik dènk dât ik en klèï-ne-re maat nôô-digh h'èp*) (Je pense avoir besoin d'une taille plus petite.)
- **Kunt u mij een andere maat brengen?** (*kunt uu mèï en ân-de-re maat brèng-en*) (Pourriez-vous m'apporter une autre taille ?)
- **Ik denk dat het prima past.** (*ik dènk dât h'et prii-maa pâst*) **(Fl) Het zit als gegoten** (*hèt zît als ghè-ghôô-ten*) (Je pense que ça va très bien.)
- **Ik vind het leuk staan.** (*ik vint h'et leuk staan*) **(Fl) Ik vind het mooi staan** (*ik vint h'et mooï staan*) (Je trouve que ça me va bien.)
- **Ik vind het niet leuk staan.** (*ik vint h'et niit leuk staan*) **(Fl) Ik vind het niet mooi staan** (*ik vint h'et niït mooï staan*) (Je trouve que ça ne me va pas bien.)
- **Ik vind het niet mooi.** (*ik vint h'et niit môôïy*) (Je ne trouve pas ça beau.)
- **Ik heb liever de andere kleur.** (*ik h'èp lii-ver de ân-de-re kleur*) (Je préfère l'autre couleur.)
- **Het spijt me, maar ik kan niet vinden wat ik zoek.** (*h'et spèït me maar ik kân niit vin-den wât ik zouk*) (Je suis désolé, mais je ne trouve pas ce que je cherche.)
- **Ik neem dit.** (*ik néém dit*) (Je prends celui-là.)
- **Ik koop dit.** (*ik kôôp dit*) (J'achète celui-là.)

Comparatif et superlatif : les niveaux de comparaison

Quand vous sélectionnez des choses en vue de les acheter et quand vous en parlez avec le vendeur ou la vendeuse, vous avez besoin de mots pour exprimer ce que vous aimez, ce que vous aimez davantage, et ce que vous aimez le plus.

- **Dit is mooi.** (*dit is môôïy*) (Celui-ci est beau.)
- **Dit is mooier.** (*dit is môô-yer*) (Celui-ci est plus beau.)
- **Dit is de mooiste.** (*dit is de môôïy-ste*) (Celui-ci est le plus beau.)

En parlant de la qualité des choses, vous pourriez dire : **Dit is goed** (*dit is ghout*) (C'est bien), **Dit is beter** (*dit is béé-ter*) (C'est mieux) ou **Dit is de beste** (*dit is de bès-te*) (C'est ce qu'il y a de mieux).

- **goed** (*ghout*) (bon/bien)
- **beter** (*béé-ter*) (meilleur/mieux)
- **de beste** (*de bès-te*) (le meilleur/le mieux)

Voici la façon usuelle de formuler les niveaux de comparaison, appliquée à l'adjectif **leuk** :

- **leuk** (*leuk*) (joli) **(FL) mooi** (joli) en flamand « **leuk** » = agréable
- **leuker** (*leueu-ker*) (plus joli) **(FL) mooier** (*môô-yer*)
- **de leukste** (*de leuk-ste*) (le/la plus joli(e)) **(FL) de mooiste** (*de mooï-ystè*)

Ainsi, le premier niveau utilise l'adjectif normal, pour le deuxième vous ajoutez **-er**, et pour le superlatif vous ajoutez **-ste** et vous faites précéder l'adjectif de **het**.

- **klein** (*klèïn*) (petit)
- **kleiner** (*klèï-ner*) (plus petit)
- **de kleinste** (*de klèïn-ste*) (le/la plus petit(e))

Comme pour beaucoup de mots, vous devez parfois adapter l'orthographe pour faire en sorte que le son de la voyelle reste le même dans toutes les formes. Dans l'exemple suivant, le l du mot **sneller** doit être doublé pour que la voyelle brève e demeure une voyelle brève. Si vous ne doubliez pas le l, le mot aurait une tout autre sonorité et personne ne comprendrait ce que vous voulez dire : **sneler** (*snéé-ler*) (mot inexistant).

- **snel** (*snèl*) (rapide)
- **sneller** (*snè-ler*) (plus rapide)
- **de snelste** (*de snèl-ste*) (le/la plus rapide)

Un autre type d'adaptation de l'orthographe est nécessaire pour conserver le son de voyelle d'origine. Dans l'exemple suivant, la deuxième forme est écrite avec un seul **o**, mais celle qui la suit a besoin de deux **o** pour continuer d'être prononcée comme une voyelle longue :

- **groot** (*ghrôôt*) (grand)
- **groter** (*ghrôô-ter*) (plus grand)
- **de grootste** (*de ghrôôt-ste*) (le/la plus grand(e))

En parlant de quantités, vous pouvez utiliser ces niveaux de comparaison, très irréguliers :

- **Dit is veel.** (*dit is véél*) (C'est beaucoup.)
- **Dit is meer.** (*dit is méér*) (C'est plus.)
- **Dit is het meeste.** (*dit is het méés-te*) (C'est le maximum.)

Conversation

Petra aime le corsage que la vendeuse lui a montré et veut l'essayer.

Petra : **Ik wil de bloese graag passen. Waar zijn de paskamers?**

ik wil de blous ghraagh pâ-sen. waar zèïn de pâs-kaa-mers

J'aimerais essayer le corsage. Où sont les cabines d'essayage ?

Vendeuse : **Deze kant [PB] op graag / Langs hier aub [FL] op graag.**

déé-ze kânt op ghraagh

(Fl) *lângs h'iir als-tuu-bliift*

De ce côté, s'il vous plaît.

Quelques minutes plus tard, Petra sort de la cabine d'essayage.

Vendeuse : **Past hij [PB] / ze [FL]?**

pâst h'èï

(Fl) *pâst ze*

Vous va-t-il ?

Petra : **Hij is te groot. (FL) Ze is te groot**

h'èï is te ghrôôt

(FL) *Ze is te ghrôot*

Il est trop grand.

Vendeuse : **Ik heb hem ook kleiner, in maat 38.**

ik h'èp h'èm ôôk klèï-ner in maat âgh-ten-der-tigh

Je l'ai aussi en plus petit, en taille 38.

Wilt u die passen?

wilt uu dii pâ-sen

Voulez-vous l'essayer ?

Petra : **Ja, ik wil graag een maat kleiner in het blauw.**

yaa ik wil ghraagh en maat klèï-ner in h'et blaôw

Oui, je voudrais une taille plus petite en bleu.

Tandis que Petra l'essaie, la vendeuse demande :

Vendeuse : **Is deze beter?**

Is déé-ze béé-ter

Celui-ci est-il mieux ?

Petra : **Ja, hij past beter en blauw is leuker [PB] / Ja, ze past beter en ze is mooier in het blauw [FL].**

yaa h'èï pâst béé-ter èn blaôw is leueu-ker

(FL) yaa ze past béé-ter ènze is moo-yer in h'et blaow

Oui, il va mieux et le bleu est plus joli.

Mots clés

passen	pâ-sen	essayer
de paskamer	de pâs-kaa-mer	la cabine d'essayage
deze kant op	déé-ze kânt op	de ce côté-ci
past hij?	pâst h'èï	est-ce qu'il va ?
in het blauw	in h'et blaôw	en bleu

Demander le prix

Petra Harskamp a fait son choix, mais elle ne connaît pas encore le prix du corsage. Elle demande :

> **Hoeveel kost hij?** (*h'ouou-véél kost h'èï*) **(FL) zij ?** (Combien coûte-t-il/ elle ?)

Remplacement des mots en « de » et en « het »

POINT DE GRAMMAIRE

Quand vous parlez d'une chose en de et que vous ne mentionnez pas la chose elle-même, vous la remplacez par le mot hij.

- **De blouse kost € 45,-.** (*de blous kost wèïf-èn-véér-tigh eu-rôô*) (Le corsage coûte 45 euros.)
- **Hij kost** € **45,-.** (*h'èï kost wèïf-èn-véér-tigh eu-rôô*) **(Fl) Zij kost € 45,-.** (Il / elle coûte 45 euros.)

Quand vous parlez d'une chose en het et que vous ne mentionnez pas la chose elle-même, vous la remplacez par le mot **het**.

- **Het shirt kost € 20,-.** (*h'et syeurt kost twin-tigh eu-rôô*) **(Fl) Het hemd kost 20 €** (*h'et hemt kost twin-tigh eu-rôô*) (La chemise coûte 20 euros.)
- **Het kost € 20,-.** (*h'et kost twin-tigh eu-rôô*) (Elle coûte 20 euros.)

Conversation

CD

Petra décide d'acheter le corsage. Elle se rend à la caisse avec la vendeuse. Celle-ci plie le corsage et le met dans un sac. Le caissier lui dit :

Caissier : **Dat is dan € 45,- alstublieft. Wilt u pinnen [PB] / Wilt u met een bankkaart betalen [FL]?**

dât is dân wèïf-èn-véér-tigh eu-rôô âls-tuu-bliift. wilt uu pi-nen

(Fl) (dât is dân vèïf-èn-véér-tigh eu-rôô âls-tuu-bliift. wilt uu mèt en bânk-kaart be-taa-len)

Cela fait donc 45 euros, s'il vous plaît. Voulez-vous payer par carte bancaire ?

Petra Harskamp : **Graag.**

ghraagh

Oui, s'il vous plaît.

Caissier : **Een ogenblikje alstublieft.**

Een ôô-ghen-blik-ye âls-tuu-bliift

Un instant, s'il vous plaît.

(Petra insère sa carte à l'envers.)

Caissier : **De strip aan deze kant alstublieft.**

de strip aan déé-ze kânt âls-tuu-bliift

La bande magnétique de ce côté s'il vous plaît.

Zo is het goed, dank u. En hier is uw bon [PB] / ticket [FL].

zôô is h'et ghout dânk uu. en h'iir is uuw bon

(Fl) zôô is h'et ghout dânk uu. en h'iir is uuw tic-kèt

C'est bon, merci. Et voici votre reçu.

(Elle lui tend le sac avec le corsage.)

Veel plezier ermee!

véél ple-ziir er-méé

Profitez-en bien !

Petra Harskamp : **Dank u, tot ziens.**

dânk u tot ziins

Merci, au revoir.

Mots clés

pinnen	pi-nen	payer avec une carte bancaire
een ogenblikje	en ôô-ghen-blik-ye	un instant
aan deze kant	aan déé-ze kânt	de ce côté-ci
de bon	de bon	le ticket de caisse
veel plezier ermee	véél ple-ziir èr-méé	profitez-en bien

Faire ses courses sur un marché traditionnel

Les marchés traditionnels, hebdomadaires, proposent surtout des produits d'alimentation et des vêtements bon marché comme des T-shirts et des jeans. Certains marchés des grandes villes proposent des aliments et des vêtements exotiques. Si vous recherchez quelque chose de spécial, vous pouvez utiliser l'une des phrases suivantes :

- **Heeft u...?** (*h'ééft u...*) (Avez-vous... ?)
- **Waar kan ik ... vinden?** (*waar kân ik ... vin-den*) (Où puis-je trouver... ?)
- **Verkopen ze ... op deze markt?** (*ver-kôô-pen ze ... op déé-ze mârkt*) (Vend-on ... sur ce marché ?)

Vous pourriez entendre l'une des réponses suivantes :

- **Nee, dat heb ik niet.** (*néé dât h'èp ik niit*) (Non, je n'ai pas ça.)
- **Nee, dat verkopen we niet.** (*néé dât ver-kôô-pen we niit*) (Non, nous ne vendons pas cela.)

INFO CULTURELLE

Marchandage et négociation

Les Néerlandais ont une longue tradition de marchandage en matière d'achat et de vente de maisons. Cependant, les citoyens néerlandais d'un certain âge ne négocient pas le prix d'articles tels que la nourriture ou les vêtements, pas même sur un marché traditionnel. S'ils **afdingen** (*âf-ding-en*) (marchandent) et **onderhandelen** (*on-der-h'ân-de-len*) (négocient), c'est seulement pour acheter une maison. Les Néerlandais qui font leurs achats hebdomadaires de fruits, de fromages, de fleurs ou de poisson au marché paient simplement le prix demandé.

Les Pays-Bas devenant de plus en plus **multicultureel** (*mul-tii-kul-tuu-réél*) (multiculturels), et beaucoup de gens d'autres pays apportant leurs traditions, **afdingen** et **onderhandelen** au marché, et même dans des magasins, n'est plus considéré comme inhabituel par la nouvelle génération de néerlandophones.

En Belgique aussi un prix est considéré comme indiscutable et c'est seulement en vacances dans les contrées exotiques que les Belges se sentent l'audace de discuter les prix.

Chapitre 8

Priorité aux loisirs

Dans ce chapitre :

- Les jours de la semaine
- Les spectacles et les événements
- Le concert
- Aller à une soirée
- Être invité
- Quitter la ville
- Sports, sports, sports

Ce chapitre est entièrement consacré aux moments agréables, qu'il s'agisse d'aller voir un film, de visiter un musée ou d'aller à une soirée.

Chaque grande ville comporte une salle de concert, des cinémas, des musées, des festivals et des événements. Tout en prenant du bon temps, vous faites connaissance avec la culture néerlandaise et avec les Néerlandais. Dans les journaux locaux, vous pouvez lire le programme de chaque semaine. Vous pouvez aussi le trouver sur Internet.

Avant de partir pour une journée d'amusement ou une soirée en ville, vous devez connaître les jours de la semaine. Il faut bien que vous sachiez quand la fête commence.

Les jours de la semaine

Sur un journal ou sur Internet, vous pouvez lire quels films ou autres spectacles vous sont proposés. Si vous ne connaissez pas les noms des jours de la semaine, vous aurez du mal à choisir. Certains noms vous sembleront familiers, d'autres non, selon les langues que vous connaissez. Tous les jours de la semaine prennent l'article **de**, mais cet article est rarement utilisé. En néerlandais, comme en français, les jours de la semaine (et les mois) s'écrivent sans majuscule.

- **zondag** (*zon-dâgh*) (dimanche)
- **maandag** (*maan-dâgh*) (lundi)
- **dinsdag** (*dins-dâgh*) (mardi)
- **woensdag** (*wouns-dâgh*) (mercredi)
- **donderdag** (*dôn-der-dâgh*) (jeudi)
- **vrijdag** (*vrèï-dâgh*) (vendredi)
- **zaterdag** (*zaa-ter-dâgh*) (samedi)

Pour indiquer que quelque chose se passe toujours le même jour de la semaine, vous utilisez les expressions suivantes :

- **op zondag, 's zondags** (*op zon-dâgh, zon-dâghs*) (le dimanche, chaque dimanche)
- **op maandag, 's maandags** (*op maan-dâgh, smaan-dâghs*) (le lundi, chaque lundi)
- **op dinsdag, dinsdags** (*op dins-dâgh, dins-dâghs*) (le mardi, chaque mardi)
- **op woensdag, 's woensdags** (*op wouns-dâgh, swouns-dâghs*) (le mercredi, chaque mercredi)
- **op donderdag, donderdags** (*op don-der-dâgh, don-der-dâghs*) (le jeudi, chaque jeudi)
- **op vrijdag, vrijdags** (*op vrèï-dâgh, vrèï-dâghs*) (le vendredi, chaque vendredi)
- **op zaterdag, zaterdags** (*op zaa-ter-dâgh, zaa-ter-dâghs*) (le samedi, chaque samedi)
- **Zaterdags ga ik altijd voetballen.** (*zaa-ter-dâghs ghaa ik âl-tèït vout-bâ-len*) (Le samedi je vais toujours jouer au foot.)

Dire quand

Pour parler du jour suivant, du jour précédent ou de celui d'avant, vous utilisez les expressions suivantes :

- **vandaag** (*vân-daagh*) (aujourd'hui)
- **gisteren** (*ghis-te-ren*) (hier)
- **eergisteren** (*éér-ghis-te-ren*) (avant-hier)
- **morgen** (*mor-ghen*) (demain)
- **overmorgen** (*ôô-ver-mor-ghen*) (après-demain)

Pour indiquer que quelque chose se passe à un certain moment de la journée, vous pouvez combiner cette indication avec les mots **morgen** ou **ochtend** (*mor-ghen, ogh-tent*) (matin), **middag** (*mi-dâgh*) (après-midi) et **avond** (*aa-vont*) (soir).

- **vanmorgen, vanochtend** (*vân-mor-ghen, vân-ogh-tent*) (ce matin)
- **vanmiddag** (*vân-mi-dâgh*) (cet après-midi)
- **vanavond** (*vân-aa-vont*) (ce soir)

Ainsi, vous commencez par le mot van quand il s'agit d'aujourd'hui. Pour parler de demain, commencez simplement par **morgen**.

- **morgenochtend** (*mor-ghen-ogh-tent*) (demain matin)
- **morgenmiddag** (*mor-ghen-mi-dâgh*) (demain après-midi)
- **morgenavond** (*mor-ghen-aa-vont*) (demain soir)
- **Morgenavond kijk ik naar de Soprano's.** (*mor-ghen-aa-vont kèïk ik naar de sôô-praa-nos*) (Demain soir je regarderai Les Sopranos.)

La vie urbaine : une offre sans fin

Quel que soit l'objet de votre curiosité, les villes les plus importantes vous livreront d'autant mieux leurs secrets que vous y habiterez plus longtemps. Pour éviter de chercher dans toute la ville, utilisez le Net si vous recherchez quelque chose de très spécial. En vous promenant simplement la nuit, vous trouverez par exemple des **loungebars** (*laôwnj-bârz*) (lounge bars) et des **discotheken** (*dis-kôô-téé-ken*) (discothèques).

Toutes les grandes villes ont **een schouwburg** (*en sghaôw-burgh*) (un théâtre) ou **theater** (*téé-yaa-ter*) (théâtre) jouant **een toneelstuk** (*en tôô-néél-stuk*) (une pièce), **een musical** (*en miou-se-kel*) (une comédie musicale) ou **een variété** (*en va-ri-yéé-téé*) (un spectacle de variétés).

Popconcerten (*pop-kon-sèr-ten*) (des concerts rocks) sont organisés dans **een concerthal** (*en kon-sèrt-h'âl*) (une salle de concert) (Fl) **een concertgebouw** (*en kon-sèrt-ge-baow*). En été **openluchtconcerten** (*ôô-pen-lught-kon-sèr-ten*) (des concerts en plein air) ont lieu dans **een voetbalstadion** (*en vout-bâl-staa-di-on*) (un stade de football), généralement à la périphérie de la ville.

Dans la partie suivante de ce chapitre, vous trouverez d'autres expressions relatives à tout ce que les villes peuvent vous offrir comme distractions. Voici maintenant quelques expressions qui vous aideront à faire votre choix.

Qu'allons-nous faire ?

Pour discuter de ce que vous allez faire, vous pouvez dire : **Wat zullen we gaan doen?** (*wât zu-len we ghaan doun*) (Qu'allons-nous faire ?)

Voici quelques expressions à utiliser pour connaître les projets de quelqu'un. Vous pouvez aussi vous en servir pour apprendre si cette personne a du temps.

- **Heb je iets te doen?** (*h'èp ye iits te doun*) (As-tu quelque chose à faire ?)
- **Heb je speciale plannen voor morgenavond?** (*h'èp ye spéé-syaa-le plâ-nen vôôr mor-ghen-aa-vont*) (As-tu des projets particuliers pour demain soir ?)
- **Heb je vanavond tijd?** (*h'èp ye vâ-naa-vont tèït*) (As-tu du temps ce soir ?)

Le verbe pour sortir : uitgaan

Uitgaan (*oeït-ghaan*) (sortir) est le verbe séparable à utiliser pour faire quelque chose d'agréable, généralement en ville. Selon votre âge et vos préférences, ce peut être **uit eten gaan** (*oeït éé-ten ghaan*) (aller au restaurant), **naar de bioscoop gaan** (*naar de bi-yos-kôôp ghaan*) (aller au cinéma), **naar het theater gaan** (*naar h'et té-yaa-ter ghaan*) (aller au théâtre), **een festival bezoeken** (*en fès-ti-vâl be-zouou-ken*) (visiter un festival) et **iets drinken in een café** (*iits drin-ken in en kaa-féé*) ou **een terrasje pakken** (*en tèr-râs-je pâ-ken*) (boire un verre à la terrasse d'un café). La prochaine fois que vous discuterez de ce que vous allez faire, demandez simplement :

- **Zullen we vanavond uitgaan?** (*zu-le we vâ-naa-vont oeït-ghaan*) (Allons-nous sortir ce soir ?)
- **Waar zullen we vanavond uitgaan?** (*waar zu-len ve vân-aa-vont oeït-ghaan*) (Où allons-nous sortir ce soir ?)

Utilisation du verbe « stappen »

Le verbe informel voulant dire sortir est **stappen** (*stâ-pen*) (sortir en ville). Vous l'utilisez quand boire et danser sont la principale activité prévue pour la nuit. Quand vous allez stappen, vous ne resterez certainement pas au même endroit : vous visiterez plusieurs établissements, peut-être même ferez-vous un **kroegentocht** (*krouou-ghen-toght*) (tour des cafés). Avec l'expression **vanavond ga ik stappen** (*vâ-naa-vont ghaa ik stâ-pen*) (ce soir je sors en ville) vous indiquez que vous ne serez pas seul, car **stappen** se pratique toujours avec des amis.

- **Ik heb zin om vanavond te stappen.** (*ik h'èp zin om vân-aa-vont te stâ-pen*) (J'ai envie de faire un tour des cafés ce soir.)
- **Waar zullen we vanavond gaan stappen?** (*waar zu-len we vân-aa-vont ghaan stâ-pen*) (Où allons-nous sortir ce soir ?)
- **Als ik ga stappen, ga ik naar het Leidseplein.** (*âls ik ghaa stâ-pen ghaa ik naar h'et lèït-se-plèïn*) (Quand je sors, je vais à la Leidseplein.)

Aller au cinéma

Les villes les plus importantes offrent un grand choix à ceux qui veulent aller au cinéma. Vous y trouverez de grands cinémas projetant chacun quatre ou cinq films, par exemple **een sciencefictionfilm** (*en saï-ens-fik-syen film*) (un film de science-fiction), **een misdaadfilm** (*en mis-daad-film*) (un film policier), **een psychologisch drama** (*en psii-ghôô-lôô-ghiis draa-maa*) (un drame psychologique). Accompagnez-vous votre enfant ? Choisissez alors **een kinderfilm** (*en kin-der-film*) (un film pour enfants), **een tekenfilm** (*en téé-ken-film*) (un dessin animé), **een avonturenfilm** (*en aa-von-tuu-ren-film*) (un film d'aventures) ou **een komedie** (*en kôô-méé-dii*) (une comédie).

La prochaine fois que vous parlerez d'aller voir un film, essayez de placer ces expressions :

- **Ik wil graag naar de bioscoop.** (*ik wil ghraagh naar de bii-yos-kôôp*) (J'aimerais aller au cinéma.)
- **Ik wil graag een film zien.** (*ik wil ghraagh en film ziin*) (J'aimerais voir un film.)

Lorsque vous vous êtes mis d'accord pour aller voir un film, vous pouvez utiliser l'une des phrases suivantes :

- **In welke bioscoop draait...?** (*in wèl-ke bii-yos-kôôp draaït*) (Dans quel cinéma passe... ?)
- **Hoe laat begint de voorstelling?** (*h'ouou laat be-ghint de vôôr-stè-ling*) (A quelle heure commence la séance ?)

INFO CULTURELLE

Aux Pays-Bas, tant à la télé qu'au cinéma, tous les films sont présentés dans la langue dans laquelle ils ont été tournés. Ils sont sous-titrés en néerlandais. C'est une bonne occasion pour apprendre de nouveaux mots et voir comment s'écrivent les mots néerlandais. Les films néerlandais peinent à faire surface dans l'océan du cinéma dominé par Hollywood, mais de toute façon il est très difficile de comprendre le néerlandais parlé dans les films. En général on parle trop vite ou en argot.

Acheter des billets

Dans beaucoup de cinémas, vous devez réserver vos billets et arriver avant une certaine heure pour les retirer. Si vous voulez acheter vos billets juste avant que **de voorstelling begint** (*de vôôr-stè-ling be-ghint*) (la séance ne commence), les billets risquent d'être **uitverkocht** (*oeït-ver-koght*) (tous vendus).

Pour faire une réservation par téléphone, servez-vous de la phrase suivante :

> **Ik wil graag kaartjes reserveren voor...** (*ik wil ghraagh kaar-tyes réé-sèr-véé-ren vôôr*) (Je voudrais réserver des billets pour...)

In de rij staan voor een kaartje (*in de rèï staan vôôr en kaar-tye*) (Faire la queue pour acheter un billet) est une autre possibilité. En arrivant à la caisse, vous risquez d'entendre l'une des phrases suivantes :

- **De voorstelling is al begonnen.** (*de vôôr-stè-ling is âl be-gho-nen*) (La séance est déjà commencée.)
- **De voorstelling is uitverkocht.** (*de vôôr-stè-ling is oeït-ver-koght*) (Il n'y a plus de place pour la séance.)
- **We hebben nog kaartjes voor de voorstelling van 9.00 uur.** (*we hè-ben nogh kaar-tyes vôôr de vôôr-stè-ling vân néé-ghen uur*) (Nous avons encore des billets pour la séance de 21 heures.)

Vous pouvez utiliser ces phrases non seulement pour les films, mais aussi pour n'importe quel spectacle ou concert.

Conversation

Sandra parle à son ami, Olivier. Elle veut aller au cinéma.

Sandra : **Ik heb gehoord dat Pride and Prejudice een heel mooie film is en ik wil hem graag zien.**

ik h'èp ghe-hôôrt dât praït en prè-djiou-dis en h'éél môô-ye film is èn ik wil h'em ghraagh ziin

J'ai entendu dire que Pride and Prejudice est un trés joli film et j'aimerais le voir.

Olivier : **Waar draait hij?**

waar draaït h'èï

Où passe-t-il ?

Sandra : **Hij draait in het Cinecenter.**

h'èï draaït in h'et sii-ne-cèn-ter

Il passe au Cinecenter.

Olivier : **Wanneer wil je gaan?**

wâ-néér wil ye ghaan

Quand veux-tu y aller ?

Sandra : **Morgenavond, want dan ben jij vrij.**

mor-ghen-aa-vont wânt dân bèn yèï vrèï

Demain soir, parce qu'à ce moment-là tu es libre.

Olivier : **OK, morgenavond is goed. Hoe laat is de voorstelling?**

ôô-kéé mor-ghen-aa-vont is ghout. h'ouou laat is de vôôr-stè-ling

OK, demain c'est bon. À quelle heure est la séance ?

Sandra : **De voorstelling begint om kwart over zeven, maar we moeten de kaartjes om kwart voor zeven afhalen.**

de vôôr-stè-ling be-ghint om kwârt ôô-ver zéé-ven maar we mouou-ten de kaar-tyes om kwârt vôôr zéé-ven âf-h'aa-len

La séance commence à sept heures et quart, mais nous devons retirer les billets à sept heures moins le quart.

Olivier : **Da's erg vroeg, je zult geen tijd hebben om te eten.**

dâs èrgh vrouough ye zult ghéén tèït h'è-ben om te éé-ten

C'est très tôt, tu n'auras pas le temps de dîner.

Sandra : **Ik koop wel iets op het station voor in de trein en we kunnen koffie drinken voordat de film begint.**

ik kôôp wèl iits op h'et staa-syon vôôr in de trèïn en we ku-nen ko-fii drin-ken vôôr-dât de film be-ghint

J'achèterai quelque chose à la gare pour le manger dans le train et nous pourrons prendre un café avant le début du film.

Olivier : **OK, ik haal de kaartjes en daarna drinken we koffie.**

ôô-kéé ik h'aal de kaar-tyes en daar-naa drin-ken we ko-fii

OK, je retire les billets et ensuite nous buvons un café.

Sandra : **Ik heb er zin in. Iedereen praat over die film!**

ik h'èp èr zin in. ii-de-réén praat ôô-ver dii film

Je suis ravie d'y aller. Tout le monde parle de ce film !

Mots clés

een film	en film	un film
zien	ziin	voir
de koffie	de ko-fii	le café
de tijd	de tèït	l'heure
vroeg	vrôuough	tôt
de trein	de trèïn	le train
praten	praa-ten	parler

S'amuser aux festivals et aux événements

La plupart des villes, pas seulement les plus grandes, ont leurs propres **festivals** (*fès-tii-vâls*) et **evenementen** (*éé-ve-ne-mèn-ten*) (événements), généralement au cours de l'été. Les festivals portent sur des thèmes culturels très divers.

Amsterdam commence l'été avec le Holland Festival. Il comporte **muziek** (*muu-ziik*) (de la musique), **dans** (*dâns*) (de la danse), **opera** (*ôô-pe-raa*) (de l'opéra) et **theater** (*téé-yaa-ter*) (du théâtre). Ce festival est international, de sorte que la langue parlée au théâtre n'est pas nécessairement le néerlandais. Le festival se tient dans des salles de spectacle.

Amsterdam tient des concerts gratuits en plein air, comme en août le célèbre **Prinsengrachtconcert** (*prins-en-ghrâght-kon-sèrt*), un concert de musique classique. Ce concert se déroule sur une scène placée sur l'eau, sur **de gracht** (*de ghrâght*) (le canal). Des centaines d'amateurs de musique classique se pressent dans des bateaux sur le canal pour assister au concert, qui se termine toujours par un vieil air sentimental d'Amsterdam chanté en chœur : Tulpen in Amsterdam (Les tulipes à Amsterdam). Ce concert est entièrement retransmis à la télévision.

Également en août, Rotterdam accueille le **North Sea Jazz Festival**, qui attire aux Pays-Bas des chanteurs et des orchestres du monde entier. Le festival dure plusieurs jours et propose de nombreux concerts. La musique n'est plus purement du jazz traditionnel, mais dans certains cas un mélange de jazz avec de la musique pop et ethnique. La télévision propose une sélection des concerts chaque soir du festival.

En janvier, Rotterdam propose le **international Film Festival**. Les cinéastes et les cinéphiles du monde entier viennent à Rotterdam pour voir et commenter les films les plus récents, pour la plupart des films d'art destinés aux **filmhuizen** (*film-h'oeï-zen*) (ciné-clubs).

Utrecht organise dans la seconde moitié du mois de mai le **Festival aan de Werf** (*fès-ti-vâl aan de wèrf*), un festival en plein air de théâtre, de musique et d'arts plastiques le long des canaux et dans une immense tente en centre-ville. Utrecht accueille aussi le **Festival van de Oude Muziek** (Festival de musique ancienne).

Il y a trop d'événements pour pouvoir les mentionner tous : ouvrez les yeux et les oreilles et saisissez votre chance au moment opportun.

Aller au concert

Les villes grandes et moyennes ont une ou plusieurs muziekzalen (muu-ziik-zaa-len) (salles de concert). Par ailleurs, des concerts sont organisés dans des églises et d'autres endroits susceptibles d'accueillir un public. Les concerts, généralement de musique classique, sont annoncés sur Internet, dans les journaux locaux et sur des affiches.

INFO CULTURELLE

Certains mélomanes néerlandais **zingen in een koor** (*zing-en in en kôôr*) (chantent dans une chorale), où ils s'exercent en vue de leur concert annuel, très souvent avec de la musique religieuse, à l'église du voisinage. D'autres répètent et chantent des **zeemansliedjes** (*zéé-mâns-liit-yes*) (des chansons de marin). Bien que les membres des chorales soient des amateurs, le chef de la chorale et les musiciens qui accompagnent les chanteurs sont des professionnels, pour garantir une bonne qualité. Des affiches dans les bibliothèques et d'autres lieux publics annoncent les concerts et les endroits où l'on peut acheter des billets.

Visiter le musée

Il y a des musées de toutes sortes dans chaque ville. Les amateurs d'art trouveront des musées d'art classique et moderne dans toutes les grandes villes. Les villes plus petites et même les villages offrent une grande variété d'autres musées montrant des objets des traditions locales ou célébrant un héros local ou national.

Het Rijksmuseum (*h'et rèïks-muu-zéé-um*) d'Amsterdam a une grande collection de **schilderijen** (*sghil-de-rèï-en*) (tableaux) des célèbres peintres néerlandais du **Gouden Eeuw** (*ghaôw-den ééw*) (âge d'or) comme Rembrandt et ses contemporains. À proximité, le **Van Gogh Museum** (*vân ghogh muu-zéé-um*) (musée Van Gogh) contient la plus grande collection de tableaux de Van Gogh. **Het Stedelijk Museum** (*h'et stéé-de-lek muu-zéé-um*) est un musée de **moderne kunst** (*môô-dèr-ne kunst*) (d'art moderne).

Het Centraal Museum (*h'et sen-traal muu-zéé-um*) (le Musée central) d'Utrecht est le plus ancien musée municipal des Pays-Bas, contenant des œuvres de **beroemdheden** (*be-roumt-h'éé-den*) (célébrités) d'Utrecht, depuis le **oude meester** (*aôw-de méés-ter*) (maître ancien) Saenredam jusqu'à **de ontwerper** (*de ont-wer-per*) (designer) Gerrit Rietveld.

Het Mauritshuis (*h'et maôw-rits-h'oeïs*) (le Mauritshuis) à **Den Haag** (*dèn h'aagh*) (La Haye) est un exceptionnel **paleis** (*pa-lèïs*) (palais) du XVIIe siècle et l'un des plus beaux exemples d'**architectuur** (*âr-chii-tèk-tuur*) (architecture) néerlandaise classique. La plupart des tableaux présentés sont les œuvres d'artistes qui étaient célèbres au XVIIe siècle, tels que Jan Steen, dont le nom se retrouve dans l'expression néerlandaise populaire : **een huishouden van Jan Steen** (*en h'oeïs-h'aôw-den vân yân stéén*) (un ménage à la Jan Steen – un ménage très désordonné).

Le **Museum Boijmans van Beuningen** à Rotterdam présente non seulement **meesterwerken** (*méés-ter-vèr-ken*) (des chefs-d'œuvre) dans la catégorie des peintures classiques et modernes, mais aussi **beeldhouwkunst** (*béélt-h'aôw-kunst*) (des sculptures).

De museumjaarkaart (*de muu-zéé-um-yaar-kaart*) (le ticket saisonnier annuel d'accès aux musées) ne coûte que 25 euros, peut être acheté en ligne ou au musée et donne un accès gratuit ou à prix réduit dans plus de 400 musées des Pays-Bas.

En Belgique toutes les villes « franches » d'autrefois (**Brugge, Gent, Antwerpen, Brussel** et **Leuven**) possèdent un grand nombre de musées réputés. Vous y trouverez des tableaux de Hieronymus Bosch, Rubens, Breughel, Van Eyck, Memling, Ensor, Masereel, Magritte, etc).

La ville d'Anvers propose dans le parc **Middelheim** un immense musée en plein air, qui expose des sculptures de très grands maîtres : Rodin, Maillol, Wouters, Hartung, Bertoni, Panamarenko etc. En août on y organise aussi un prestigieux festival: **Jazz Middelheim**

La ville de **Bruges**, suite à son histoire particulière (**het Zwin**, son chenal d'accès à la mer a été ensablé définitivement vers la fin du XVIIe siècle) est en quelque sorte un énorme musée en soi, toute la ville est restée intacte telle qu'elle était au XVIe / XVIIe siècle.

St Martens Latem, un village dans les Flandres de l'Est, est un lieu très apprécié car au début du xxe siècle, une communauté de peintres expressionistes s'y étaient installé près de la rivière **de Leie**. Les peintres les plus connus sont Albijn Van den Abeele, Constant Permeke, Van den Berghe etc. Ce petit village, devenu très résidentiel, propose pas moins de 4 musées pour honorer son illustre passé.

La Belgique ne propose pas de passe unique pour tous les musées mais il existe des formules très avantageuses comme le train+musée, vélo+musée ou la carte 5 musées (dans des villes différentes) pour 15 euros que certaines villes mettent à disposition.

Donner son avis

En matière de distractions, chacun semble avoir une opinion. Pourquoi n'en feriez-vous pas autant ?

Demander une opinion

Quelqu'un pourrait vous poser l'une des questions suivantes, ou vous pourriez la poser à quelqu'un d'autre, pour amorcer une conversation sur un film, une exposition, un concert ou un spectacle :

> **Hoe vond je de film / de tentoonstelling / het concert / de opera?** (*h'ouou vont ye de film / de tèn-<u>tôôn</u>-stè-ling / h'et kon-<u>sèrt</u> / de <u>ôô</u>-pe-raa*) (Comment as-tu trouvé le film / l'exposition / le concert / l'opéra ?)

Dire ce que vous en pensez

Voici maintenant la partie amusante : dire à quelqu'un ce que vous pensez d'un film ou d'un spectacle que vous venez de voir. Pour commencer, vous pouvez dire si vous avez aimé ou non cette distraction, grâce à l'une des phrases suivantes :

- **Ik vond de film / de tentoonstelling / het concert / de opera erg mooi.** (*ik vont de film / de tèn-<u>tôôn</u>-stè-ling / h'et kon-<u>sèrt</u> / de ôô-pe-raa èrgh môôïy*) (J'ai trouvé le film / l'exposition / le concert / l'opéra très beau/belle.)
- **Ik vond de film / de tentoonstelling / het concert / de opera niet erg mooi.** (*ik vont de film / de tèn-<u>tôôn</u>-stè-ling / h'et kon-<u>sèrt</u> / de <u>ôô</u>-pe-raa niit èrgh môôïy*) (Je n'ai pas beaucoup aimé le film / l'exposition / le concert / l'opéra.)

Vous voulez peut-être compléter cette déclaration. Commencez par dire :

> **De film / de tentoonstelling / het concert / de opera was...** (*de film / de tèn-tôôn-stè-ling / h'et kon-sèrt / de ôô-pe-raa was*) (Le film / l'exposition / le concert / l'opéra était...)

Ensuite, vous pouvez finir d'exprimer votre pensée par l'un des adjectifs suivants. Vous pouvez aussi enchaîner quelques-uns de ces adjectifs au moyen du mot **en** :

- **echt mooi** (*èght môôïy*) (vraiment beau)
- **opwindend** (*op-win-dent*) (excitant)
- **fantastisch** (*fân-tâs-tiis*) (fantastique)
- **te gek** (*te ghèk*) (excellent)
- **interessant** (*in-te-rè-sânt*) (intéressant)
- **de moeite waard** (*de mouïy-te waart*) ([cela] en valait la peine)
- **teleurstellend** (*te-leur-stè-lent*) (décevant)
- **saai** (*saaïy*) (fade)
- **De film / de tentoonstelling / het concert / de opera viel tegen.** (*de film / de tèn-tôôn-stè-ling / h'et kon-sèrt / de ôô-pe-raa viil téé-ghen*) (Le film / l'exposition / le concert / l'opéra m'a déçu.)
- **Het was een hele zit.** (*h'et was en h'éé-le zit*) (Le temps m'a paru long.)
- **Opera is niets voor mij.** (*ôô-pe-raa is niits vôôr mèï*) (L'opéra n'est pas ma tasse de thé.)
- **Een opera is niet aan mij besteed.** (*en ôô-pe-raa is niit aan mèï be-stéét*) (L'opéra n'est pas fait pour moi.)

Conversation

Petra Harskamp a assisté à un spectacle au cours du week-end. Son patron lui en demande maintenant des nouvelles.

Bart van Dieren : **Hoe was je musical zaterdagavond?**

h'ouou was ye miou-ze-kel zaa-ter-dâgh-aa-vont

Comment était ta comédie musicale de samedi soir ?

Petra Harskamp : **Ik heb er erg van genoten.**

ik h'èp èr èrgh vân ge-nôô-ten

Je m'y suis beaucoup amusée.

De dansers waren te gek, de kostuums fantastisch en de muziek was fantastisch, erg ritmisch en opwindend.

de dân-sers waa-ren te ghèk de kos-tuums fân-tâs-tiis èn de muu-ziik was fân-tâs-tiis èrgh rit-miis èn op-win-dent

Les danseurs étaient excellents, les costumes fantastiques, et la musique était fantastique, très rythmique et excitante.

Je kon je het bijna niet voorstellen dat de dansers het zolang volhielden. De hele voorstelling duurde drie uur.

ye kon ye h'et bèï-naa niit vôôr-stè-len dât de dân-sers h'et zôô-lâng vol-h'iil-den. de h'éé-le vôôr-stè-ling duur-de drii uur

Tu ne peux presque pas concevoir que les danseurs puissent tenir si longtemps. Le spectacle entier a duré trois heures.

Bart van Dieren : **Was het makkelijk om aan kaartjes te komen?**

was h'et mâ-ke-lek om aan kaar-tyes te kôô-men

Était-ce facile de se procurer des billets ?

Petra Harskamp : **Het was heel makkelijk, we hebben ze via internet gekocht. Je kunt op de site kijken naar Hot Tickets, dat zijn kaartjes die nog over zijn.**

h'et was h'éél mâ-ke-lek we h'è-ben ze vii-aa in-ter-nèt ghe-koght. ye kunt op de saït kèï-ken naar h'ot ti-kets dât zèïn kaar-tyes dii nogh ôô-ver zèïn

C'était très facile, nous les avons achetés sur Internet. Regarde simplement sur le site Web pour les Hot Tickets, ce sont des billets qui sont encore disponibles.

Bartvan Dieren : **Nou, een voorstelling van drie uur is me veel te lang. Ik heb vroeger de musical Tommy gezien, dat was ook een hele zit.**

naôw en vôôr-stè-ling vân drii uur is me véél te lâng. ik h'èp vrouou-gher de miou-ze-kel to-mii ghe-ziin dât was ôôk en h'éé-le zit

Eh bien, un spectacle de trois heures est trop long pour moi. J'ai déjà vu la comédie musicale Tommy, et j'ai vraiment trouvé le temps long.

Petra Harskamp : **Ik hoor het al. Een musical is gewoon niks voor jou.**

ik h'ôôr h'et âl. en miou-ze-kel is ghe-wôôn niks vôôr yaôw

Je te vois venir. Une comédie musicale n'est tout simplement rien pour toi.

Bart van Dieren :	**Nee, een musical is aan mij niet besteed.**
	néé en miou-ze-kel is aan mèï niit be-stéét
	Non, les comédies musicales ne sont pas faites pour moi.

Mots clés

de musical	de miou-ze-kel	la comédie musicale
ik heb genoten	ik h'èp ghe-nôô-ten	j'ai beaucoup aimé
de dansers	de dân-sers	les danseurs
het kostuum	h'et kos-tuum	le costume
ritmisch	rit-miis	rythmique
zich voorstellen	zigh vôôr-stè-len	s'imaginer, se représenter
volhouden	vol-h'aôw-den	supporter

Aller à une soirée

Les opinions sont partagées sur ce qui fait la réussite d'une soirée.

Certains aiment à la prévoir des mois à l'avance, et ils travaillent dur pour que tout soit en place. D'autres préfèrent que leurs fêtes soient spontanées. Dans ce genre de soirée, tout le monde est bienvenu : famille, amis, amis d'amis et voisins.

Si vous êtes invité à une réception assez formelle au domicile de quelqu'un, il est poli d'apporter un cadeau, comme une bouteille de vin ou un bouquet de fleurs.

Si vous recevez un **uitnodiging** (*oeït-nôô-de-ghing*) (invitation) écrit, vérifiez s'il comporte la mention RSVP. Cette abréviation veut dire que vous êtes censé répondre à l'invitation.

Quand vous êtes invité à une soirée informelle, votre hôte peut vous demander une participation : une bouteille de vin, un pack de six bouteilles de bière, une salade ou une tarte. Vous pouvez aussi prendre l'initiative et demander si vous devez apporter quelque chose : **Moet ik wat meenemen?** (*mout ik wat méé-néé-men*) (Dois-je apporter quelque chose ?) **(FL) Moet ik iets meebrengen ?** (*mout ik iits méé-bren-ghen*)

Les anniversaires sont généralement l'occasion d'une petite soirée informelle : **een verjaardagsfeestje** (*en ver-yaar-daghs-féést-ye*) (une petite fête d'anniversaire) ou **een verjaardag** (*en ver-yaar-dagh*) (un anniversaire). Vous recevrez votre invitation oralement, une semaine ou quelques jours à l'avance ou parfois le jour même.

Un anniversaire

Les anniversaires néerlandais traditionnels suivent le même schéma : vous commencez avec **koffie** (*ko-fii*) (du café), **thee** (*téé*) (du thé) et **gebak/taart** (*ghe-bâk/taart*) (gâteau/tarte). Après quoi on vous offre **een biertje** (*en biir-tye*) (une bière) ou une autre boisson. Un anniversaire est souvent célébré le week-end, le samedi soir. Si votre ami néerlandais a une grande famille et beaucoup d'amis, il réservera une journée entière pour son anniversaire, probablement un dimanche. Vous y restez une, deux ou trois heures, et vous pouvez prendre tout ce qui est offert : thé, café, soupe, salade ou boissons (alcoolisées ou non) selon l'heure de la journée.

Très souvent la partie d'anniversaire a **zelfbediening** (*zèlf-be-dii-ning*) (self-service), et vous trouvez ce dont vous avez besoin dans la cuisine ou sur une table.

INFO CULTURELLE

Lors d'un anniversaire traditionnel vous remarquerez que les Néerlandais félicitent non seulement la personne dont c'est l'anniversaire, mais aussi ses parents, ses frères et sœurs et parfois même ses meilleurs amis.

Pas d'anniversaire : autres possibilités

À son anniversaire, un Néerlandais n'a aucune obligation de donner une fête. Mais les gens lui demanderont : **Doe je iets met je verjaardag?** (*dou ye iits mèt ye ver-yaar-dâgh*) (Fais-tu quelque chose pour ton anniversaire ?) Il peut répondre par l'une des phrases suivantes :

- **Nou, er komt wat familie, zaterdagavond.** (*naôw èr komt wât fa-mii-lii zaa-ter-dâg-aa-vont*) (Eh bien, quelques parents viendront samedi soir.)
- **Ja, er komen vanavond wat mensen.** Als je ook wilt komen, ben je welkom. (*yaa, èr kôô-men vân-aa-vont wât mèn-sen. âls ye ôôk wil kôô-men bèn ye wèl-kom*) (Oui, quelques personnes viendront ce soir. Si tu veux venir aussi, tu es le bienvenu.)
- **Nee, ik doe niets speciaals. Ik hoop dat mijn dochter vanavond komt.** (*néé ik douou niit spé-syaals. ik h'ôôp dât mèïn dogh-ter vân-aa-vont komt*) (Non, je ne fais rien de spécial. J'espère que ma fille viendra ce soir.)

- **Ja, ik ga vanavond uit eten met mijn vriend(in).** (*yaa ik ghaa vân-aa-vont oeït éé-ten mèt mèïn vriin-din*) (Oui, je sors dîner ce soir avec mon ami(e).)
- **Ja, ik heb zaterdagavond een etentje met wat goede vrienden.** (*yaa ik h'èp zaa-ter-dâgh-aa-vont en éé-ten-tye mèt wât gouou-de vriin-den*) (Oui, je fais une petite fête samedi soir avec quelques bons amis.)
- **Nee, ik doe dit jaar niets. Ik ben niet in de stemming.** (*néé ik douou dit yaar niits. ik bèn niit in de stè-ming*) (Non, je ne fais rien cette année. Je n'en ai pas vraiment envie.)

Vous pouvez alors réagir par l'une des phrases suivantes :

- **OK, veel plezier!** (*ôô-kéé véél ple-ziir*) (OK, amuse-toi bien !)
- **Dank je, ik kom vanavond langs.** (*dânk ye ik kom vâ-naa-vont lângs*) (Merci, je passerai te voir ce soir.)
- **OK, veel plezier in ieder geval!** (*ôô-kéé véél ple-ziir in ii-der ghe-vâl*) (OK, amuse-toi bien de toute façon !)

Ne vous sentez pas insulté si vous n'êtes pas invité. Un anniversaire n'est pas une affaire publique !

Être invité

Voici des phrases très courantes prononcées pour faire **een uitnodiging voor een feestje** (*en oeït-nôô-de-ghing vôôr en féés-tye*) (une invitation à une petite fête) :

- **Ik wil je graag uitnodigen voor een feestje.** (*ik wil ye ghraagh oeït-nôô-de-ghen vôôr en féés-tye*) (Je voudrais t'inviter à une petite fête.)
- **Ik geef een feestje, vind je het leuk om te komen?** (*ik geef en féés-tye vint ye h'et leuk om te kôô-men*) (Je fais une petite fête, voudrais-tu venir ?)

Vous pouvez avoir besoin de demander quand et où les réjouissances auront lieu avant d'accepter ou de décliner l'invitation. Ces simples phrases peuvent vous procurer les informations dont vous avez besoin :

- **Wanneer is het feest?** (*wâ-néér is h'et féést*) (Quand a lieu la fête ?)
- **Waar is het feest?** (*waar is h'et féést*) (Où se tient la fête ?)

Décliner une invitation

Si vous ne pouvez pas venir ou si pour quelque raison vous ne voulez pas y aller, vous pouvez décliner poliment l'invitation en disant :

- **Nee, het spijt me, ik kan niet komen.** (*néé h'et spèït me, ik kân niit kôô-men*) (Non, je suis désolé, je ne peux pas venir.)
- **Nee, ik kan niet komen, ik heb al iets anders.** (*néé ik kân niit kôô-men ik h'èp âl iits ân-ders*) (Non, je ne peux pas venir, j'ai déjà quelque chose d'autre de prévu.)

Accepter

Si le moment et le lieu conviennent et si vous avez envie d'y aller, vous pouvez accepter l'invitation par l'une des deux phrases suivantes :

- **Dank je. Ik neem de uitnoding graag aan.** (*dânk ye. ik néém de oeït-nôô-ding ghraagh aan*) (Merci. J'accepte avec plaisir ton invitation.)
- **OK, ik vind het leuk om te komen. Moet ik iets meenemen (Fl) meebrengen?** (*ôô-kéé ik vint h'et leuk om te kôô-men. mouout ik iits méé-néé-men/ méé-bren-ghen*) (OK, ça me fera très plaisir de venir. Veux-tu que j'apporte quelque chose ?)

A la question de savoir si vous devez apporter quelque chose, votre hôte peut répondre :

- **Nee, het is niet nodig om iets mee te nemen. Voor eten en drinken wordt gezorgd.** (*néé, h'et is niit nôô-digh om iits méé te néé-men. vôôr éé-ten en drin-ken wort ghe-zorght*) (Non, ce n'est pas nécessaire d'apporter quelque chose. Il y aura ce qu'il faut à manger et à boire.)
- **Het zou leuk zijn als je een salade meenam.** (*h'et zaôw leuk zèïn âls ye en sâ-laa-de méé-nâm*) (Ce serait bien si tu apportais une salade.)
- **Ja graag. Ik weet dat je heerlijke appeltaart bakt. Neem er eentje mee.** (*yaa ghraagh. ik wéét dât ye h'éér-le-ke â-pel-taart bâkt. néém er één-tye méé*) (Oui, merci. Je sais que tu prépares des tartes merveilleuses. Apportes-en une s'il te plaît.)

Parler d'une soirée

Si quelqu'un vous demande : **Hoe was het feest?** (*h'ouou wâs h'et féést*) (Comment s'est passée la fête ?), vous pouvez répondre selon le cas :

- **Leuk, we zijn daar heel lang gebleven.** (*leuk we zèïn daar h'éél lâng ghe-bléé-ven*) (Très bien. Nous y sommes restés très longtemps.)
- **Wij hebben het erg leuk gehad.** (*wèï h'è-ben h'et èrgh leuk ghe-h'ât*) (Nous nous sommes beaucoup amusés.)
- **Het feestje was** (*h'et féés-tye wâs*) (La soirée était) :
  - **erg gezellig** (*èrgh ghe-zè-ligh*) (très agréable)
  - **leuk** (*leuk*) (sympa)
  - **te gek** (*te ghèk*) (formidable)
  - **fantastisch** (*fân-tâs-tiis*) (fantastique)
  - **opwindend** (*op-win-dent*) (excitante)
  - **nogal saai** (*no-ghâl saaïy*) (plutôt terne)
  - **erg vermoeiend** (*èrgh ver-mouï-yent*) (épuisante)

Partir à la campagne

Ce chapitre est consacré à toutes les choses amusantes que peuvent faire les gens quand ils ne travaillent pas. Les Néerlandais ont droit à 20 ou 30 jours de vacances par an – en plus des jours fériés nationaux – et ils aiment en tirer le meilleur parti possible. Certains préfèrent avoir deux ou trois congés courts durant l'année : ils prennent l'avion à destination d'une plage ensoleillée, consacrent une autre semaine à faire de la plongée ou du ski. D'autres réservent leurs vacances pour des voyages plus longs, exotiques et parfois extrêmes, dans des pays d'un autre continent.

Durant les week-ends, certains Néerlandais passent leur temps à rénover leur maison, d'autres se détendent simplement pour se remettre des fatigues de la semaine. Une partie des habitants de l'ouest des Pays-Bas va chaque week-end dans un camping ou dans un parc de vacances. Les sports nautiques et la voile sont très populaires aux Pays-Bas. Dans ce chapitre, vous trouverez des expressions qui vous permettront de vous occuper, même quand vous vous reposez.

Les hobbys et autres intérêts

Les conversations portent souvent sur les intérêts divers et les hobbys. Dans cette section, vous trouverez ce que vous avez besoin de savoir pour vous joindre à ces conversations.

Verzamelen (collections)

Certaines personnes aiment sparen (spaa-ren) (collectionner) des objets. Pour décrire votre centre d'intérêt particulier, dites :

Ik spaar... (*ik spaar*) (Je collectionne...)

À la fin de cette expression, vous nommez les objets de votre collection :

- **bierviltjes** (*biir-vil-tyes*) (des dessous-de-verre)
- **antieke poppen** (*ân-tii-ke po-pen*) (des poupées anciennes)
- **koekblikken** (*kouk-bli-ken*) (des boîtes à biscuits)
- **munten** (*mun-ten*) (des monnaies)
- **postzegels** (*post-zéé-ghels*) (des timbres-poste)

Décrire son hobby

Certaines personnes aiment fabriquer des choses avec leurs mains. Utilisez cette simple expression pour aborder le sujet :

Mijn hobby is... (*mèïn h'o-bii is*)

À la fin de cette expression, vous fournissez l'information adéquate. Par exemple :

- **koken** (*kôô-ken*) (faire la cuisine)
- **tuinieren** (*toeï-nii-ren*) (jardiner)
- **doe-het-zelven** (*douou-h'et-zèl-ven*) (bricoler)
- **schilderen** (*sghil-de-ren*) (peindre)

Jonge gezinnen (*yong-e ghe-zi-nen*) (les jeunes familles) et **drukke mensen** (*dru-ke mèn-sen*) (les gens très occupés) ont peu de temps pour leurs hobbys. Quand vous leur demandez comment ils occupent leurs loisirs, ils peuvent vous répondre :

- **Ik ontspan me met televisiekijken.** (*ik ont-spân me mèt téé-léé-vii-zie kèï-ken*) (Je me détends en regardant la télévision.)
- **Ik vermaak me met de kinderen.** (*ik ver-maak me mèt de kin-de-ren*) (Je m'amuse avec les enfants.)
- **Ik verwen mezelf met een sauna.** (*ik ver-wèn me-zelf mèt en saôw-naa*) (Je me chouchoute avec un sauna.)

- **Ik veroorloof me een ochtend op h**[illegible] *e en ogh-tent op h'et vout-bâl-vèlt*) (Je m'o[illegible] foot.)

Verbes réfléchis : Zich ontspannen

POINT DE GRAMMAIRE

Certains verbes néerlandais sont accompagnés d'un pronom personnel supplémentaire tel que **zich** (*zigh*) (se/soi-même), **me** (*me*) (me/moi-même), **je** (*ye*) (te/toi-même), **zich** (*zigh*) (se/lui-même/elle-même ou vous/vous-même), **ons** (*ons*) (nous/nous-mêmes), **je** (*ye*) (vous/vous-mêmes) et **zich** (*zigh*) (se/eux-mêmes/elles-mêmes). Nous les appelons **wederkerende werkwoorden**, verbes réfléchis. Voici la conjugaison de **zich ontspannen** (*zigh ont-spâ-nen*) (se détendre) :

Conjugaison	*Prononciation*
ik ontspan me	*ik ont-spân me*
jij ontspant je	*yèï ont-spânt ye*
u ontspant u/zich	*uu ont-spânt uu/zigh*
hij ontspant zich	*h'èï ont-spânt zigh*
zij ontspant zich	*zèï ont-spânt zigh*
het ontspant zich	*h'et ont-spânt zigh*
wij ontspannen ons	*wèï ont-spâ-nen ons*
jullie ontspannen je	*yu-lii ont-spâ-nen ye*
zij ontspannen sich	*zèï ont-spâ-nen zigh*

Les verbes réfléchis néerlandais les plus fréquents sont : **zich schamen** (*zigh sghaa-men*) (avoir honte), **zich vergissen** (*zigh ver-ghi-sen*) (se tromper), **zich vervelen** (*zigh ver-véé-len*) (s'ennuyer), **zich herinneren** (*zigh h'è-ri-ne-ren*) (se souvenir), **zich bemoeien met** (*zigh be-mouï-yen mèt*) (se mêler de) et **zich gedragen** (*zich ghe-draa-ghen*) (se comporter).

- **Ik schaam me vreselijk.** (*ik sghaam me vréé-se-lek*) (J'ai terriblement honte.)
- **Je vergist je.** (*ye ver-ghist ye*) (Tu te trompes / fais une erreur.)
- **Ik herinner me zijn naam.** (*ik h'è-ri-ner me zèïn naam*) (Je me souviens de son nom.)
- **Ik verveel me nooit** (*ik ver-véél me nôôïyt*) (Je ne m'ennuie jamais.)
- **Ik bemoei me niet met haar zaken.** (*ik be-mouïy me niit mèt h'aar zaa-ken*) (Je ne me mêle jamais de ses affaires.)
- **Gedraag je!** (*ghe-draagh ye*) (Comporte-toi bien !)

D'autres verbes peuvent s'utiliser de deux manières différentes : comme un verbe normal ou comme un verbe réfléchi. **Ik was mijn haar** (*ik wâs mèïn h'aar*) (Je me lave les cheveux) est aussi correct que **Ik was me** (Je me lave), mais a un sens différent. Il est possible de dire : **De verpleegkundige scheert de patiënt** (*de ver-pléégh-kun-dighe sghéért de pa-syent*) (L'infirmière rase le patient), mais aussi : **Ik scheer me twee keer per dag** (*ik sghéér me twéé kéér per dâgh*) (Je me rase deux fois par jour). **Ergeren** (*èr-ghe-ren*) peut être utilisé comme dans **Die man ergert me** (*dii mân èr-ghert me*) (Cet homme m'agace), mais aussi comme verbe réfléchi : **Ik erger me aan die man** (*ik èr-gher me aan dii mân*) (Je suis agacé par cet homme). **Het kind vermaakt me** (*h'et kint ver-maakt me*) (L'enfant m'amuse) veut dire autre chose que **Ik vermaak me met mijn kind** (*ik ver-maak me mèt men kint*) (Je m'amuse avec mon enfant). Voici la conjugaison complète de **zich vermaken** (*zigh ver-maa-ken*) (s'amuser) :

Conjugaison	***Prononciation***
ik vermaak me	*ik ver-maak me*
jij vermaakt je	*yèï ver-maakt ye*
u vermaakt u/zich	*uu ver-maakt uu/zigh*
hij/zij/het vermaakt zich	*h'èï/zèï/h'et ver-maakt zigh*
wij vermaken ons	*wèï ver-maa-ken ons*
jullie vermaken je	*yu-lii ver-maa-ken ye*
zij vermaken zich	*zèï ver-maa-ken zigh*

Quitter la ville

Avez-vous très envie de laisser derrière vous la ville trépidante et de respirer un peu d'air pur ? Même dans la Randstad [illegible] (la partie occidentale urbanisée des Pays-Bas) vous trouverez des zones de nature pour y faire une promenade à pied. Vous trouverez près de chaque ville un bois ou un lac, assez grands pour y prendre un bol d'air.

Aller se promener

Een eindje wandelen (*en èïn-tye wân-de-len*) (faire une petite promenade) est le passe-temps du week-end le plus populaire aux Pays-Bas. La plupart des gens vont faire une petite promenade dans un parc ou une zone boisée des alentours, ou prennent la voiture pour aller faire quelque part une promenade d'une heure ou davantage.

On trouve des emplacements pour une randonnée d'une journée dans quelques endroits des Pays-Bas. Le plus spacieux est **de Veluwe** (*de véé-luu-we*) dans la partie centrale du pays. Bien que les bois soient très étendus, ils sont très bien aménagés. Ils comportent partout des chemins pour les promeneurs et des pistes cyclables. Dans tous les parcs et tous les bois, vous rencontrez des Néerlandais qui promènent leurs chiens : généralement **aangelijnd** (*aan-ghe-lèïnt*) (tenus en laisse).

Les amateurs de randonnées trouveront un chemin historique reliant le sud et le nord du pays : **het Pieterpad**. Cette route historique a été aménagée, est protégée et passe par quelques-unes des régions les plus belles et les plus calmes des Pays-Bas. Les Néerlandais prennent le temps de parcourir ce chemin : ils le font par portions, au cours des week-ends et de leurs congés. Vous le trouverez sur le Net, avec l'indication des gîtes d'accueil.

En Belgique les randonneurs les plus courageux peuvent parcourir jusqu'à 296km grâce au **Grote routepad GR5**, qui passe au beau milieu de la **Kalmthoutse heide** (la bruyère de Kalmthout) dans le nord de la province d'Anvers. La bruyère de Kalmthout est très connue pour un phénomène exceptionnel : de mi- août à septembre la bruyère ressemble à une mer pourpre grâce à d'innombrables petites fleurs pourpres.

Faire du vélo : fietsen

Le passe-temps le plus populaire après la marche est **een eind fietsen** (*en èïnt fiit-sen*) ou **een fietstocht maken** (*en fiits-toght maa-ken*) (faire une excursion en bicyclette). La Hollande se vante d'avoir plus de bicyclettes que d'habitants (18 millions contre 16 millions) et 40 % des bicyclettes sont utilisées pour les loisirs. Chaque année il se vend un million de bicyclettes – et 750 000 sont volées. Alors gardez votre vélo bien cadenassé quand vous faites une halte, surtout en ville ! **Een fietstocht** (*en fiits-toght*) (une excursion à vélo) est un passe-temps agréable le dimanche en été. Vous verrez des endroits des Pays-Bas que vous ne pouvez pas atteindre en voiture.

Les Néerlandais font le tour de la région où ils habitent, ou ils chargent leurs bicyclettes sur leur voiture pour aller en explorer une autre. Les gens emmènent aussi leurs vélos sur les terrains de camping. Des milliers de **fietspaden** (*fiits-paa-den*) (pistes cyclables) et de **paddenstoelen** (*pâ-de-stouou-len*) (petits poteaux indicateurs blancs en forme de champignon, appelés « champignons ») vous aident à trouver votre chemin.

Il est possible de louer un vélo dans presque n'importe quelle gare. Attention : ne prenez pas la route si vous n'avez jamais enfourché une bicyclette. Bien que la chose semble très facile, il est difficile de s'y mettre à un âge avancé.

Se rendre à un parc de loisirs

Speeltuinen ([illegible]) (les terrains de jeu) et **pretparken** (*prèt-pâr-ken*) (les parcs de [illegible]) sont appréciés par les familles. Vous les trouverez sur Internet.

Aller à la plage

Les Pays-Bas ont des centaines de kilomètres de plages de sable le long de la mer du Nord. Certaines personnes adorent se rendre à la plage et réservent un congé de deux semaines chaque année dans une ville du littoral. Si le soleil brille, vous pouvez prendre un bain de soleil et nager dans la mer. Scheveningen près de La Haye et Zandvoort ont un casino, ainsi que des terrasses de café, des bars, des restaurants et des discothèques pour ceux qui préfèrent dépenser leur argent autrement. Ceux qui adorent **het strandleven** (*h'et strânt-léé-ven*) (la vie à la plage) louent **een strandhuisje** (*en strânt-h'oeïs-ye*) (une cabine de plage) pour plusieurs semaines et peuvent s'adonner au plaisir de **zwemmen** (*zwè-men*) (nager) et **zonnebaden** (*zo-ne-baa-den*) (prendre des bains de soleil). Les enfants adorent **pootjebaden** (*pôô-tye-baa-den*) (patauger), **schelpen zoeken** (*sghèl-pen zouou-ken*) (chercher des coquillages) et **zandkastelen bouwen** (*zânt-kâs-téé-len baôw-en*) (construire des châteaux de sable) quand c'est **eb** (*èp*) (la marée basse). Le château sera balayé par le **vloed** (*vlout*) (la marée montante), qui arrive deux fois **per etmaal** (*per èt-maal*) (par période de 24 heures).

Attendez-vous à ce qu'en juin, juillet et août la température de l'eau de la mer du Nord ne soit qu'à 17 °C !

Surfen (*ser-fen*) (surfer) et **vliegeren** (*flii-ghe-ren*) (faire voler des cerfs-volants) ne sont possibles qu'à certains endroits.

Les jours ensoleillés, par des températures supérieures à 25 °C, les routes conduisant à la côte sont encombrées. Les Néerlandais avisés prennent leur bicyclette, le bus ou le train pour aller à la plage, emportant seulement **handdoek** (*h'ânt-douk*) (serviette), **zwembroek** (*zwèm-brouk*) (maillot de bain), **bikini** (*bii-kii-nii*) (bikini) et **zonnebrandcrème** (*zo-ne-brânt-krèm*) (crème solaire) dans leur **strandtas** (*strânt-tâs*) (sac de plage).

La plage est **openbaar** (*ôô-pen-baar*) (ouverte au public) et il est possible de louer **een strandstoel** (*en strânt-stoul*) (une chaise longue) à l'un des nombreux **strandpaviljoens** (*strânt-paa-vel-youns*) (pavillons de plage). Parfois, des **kleedhokjess** (*kléé d-hok-yes*) (cabines) ont été installées. La plupart des gens se changent sur la plage, certains d'entre eux portant déjà leurs maillots de bain et leurs bikinis sous leurs vêtements. **Toiletten** (*twâ-lè-ten*) (des toilettes), **douches** (*dou-ches*) (des douches), **een kinderbadje** (*en kin-der-bât-ye*) (un petit bain pour enfants) **met of zonder toezicht** (*mèt of zon-der touou-zight*) (avec ou sans surveillance) sont disponibles sur toutes les plages aménagées, ainsi que **de reddingsbrigade** (*de rè-dings-brii-ghaa-de*) (l'équipe de sauvetage). **De reddingsbrigade** essaiera de vous sauver la vie si vous êtes emporté par un **gevaarlijke stroming** (*ghe-vaar-le-ke strôô-ming*) (courant dangereux). Même si vous êtes **een goede zwemmer** (*en ghou-de zwè-mer*) (un bon nageur), demeurez là où vous avez pied. De **Oostenwind** (*ôôs-ten-vint*) (le vent d'est soufflant de la côte) est tout particulièrement dangereux, et il apporte aussi des **kwallen** (*kwâ-len*) (méduses). Les expression suivantes vous aideront à en apprendre davantage sur **het strandleven** :

- **Is hier een zwembad?** (*is h'iir en zwèm-bât*) (Y a-t-il une piscine ici ?)
- **Is hier een overdekt zwembad?** (*is h'iir en ôô-ver-dèkt-zwèm-bât*) (Y a-t-il ici une piscine couverte ?)
- **Is hier een nudistenstrand in de buurt?** (*is h'iir en nuu-dis-ten-strânt in de buurt*) (Y a-t-il près d'ici une plage nudiste ?)
- **Wanneer wordt het eb?** (*wâ-néér wort h'et èp*) (Quand serons-nous à marée haute ?)
- **Mag je hier zwemmen?** (*mâgh ye h'iir zwè-men*) (Est-il permis de nager ici ?)
- **Zijn hier gevaarlijke stromingen?** (*zèïn h'iir ghe-vaar-le-ke strôô-ming-en*) (Y a-t-il ici des courants dangereux ?)

Vous pourrez entendre l'une des réponses ci-après :

- **De zee is rustig / de zee is woest.** (*de zéé is rus-tigh / de zéé is woust*) (La mer est calme / la mer est agitée.)
- **De golven zijn hoog.** (*de ghol-ven zèïn h'ôôgh*) (Les vagues sont hautes.)
- **Er komt storm.** (*èr komt storm*) (Il va y avoir une tempête.)
- **Het water is te koud.** (*h'et waa-ter is te kaôwt*) (L'eau est trop froide.)
- **Je mag hier niet zwemmen.** (*ye mâgh h'iir niit zwè-men*) (Il n'est pas permis de se baigner ici.)

Observer la mer

Quel que soit le temps, les plages et les dunes de la mer du Nord sont toujours propices à **een strandwandeling** (*en strânt-wân-de-ling*) (une promenade le long de la plage). Certaines personnes et leurs chiens aiment le plus la plage quand le temps est à l'orage ! N'essayez pas d'aller vous promener quand il fait plus de 25 °C : les routes, les dunes et les plages sont surpeuplées. En pareil cas, essayez plutôt de nager tôt le matin ou en fin d'après-midi.

INFO CULTURELLE

Marcher jusqu'à une île de la Frise

Juillet et août peuvent être assez pluvieux. Les endroits les plus ensoleillés des Pays-Bas durant l'été sont les îles de la Frise, tout au nord. Elles vous donnent l'occasion de marcher et de vous promener à bicyclette, mais toutefois, en été, vous ne serez pas les seuls ! Si vous voulez faire quelque chose de plus aventureux, marchez de la Frise jusqu'à Schiermonnikoog ou jusqu'à l'une des autres îles à marée base, et revenez en bateau. Il est dangereux de le faire par soi-même sans préparation. Vous devez prendre un guide. Ce **wadlopen** (*<u>wât</u>-lôô-pen*) (marche à travers les bancs de boue) peut être une expérience néerlandaise inoubliable.

Sports, sports, sports

Les sports sont une forme favorite [illegible]. Beaucoup de gens s'en tiennent à **de sportschool** (*de <u>sport</u>*-[illegible]) (club de remise en forme) où ils se rendent deux à trois fois par semaine. Le football est très populaire chez les hommes et les garçons. Un million de Néerlandais font partie de la ligue néerlandaise de football, la KNVB. En deuxième et troisième position viennent le tennis et le hockey, avec chacun 750 000 participants.
Le volley-ball et le beach-volley tiennent la cinquième place parmi les sports d'équipe.

Le jeu de ballon le plus populaire : voetbal

Les hommes n'aiment pas seulement **voetbal kijken** (*<u>vout</u>-bâl <u>kèï</u>-ken*) (regarder du football), ils aiment aussi **voetballen** (*<u>vout</u>-bâ-len*) (jouer au football) eux-mêmes. Les jeunes Néerlandais commencent à **voetbal spelen** (*<u>vout</u>-bâl <u>spéé</u>-len*) (jouer au football) à l'âge de 4 ans, tandis que leurs parents les regardent sur la touche. Les matchs de football, pendant **de Europese kampioenschappen** (*de eu-rôô-<u>péé</u>-ze kâm-pi-<u>oun</u>-sgha-pen*) (les championnats européens) ou **de Wereldkampioenschappen** (*de <u>wéé</u>-relt-kâm-pi-oun-sgha-pen*) (les championnats du monde), sont massivement suivis à la télévision, et au cours de ces événements, nombreuses sont les femmes qui font comme leurs compagnons. Jusqu'à deux millions et demi de Néerlandais regardent les matchs à la télévision, et le football dérègle parfois la vie professionnelle. **Een prachtige bal** (*en <u>prâgh</u>-ti-ghe bâl*) (une passe sublime), **een doelpunt maken** (*en <u>doul</u>-punt <u>maa</u>-ken*) (marquer un but) **in**

de eerste/tweede helft (*en de éérs-te/twéé-de h'èlft*) (dans la première / seconde mi-temps), **een misser** (*en mi-ser*) (un tir maladroit) par **de linksvoor** (*de links-vôôr*) (l'avant-gauche) ou **de rechtsvoor** (*de règhts-vôôr*) (l'avant-droit), **de middenvelder** (*de mi-den-vèl-der*) (le joueur du centre) ou **de doelman** (*de doul-mân*) (le gardien de but), ainsi que les **strafschoppen** (*strâf-sgho-pen*) (pénalités) **voor de rust** (*vôôr de rust*) (avant la mi-temps) et **na de rust** (*naa de rust*) (après la mi-temps) font l'objet des conversations du jour. Dans l'anticipation de l'événement les gens décorent leurs maisons et même des rues entières de rangées de drapeaux orange. Quand un match important se joue, presque tout le monde le regarde et les rues sont désertes. Si vous êtes le collègue ou la compagne d'un fanatique du football, vous aurez besoin des phrases suivantes :

- **Wie spelen er vanavond?** (*wii spéé-len èr vân-aa-vont*) (Qui joue ce soir ?)
- **Wie zitten er in de finale?** (*wii zi-ten èr in de fii-naa-le*) (Qui se trouve en finale ?)

POINT DE GRAMMAIRE

Nederland heeft gewonnen: Quand utiliser le passé composé

Tout comme les francophones, les néerlandophones tendent dans de nombreux cas à substituer le passé composé au passé simple. Quelques règles simples et beaucoup d'écoute de la langue vous habitueront à utiliser ce temps à bon escient.

Le néerlandais a plusieurs noms pour ce temps. Le nom le plus simple et le plus significatif est **de voltooide tijd** (*de vol-tôôïy-de tèït*). **Voltooid** veut dire fini. Vous utilisez le passé composé le plus souvent pour parler d'événements qui ont commencé dans le passé et sont déjà terminés : ils ne se poursuivent pas dans le présent. **Nederland heeft gewonnen.** (*néé-der-lânt h'ééft ghe-wo-nen*) veut dire que le match est fini et que cette fois les Pays-Bas ont gagné.

Vous utilisez aussi le passé composé pour amorcer une histoire relative au passé : **Nederland heeft gewonnen** (*néé-der-lânt h'ééft ghe-wo-nen*) (Les Pays-Bas ont gagné). Après cette introduction vous pourriez continuer l'histoire au temps passé : **In de tweede helft scoorde…** (*in de twéé-de h'èlft skôôr-de*) (Dans la seconde mi-temps…)

Vous trouverez plus d'informations au chapitre 2 sur les formes et sur les verbes auxiliaires du passé composé. Et vous trouverez plus d'informations sur le temps passé et son utilisation aux chapitres 2 et 13.

Lorsque, le jour suivant, vous demandez comment s'est passé le match, vous entendrez les opinions suivantes :

- **De wedstrijd was** (*de <u>wèt</u>-strèït wâs*) (le match était) :
  - **spannend** (*<u>spâ</u>-nent*) (tendu)
  - **waardeloos** (*<u>waar</u>-de-lôôs*) (sans intérêt)
- Et le club favori :
  - **… heeft gewonnen** (*h'ééft ghe-<u>wo</u>-nen*) (… a gagné)
  - **… heeft verloren** (*h'ééft ver-<u>lôô</u>-ren*) (… a perdu)
  - **… gaat door naar de finale** (*ghaat dôôr naar de fi-<u>naa</u>-le*) (… va en finale)

Le patin à glace : schaatsen

Il n'est possible de patiner sur la glace naturelle que quand les dieux du temps sont favorables. Il doit pour cela **vriezen** (*vrie-zen*) (geler) modérément pendant trois à quatre jours ou très fortement pendant deux périodes de 24 heures, et alors les **sloten en kanalen** (*<u>slôô</u>-ten en kâ-<u>naa</u>-len*) (les fossés et les canaux) sont plein d'enfants et d'adultes qui passent chaque minute de la journée sur la glace. En l'absence d'un père ou d'une mère attentifs pour empêcher l'enfant de tomber sur la glace, une vieille chaise sert de support pour les premiers jours, et si la période de gel s'étend sur des semaines, l'apprentissage est terminé, et l'enfant pourra devenir par la suite un gagnant de l'**Elfstedentocht** (*èlf-<u>stéé</u>-den-toght*). Pour plus d'informations sur le patinage, reportez-vous au chapitre 3.

Le bateau : « varen » et « zeilen »

Varen (*<u>vaa</u>-ren*) (faire du bateau), et spécifiquement **zeilen** (*<u>zèï</u>-len*) (faire de la voile), exige **inzicht** (*<u>in</u>-zicht*) (de la clairvoyance), **vooruitzien** (*vôôr-<u>oeït</u>-ziin*) (de la prévoyance) et **reactiesnelheid** (*réé-<u>ak</u>-sii-snèl-h'èït*) (de la rapidité de réaction). Beaucoup de gens ont **een boot** (*en bôôt*) (un petit bateau) ou **een schip** (*en sghip*) (un bateau plus important) qu'ils utilisent chaque **weekeinde/weekend** (*<u>wéék</u>-èïn-de/<u>wiik</u>-ènt*) (week-end) d'avril à septembre. Pendant **het weekend**, les bateaux naviguent près **de haven** (*de <u>h'aa</u>-ven*) (du port) ; au cours des vacances, les propriétaires de bateaux plus importants explorent les **wateren** (*<u>waa</u>-te-ren*) (eaux) et les **zeeën** (*<u>zéé</u>-yen*) (mers) néerlandaises, belges, françaises et britanniques.

La plupart des **zeilschepen** (*<u>zèïl</u>-sghéé-pen*) (bateaux à voiles) ont **een motor** (*en <u>môô</u>-ter*) utilisé **in geval van nood** (*in ghe-<u>vâl</u> vân nôôt*) (en cas d'urgence), sur les **drukke vaarroutes** (*<u>dru</u>-ke <u>vaar</u>-rouou-tes*) (les voies de navigation très fréquentées) et par **windstilte** (*<u>wint</u>-stil-te*) (calme plat). **Motorboten** (*<u>môô</u>-ter-bôô-ten*) (les bateaux à moteur) ont seulement un moteur. **Watersporters** (*waa-ter-spor-ters*) (les amateurs de sports nautiques) aiment beaucoup la Hollande vue depuis la mer et le mode de vie correspondant. L'atmosphère du port et les joyeuses sorties **op de wal** (*op de wâl*) (sur la côte) sont la récompense d'une dure journée sur l'eau.

Jouer au golf : golfen

Golf (gholf) (le golf) est populaire chez les hommes d'affaires, les retraités et de plus en plus de jeunes. Vous trouverez des terrains de golf dans la plupart des régions des Pays-Bas.

Le verbe du jeu : spelen

Spelen (*spéé-len*) (jouer) est un verbe régulier. Pour bien le prononcer, vous doublez le **ee** dans la racine (la forme du je) ainsi qu'à la deuxième et à la troisième personne du singulier (tutoiement et vouvoiement au singulier, il, et elle).

Conjugaison	*Prononciation*
ik speel	*ik spéél*
jij speelt	*yèï spéélt*
u speelt	*uu spéélt*
hij/zij/het speelt	*h'èï/zèï/h'et spéélt*
wij spelen	*wèï spéé-len*
jullie spelen	*yu-lii spéé-len*
zij spelen	*zèï spéé-len*

Le verbe **spelen** peut être associé à toutes sortes de sports : **Ik speel voetbal** (*ik spéél vout-bâl*), **ik speel tennis** (*ik spéél tè-nis*), **ik speel hockey** (*ik spéél h'o-kii*), **ik speel volleyball** (*ik spéél vo-lii-bâl*).

Verbes du sport et faux amis de l'anglais

Les Néerlandais utilisent de nombreux mots anglais, et notamment de nombreux verbes anglais du domaine sportif, mais ils les conjuguent à leur manière, qui est celle des verbes néerlandais réguliers : racine, racine plus **-t**, et infinitif pour les pluriels. Voici l'exemple du verbe **racen** (*réé-sen*) (faire la course) :

Conjugaison	*Prononciation*
ik race	*ik réés*
jij racet	*yèï réést*
u racet	*uu réést*
hij/zij/het racet	*h'èï/zèï/h'et réést*
wij racen	*wèï réé-sen*
jullie racen	*yu-lii réé-sen*
zij racen	*zèï réé-sen*

Au lieu de **hockey spelen** (*h'o-kii spéé-len*) (jouer au hockey), vous pouvez aussi utiliser le verbe **hockeyen** (*h'o-kii-yen*), qui se conjugue comme tous les verbes anglais utilisés en néerlandais :

Conjugaison	*Prononciation*
ik hockey	*ik h'o-kii*
jij hockeyt	*yèï h'o-kiit*
u hockeyt	*uu h'o-kiit*
hij/zij/het hockeyt	*h'èï/zèï/h'et h'o-kiit*
wij hockeyen	*wèï h'o-kii-yen*
jullie hockeyen	*yu-lii h'o-kii-yen*
zij hockeyen	*zèï h'o-kii-yen*

Golfen (*ghol-fen*) (jouer au golf), **tennissen** (*tè-ni-sen*) (jouer au tennis) et **joggen** (*yo-guen*) (faire du jogging) s'utilisent tous de la même manière. À la fin de votre heure de sport, votre moniteur pourrait vous dire :

> **Nu gaan we stretchen.** (*nuu ghaan we strèt-syen*) (Maintenant nous allons faire des étirements.)

Et vous pourriez dire ensuite :

> **Ik voel me heel relaxed.** (*ik voul me h'éél rii-lèkst*) (Je me sens très relax.)

Chapitre 9

Quand il faut travailler

Dans ce chapitre :

- Conversations téléphoniques
- Au bureau
- Comment se comporter avec des Néerlandais

Parler avec des gens avec qui vous vous trouvez n'est qu'un aspect de la communication. Vous devez aussi maîtriser les télécommunications, qu'il s'agisse du téléphone ou de l'envoi d'e-mails. Le téléphone comme les e-mails portent sur de nombreux sujets.

Conversations téléphoniques

Mobieltjes (*môô-biil-tyes*) ou **GSM's** (*ghéé-ès-èms*) (les téléphones portables) ont changé les habitudes téléphoniques. Comme ils ont un numéro personnel, les utilisateurs de téléphone portable mentionnent seulement leur prénom quand ils **een telefoontje krijgen** (*en téé-léé-fôôn-tye krèï-ghen*) (reçoivent un coup de téléphone). Pour dire que vous allez appeler quelqu'un au téléphone, ou que quelqu'un vous a appelé, vous avez seulement besoin du verbe **bellen** (*bè-len*) ou du verbe plus formel **opbellen** (*op-bè-len*) (appeler). **Ik bel je** (*ik bèl ye*) (je t'appellerai) ou **we bellen** (*we bè-len*) (nous nous téléphonerons) est une façon informelle courante de dire au revoir.

Conjugaison	***Prononciation***
ik bel	*ik bèl*
jij belt	*yèï bèlt*
u belt	*uu bèlt*
hij/zij/het bel	*h'èï/zèï/h'et bèl*
wij bellen	*wèï bè-len*
jullie bellen	*yu-lii bè-len*
zij bellen	*zèï bè-len*

Opbellen (*op-bè-len*) (appeler) est un verbe dit « séparable », qui se divise en deux parties aux temps du présent et du passé. Certains mots peuvent s'insérer entre les deux parties du verbe :

- **Il bel hem op.** (*ik bèl h'em op*) (Je l'appelle.)
- **Jij belt haar vaak op.** (*yèï bèlt h'aar vaak op*) (Tu l'appelles souvent.)

Premières paroles

De nombreuses personnes ont un **mobieltje van de zaak** (*môô-biil-tye vân de zaak*) **(Fl) een GSM van het werk** (un portable fourni par l'entreprise) qu'ils utilisent tant pour le travail qu'à des fins personnelles. Quand ils sont au travail et attendent des appels, ils doivent répondre en mentionnant le nom de la firme, suivi de leur prénom et de leur nom de famille : **Biz Accountants, Bart van Dieren** (*bis e-kaôwn-tents bârt vân dii-ren*) (Biz Accountants, Bart van Dieren). Les personnes âgées et les personnes à un poste important ne

POINT DE GRAMMAIRE

Le pronom personnel complément d'objet

La forme la plus courante des pronoms personnels est celle où ils jouent le rôle de sujet, en début de phrase, suivis d'un verbe : **ik** (*ik*) (je), **jij** (*yèï*) (tu), **hij** (*h'èï*) (il), **zij/ze** (*zèï/ze*) (elle), **u** (*uu*) (vous, vouvoiement au singulier et au pluriel), **wij/we** (*wèï/we*) (nous), **jullie** (*yu-lii*) (vous, tutoiement au pluriel), **zij/ze** (*zèï/ze*) (ils/elles). Cependant, les pronoms personnels jouent aussi un autre rôle dans la phrase, et le néerlandais possède une forme spécifique correspondant à ce rôle, tout comme en français. Voici ce qui se passe quand le pronom n'est pas le sujet, mais l'objet dans une phrase. Le pronom est alors placé dans la dernière partie de la phrase.

Forme sujet		Forme objet	
ik	→	mij, me	**Sofie belt me.** (*sôô-fii bèlt me*) (Sofie m'appelle.)
jij	→	jou, je	**Sofie belt je.** (*sôô-fii bèlt ye*) (Sofie t'appelle.)
u	→	u	**Sofie belt u.** (*sôô-fii bèlt uu*) (Sofie vous appelle.)
hij	→	hem	**Sofie belt hem.** (*sôô-fii bèlt h'em*) (Sofie l'appelle - lui.)
zij	→	haar	**Sofie belt haar.** (*sôô-fii bèlt h'aar*) (Sofie l'appelle - elle.)
wij	→	ons	**Sofie belt ons.** (*sôô-fii bèlt ons*) (Sofie nous appelle.)
jullie	→	jullie, je	**Sofie belt jullie.** (*sôô-fii bèlt yu-lii*) (Sofie vous appelle.)
zij/ze	→	hen, ze	**Sofie belt hen / Sofie belt ze.** (*sôô-fii bèlt h'en / sôô-fii bèlt ze*) (Sofie les appelle.)

Les pronoms utilisés comme objet sont les mêmes que ceux utilisés après une préposition, voir chapitre 4.

mentionnent que leur nom de famille : **Lease Consult, van der Jagt** (*liis kon-sult vân dèr yâght*). Certaines dames (d'un certain âge) s'appellent elles-mêmes **mevrouw** (*me-vraôw*) (Mme) et mentionnent ce titre avec leur nom de famille : **Biz Accountants, mevrouw Harskamp** (*bis e-kaôwn-tents me-vraôw h'ârs-kâmp*) (Biz Accountants, Mme Harskamp).

Les standardistes et les secrétaires commencent toujours par **goedemorgen** (*ghou-de-mor-ghen*) (FL) (*ghou-ïe morgen*) (bonjour) ou **goedemiddag** (*ghou-de-mi-dâgh*) (bonjour – l'après-midi) : **Goedemorgen, Lease Consult, Sofie Vermeent** (*ghouou-de-mor-ghen liis kon-sult sôô-fii ver-méént*) (Bonjour, Lease Consult, Sofie Vermeent.)

Dans des sociétés plus petites ou plus informelles et personnelles, telles que des salons de beauté, des coiffeurs ou des centres de remise en forme, les gens se limitent souvent à l'indication de leur prénom : **Beautysalon Welling, met Sonja** (*biouou-ti-sa-lon wè-ling mèt son-yaa*) (Salon de beauté Welling, Sonja à l'appareil.)

Les appels

Si vous faites un numéro privé et si la personne qui décroche n'est pas celle à qui vous voulez parler, vous devez demander l'interlocuteur désiré. Vous devez d'abord vous annoncer :

Hallo, met René. (*h'a-lôô mèt re-néé*) (Allô, ici René.)

Vous demandez ensuite la personne à qui vous désirez parler :

- **Is Sandra thuis?** (*is san-draa toeïs*) (Sandra est-elle à la maison ?)
- **Kan ik Sandra spreken?** (*kân ik san-draa spréé-ken*) (Puis-je parler à Sandra ?)

Dans un contexte professionnel, vous devez être plus formel. Vous vous annoncez en souhaitant le bonjour adapté au moment de la journée :

Goedemorgen, met Bart van Dieren. (*gouou-de-mor-ghen mèt bârt vân dii-ren*) (Bonjour, ici Bart van Dieren.)

Les formules les plus couramment utilisées pour dire que vous souhaitez parler à quelqu'un sont :

- **Is de heer … aanwezig?** (*is de h'éér … aan-wéé-zigh*) (M. … est-il là ?)
- **Is mevrouw … bereikbaar?** (*is me-vraôw … be-rèïk-baar*) (Puis-je parler au téléphone avec Mme … ?)

Intervenir auprès de votre interlocuteur

Si quelqu'un parle trop vite pour que vous puissiez le comprendre, vous pouvez utiliser l'une des formules ci-après :

- **Kunt u wat langzamer praten?** (*kunt uu wât lâng-zaa-mer praa-ten*) (Pourriez-vous parler un peu moins vite ?)
- **Kunt u dat herlalen?** (*kunt uu dât h'èr-h'aa-len*) (Pourriez-vous répéter ?)

De nombreux Néerlandais réagiront en vous parlant anglais, car ils aiment pratiquer leur anglais en parlant à des étrangers, et ils pensent que tout le monde parle anglais ! Si vous ne voulez pas qu'ils parlent anglais, dites-le :

> **Ik ben Nederlands aan het leren, wilt u Nederlands praten?** (*ik bèn néé-der-lânts aan h'et léé-ren wilt uu néé-der-lânts praa-ten*) (J'apprends le néerlandais, pourriez-vous parler néerlandais ?)

Établir la communication

Après avoir appelé une société ou une organisation et demandé à parler à une personne spécifique, vous pouvez recevoir différentes réponses selon la personne que vous voulez contacter ou sa disponibilité :

- **Daar spreekt u mee.** (*daar spréékt uu méé*) (C'est lui/elle-même.)
- **Ik verbind u door.** (*ik ver-bint uu dôôr*) (Je transfère votre appel.)
- **Een momentje alstublieft, ik verbind u door.** (*en môô-mèn-tye âls-tuu-bliift ik ver-bint uu dôôr*) (Un instant s'il vous plaît, je transfère votre appel.)
- **De lijn is bezet.** (*de lèïn is be-zèt*) (La ligne est occupée.)

La personne n'est pas joignable

Malheureusement, il arrive souvent que vous ne puissiez joindre la personne demandée. Vous entendrez alors l'une des expressions suivantes :

- **Mevrouw ... is op dit moment aan de telefoon, wilt u wachten?** (*me-vraôw ... is op dit môô-mènt aan de téé-léé-fôôn wilt uu wagh-ten*) (Mme ... est en communication, voulez-vous attendre ?)
- **Mevrouw ... is telefonisch in gesprek.** (*me-vraôw ... is téé-léé-fôô-niis in ghe-sprèk*) (Mme ... est en communication.)

- **Mevrouw ... is in bespreking. Kunt u over een uur terugbellen?** (*me-vraôw ... is in be-spréé-king. kunt uu ôô-ver en uur trugh bè-len*) (Mme ... est en réunion. Pourriez-vous la rappeler dans une heure ?)
- **Mevrouw ... is in bespreking. Kan zij u terugbellen?** (*me-vraôw ... is in be-spréé-king. kân zèï uu trugh bè-len*) (Mme ... est en réunion. Peut-elle vous rappeler ?)
- **Het spijt me, mevrouw ... is niet op haar plek.** (*h'et spèït me me-vraôw ... is niit op h'aar plèk*) **(Fl) zit niet op haar plaats** (*h'et spèït me me-vraôw ... zit niit op h'aar plaats*) (Je suis désolée, Mme ... n'est pas à son bureau.)
- **Mevrouw ... neemt niet op.** (*me-vraôw ... nééemt niit op*) (Mme ... ne répond pas au téléphone.)
- **Zou u later terug kunnen bellen?** (*zaôw uu laa-ter trugh ku-nen bè-len*) (Pourriez-vous rappeler plus tard ?)
- **Mag ik uw telefoonnummer?** (*mâgh ik uu téé-léé-fôôn-nu-mer*) (Puis-je noter votre numéro de téléphone ?)

L'expression suivante peut vous être utile en cas de mauvaise connexion :

- **Het is een slechte lijn.** (*h'et is en slègh-te lèïn*) (C'est une ligne défectueuse.)
- **Ik versta u slecht.** (*ik ver-staa uu slèght*) (Je ne vous entends pas bien.)

Prendre un rendez-vous

De plus en plus d'opérations professionnelles se traitent par e-mail ou par téléphone, mais dans certains cas, vous devez prendre un rendez-vous pour rencontrer la personne concernée. Voici comment amorcer l'opération :

- **Ik wil graag een afspraak maken.** (*ik wil ghraagh en âf-spraak maa-ken*) (Je voudrais prendre un rendez-vous.)
- **Kan ik mijn afspraak verzetten?** (*kân ik mèïn âf-spraak ver-zè-ten*) (Puis-je déplacer mon rendez-vous ?)

Et voici quelques réponses possibles :

- **Wanneer komt het u uit?** (*wâ-nér kômt h'et uu oeït*) (Quel moment vous conviendrait ?)
- **Wat denkt u van woensdag elf uur?** (*wât dènkt uu vân wouns-dâgh èlf uur*) (Que diriez-vous de mercredi onze heures ?)

- **Er is deze week geen ruimte meer voor een afspraak.** (*èr is déé-ze wéék ghéén roeïm-te méér vôôr en âf-spraak*) (Il n'y a plus de place pour un rendez-vous cette semaine.)
- **De eerste gelegenheid is volgende week.** (*de éérs-te ghe-léé-ghen-h'èït is vol-ghen-de véék*) (Le plus proche possible est la semaine prochaine.)

Conversation

Petra veut prendre un rendez-vous avec le salon de beauté. Elle parle avec l'assistante.

Sonja : **Beautysalon Welling, met Sonja.**

biouou-ti-saa-lon wè-ling mèt son-yaa

Salon de beauté Welling, Sonja à l'appareil.

Petra : **Goedemorgen Sonja, ik wil een afspraak maken voor een behandeling. Heb je plek Heb je plek op zaterdagmiddag [PB]/ Kan het op[FL] zaterdagmiddag?**

ghouou-de-mor-ghen son-yaa ik wil en âf-spraak maa-ken vôôr en be-h'ân-de-ling. H'ep je plèk op zaa-ter-dâgh-mi-dâgh.

(Fl) ghouou-ye-mor-ghen son-yaa ik wil en âf-spraak maa-ken vôôr en be-h'ân-de-ling. Kan h'et op zaa-ter-dâgh-mi-dâgh.

Bonjour Sonja, je veux prendre rendez-vous pour un traitement. As-tu de la place pour samedi après-midi ?

Sonja : **Goedemorgen mevrouw Harskamp. Wat voor behandeling wilt u: zoals gebruikelijk?**

ghouou-de-mor-ghen me-vraôw h'ârs-kâmp. wât vôôr be-h'ân-de-ling wilt uu. zoâls ghe-broeï-ke-lek

Bonjour madame Harskamp. Quel genre de traitement voulez-vous : comme d'habitude ?

Petra : **Ja, en ik wil ook een uitgebreide make-up. Ik heb die avond een feest.**

yaa èn ik wil ôôk en oeït-ghe-brèï-de méék-up. ik h'èp dii aa-vont en féést

Oui, et je veux aussi un maquillage complet. J'ai une réception ce soir-là.

Sonja : **U bedoelt niet komende zaterdag, hoop ik?**

uu be-doult niit kôô-men-de zaa-ter-dâgh h'ôôp ik

Vous ne voulez pas dire samedi prochain, j'espère ?

Petra : **Nee, het is zaterdag de 14de.**

néé h'et is zaa-ter-dâgh de véér-tiin-de

Non, c'est le samedi 14.

Sonja : **OK, we hebben nog een plekje [PB] / plaats [FL]. Komt half drie goed uit?**

ôô-kéé we h'è-ben nogh en plèk-ye. komt h'âlf drii ghouout oeït

OK, nous avons encore de la place. Quatorze heures trente, est-ce que cela vous convient ?

Petra : **Dat is goed.**

dât is ghouout

C'est bon.

Sonja : **Ik noteer een afspraak van twee uur voor u. Dus zaterdag 14 september, half drie.**

ik nôô-téér en âf-spraak vân twéé uur vôôr uu. dus zaa-ter-dâgh véér-tiin sèp-tèm-ber h'âlf drii

Je note un rendez-vous de deux heures pour vous. Donc samedi 14 septembre, quatorze heures trente.

Petra : **Dank je en tot dan.**

dânk ye. tot dân

Merci et à bientôt.

Sonja : **Nog een prettige dag, mevrouw Harskamp**

nogh en prè-ti-ghe dâgh me-vraôw h'ârs-kâmp

Bonne journée, madame Harskamp.

Mots clés

een behandeling	en be-hân-de-ling	un traitement
zoals gebruikelijk	zo-âls ghe-broeï-ke-lek	comme d'habitude
uitgebreid	oeït-ghe-brèït	étendu, complet
noteren	nôô-téé-ren	noter, inscrire

Des verbes spéciaux : « kunnen » et « zullen »

Kunnen (*ku-nen*) (pouvoir) et **zullen** (*zu-len*) (devoir, vouloir) sont irréguliers. Ces verbes étant d'usage fréquent, vous en retiendrez vite les différentes formes.

Kunnen	*Zullen*
ik kan	**ik zal**
jij kunt/kan	**jij zult/zal**
u kunt	**u zult**
hij/zij/het kan	**hij/zij/het zal**
wij kunnen	**wij zullen**
jullie kunnen	**jullie zullen**
zij kunnen	**zij zullen**

Ces verbes sont très souvent, mais pas toujours, utilisés avec un autre verbe à la forme de l'infinitif :

- **Kan ik mijn afspraak verzetten?** (*kân ik mèïn <u>âf</u>-spraak ver-<u>zè</u>-ten*) (Puis-je déplacer mon rendez-vous ?)
- **Ik zal eens kijken.** (*ik zâl ééns <u>kèï</u>-ken*) (Je verrai.)

Cette utilisation se produit aussi avec les verbes **willen** (*<u>wi</u>-len*) (vouloir) et **mogen** (*<u>môô</u>-ghen*) (être autorisé à) :

- **Ik wil een afspraak maken.** (*ik wil en <u>âf</u>-spraak <u>maa</u>-ken*) (Je veux prendre rendez-vous.)
- **Mag ik u iets vragen?** (*mâgh ik uu iits <u>vraa</u>-ghen*) (Puis-je vous demander quelque chose ?)

Dans les phrases précédentes, les infinitifs sont : **verzetten, kijken, maken** et **vragen**, et ils sont placés à la fin de la phrase.

Vous trouverez la conjugaison des verbes **willen** et **mogen** au chapitre 6.

Conversation

Voici un appel de Bart reçu par la réceptionniste de Experteam :

Réceptionniste : **Goedemorgen, Experteam, receptie.**

ghouou-de-mor-ghen èk-spèr-tiim re-sèp-sii

Bonjour, Experteam, réception.

Bart : **Goedemorgen, is de heer van der Jagt telefonisch bereikbaar?**

ghouou-de-mor-ghen is de h'éér vân dèr yâght téé-léé-fôô-niis be-rèïk-baar

Bonjour, pourrais-je parler à M. van der Jagt ?

Réceptionniste : **Het spijt me, maar de heer van der Jagt zit in een bespreking. Kan ik u doorverbinden met zij secretaresse?**

h'et spèït me, maar de h'éér vân dèr yâght zit in en be-spréé-king. kân ik u dôôr-ver-bin-den mèt zèïn si-kre-ta-rè-se

Je suis désolée, mais M. van der Jagt est en réunion. Puis-je vous passer sa secrétaire ?

Bart : **Ik wil hem graag zelf spreken.**

ik wil h'em ghraagh zèlf spréé-ken

Je voudrais lui parler personnellement.

Réceptionniste : **Kan hij u terugbellen?**

kân h'èï uu trugh-bè-len

Peut-il vous rappeler ?

Bart : **Ja, dat kan tot twee uur, want ik ben er vanmiddag niet.**

yaa dât kân tot twéé uur wânt ik bèn èr vân-mi-dâgh niit

Oui, si possible avant quatorze heures, car je m'absente cet après-midi.

Réceptionniste : **Ik zal dat aan zijn secretaresse doorgeven. Wat zijn uw naam en telefoonnummer?**

ik zâl dât aan zèïn si-kre-taa-rè-se dôôr-ghe-ven. wât zèïn uuw naam en téé-léé-fôôn-nu-mer

Je préviendrai sa secrétaire. Pouvez-vous me donner votre nom et votre numéro de téléphone ?

Bart : **Bart van Dieren. Mijn nummer is 020 654 32 10.**

bärt vân dii-ren. mèïn nu-mer is nul twin-tigh zès vèïf viir drii twéé één nul

Bart van Dieren. Mon numéro est : 020 654 32 10.

Réceptionniste : **Dank u mijnheer van Dieren en nog een prettige dag.**

dânk u me-néér vân dii-ren èn nogh en prè-ti-ghe dâgh

Merci, monsieur van Dieren, et bonne journée.

INFO CULTURELLE

Dire au revoir au téléphone

En quittant un magasin, il est normal de dire **tot ziens** (*tot ziins*) (au revoir), même si vous savez que vous ne reviendrez jamais dans le magasin. Au téléphone, c'est différent. Vous pourriez dire **tot horens** (*tot h'ôô-rens*) (à bientôt – sous-entendu, au téléphone) ou **dag** (*dâgh*) (bonne journée). Ces deux expressions ont une allure plutôt informelle. Dans la vie professionnelle, d'autres expressions sont utilisées. Si vous avez fixé un rendez-vous avec la personne elle-même, vous pouvez dire : **tot woensdag** (*tot wouns-dâgh*) (à mercredi). Dans d'autres situations, il est toujours bon de terminer par un souhait neutre, comme **goedemiddag** (*ghouou-de-mi-dâgh*) (Fl) **goeiemiddag** (*ghou-ye-mi-dâgh*) (bon après-midi) ou, sur un ton un peu plus personnel, **prettige dag nog** (*prè-ti-ghe dâgh nogh*) (passez une agréable journée).

Laisser un message

Dans les grandes sociétés, vous devez rappeler si vous n'atteignez pas la personne que vous essayez de joindre. Dans les plus petites sociétés, vous pouvez laisser un message. En pareil cas, les expressions suivantes peuvent être utilisées :

- **Kan ik een bericht aan u doorgeven?** (*kân ik en be-right aan uu dôôr-ghé-ven*) (Puis-je vous demander de transmettre un message ?)
- **Kan ik een bericht voor haar achterlaten?** (*kân ik en be-right vôôr h'aar âgh-ter-laa-ten*) (Puis-je vous laisser un message pour elle ?)
- **Mevrouw … kan me bereiken op nummer …** (*me-vraôw … kân me be-rèï-ken op nu-mer*) (Mme … peut me joindre au numéro …)

Conversation

Voici un appel de Hans à la réception de Biz Accountants :

Réceptionniste : **Goedemorgen, Biz Accountants, receptie.**

ghouou-de-mor-ghen biz e-kaôwn-tents ré-sep-sii

Bonjour, Biz Accoutants, réception.

Hans : **Goedemorgen, met van der Jagt. Kunt u mij verbinden met de heer van Dieren?**

ghouou-de-mor-ghen mèt vân dèr yâght. kunt u mèï ver-bin-den mèt de h'éér vân dii-ren

Bonjour, ici van der Jagt. Pourriez-vous me passer M. van Dieren ?

Réceptionniste : **Het spijt me, maar de heer van Dieren zit in een bespreking. Wilt u een boodschap achterlaten?**

h'et spèït me maar de h'éér vân dii-ren zit in en be-sprêé-king. wilt uu en bôôt-sghâp âgh-ter-laa-ten

Je suis désolée, mais M. van Diren est en réunion. Voulez-vous lui laisser un message ?

Hans : **Ja, of hij me terug wil bellen. Mijn naam is van der Jagt en mijn telefoonnummer is 020 631 66 00.**

yaa of h'èï me trugh wil bè-len. mèïn naam is vân dèr yâght èn mèïn téé-léé-fôôn-nu-mer is nul twin-tigh zès drii één zès zès nul nul

Oui, qu'il veuille bien me rappeler. Mon nom est van der Jagt et mon numéro de téléphone est 020 631 66 00.

Réceptionniste : **OK, dank u. Ik zal mijnheer van Dieren vragen of hij u terugbelt.**

ôô-kéé dânk uu. ik zâl me-néér vân dii-ren vraa-ghen of h'èï uu trugh-bèlt

OK, merci, je demande à M. van Dieren de vous rappeler.

Hans : **Dank u, goedemiddag.**

dânk uu ghouou-de-mi-dâgh

Merci, bon après-midi.

Réceptionniste : **Goedemiddag meneer van der Jagt.**

ghouou-de-mi-dâgh me-néér vân dèr yâght

Bon après-midi, monsieur van der Jagt.

Épeler son nom : l'alphabet néerlandais du téléphone

TRUC

Les sociétés internationales, où l'anglais est la langue commune, utilisent l'alphabet téléphonique international. La plupart des Néerlandais utilisent le néerlandais quand on leur demande : **Kunt u dat spellen?** (*kunt uu dât spè-len*) (Pouvez-vous l'épeler ?) La connaissance de l'alphabet téléphonique néerlandais peut alors vous être bien utile :

- **de a van Anton** (*de aa vân ân-ton*)
- **de b van Bernard** (*de béé vân bèr-nârt*)
- **de c van Cornelis** (*de séé vân cor-néé-lis*) **(Fl) de c van clement** (*de séé vân klé-mân*)
- **de d van Dirk** (*de déé vân dirk*)
- **de e van Eduard** (*de èè vân éé-duu-ârt*)
- **de f van Ferdinand** (*de èf vân fèr-di-nânt*) **(Fl) de f van Fabienne** (*de èf vân fâ-bii-enn*)
- **de g van Gerrit** (*de ghéé vân ghè-rit*) **(FL) de g van gaston**
- **de h van Hendrik** (*de h'aa vân h'èn-drik*)
- **de i van Isaac** (*de ii vân ii-saak*)
- **de j van Johan** (*de yéé vân yôô-h'ân*)
- **de k van Karel** (*de kaa vân kaa-rel*)
- **de l van Lodewijk** (*de èl vân lôô-de-wèïk*) **(Fl) de l van Louis** (*de èl vân louis*)
- **de m van Marie** (*de èm vân maa-rii*)
- **de n van Nico** (*de èn vân nii-kôô*)
- **de o van Otto** (*de ôô vân o-tôô*) **(Fl) de o van oscar** (*de ôô vân os-car*)
- **de p van Pieter** (*de péé vân pii-ter*)
- **de q van Quotiënt** (*de kuu vân kôô-syent*) **(Fl) de q van Quinten** (*de kuu van kwin-ten*)
- **de r van Rudolf** (*de èr vân ruu-dolf*) **(Fl) de r van Rita** (*de er van rii-tâ*)
- **de s van Simon** (*de ès vân sii-mon*)
- **de t van Theodor** (*de téé vân téé-o-dôôr*) **(Fl) de t van Theophiel** (*de téé vân téé-o-fiil*)
- **de u van Utrecht** (*de uu vân uu-trèght*) **(Fl) de u van Ursule** (*de uu van uur-su-le*)

- **de v van Victor** (*de véé vân vik-tor*)
- **de w van Willem** (*de wéé vân wi-lèm*) **(Fl) de w van Wannes** (*de w van wan-nès*)
- **de x van Xantippe** (*de iks vân ksân-ti-pe*)
- **de y van Upsylon** (*de ii-grèk vân up-sii-lon*) **(Fl) de y van yvette** (*de ii-grek van ii-vette*)
- **de z van Zaandam** (*de zèt vân zaan-dâm*) **(Fl) de z van Zelma** (*de zèt vân zel-maa*)

Mieux vaut envoyer un e-mail

L'utilisation du courrier électronique varie selon les sociétés. Dans certaines professions, comme le bâtiment, le téléphone est utilisé pour fixer des rendez-vous, et le fax pour confirmer les commandes. Dans de nombreux domaines professionnels, Internet sert de source principale d'informations. Le téléphone sert à fournir des informations personnelles et détaillées.

Dans les milieux professionnels néerlandais, le courrier électronique sert pour presque n'importe quoi : poser des questions, demander un simple avis, fixer des rendez-vous et même envoyer des accords. Travailler chez soi un jour par semaine au lieu d'aller au bureau est une pratique de plus en plus courante. Les gens très occupés ont de nombreuses réunions, et pour joindre une personne, vous avez intérêt à lui adresser un e-mail.

L'usage traditionnel du papier se maintient pour les ventes et la publicité. Le papier convient à tout message qui doit être lu soigneusement ou qui a une portée juridique.

Les e-mails néerlandais sont brefs et traitent d'un point précis.

Vous ne risquez rien en utilisant l'introduction de politesse suivante :

> **Geachte heer van Dieren / Geachte mevrouw Vermeent** (*ghe-âgh-te h'éér vân dii-ren / ghe-âgh-te me-vraôw ver-méént*) (Cher Monsieur van Dieren / Chère Madame Vermeent)

Si vous ne connaissez pas la personne, écrivez :

> **Geachte heer/mevrouw** (*ghe-âgh-te h'éér/me-vraôw*) (Cher Monsieur / Chère Madame)

En étant trop informel, vous risquez de gâter vos contacts professionnels. Bien que les Néerlandais aient tendance à être informels dans les affaires, ils conservent toujours une certaine distance pour pouvoir prendre une position plus ferme en cas de besoin. Dans de nombreuses relations d'affaires, les gens utilisent les prénoms et se disent je (ye) (tu). S'agissant de documents professionnels, tels que des propositions ou des contrats, le style est formel et l'on s'adresse au partenaire par son nom de famille en le vouvoyant : u (uu) (vous, formel). C'est la raison pour laquelle les offres et les contrats ne sont pas dans l'e-mail lui-même, mais transmis en pièces jointes.

Si vous appelez votre relation d'affaires par son prénom, mais si vous voulez marquer une certaine distance, vous pouvez utiliser la formulation suivante :

> **Beste Bart / Beste Sofie** (*bès-te bârt / bès-te sôô-fii*) (Cher Bart / Chère Sofie)

Les courriers électroniques sont habituellement très courts (deux à six lignes). Les Néerlandais, contrairement aux anglophones, laissent souvent de l'espace entre chaque partie du sujet abordé. Le message ci-après est un exemple typique d'e-mail néerlandais. La forme est informelle avec retenue, le message est professionnel.

> to: info@author.nl
>
> from: Wardy@theEditor.com
>
> Margreet,
>
> Je hebt beloofd iedere week twee hoofdstukken op te sturen. In de maand november hebben we slechts vier hoofdstukken ontvangen. Ik maak me zorgen of het boek wel op tijd af komt.
>
> Ik will nu sluitende afspraken maken over de deadline.
>
> Ik hoor graag van je.
>
> Wardy

mâr-ghréét

ye h'èpt be-lôôft ii-de-re wéék twéé h'ôôft-stu-ken op te stuu-ren. in de maant nôô-vèm-ber hè-ben we slèghts viir h'ôôft-stu-ken ont-vâng-en. ik maak me zor-ghen of h'et bouk wèl op tèït âf-komt.

ik wil nuu sloeï-ten-de âf-spraa-ken maa-ken ôô-ver de dèt-laïn.

ik h'ôôr ghraagh vân ye.

war-dii

Margreet,

Tu as promis de m'envoyer deux chapitres par semaine. Mais en novembre, nous n'avons reçu que deux chapitres. Je crains que le livre ne soit pas prêt à temps.

Je souhaite arriver maintenant à un accord sur la date limite.

J'attends ta réponse avec intérêt.

Wardy

L'introduction de la plupart des e-mails professionnels est une explication de la situation, très souvent un résumé de ce qui s'est passé jusqu'à maintenant et quelques mots de remerciement pour ce que la personne a fait. Au milieu de l'e-mail, vous décrivez le problème à résoudre ou posez la question à laquelle il convient de répondre. Dans la dernière phrase, vous indiquez clairement ce que vous attendez de l'autre personne. Si vous attendez une réponse, vous pouvez l'indiquer par l'une des expressions suivantes :

- **Ik kijk uit naar uw antwoord.** (*ik kèïk oeït naar uuw ânt-wôôrt*) (poli et formel : Votre réponse sera la bienvenue.)
- **Ik hoor graag van u.** (*ik h'ôôr ghraagh vân uu*) (formel : Je serai heureux de lire votre réponse.)
- **Ik wacht uw antwoord af.** (*ik wâght uuw ânt-wôôrt âf*) (formel : J'attends votre réaction.)
- **Ik hoor graag van je.** (*ik h'ôôr ghraagh vân ye*) (Je suis impatient d'avoir de tes nouvelles.)
- **Graag een reactie.** (*ghraagh en réé-âk-sii*) (formel mais inamical : Merci de me répondre.)

Tous les e-mails n'appellent pas une réponse. Si aucune réponse n'est attendue, de nombreuses personnes utilisent l'option **leesbevestiging** (*léés-be-vès-ti-ghing*) (notification) de leur programme de courrier. Quand le destinataire utilise l'option, l'émetteur sait que son e-mail a été lu.

S'il n'est pas nécessaire de répondre, vous pouvez faire usage de l'une des lignes de conclusion ci-après :

- **Met vriendelijke groet** (*mèt vriin-de-le-ke ghrout*) (Amicales salutations)
- **Vriendelijke groeten** (*vriin-de-le-ke ghrouou-ten*) (Amicales salutations)
- **Groeten** (*ghrouou-ten*) (Avec mes salutations)
- et, utilisé seulement dans les e-mail et pas très chaleureux : **Groet** (*ghrououl*) (Salutations)
- **Groetjes** (*ghrououl-yes*) (Affectueusement) est réservé aux bons amis et aux parents.

INFO CULTURELLE

Mêler l'amour et le travail

Si vous occupez une position élevée, faites très attention de ne pas mêler l'amour et le travail. Le maire d'une ville proche d'Amsterdam a dû démissionner après être tombé amoureux de l'une de ses fonctionnaires de haut rang ! Vous devez donc écarter l'e-mail suivant du contexte professionnel, car le premier mot, **lieve** (*lii-ve*) (très chère), est très personnel :

Lieve Sofie (als ik je zo noemen mag),

Wij hebben elkaar vanochtend ontmoet toen ik een bespreking had met Hans van der Jagt. Ik zou je graag beter willen leren kennen.

Heb je zin in een etentje?

Wil je mij bellen na jouw werk? Ik werk iedere maandag-, dinsdag- en donderdagavond tot 21.00 u op mijn kantoor. Mijn privénummer is 06-536 68 723.

Bart van Dieren

Directeur Biz Accountants

lii-fe sôô-fii (âls ik je zôô nouou-men mâgh)

wèï h'è-ben èl-kaar vân-ogh-tent ont-mout toun ik en be-spréé-king h'ât mèt h'âns vân dèr yâght. ik zaôw ye ghraagh béé-ter wi-len léé-ren kè-nen.

h'èp ye zin in en éé-ten-tye.

wil yeie mè bè-len naa yaôw wèrk. ik wèrk ii-de-re maan-dâgh dins-dâgh en don-der-dâgh-aa-vont tot néé-ghen uur op mèïn kân-tôôr. mèïn prii-véé-nu-mer is nul-zès vèïf drii zès zès âght zéé-ven twéé drii.

bârt vân dii-ren

di-rèk-teur biz e-kaôwn-tent

Chère Sofie (si tu me permets de t'appeler ainsi),

Nous nous sommes rencontrés ce matin lors de ma réunion avec Hans van der Jagt. J'aimerais faire plus ample connaissance avec toi.

Aimerais-tu dîner avec moi un jour ou l'autre ?

Appelle-moi s'il te plaît quand tu auras fini ton travail. Je suis au bureau les lundis, mardis et jeudis soir jusqu'à neuf heures. Mon numéro privé est 06-536 68 72.

Bart van Dieren

Directeur Biz Accountants

Au bureau

La plupart des sociétés ont **een kantoor** (*en kân-tôôr*) (un bureau). Quand vous quittez la maison pour vous y rendre, vous pouvez dire : **Ik ga naar kantoor** (*ik ghaa naar kân-tôôr*) (Je vais au bureau). Si l'on vous demande ce que vous allez faire, vous pouvez répondre : **Ik ben tot vanavond negen uur op kantoor** (*ik bèn tot vân-aa-vont néé-ghen uur op kân-tôôr*) (Je serai au bureau ce soir jusqu'à neuf heures).

Les bureaux néerlandais doivent être bien organisés.Une grande partie du travail de bureau étant réalisée par des employés à temps partiel, l'organisation du travail doit être bien définie. L'essentiel du travail se fait le matin : après l'heure du déjeuner ou vers 3 heures de l'après-midi, les employés à temps partiel commencent à partir. Pour éviter le trafic du matin ou du soir et pour rendre service aux pères ou aux mères qui doivent conduire leurs enfants ou aller les chercher à l'école ou à la garderie, de nombreux bureaux offrent des horaires de travail flexibles : le personnel de bureau peut arriver ou partir dans certaines plages horaires.

Ce qu'il y a sur le bureau

Invariablement, vous trouverez les objets suivants sur ou près de **het bureau** (*h'et buu-rôô*) (le bureau) :

- **de computer** (*de kom-piouou-ter*) (l'ordinateur)
- **papieren en mappen** (*paa-pii-ren en mâ-pen*) (des papiers et des dossiers)
- généralement, certaines personnes partagent **de printer** (*de prin-ter*) (l'imprimante)

N'oubliez pas de demander, **Waar is/zijn...?** (*waar is/zèïn*) (Où est/sont... ?) si vous devez demander à quelqu'un de vous aider à trouver quelque chose dans le bureau :

- **de balpen** (*de bâl-pen*) (le stylo à bille)
- **het potlood** (*h'et pot-lôôt*) (le crayon)
- **de nietmachine** (*de niit-ma-chii-ne*) (l'agrafeuse)
- **het printpapier** (*h'et print-paa-piir*) (le papier pour imprimante)
- **de cartridges** (*de kâr-tri-tchiiz*) (les cartouches)

INFO CULTURELLE

L'informatique accélère le travail de bureau, mais si le système tombe en panne, on peut avoir besoin de beaucoup de temps et de patience pour que les choses se remettent en marche. Dans les grandes sociétés, il n'y a pas de contacts personnels avec le service d'assistance, et les problèmes doivent être réglés par téléphone. Vous pouvez avoir à vous servir de votre anglais, car de nombreux informaticiens ne sont pas néerlandais !

Dans la plupart des bureaux néerlandais, vous ne pourrez pas manquer de remarquer la machine à café. C'est là que vous rencontrez vos collègues pour bavarder. C'est à la machine à café que vous commencez la journée avec un courage intact, et c'est vers elle que vous reviendrez en souriant plusieurs fois par jour. Vous n'aimez pas le café ? Essayez la fontaine à eau fraîche ! Dans certains bureaux, vos collègues aimeront que vous leur disiez :

> **Zal ik u/je een kopje koffie brengen?** (*zâl ik uu/ye en kop-ye ko-fii brèng-en*) (Puis-je vous apporter / t'apporter une tasse de café ?)

Ce qui est petit est beau : le diminutif

Le café représente un moment agréable dans la journée de travail, une pause et une conversation avec des collègues. Les Néerlandais ont un mot spécial pour ces moments agréables : **gezellig** (*ghe-zè-ligh*). Non seulement un moment, mais aussi presque n'importe quoi peut être **gezellig** : une soirée passée en ville peut être **een gezellige avond** (*en ghe-zè-li-ghe aa-vont*), une personne peut être **een gezellige prater** (*en ghe-zè-li-ghe praa-ter*) (un sympathique causeur), la dame qui s'occupe du café peut être **een gezellige vrouw** (*en ghe-zè-li-ghe vraôw*) (une femme aimable) et la pièce peut être **een gezellige kamer** (*en ghe-zè-li-ghe kaa-mer*) (une pièce où il fait bon vivre). Les gens peuvent même dire de leur nouvelle relation amoureuse : **We hebben het zo gezellig samen** (*we h'è-ben h'et zôô ghe-zè-ligh saa-men*) (Nous somme tellement heureux ensemble).

Les Néerlandais aiment bavarder agréablement en prenant une tasse de café : **gezellig kletsen met een kopje koffie** (*ghe-zè-ligh klèt-sen mèt en kop-ye ko-fii*). Pour souligner la **gezelligheid**, les Néerlandais utilisent de nombreux diminutifs :

- **het kopje koffie** (*h'et kop-ye ko-fii*) (la tasse de café)
- **het leuke feestje** (*h'et leueu-ke féést-ye*) (l'agréable soirée)
- **het gezellige hoekje** (*h'et ghe-zè-li-ghe h'ouk-ye*) (le coin sympathique)
- **een ritje in uw nieuwe auto** (*en rit-ye in uuw nii-we aôw-tôô*) (une promenade dans votre nouvelle voiture)

En général, on ajoute simplement **-je** à un mot qui se termine par une consonne :

- **de kop** (*de kop*) (la tasse)
- **het kopje** (*h'et kop-ye*) (la petite tasse)
- **het feest** (*h'et féést*) (la fête/soirée)
- **het feestje** (*h'et féést-ye*) (la petite fête/soirée)
- **de hoek** (*de h'ouk*) (le coin)
- **het hoekje** (*het h'ouk-ye*) (le coin agréable)
- **de rit** (*de rit*) (le trajet en voiture)
- **het ritje** (*h'et rit-ye*) (le petit tour en voiture)

Les mots qui se terminent en **l, n, w, r** ou une voyelle (**a, e, i, o, u**) ont besoin de quelque chose de plus : **-tje**. Des adaptations de l'orthographe peuvent s'avérer nécessaires.

- **het ei** (*h'et èï*) (l'œuf)
- **het eitje** (*h'et eï-tye*) (le petit œuf)
- **de la** (*de laa*) (le tiroir)
- **het laatje** (*h'et laa-tye*) (le petit tiroir)
- **de auto** (*de aôw-tôô*) (la voiture)
- **het autootje** (*h'et aôw-tôô-tye*) (la petite voiture)

Après m, la terminaison du diminutif est **-pje** :

- **de boom** (*de bôôm*) (l'arbre)
- **de boompje** (*de bôôm-pye*) (le petit arbre)
- **het raam** (*h'et raam*) (la fenêtre)
- **het raampje** (*h'et raam-pye*) (la petite fenêtre)

Certains diminutifs se forment de façon irrégulière :

- **de brug** (*de brugh*) (le pont)
- **het bruggetje** (*h'et bru-ghe-tye*) (le petit pont)
- **de weg** (*de wégh*) (la route)
- **het weggetje** (*h'et wè-ghe-tye*) (la petite route)

Observez que tous les diminutifs sont des noms en **het** !

Comment se comporter avec des Néerlandais

Savoir se comporter selon les usages néerlandais n'est pas une question de langue, c'est une question de culture. Si vous séjournez aux Pays-Bas à titre temporaire, et si vous connaissez l'anglais, votre langue de travail peut être l'anglais. La plupart des Néerlandais parlent anglais et certains parlent en plus une autre langue comme le français, l'allemand ou l'espagnol. Voici quelques conseils pour ceux et celles qui ne sont pas en voyage d'affaires, mais habitent aux Pays-Bas et souhaitent surmonter les obstacles culturels.

Si vous avez une entrevue professionnelle avec un Néerlandais, arrivez juste à l'heure, ni trop tôt ni trop tard. Si vous êtes en avance, attendez dehors, dans votre voiture ou ailleurs.

Veillez à terminer votre visite en moins d'une heure. Si vous venez de loin et si vous devez discuter de choses importantes, indiquez à la personne qui vous reçoit le temps dont vous pensez avoir besoin. Évitez tout embarras en évoquant clairement ce point. Les secrétaires néerlandaises sont habituées à prévoir des rendez-vous d'une heure sur les agendas de leur patron !

Connaissez les formules de présentation et de salutation formelles. Lisez la section du chapitre 4 relative à la façon de parler de votre travail.

Arrivez-vous dans le courant de la journée ? C'est seulement si vous êtes un personnage réellement important qu'on vous emmènera déjeuner au restaurant ! Un déjeuner néerlandais normal se compose de quelques petits pains et de lait. Dans la plupart des situations, c'est ce qu'on vous proposera tandis que le travail continue : **een werklunch** (*en wèrk-lunch*) (un déjeuner de travail).

Doen : le verbe faire (agir)

Travailler veut dire faire des choses. Comme la plupart des verbes très utilisés, doen (doun) (faire) est irrégulier.

Conjugaison	***Prononciation***
ik doe	*ik douou*
jij doet	*yèï douout*
u doet	*uu douout*
hij/zij/het doet	*h'èï/zèï/h'et douout*
wij doen	*wèï dououn*
jullie doen	*yu-lii dououn*
zij doen	*zèï dououn*

Voici quelques expressions vous montrant comment utiliser ce verbe :

- **Zij doet haar e-mail twee keer per dag.** (*zèï douout h'aar ii-méél twéé kéér per dâgh*) (Elle traite son courrier électronique deux fois par jour.)
- **Ik doe 's ochtends het meest.** (*ik douou sogh-tents het méést*) (C'est le matin que je fais le plus de choses.)
- **Wil je dat alsjeblieft voor me doen?** (*wil ye dât âs-ye-bliift vôôr me dououn*) (Veux-tu faire cela pour moi s'il te plaît ?)

INFO CULTURELLE

Vakantiedagen

Les jours de congé sont très importants pour les employés néerlandais. Comme il y a de nombreux employés à temps partiel, pour la plupart des mères de famille, les vacances scolaires créent des difficultés : les parents doivent prendre des mesures particulières pour leurs enfants quand l'école est fermée. De plus en plus de jeunes pères restent un jour par semaine à la maison pour **pappadag** (*pâ-paa-dâgh*) (le jour du papa), un jour de la semaine au cours duquel le papa prend soin des enfants. **Tweeverdieners** (*twéé-ver-dii-ners*) (les familles à deux revenus) doivent compter avec nombre de jours de congé offerts par l'employeur. Le minimum légal est 20 jours par an, la moyenne 23, mais les gens qui travaillent dans une administration ont des jours de congé supplémentaires, notamment les plus âgés. De grandes sociétés rendent le travail plus attractif en offrant plus de flexibilité et des congés sabbatiques. Les enseignants ont les vacances les plus longues : ils enseignent quarante semaines par an.

Maken : le verbe faire (produire)

Bien que la communication soit de plus en plus importante dans les bureaux, la production continue de jouer un rôle important. Pour parler de production, vous avez besoin du verbe **maken** (*maa-ken*) (faire). C'est un verbe régulier, mais il subit des modifications d'orthographe pour que le **a** puisse produire un son de voyelle long.

Conjugaison	***Prononciation***
ik maak	*ik maak*
jij maakt	*yèï maakt*
u maakt	*uu maakt*
hij/zij/het maakt	*h'èï/zèï/h'et maakt*
wij maken	*wèï maa-ken*
jullie maken	*yu-lii maa-ken*
zij maken	*zèï maa-ken*

L'automatisation influence non seulement toutes les activités de bureau, elle influence aussi la langue néerlandaise. De plus en plus de verbes d'origine anglaise ont été introduits dans le néerlandais : printen (prin-ten) (imprimer), faxen (fâk-sen) (faxer), plannen (plè-nen) (prévoir). Voici quelques phrases utiles vous montrant comment utiliser des verbes anglais en néerlandais :

- **Ik print mijn rapport wel op de printer boven.** (*ik print mèïn ra-port wèl op de prin-ter bôô-ven*) (Je vais imprimer mon rapport sur l'imprimante d'en haut.)
- **Sofie faxt de getekende overeenkomst naar Nadine van Lease Consult.** (*sôô-fii fâkst de ghe-téé-ken-de ôô-ver-één-komst naar naa-dii-ne vân liis kon-sult*) (Sofie faxe l'accord signé à Nadine de Lease Consult.)
- **Sofie plant de bespreking van Hans van der Jagt met Bart van Dieren.** (*sôô-fii plènt de be-spréé-king vân h'âns vân dèr yâght mèt bârt vân dii-ren*) (Sofie prépare la réunion de Hans van der Jagt avec Bart van Dieren.)

Dire bonjour et au revoir

La façon de dire bonjour et au revoir dans une société dépend de la culture de la société et de votre statut social. Si vous êtes avec des collègues du même niveau, vous pouvez leur dire n'importe quoi : **hallo** (*h'â-lôô*) (hello), **hoi** (*h'oï*) (salut), **dag** (*dâgh*) (bonjour) ou **goeiemorgen** (*ghouou-ye-mor-ghen*) (bonjour). Quand vous devez être plus formel, vous dites **goedemorgen** (*gouou-de-mor-ghen*) (bonjour) et vous mentionnez le nom de la personne que vous saluez : **Goedemorgen, Petra** (*ghouou-de-mor-ghen péé-traa*) (Bonjour Petra) ou **Goedemorgen mevrouw Harskamp** (*ghouou-de-mor-gen me-vraôw h'ârs-kâmp*).

En partant vous pouvez dire de manière informelle **dag** (*dâgh*) (au revoir). Ou de manière encore plus informelle, **doei** (*dououïy*) (ciao) et même dans certaines régions **doei doei** (*dououïy dououïy*) (bye bye), ce qui est très, très informel. Certaines salutations sont locales ou seulement utilisées dans certains groupes sociaux, comme le salut intime **doeg** (*douough*), utilisé seulement entre amis. En outre, dans la partie septentrionale du pays, les gens disent **hoi** quand ils s'en vont, tandis que **hoi** veut dire « hello » dans le reste du pays. Dans certaines régions méridionales **houdoe** (*h'aôw-douou*) est populaire. Écoutez soigneusement ce que disent les autres et adaptez votre comportement en conséquence ! **Tot morgen** (*tot mor-ghen*) (à demain) et **prettig weekend** (*prè-tigh wii-kènt*) (bon week-end) seront appréciés partout où vous irez.

Quand vous voulez être en même temps formel, amical et personnel, dites : **Dag, Sofie** (*dâgh sôô-fii*), **Dag mevrouw Vermeent** (*dâgh me-vraôw ver-*

méént), **Tot morgen, Sofie** (*tot mor-ghen sôô-fii*) et **Tot morgen, mevrouw Vermeent** (*tot mor-ghen me-vraôw ver-méént*).

Comment se comporter avec des collègues

Donner des ordres ou demander gentiment

Les sociétés néerlandaises ne sont pas près hiérarchisées par comparaison à des sociétés américaines, japonaises, allemandes ou françaises. Si vous ne travaillez pas dans une société internationale, mais dans une société néerlandaise, vous remarquerez que les manières y sont détendues et que l'habillement n'est pas strict. Que vous travailliez dans une société néerlandaise ou dans une société internationale avec des collègues néerlandais, rappelez-vous ceci : les Néerlandais n'aiment pas recevoir des ordres ! Cela est dû à leur profonde conviction que tous les individus sont égaux, même si l'autre porte un costume coûteux et conduit une belle voiture. Les secrétaires néerlandaises se considèrent comme des conseillères de leurs patrons et elles vous aideront bien davantage si vous les traitez avec respect. Au lieu de dire : **Kopieer dat voor mij** (*kôô-pi-éér dât vôôr mèï*) (Copie cela pour moi), vous devez dire : **Wil je dat alsjeblieft voor me kopiëren?** (*wil ye dât âls-ye-bliift vôôr me kôô-pii-éé-ren*) (Veux-tu s'il te plaît me copier cela ?) Une bonne secrétaire organise elle-même son travail. C'est donc encore mieux de lui dire : **Wil je dit op een geschikt moment voor me kopiëren?** (*wil ye dit op en ghe-sghikt môô-ment kôô-pii-éé-ren*) (Veux-tu quand ce sera le bon moment me copier ceci ?)

Les gens travaillent beaucoup plus dur quand vous ajoutez **alsjeblieft** et **wil je** !

Conversation

Voici une conversation entre Hans et sa secrétaire Sofie. Aujourd'hui Hans est au bureau de bonne heure parce qu'il a une réunion importante.

Hans : **Goedemorgen, Sofie.**

ghouou-de-mor-ghen sôô-fii

(Fl) ghouou-ye-mor-ghen sôô-fii

Bonjour Sofie.

Sofie : **Goedemorgen, Hans.**

ghouou-de-<u>mor</u>-ghen h'âns

Bonjour Hans.

Hans : **Is Allan Sturmey al binnen?**

is <u>a</u>-len <u>stur</u>-mii âl <u>bi</u>-nen

Est-ce que Allan Sturmey est déjà là ?

Sofie : **Ja, hij staat bij de koffieautomaat.**

yaa h'èï staat bèï de <u>ko</u>-fii-aôw-tôô-maat

Oui, il est à côté de la machine à café.

Hans : **Ik moet dringend met hem praten.**

ik moout <u>dring</u>-ent mèt hem <u>praa</u>-ten

Il faut que je parle d'urgence avec lui.

Sofie : **OK. En Bart van Dieren van Biz Accountants heeft net gebeld.**

ôô-<u>kéé</u>. èn <u>bârt</u> vân <u>dii</u>-ren vân biz e-<u>kaôwn</u>-tents h'ééft nèt ghe-<u>bèlt</u>

OK. Et Bart van Dieren van Biz Accountants vient d'appeler.

Hans : **Dank je, ik ga hem meteen bellen. Heb je tijd om deze documenten te kopiëren?**

dânk ye ik ghaa h'em me-<u>téén</u> <u>bè</u>-len. h'èp ye tèït om <u>déé</u>-ze dôô-kuu-<u>mèn</u>-ten te kôô-<u>pii</u>-éé-ren

Merci, je vais l'appeler tout de suite. As-tu le temps de me copier ces documents ?

Sofie : **Ja, heb je ze nu of zometeen nodig [PB] / of straks nodig[FL]?**

yaa h'èp ye ze nuu of zôô-me-<u>téén</u> <u>nôô</u>-digh

(Fl) Yaa ,h'éb ye ze nuu of strâks <u>nô</u>-degh

Oui, en as-tu besoin tout de suite ou plus tard ?

Hans : **Ik heb ze om vier uur nodig, er is dus geen haast bij.**

ik h'èp ze om viir uur <u>nôô</u>-digh èr is dus ghéén h'aast bèï

J'en ai besoin à quatre heures, et donc ça ne presse pas.

Sofie : **OK, geen probleem. Ze liggen om vier uur op je bureau.**

ôô-<u>kéé</u> ghéén prôô-<u>bléém</u>. ze li-ghen om viir uur op ye buu-<u>rôô</u>

OK, pas de problème. Ils seront à quatre heures sur ton bureau.

Mots clés

de koffieautomaat	de ko-fii-aôw-tôô-maat	la machine à café
dringend	dring-ent	urgent
de documenten	de dôô-kuu-mèn-ten	les documents
zich haasten	zigh h'aas-ten	se dépêcher
het bureau	h'et buu-rôô	le bureau (meuble)

Troisième partie

Le néerlandais en déplacement

Dans cette partie...

Vous trouverez dans cette partie toutes les expressions dont vous avez besoin pour voyager et trouver votre chemin là où vous résidez, temporairement ou non. Elle vous fournit les termes néerlandais utilisés dans les banques et les bureaux de poste, les hôtels et les services de transport. Elle comporte enfin des phrases dont vous pouvez avoir besoin dans des situations d'urgence.

Chapitre 10

L'argent, les banques et les bureaux de poste

Dans ce chapitre :

- Changer de l'argent
- Les PIN et les puces
- Savoir ce dont vous parlez : **die, dat, wat**
- À la banque
- Au bureau de poste

Dans ce chapitre, vous apprendrez comment parler d'argent. Que vous parliez à quelqu'un à la banque ou qu'un ami vous explique comment vous y retrouver dans le monde financier néerlandais, vous y trouverez un grand nombre d'expressions qui vous faciliteront la vie.

Changer de l'argent

Vous trouverez à l'aéroport **wisselkantoren** (*wi-sel-kân-tôô-ren*) (des bureaux de change), une activité spécialisée qui prend vos **vreemde valuta** (*vréém-de vaa-luu-taa*) (monnaies étrangères) et vous fournit des **euros** (*eu-rôôs*) (euros). Il vous sera facile de **geld wisselen** (*ghèlt wi-se-len*) (changer de l'argent) dans n'importe quelle banque.

Vous y verrez le plus souvent un écriteau comportant le **wisselkoers** (*wi-sel-kours*) (taux de change) actuel, affiché dans un endroit bien visible. Cherchez la colonne **aankoop** (*aan-kôôp*) (achat) et l'employé de banque **aan de balie** (*aan de baa-lii*) (au guichet) réalisera votre transaction sur-le-champ ou vous enverra à la **kassa** (*kâ-saa*) (la caisse).

Quel que soit l'endroit où vous choisissez de changer de l'argent, l'opération ne présente pas de difficulté. Vous avez seulement besoin des expressions ci-après :

- **Ik wil graag ... in euro's wisselen.** (*ik wil ghraagh ... in eu-rôôs wi-se-len*) (Je voudrais changer ... en euros.)
- **Wat is de wisselkoers?** (*wât is de wi-sel-kours*) (Quel est le taux de change ?)
- **Neemt u ook munten aan?** (*néémt uu ôôk mun-ten aan*) (Prenez-vous aussi les pièces ?)

Quand vous changez de l'argent, il se peut qu'on vous demande **een idenditeitsbewijs** (*en ii-dèn-tii-tèïts-be-wèïs*) (une pièce d'identité) ou **een paspoort** (*en pâs-pôôrt*) (un passeport). Le guichetier vous dira :

> **Heeft u een identiteitsbewijs?** (*h'ééft uu en ii-dèn-tii-tèïts-be-wèïs*) (Avez-vous une pièce d'identité ?)

Lorsque vous avez prouvé qui vous êtes, le guichetier peut vous demander sous quelle forme vous voulez votre argent :

> **Hoe wilt u het geld hebben?** (*h'ouou wilt uu h'et ghèlt h'è-ben*) (Comment voulez-vous cet argent ?)

Voici quelques possibilités de réponse :

- **Ik wil graag vijf bankbiljetten van 100 euro.** (*ik wil ghraagh vèïf bânk-bil-yè-ten vân h'on-dert eu-rôô*) (Je voudrais cinq billets de 100 euros.)
- **In briefjes van tien/twintig/vijfig/honderd graag.** (*in briif-yes vân tiin/twin-tigh/vèïf-tigh/h'on-dert ghraagh*) (En coupures de 10/20/50/100 s'il vous plaît.)
- **... en de rest in kleingeld.** (*en de rèst in klèïn-ghèlt*) (... et le reste en pièces de monnaie.)

Conversation

Kent, un touriste américain arrivant aux Pays-Bas, va dans une banque pour changer de l'argent.

Kent : **Hallo. Ik wil graag Amerikaanse dollars wisselen. Wat is de wisselkoers op dit moment?**

h'â-lôô. ik wil ghraagh aa-méé-rii-kaan-se do-lârs wi-se-len. wât is de wi-sel-kours op dit môô-mènt

Bonjour. Je voudrais changer des dollars américains. Quel est le taux de change en ce moment ?

Employé de banque : **Goedemorgen. Een ogenblikje alstublieft. U krijgt voor een dollar € 0,84.**

ghouou-de-mor-ghen. en ôô-ghen-blik-ye âls-tuu-bliift. uu krèïght vôôr en do-lâr âgh-ten-véér-tigh eu-rôô-sènt

Bonjour. Un instant s'il vous plaît. Pour un dollar, vous aurez 0,84 €.

Kent : **Ik wil graag 200 dollar in euro's wisselen.**

ik wil ghraagh twéé-h'on-dert do-lâr in eu-rôôs wi-se-len

Je voudrais changer 200 dollars en euros.

Employé de banque : **Geen probleem. Heeft u een identiteitsbewijs bij u?**

ghéén pro-bléém. hééft uu en ii-dèn-tii-tèïts-be-wèïs bèï uu

Pas de problème. Avez-vous une pièce d'identité sur vous ?

Kent : **Hier is mijn paspoort.**

h'iir is mèïn pâs-pôôrt

Voici mon passeport.

Employé de banque : **Voor 200 dollar krijgt u € 168,54. Daar gaat € 2,50 aan kosten vanaf. Dat wordt dan € 166,04.**

vôôr twéé-h'on-dert do-lâr krèïght uu h'on-dert-âgh-ten-zès-tigh eu-rôô viir-en-vèïf-tigh. daar ghaat twéé eu-rôô vèïf-tigh aan kos-ten vân-âf. dât wort dân h'on-dert zès-en-zès-tigh euro-rôô en viir sènt

Pour 200 dollars vous recevez 168,54 €, moins 2,50 € de frais. Ce qui fait donc 166,04 €.

Kent : **Dank u.**

dânk uu

Merci.

Mots clés

Amerikaanse dollar	aa-méé-rii-kaan-se do-lâr	dollar américain
een ogenblikje alstublieft	en ôô-ghen-blik-ye âls-tuu-bliift	un instant s'il vous plaît
een probleem	en prôô-bléém	un problème

INFO CULTURELLE

Notation décimale

Comme le veut aussi l'usage français, le néerlandais place une virgule entre les entiers et les fractions décimales. Dans le cas de montants supérieurs à 1000, les Néerlandais utilisent un point pour repérer la colonne des milliers, de sorte que mille soixante-six euros et quatre centimes s'écriraient **€ 1.066,04**.

PIN et puces

Toutes les banques émettent **een pinpas** (*en pin-pâs*) (une carte bancaire) **(FL) een bankkaart** (*en bânk-kaart*) ou **betaalpas** (*be-taal-pâs*) **(FI) een credietkaart** (*en krè-diit-kaart*) (carte de débit).

La pinpas vous permet de retirer de l'argent directement de votre **bankrekening** (*bânk-réé-ke-ning*) (compte en banque). **Geldautomaten** (*ghèlt-aôw-tôô-maa-ten*) (des automates bancaires) servant à **geld opnemen** (*ghèlt op-néé-men*) (retirer de l'argent) se trouvent un peu partout : à l'extérieur des banques, à l'intérieur des banques, près des gares, dans les centres commerciaux et les bureaux de poste. Une expression populaire pour **geld opnemen** est **geld uit de muur trekken** (*ghèlt oeït de muur trè-ken*) (« tirer de l'argent du mur », retirer de l'argent à un guichet automatique) quand vous utilisez **de geldautomaat**. Les **geldautomaten** acceptent les cartes émises par **de Postbank** (*de post-bânk*) (la banque postale néerlandaise), par les organisations bancaires du pays et par les principales banques internationales. Toutefois, votre limite de retrait peut être plus basse que celle de votre propre banque et il peut y avoir **extra kosten** (*èk-straa kos-ten*) (des frais supplémentaires).

Recherchez simplement le symbole de votre carte sur la machine pour vous assurer qu'elle accepte votre type de carte.

Si vous avez de la chance, le GAB vous donnera le choix entre plusieurs langues pour communiquer avec vous, mais vous devez prévoir le cas où le néerlandais serait l'unique option proposée. Les indications qui s'affichent pourraient être par exemple :

- **Voer uw pas in.** (*vour uuw pâs in*) (Introduisez votre carte.)
- **Kies uw taal.** (*kiis uuw taal*) (Choisissez votre langue.)

- **Voer uw pincode in.** (*vour uuw pin-kôô-de in*) (Entrez votre code confidentiel.)
- **Voer het bedrag in.** (*vour h'et be-drâgh in*) (Entrez le montant.)
- **Bevestig het bedrag.** (*be-vès-tigh h'et be-drâgh*) (Confirmez le montant.)
- **Neem uw pas terug. (FL) Neem uw kaart terug.** (*néém uuw kaart trugh*) (*néém uuw pâs trugh*) (Retirez votre carte.)
- **Neem uw geld uit.** (*néém uuw ghèlt oeït*) **(FL) Neem uw bankbiljetten** (*néém uuw bânk-bil-jèt-ten*) (Retirez votre argent.)

La transaction est terminée ! Vous vous trouvez maintenant pourvu de **contant geld** (*kon-tânt ghèlt*) (argent liquide), à moins qu'il n'y ait eu un problème. La machine peut être hors service, auquel cas vous verrez le message suivant :

Buiten gebruik. (*boeï-ten ghe-broeïk*) (Hors service.)

La machine peut rejeter votre carte sans se séparer d'aucune de ses richesses. Vous pourriez alors recevoir le message ci-après :

Uw pas is ongeldig. (*uuw pâs is on-ghèl-digh*) **Uw kaart is ongeldig.** (*uuw kaart is on-ghèl-digh*) (Votre carte est invalide.)

Si la machine accepte la carte, mais si rien ne se passe après l'entrée de votre code confidentiel, le message pourrait être :

Ongeldige pincode. (*on-ghèl-di-ghe pin-kôô-de*) **(FL) Geheime code ongeldig** (*ge-h'ëime cô-de on-ghèl-digh*) (Code confidentiel invalide.)

Dans le pire des scénarios possibles, la machine avale votre carte et la conserve avec comme seule indication pour vous consoler :

Storing. Bel… (*stôô-ring. bèl*) (Dysfonctionnement. Veuillez appeler…)

Les automates de certaines banques vous indiquent le montant maximum que vous pouvez retirer.

Partout des PIN et des puces

Contant betaling (*kon-tant be-taa-ling*) (le paiement comptant), **pinnen** (*pi-nen*) **(FL) betalen met een credietkaart** (*be-tâ-len mèt en kré-diit-kaart*) (le paiement par carte de débit) et **chippen** (*chi-pen*) (paiement par carte de paiement rapide) **(FL) betalen met Proton** (*be-tâ-len mèt Pro-ton*) (portemonnaie éléctronique, sur une carte de crédit) s'utilisent pour la plupart des transactions. Les cartes de crédit peuvent être utilisées dans la plupart des chaînes de la grande distribution mais ne sont pas encore aussi largement acceptées qu'aux Etats-Unis ou en Grande-Bretagne ou en France.

Quand vous ouvrez un compte en banque ou un compte de chèques postaux aux Pays-Bas, vous recevez votre carte avec **een persoonlijke viercijferige code** (*en per-sôôn-le-ke viir-sèï-fe-re-ghe kôô-de*) (un code personnel à quatre chiffres) à utiliser pour tous les **geldopnames** (*ghèlt-op-naa-mes*) (retraits d'argent) et toutes les **banktransacties** (*bânk-trâns-âk-siis*) (transactions bancaires). Dans presque tous les cas, ce code est choisi pour vous de manière aléatoire.

Les Néerlandais utilisent des cartes de débit pour payer. Chaque carte de débit possède son propre PIN (Personal Identification Number) composé de quatre chiffres. Les cartes de crédit sont moins répandues. Les gens utilisent des cartes de crédit dans les parkings, les restaurants et pour payer des achats sur le Net.

Votre carte peut être **een creditcard** (*en krè-dit-kârt*) (une carte de crédit). Elle est alors associée à **een privérekening** (*en prii-véé-réé-ke-ning*) ou **een particuliere rekening** (*en pâr-tii-kuu-lii-re réé-ke-ning*) (un compte personnel). S'il ne s'agit pas d'une carte de crédit, la valeur de la transaction est immédiatement **afgeschreven** (*âf-ghe-sghréé-ven*) (déduite) de votre compte. La même carte, ou dans certains cas une carte distincte, peut être utilisée comme porte-monnaie électronique, que vous pouvez **opladen** (*op-laa-den*) (charger) et utiliser pour des transactions rapides, **chippen** (*chi-pen*).

De moins en moins de gens paient comptant, surtout dans les villes où il est dangereux d'avoir de l'argent sur soi. Les commerçants préfèrent avoir le moins d'argent possible dans leur caisse et investir dans des **pinautomaten** (*pin-aôw-tôô-maa-ten*) (terminaux de paiement). Vous verrez des écriteaux bleu et blanc avec le mot **PIN** dans presque tous les magasins et même sur le marché. Dans certaines parties des villes les plus importantes, les **parkeerautomaten** (*pâr-kéér-aôw-tôô-maa-ten*) (caisses automatiques) n'acceptent plus les pièces, mais seulement les paiements par **chip card** (*chip kârt*).

En Belgique l'enseigne la plus répandue est BANCONTACT, c'est une carte bancaire à paiement immédiat, commun à plusieurs banques (Société Général – Kredietbank – BBL – Fortis). Attention, dans beaucoup de petits commerces, il vaut mieux prévoir de l'argent liquide, car Bancontact et VISA / American Express demandent une petite commission aux commerçants qui refusent de payer ces frais supplémentaires. Pour la langue, il n'y a souvent pas d'inquiétude à avoir, tous les automates sont au moins en 4 langues dès que vous introduisez une carte internationale.

Savoir de quoi vous parlez : die, dat, wat

Vous entrez maintenant au pays des pronoms relatifs. Tout comme les conjonctions, les pronoms relatifs relient deux parties de la phrase. Contrairement à une conjonction, le pronom se rapporte à un nom situé dans la première partie de la phrase. Ce nom de la première partie de la phrase s'appelle **antecedent** (*ân-te-se-dènt*) (antécédent). Dans le premier exemple de phrase ci-après, le mot **die** (*dii*) (qui) est le pronom relatif de l'antécédent **de creditcard**. Les mots en **de**, c'est-à-dire ceux qui utilisent l'article **de**, fonctionnent toujours avec le pronom relatif **die**. Voici une liste d'exemples :

- **de creditcard die gestolen is** (*de krè-dit-kârt dii ghe-stôô-len is*) (la carte de crédit qui a été volée)
- **een creditcard die gestolen is** (*en krè-dit-kârt dii ghe-stôô-len is*) **(FL) de kredietkaart die gestolen is** (une carte de crédit qui a été volée)
- **de geldautomaat die gerepareerd is** (*de ghèlt-aôw-tôô-maat dii ghe-réé-paa-réért is*) (l'automate bancaire qui a été réparé)
- **een geldautomaat die gerepareerd is** (*en ghèlt-aôw-tôô-maat dii ghe-réé-paa-réért is*) (un automate bancaire qui a été réparé)
- **de man die kaal is** (*de mân dii kaal is*) (l'homme qui est chauve)
- **de mannen die kaal zijn** (*de mâ-nen dii kaal zèïn*) (les hommes qui sont chauves)
- **de jongen die verliefd is** (*de yong-en dii ver-liift is*) (le garçon qui est amoureux)
- **de jongens die verliefd zijn** (*de yong-ens dii ver-liift zèïn*) (les garçons qui sont amoureux)

Pour les mots en **het**, le pronom relatif est **dat** :

- **het kind dat geboren is** (*h'et kint dât ghe-bôô-ren is*) (l'enfant qui est né)
- **een kind dat geboren is** (*en kint dât ghe-bôô-ren is*) (un enfant qui est né)
- **het meisje dat gevallen is** (*h'et mèïs-ye dât ghe-vâ-len is*) (la fille qui est tombée)
- **een meisje dat gevallen is** (*en mèïs-ye dât ghe-vâ-len is*) (une fille qui est tombée)

Les pluriels, y compris ceux des mots en **het**, ont toujours comme article défini **de**. **De** entraîne toujours comme pronom relatif **die**. Voici quelques exemples :

- **het boek dat verkocht is** (*h'et bououk dât ver-koght is*) (le livre qui a été vendu)
- **de boeken die verkocht zijn** (*de bouou-ken dii ver-koght zèïn*) (les livres qui ont été vendus)
- **het ei dat gebroken is** (*h'et èï dât ghe-brôô-ken is*) (l'œuf qui est cassé)
- **de eieren die gebroken zijn** (*de èï-ye-ren dii ghe-brôô-ken zèïn*) (les œufs qui sont cassés)

Si vous ne vous référez pas à un mot unique, mais à toute la première partie de la phrase, vous utilisez le pronom relatif **wat**.

> **De bank is 's avonds gesloten, wat ik niet handig vind.** (*de bânk is saa-vonts ghe-slôô-ten wât ik niit h'ân-digh vint*) (La banque est fermée le soir, ce que je trouve peu pratique.)

Pour déterminer quel est exactement l'antécédent dans cette phrase, vous pouvez transformer la seconde partie de la phrase en une question, comme ceci :

> « Qu'est-ce que vous trouvez peu pratique ? – Le fait que la banque soit fermée le soir. »

La réponse (le fait que la banque soit fermée le soir) est l'antécédent de la seconde partie de la phrase.

- **Ik kreeg een fles wijn, wat een verrassing voor me was.** (*ik kréégh en fléés wèïn wât en ve-râ-sing vôôr me wâs*) (Je reçus une bouteille de vin, ce qui fut une surprise pour moi.)
- « Qu'est-ce qui vous a surpris ? – Le fait que j'ai reçu une bouteille de vin. »
- **Mijn fiets ging kapot, wat nogal vervelend was.** (*mèïn fiits ghing kaa-pot wât nôô-ghâl ver-véé-lent wâs*) (Mon vélo est tombé en panne, ce qui était plutôt embêtant.)
- « Qu'est-ce qui était embêtant ? – Le fait que mon vélo tombe en panne. »

Le pronom relatif **wat** est aussi utilisé avec les antécédents **alles, iets, weinig, niets, veel**. Examinez les phrases suivantes :

- **Alles wat je over wisselkoersen wil weten, kun je vinden op internet.** (*â-les wât ye ôô-ver wi-sel-kour-sen wil wéé-ten kun ye vin-den op in-ter-nèt*) (Tout ce que tu veux savoir sur les taux de change, tu peux le trouver sur Internet.)
- **Dat is iets wat ik altijd nog eens wil leren.** (*dât is iits wât ik âl-tèït nogh ééns wil léé-ren*) (C'est quelque chose que je voudrais apprendre.)

- **Er is weinig wat hij niet heeft.** (*èr is wèï-nigh wât h'èï niit h'ééft*) (Il y a peu de choses qu'il ne possède pas.)
- **Er is niets wat ik meer haat dan in de rij staan.** (*èr is niits wât ik méér h'aat dân in de rèï staan*) (Il n'y a rien que je haïsse plus que de faire la queue.)
- **Veel van wat je niet weet, kun je vinden op internet.** (*véél vân wât ye niit vééť kun ye vin-den op in-ter-nèt*) (Beaucoup de choses que tu ne sais pas se trouvent sur Internet.)

A la banque

Pour ouvrir **een bankrekening** (*en bânk-réé-ke-ning*) (un compte en banque) dans une banque néerlandaise, vous devez fournir de nombreux documents : un passeport, bien sûr, mais aussi une preuve de résidence établie par **de Gemeentelijke Basisadministratie Persoonsgegevens** (*de ghe-méén-te-le-ke baa-sis-ât-mi-ni-straat-sii per-sôôns-ghe-ghéé-vens*) (l'organisme qui assure tous les enregistrements et traite tous les papiers pour le compte de votre municipalité) et une preuve de revenus ainsi que votre **sofinummer** (*sôô-fii-nu-mer*) (numéro de Sécurité sociale). Les citoyens de pays extérieurs à l'Union européenne ont besoin d'encore plus de papiers.

Banque par Internet

Aux Pays-Bas, 37 % de la population réalise une partie de ses transactions bancaires sur Internet, ce qu'on appelle **internetbankieren** (*in-ter-nèt-bân-kii-ren*). Toutes les banques offrent des possibilités d'opérations bancaires par Internet. Elles vous permettent de surveiller et de gérer votre **rekening courant** (*réé-ke-ning kouou-rânt*) **(FL) lopende rekening** (*lô-pen-de réé-ke-ning*) (compte courant), d'ouvrir **een spaarrekening** (*en spaar-réé-ke-ning*) (un compte d'épargne) et de **geld overmaken** (*ghèlt ôô-ver-maa-ken*) (faire un virement). Vous pouvez regarder votre **tegoed** (*te-ghout*) **(FI) positief banksaldo** (*po-sitiif bânk-sal-dô*) (solde créditeur) à tout moment.

« Acceptgiro » et « automatische overschrijving »

De acceptgiro (*de âk-sèpt-ghii-rôô*) **(FL) overschrijvingsformulier** (*ôô-ver-sghréïvings- for-muu-liir*) (acceptation de virement) fait place à diverses formes de paiement par Internet. Dans le cas de fournitures régulières (téléphone, services mensuels…) les sociétés vous envoient une facture accompagnée d'un acceptgiro, que vous signez et postez à votre banque. Vous remplissez le numéro de votre **girorekening** (*ghii-rôô-réé-ke-ning*) (compte de chèques postaux) ou **bankrekening** (*bânk-réé-ke-ning*) (compte auprès d'une banque commerciale telle que ABN AMRO, ING, Rabobank ou Fortis). Toutes les banques prennent une commission pour chacun des **acceptgiro** qu'elles traitent, de sorte que beaucoup de gens préfèrent économiser de l'argent en payant l'**acceptgiro** électroniquement. Les fournisseurs de services récurrents et les loueurs/locataires préfèrent **een automatische overschrijving** (*en aôw-tôô-maa-tii-se ôô-ver-sghrèï-ving*) (un prélèvement automatique). À cette fin vous devez vous procurer **een formulier** (*en for-muu-liir*) (un formulaire) de la société dont vous voulez régler les fournitures, et non de la banque. C'est habituellement un formulaire en deux parties, dont vous conservez la seconde pour le cas où vous voudriez annuler **de afschrijvingen** (*de âf-sghrèï-ving-en*) (les prélèvements). Après avoir rempli le formulaire, vous le renvoyez par la poste. Le traitement de votre demande peut prendre un mois.

Geld opnemen (*ghèlt op-néé-men*) (retirer de l'argent) au guichet d'une banque est toujours possible, mais vous coûtera un peu d'argent supplémentaire. La connaissance des phrases suivantes pourrait vous être utile en pareil cas :

- **Ik wil graag • … opnemen.** (*ik wil ghraagh … eu-rôô op-néé-men*) (Je voudrais retirer … •.)
- **Mag ik uw paspoort/betaalpas zien?** (*mâgh ik uuw pâs-pôôrt/be-taal-pâs ziin*) (Puis-je voir votre passeport / carte bancaire ?)
- **Wilt u hier tekenen?** (*wilt uu h'iir téé-ke-nen*) (Voulez-vous signer ici ?)
- **Waar moet ik tekenen?** (*waar mouout ik téé-ke-nen*) (Où dois-je signer ?)
- **U kunt het geld krijgen bij de kas.** (*uu kunt h'et ghèlt krèï-ghen bèï de kâs*) (Vous pouvez retirer l'argent à la caisse.)

Au bureau de poste

Le courrier électronique a remplacé pour partie **de brief** (*de briif*) (la lettre) traditionnelle. Toutefois, **de postbode** (*de post-bôô-de*) (le facteur) nous apporte chaque jour **zakelijke post** (*zaa-ke-le-ke post*) (des courriers professionnels), **pakjes** (*pâk-yes*) (des paquets), **verjaardagskaarten** (*ver-yaar-dâghs-kaar-ten*) (des cartes d'anniversaire) et **kerstkaarten** (*kèrst-kaar-ten*) (cartes de Noël).

Si vous désirez envoyer quelque chose à la personne aimée, la phrase suivante peut vous être utile :

Waar is een brievenbus? (*waar is en brii-fen-bus*) (Où puis-je trouver une boîte à lettres ?)

Quand vous avez trouvé la boîte à lettres, elle peut comporter les mentions suivantes :

- **De volgende lichting is om 17.00 uur.** (*de vol-ghen-de ligh-ting is om vèïf uur*) (La prochaine levée est à 17 heures.)
- **Lichting 2 is geschied.** (*ligh-ting twéé is ghe-sghiit*) (La levée numéro 2 a été effectuée.)

Si vous devez vous rendre au bureau de poste, vous pouvez demander :

- **Waar is het dichtsbijzijnde postkantoor?** (*waar is h'et dightst-bèï-zèïn-de post-kân-tôôr*) (Où se trouve le plus proche bureau de poste ?)

ou

- **Wat zijn de openingstijden van het postkantoor?** (*wât zèïn de ôô-pe-nings-tèï-den vân h'et post-kân-tôôr*) (Quelles sont les heures d'ouverture du bureau de poste ?)

Certains bureaux de postes néerlandais ont des **balies** (*baa-liis*) (comptoirs) et d'autres des **loketten** (*lôô-kè-ten*) (guichets). S'il y a beaucoup de monde, il importe de faire la queue au bon guichet. Les guichets affichent les indications suivantes :

- **alle lokethandelingen** (*â-le lôô-kèt-h'ân-de-ling-en*) (toutes opérations de guichet)
- **postbank** (*post-bânk*) (chèques postaux)
- **postpaketten** (*post-paa-kè-ten*) (colis postaux)
- **uitbetalingen** (*oeït-be-taa-ling-en*) (paiements)
- **aangetekende stukken** (*aan-ghe-téé-ken-de stu-ken*) (plis recommandés)
- **zegelverkoop** (*zéé-ghel-ver-kôôp*) (vente de timbres)
- **telefoon** (*téé-léé-fôôn*) (téléphone)

Quand c'est à vous, vous pouvez demander à l'employé de la poste :

- **Hoeveel moet er op een briefkaart/ansichtkaart?** (*h'ouou-véél mout èr op en briif-kaart/ân-sight-kaart*) (Combien faut-il mettre sur une carte postale ?)
- **Hoeveel moet er op drukwerk?** (*h'ouou-véél mout èr op druk-wèrk*) (Combien faut-il mettre sur un imprimé ?)

- **Moet dit per pakketpost?** (*mout dit per pâ-kèt-post*) (Allez-vous envoyer cela par colis postal ?)
- **Hoeveel moet er op een brief/briefkaart naar Engeland/Amerika?** (*h'ouou-véél mout er op en briif/briif-kaart naar èng-e-lânt/aa-méé-rii-kaa*) (Combien faut-il mettre pour une lettre / carte postale pour l'Angleterre/l'Amérique ?)

En commandant quelque chose, vous pouvez dire :

Drie postzegels van ... cent alstublieft (*drii post-zéé-ghels vân ... sènt âls-tuu-bliift*) (Trois timbres à ... centimes s'il vous plaît.)

Si vous êtes philatéliste, vous pouvez dire :

- **Heeft u ook bijzondere postzegels?** (*h'ééft uu ôôk bii-zon-de-re post-zéé-ghels*) (Avez-vous aussi des timbres spéciaux ?)
- **Ik wil graag deze serie.** (*ik wil ghraagh déé-ze séé-rii*) (Je voudrais cette série.)

Bien sûr, vous savez comment adresser une lettre. Sur **de envelop** (*de èn-ve-lop*) doivent figurer : **de geadresseerde** (*de ghe-aa-drè-séér-de*) (le destinataire), **de straat** (*de straat*) (la rue) **en het huisnummer** (*èn h'et h'oeïs-nu-mer*) (et le numéro) ou le **postbus** (*post-bus*) (la boîte postale), **de postcode** (*de post-kôô-de*) (le code postal), **de stad** (*de stât*) (la ville), et si la lettre part à l'extérieur des Pays-Bas, **het land** (*h'et lânt*) (le pays). L'enveloppe doit aussi comporter **een postzegel** (*en post-zéé-ghel*) (un timbre) et mentionner **de afzender** (*de âf-zèn-der*) (l'expéditeur). Vous pouvez envoyer votre lettre **aangetekend** (*aan-ghe-téé-kent*) (en recommandé) ou **per luchtpost** (*pèr lught-post*) (par avion).

Conversation

Sofie Vermeent se trouve au bureau de poste. Elle veut acheter les timbres spéciaux de décembre pour les cartes de Noël. Elle a fait la queue très longtemps, mais quand c'est son tour, une dame passe devant elle.

Sofie : **Ik ben aan de beurt, ik sta al een hele tijd te wachten.**

ik bèn aan de beurt ik staa âl en h'éé-le tèït te wâgh-ten

C'est mon tour, il y a un bon moment que j'attends.

La dame : **Ik heb haast.**

ik h'èp h'aast

Je suis pressée.

Employé du bureau de poste :	**U kunt achteraansluiten.**
	uu kunt âgh-ter-aan-sloeï-ten
	Vous pouvez vous mettre à la queue.
(à Sofie)	**Nu bent u aan de beurt.**
	nuu bènt uu aan de beurt
	C'est maintenant à vous.
Sofie :	**Ik wil graag 30 decemberzegels.**
	ik wil ghraagh dèr-tigh déé-sèm-ber-zéé-ghels
	Je voudrais 30 timbres de décembre.
Employé du bureau de poste :	**We verkopen ze in vellen van 20. Wilt u er 20 of 40?**
	we ver-kôô-pen ze in vè-len vân twin-tigh. wilt uu èr twin-tigh of véér-tigh
	Nous les vendons par feuilles de 20. En voulez-vous 20 ou 40 ?
Sofie :	**Geef er maar 40.**
	ghééf èr maar véér-tigh
	Donnez-m'en 40.
Employé du bureau de poste :	**Wilt u een BTW-bon?**
	wilt uu en béé-téé-wéé-bon
	Voulez-vous un reçu avec la TVA ?
Sofie :	**Nee, dat is niet nodig, het is privé.**
	néé dât is niit nôô-digh h'et is prii-véé
	Non, ce n'est pas nécessaire, c'est à titre privé.
Employé du bureau de poste :	**Wilt u pinnen? (FL) Wilt u met een bankkaart betalen ?**
	wilt uu pi-nen
	(Fl) (wil-tuu mèt en bânk-kaart be-taa-len)
	Voulez-vous payer par carte ?

Sofie : **Ja graag.**

yaa ghraagh

Oui, s'il vous plaît.

Employé du bureau de poste : **De magneetstrip aan de andere kant graag. Ja, zo... U kunt nu uw code intoetsen.**

de magh-néét-strip aan de ân-de-re kânt ghraagh. yaa zôô. uu kunt nuu uuw kôô-de in-tout-sen

La bande magnétique de l'autre côté s'il vous plaît. Oui, comme ça... Vous pouvez maintenant taper votre code.

Alstublieft, uw bon (Fl)(uw ticket) en fijne feestdagen.

âls-tuu-bliift uuw bon(uuw ti-kèt) èn fèï-ne féést-daa-ghen

S'il vous plaît, votre reçu, et bonnes fêtes de fin d'année.

Mots clés

ik ben aan de beurt	ik bèn aan de beurt	c'est mon tour
achteraansluiten	agh-ter aan-sloeï-ten	aller à la queue
een vel	en vèl	une feuille
privé	prii-véé	privé
pinnen	pi-nen	
(FL) met een bankkaart betalen		payer par carte
de magneetstrip	de magh-néét-strip	la bande magnétique

Chapitre 11

Demander son chemin

Dans ce chapitre :

- Aller au nord, au sud, à l'est et à l'ouest
- Trouver son chemin : **rechts, links, rechtdoor**
- En voiture, en train ou en avion : **gaan**

La clé des déplacements, c'est de savoir comment se rendre où l'on veut aller. Avant de partir, il est toujours bon de déterminer où se trouve la destination prévue. Savoir demander où se trouve la gare ou le musée est un bon début. Mais bien sûr, vous voulez aussi comprendre les indications qui vous sont données – derrière l'église, prenez la première rue à gauche, et ainsi de suite. Si vous avez peur de vous perdre, ce chapitre est celui qui vous remettra dans la bonne direction.

Le nord, le sud, l'est et l'ouest

Vous allez découvrir ici des mots utiles pour trouver votre chemin. Remarquez que de windstreken (de wint-stréé-ken) (les points cardinaux) sont écrits en néerlandais (comme en français, mais pas comme en anglais) avec des lettres minuscules.

- **het noorden** (*h'et <u>nôôr</u>-den*) (le nord)
- **het zuiden** (*h'et <u>zoeï</u>-den*) (le sud)
- **het oosten** (*h'et <u>ôôs</u>-ten*) (l'est)
- **het westen** (*h'et <u>wès</u>-ten*) (l'ouest)

Vous combinez ces mots avec la préposition in :

- **Groningen ligt in het noorden.** (*ghrôô-ning-en light in h'et <u>nôôr</u>-den*) (Groningue est située au nord.)
- **Maastricht ligt in het zuiden.** (*maas-<u>tright</u> light in h'et <u>zoeï</u>-den*) (Maastricht est au sud.)

- **Den Haag ligt in het westen.** (*dèn h'aagh light in h'et wès-ten*) (La Haye est située à l'ouest.)
- **Nijmegen ligt in het oosten.** (*nèï-méé-ghen light in h'et ôôs-ten*) (Nimègue se trouve à l'est.)

INFO CULTURELLE

Les Néerlandais n'utilisent pas les points cardinaux pour vous montrer un chemin. Si vous êtes au centre d'Amsterdam, ils ne vous disent pas d'aller au nord pour atteindre Zaandam. Si vous voyagez en voiture, ils vous disent comment trouver la route circulaire A10, et vous invitent à suivre les signes indiquant Zaandam. Si vous vous êtes trompé et si vous arrivez à Hoorn (qui est au nord de Zaandam), les gens ne vous disent pas d'aller au sud. Ils vous disent de faire demi-tour et de prendre la A7 en direction d'Amsterdam. La signalisation des routes principales néerlandaises est basée sur les noms des grandes villes. Si vous voyagez sans GPS, il importe de regarder la carte avant de partir et de faire une liste avec les numéros des routes et les noms des villes que vous devez traverser !

Demander de l'aide pour trouver son chemin

Heureusement, il est assez facile de demander son chemin en néerlandais. Le secret pour trouver un endroit est le mot **waar** (*waar*) (où). La question que vous posez commence par :

Waar is...? (*waar is*) (Où se trouve... ?)

À la fin de la phrase, indiquez seulement le nom de l'endroit que vous cherchez. Vous pouvez inclure dans votre question l'un quelconque des lieux ci-après :

- **het station** (*h'et staa-syôn*) (la gare)
- **de taxistandplaats** (*de tâk-sii-stânt-plaats*) (la station de taxis)
- **het metrostation** (*h'et méé-trôô-staa-syôn*) (la station de métro)
- **de bushalte** (*de bus-h'âl-te*) (l'arrêt d'autobus)
- **het vliegveld** (*h'et fliigh-vèlt*) (l'aéroport)
- **de haven** (*de h'aa-ven*) (le port)
- **het hotel** (*h'et h'ôô-tèl*) (l'hôtel)
- **de kerk** (*de kèrk*) (l'église)
- **het postkantoor** (*het post-kân-tôôr*) (le bureau de poste)
- **de markt** (*de mârkt*) (le marché)
- **het museum** (*h'et muu-zéé-um*) (le musée)
- **het park** (*h'et pârk*) (le parc)

Bien sûr, si vous êtes dans une grande ville, une question très générale telle que « Où est la gare ? » ou bien « Où se trouve l'église ? » provoquera des regards perplexes. Il peut y avoir diverses gares et de multiples églises. Vous devez rendre votre question aussi précise que possible. Par exemple, si vous connaissez le nom de l'église, incluez-la dans votre question. Vos questions spécifiques peuvent se présenter comme suit :

- **Waar is het station WTC?** (*waar is h'et staa-syôn wéé-téé-séé*) (Où est la gare WTC ?)
- **Waar is de Sint Nicolaaskèrk?** (*waar is de sint-nii-kôô-laas-kèrk*) (Où est l'église Saint-Nicolas ?)

Si vous ne connaissez pas le nom exact de la chose que vous cherchez, par exemple un parc, vous pouvez demander le chemin jusqu'au parc le plus proche. Insérez simplement **dichtsbijzijnde** (*dights-bèï-zèïn-de*) entre **de** ou **het** et le nom de l'endroit cherché. Voici deux exemples avec **dichtsbijzijnde** :

- **Waar is het dichtsbijzijnde park?** (*waar is h'et dights-bèï-zèïn-de pârk*) (Où se trouve le parc le plus proche ?)
- **Waar is het dichtsbijzijnde station?** (*waar is h'et dights-bèï-zèïn-de staa-syôn*) (Où se trouve la gare la plus proche ?)

C'est à quelle distance ?

Pour décider si vous voulez marcher jusqu'à un certain endroit ou y aller en bus ou en taxi, vous aurez sans doute besoin de connaître la distance à laquelle se trouve votre destination. Vous disposez de quelques moyens de savoir si quelque chose se trouve à proximité ou au loin, et les mots clés que vous devez connaître sont : **dichtbij** (*dight bèï*) ou **vlakbij** (*vlâk bèï*) (tout près) et **ver** (*vèr*) (loin) ou **ver weg** (*vèr wègh*) (très loin).

Vous pouvez poser la question :

> **Is ... ver weg?** (*is ... vèr wègh*) (... est-il très loin ?)

Insérez simplement le nom de l'endroit sur lequel vous vous renseignez. Par exemple, si vous visez la gare WTC, vous pouvez demander à quelqu'un :

> **Is het station WTC ver weg?** (*is h'et staa-sôn wéé-téé-séé vèr wègh*) (La gare WTC est-elle très loin ?)

La réponse pourrait être :

> **Nee, het station WTC is niet ver weg. Het is vlakbij.** (*néé h'et staa-syôn wéé-téé-séé is niit vèr wègh. h'et is vlâk bèï*) (Non, la gare WTC n'est pas très loin. Elle est près d'ici.)

La personne à qui vous parlez peut même commencer à vous donner des indications pour aller là où vous voulez. Pour comprendre les indications, lisez la section « Décrire une position ou un endroit », plus loin dans ce chapitre.

Il est également possible d'adopter un point de vue diamétralement opposé et de s'informer de la proximité de quelque chose grâce au mot **dichtbij**. Vous pouvez poser la question :

> **Is het station WTC dichtbij?** (*is h'et staa-syôn wéé-téé-séé dight bèï*) (La gare WTC est-elle près d'ici ?)

Le mot **dichtbij** est utilisé dans la question, et dans la réponse vous entendrez plus souvent le mot **vlakbij** :

> **Ja, het station WTC is vlakbij.** (*yaa h'et staa-syôn wéé-téé-séé is vlâk bèï*) (Oui, la gare WTC est près d'ici.)

Si vous cherchez quelque chose, et si vous ne savez pas s'il y a un endroit de cette nature à proximité, vous pouvez utiliser la question suivante :

> **Is er een station in de buurt?** (*is èr en staa-syôn in de buurt*) (Y a-t-il une gare dans les environs ?)

TRUC

Voici comment dire que vous ne connaissez pas les lieux :

> **Ik ben hier niet bekend.** (*ik bèn h'iir niit be-kènt*) (Je ne connais pas mon chemin par ici.) **(FL) Ik ken mijn weg hier niet.** (*ik kèn méïn wèg hiir niit*)

Si vous voulez être plus poli, vous pouvez dire :

> **Het spijt me, ik ben hier niet bekend.** (*h'et spèït me ik bèn h'iir niit be-kènt*) (Je suis désolé, je ne connais pas mon chemin par ici.) **(FL) Ik ken mijn weg hier niet.** (*ik kèn méin wèg hür niit*)

Aller « hier » et « daar »

Les mots **hier** (*h'iir*) (ici) et **daar** (*daar*) (là) jouent souvent un rôle important dans l'indication du chemin. Ils rendent les informations un peu plus précises. Les phrases ci-après vous montrent comment fonctionnent **hier** et **daar** pour vous aider à trouver votre chemin.

- **Het station is hier niet ver vandaan.** (*h'et staa-syôn is h'iir niit vèr vân-daan*) (La gare n'est pas loin d'ici.)

- **De bushalte Rembrandtstraat is hier niet ver vandaan.** (*de bus-h'âl-te rèm-brânt-straat is h'iir niit vèr vân-daan*) (L'arrêt d'autobus Rembrandtstraat n'est pas loin d'ici.)

Vous pourrez aussi entendre les expressions courantes ci-après :

- **Dat is hier.** (*dât is h'iir*) (C'est ici.)
- **Dat is daar.** (*dât is daar*) (C'est là-bas.)

Voici quelques autres combinaisons possibles :

- **Dat is hier recht tegenover.** (*dât is h'iir règht téé-ghen-ôô-ver*) (C'est ici juste de l'autre côté de la rue.)
- **Dat is daar recht tegenover.** (*dât is daar règht téé-ghen-ôô-ver*) (C'est là juste en face.)

Demander comment y aller

Pour demander « Comment puis-je y aller ? », vous avez besoin du verbe **komen** (*kôô-men*) (venir), qui veut dire à la fois venir et, quand il est utilisé avec une préposition, aller, arriver quelque part.

Voici comment conjuguer **komen** :

Conjugaison	*Prononciation*
ik kom	*ik kom*
jij komt	*yèï komt*
u komt	*uu komt*
hij/zèï/het komt	*h'èï/zèï/h'et komt*
wij komen	*wèï kôô-men*
jullie komen	*yu-lii kôô-men*
zij komen	*zèï kôô-men*

Voici maintenant une question de base :

Hoe kom ik... (*h'ouou kom ik*) (Comment puis-je aller à...)

Pour finir la phrase, vous devez utiliser une préposition, comme **in** :

Hoe kom ik in het centrum? (*h'ouou kom ik in h'et sèn-trum*) (Comment puis-je aller au centre-ville ?)

ou

Hoe kom ik in Zaandam? (*h'ouou kom ik in zaan-dâm*) (Comment puis-je aller à Zaandam ?)

Décrire une position ou un endroit

Après avoir demandé votre chemin, vous devez être prêt à comprendre les réponses possibles. Il est très courant d'exprimer un emplacement par rapport à un lieu ou à un repère très connus. En pareil cas, votre interlocuteur utilisera l'une des prépositions suivantes :

- **voor** (*vôôr*) (avant)
- **na** (*naa*) (après)
- **bij** (*bèï*) (près de)
- **op** (*op*) (sur)
- **in** (*in*) (dans)

Vous pourriez entendre l'une des phrases suivantes :

- **U gaat voor het park rechtsaf.** (*uu ghaat vôôr h'et pârk règhts-âf*) (Avant le parc vous tournez à droite.)
- **U gaat na het park rechtsaf.** (*uu ghaat naa h'et pârk règhts-âf*) (Après le parc vous tournez à droite.)
- **U gaat bij het eerste stoplicht rechtsaf.** (*uu ghaat bèï h'et éér-ste stop-light règhts-âf*) (Après le premier feu vous tournez à droite.)
- **U rijdt dan op de A7.** (*uu rèït dân op de aa zéé-ven*) (Vous roulez ensuite sur la A7.)

La préposition « naar »

Vous utilisez la préposition **naar** (*naar*) (à) pour parler d'un itinéraire.

- **Hoe kom ik naar het Centraal Station?** (*h'ouou kom ik naar h'et sèn-traal staa-syôn*) (Comment puis-je aller à la gare centrale ?)
- **Ik probeer naar het Centraal Station te komen.** (*ik pro-béér naar h'et sèn-traal staa-syôn te kôô-men*) (J'essaie d'aller à la gare centrale.)
- **Morgen ga ik naar het strand.** (*mor-ghen ghaa ik naar h'et strânt*) (Demain je vais à la plage.)

- **Laten we naar Den Haag gaan.** (*laa-ten we naar dèn-h'aagh ghaan*) (Allons à La Haye.)

Vous trouverez davantage d'informations sur les prépositions au chapitre 2.

Conversation

Bart fait un voyage d'affaires à Utrecht. Comme les deux réunions professionnelles prévues sont en centre-ville, il a pris le train. La première réunion est pour le matin et l'autre pour l'après-midi. Après sa première réunion, il parle avec la réceptionniste de la société qu'il a visitée. Il lui demande si elle connaît un bon restaurant près d'ici.

Bart : **Mag ik u wat vragen: weet u een goed restaurant in de buurt? Ik heb vanavond een afspraak in het centrum.**

mâgh ik uu wât vraa-ghen wéét uu en ghouout rès-tôô-rânt in de buurt. ik h'èp vân-aa-vont en âf-spraak in h'et sèn-trum

Connaîtriez-vous un bon restaurant dans le quartier ? J'ai un rendez-vous en fin d'après-midi dans le centre.

Réceptionniste : **Op de Oude Gracht zijn veel restaurants.**

op de aôw-de ghrâght zèïn véél rès-tôô-rânts

Sur le Oude Gracht il y a beaucoup de restaurants.

Bart : **Ik ben hier niet bekend [PB] / Ik ken hier de weg niet [FL]. Hoe kom ik daar?**

ik bèn h'iir niit be-kènt. h'ou kom ik daar

(FL) Ik kèn hiir de wèg niit. h'ou kom ik daar

Je ne connais pas l'endroit. Comment puis-je y aller ?

Réceptionniste : **Ziet u die kerk daar? Na de kerk gaat u linksaf. U komt dan op een plein.**

ziit uu dii kèrk daar. naa de kèrk ghaat uu linksaf. uu komt dân op en plèïn

Voyez-vous l'église là-bas ? Après l'église vous tournez à gauche. Vous arrivez alors sur une place.

U loopt een smal straatje door en dan bent u op de Oude Gracht.

uu lôôpt en smâl straat-ye dôôr èn dân bènt uu op de aôw-de grhaaght

Vous marchez en passant par une rue étroite et vous êtes sur Oude Gracht.

Bart : **Dus na de kerk linksaf en na het plein moet ik door een nauw straatje. Kunt u mij misschien een restaurant aanbevelen?**

dus naa de kèrk linksaf èn naa h'et plèïn mouout ik dôôr en naôw straat-ye. kunt uu mèï mis-sghiin en rès-tôô-rânt aan-be-véé-len

Donc après l'église à gauche et après la place je dois passer par une rue étroite. Peut-être pouvez-vous me recommander un restaurant ?

Réceptionniste : **Restaurant 'De Dom' op het Domplein is erg goed.**

rès-tôô-rânt de dom op h'et dom-plèïn is èrgh ghouout

Le restaurant « De Dom » sur la Domplein est très bien.

Bart : **Hoe kom ik op het Domplein?**

h'ouou kom ik op h'et dom-plèïn

Comment puis-aller au Domplein ?

Réceptionniste : **Dat is het plein bij de kerk.**

dât is h'et plèïn bèï de kèrk

C'est la place près de l'église.

Bart : **OK, bedankt.**

ôô-kéé be-dânkt

OK, merci.

Réceptionniste : **Graag gedaan en eet smakelijk vanavond!**

ghraagh ghe-daan èn éét smaa-ke-lek vâ-naa-vont

Il n'y a pas de quoi, et bon appétit pour ce soir !

Mots clés

het plein	h'et plèïn	la place
het is erg goed	h'et is èrgh ghouout	il est très bien/bon
eet smakelijk	éét smaa-ke-lek	bon appétit
de straat	de straat	la rue

Trouver son chemin : rechts, links, rechtdoor

Si vous ne maîtrisez pas les mots indiquant les diverses directions, comme à gauche et à droite, vous aurez toujours un problème quand vous demanderez aux gens de vous indiquer le chemin. Voici les mots dont vous avez besoin pour comprendre les différentes directions.

À gauche et à droite

Pour demander ou indiquer un chemin, on ne peut se passer des mots clés **links** (*links*) (à gauche), **rechts** (*règhts*) (à droite) et **rechtdoor** (*règht-dôôr*) (tout droit).

Pour indiquer qu'une chose est située à droite ou à gauche de quelque chose d'autre, vous ajoutez la préposition van, ce qui donne :

- **Links van** (*links vân*) (à gauche de), par exemple :
- **De kerk is links van het museum.** (*de kèrk is links vân h'et muu-zéé-um*) (L'église est à gauche du musée.)
- **Rechts van** (*règhts vân*) (à droite de), par exemple :
- **Het museum is rechts van de kerk.** (*h'et muu-zéé-um is règhts vân de kèrk*) (Le musée est à droite de l'église.)

Vous pourrez aussi entendre l'expression **aan uw linkerhand** (*aan uuw lin-ker hânt*) (à votre main gauche), qui veut dire la même chose que **aan de linkerkant** (*aan de lin-ker kânt*) (du côté gauche) ou simplement **links** (*links*) (à gauche).

- **De kerk is aan uw linkerhand** (*de kèrk is aan uuw lin-ker h'ânt*) (L'église est à votre main gauche) ou **De kerk is aan de linkèrkant** (*de kèrk is aan de lin-ker kânt*) (L'église est du côté gauche).
- **Het museum is aan uw rechterhand** (*h'et muu-zéé-um is aan uuw règh-ter hânt*) (Le musée est à votre main droite) ou **Het museum is aan de rechterkant** (*h'et muu-zéé-um is aan de règh-ter kânt*) (Le musée est du côté droit).

Voici quelques autres expressions qui pourront vous être utiles :

- **Sla linksaf** (*slaa links-âf*) (Tournez à gauche) et, plus couramment, **Na het museum linksaf** (*naa h'et muu-zéé-um links-âf*) (Après le musée à gauche).
- **Sla rechtsaf.** (*slaa règhts-âf*) (Tournez à droite.)

- **Na de kerk rechtsaf.** (*naa de kèrk règhts-âf*) (Après l'église tournez à droite.)
- **Na de kerk gaat u rechtsaf.** (*naa de kèrk ghaat uu règhts-âf*) (Après l'église vous allez à droite.)
- **U loopt rechtdoor tot u een kerk ziet.** (*uu lôôpt règht-dôôr tot uu en kèrk ziit*) (Vous marchez tout droit jusqu'à ce que vous voyiez une église.)

Conduire sur la route

Marcher et conduire sont deux choses différentes. Une partie du vocabulaire de ce chapitre peut servir aux deux façons d'arriver où vous voulez aller. Toutefois, le déplacement en voiture nécessite des termes supplémentaires. Vous traverserez **knooppunten** (*knôôp-pun-ten*) (des échangeurs), **rotondes** (*rôô-ton-des*) (des carrefours giratoires), **kruispunten** (*kroeïs-pun-ten*) (des croisements) et vous devrez quitter l'autoroute à **afslag 32** (*âf-slâgh twéé-en-dèr-tigh*) (la sortie 32) ou un autre numéro, **richting…** (*righ-ting*) (direction…). Si vous n'utilisez pas le GPS, mais préférez imprimer un **routeplanner** (*rouou-te-plè-ner*) (itinéraire) néerlandais que vous trouverez sur Internet, vous pourrez lire l'une des expressions suivantes :

- **U neemt de rotonde driekwart.** (*uu nééml de rôô-ton-de drii kwârt*) (Vous prenez le carrefour giratoire aux trois quarts.)
- **Op de rotonde neemt u de eerste rechts.** (*op de rôô-ton-de néémt u de éérs-te règhts*) (Sur le carrefour giratoire vous prenez la première à droite.)
- **Vervolgens neemt u bij knooppunt de Nieuwe Meer de A10 West richting Zaanstad-Leeuwarden.** (*ver-vol-ghens néémt uu bèï knôôp-punt de nii-we méér de aa-tiin wèst righ-ting zaan-stât léé-wâr-den*) (Ensuite vous prenez, à l'échangeur Nieuwe Meer, la A10 ouest direction Zaanstad-Leeuwarden.)
- **U gaat onder het viaduct door.** (*uu ghaat on-der h'et vii-aa-dukt dôôr*) (Vous passez sous le viaduc.)
- **Over de brug rechtsaf.** (*ôô-ver de brugh règhts-âf*) (Après le pont à droite.)

Où traverser et tourner

Lorsque quelqu'un vous aide à trouver votre chemin, vous entendez des verbes spécifiques. **Afslaan** (*âf-slaan*) (tourner) est toujours associé à **links** ou **rechts. Afslaan** étant un verbe séparable, il se divise en deux parties au présent et les mots **rechts** et **links** sont accolés à la partie **af** : **u slaat**

rechtsaf (*uu slaat règhts-âf*) (vous tournez à droite) et **u slaat linksaf** (*uu slaat links-âf*) (vous tournez à gauche).

- **Na de kerk slaat u rechtsaf.** (*naa de kèrk slaat uu règhts-âf*) (Après l'église vous tournez à droite.)
- **Bij de manege slaat u linksaf.** (*bèï de maa-néé-je slaat uu links-âf*) (Au centre équestre vous tournez à gauche.)

Souvent vous devrez **oversteken** (*ôô-ver-stéé-ken*) (traverser). Si vous êtes à pied, vous entendrez dire : **Steek de straat over** (*stéék de straat ôô-ver*) (Traversez la rue) ou **Steek het plein over** (*stéék h'et plèïn ôô-ver*) (Traversez la place). On vous dira aussi : **Steek de brug over** (*stéék de brugh ôô-ver*) (Traversez le pont). Dans le cas d'un pont on peut vous dire aussi : **Ga de brug over** (*ghaa de brugh ôô-ver*). Si vous allez (à pied ou en voiture) dans la mauvaise direction, on vous dira : **U moet terug** (*uu mouout trugh*) (Vous devez faire demi-tour).

Faire les choses dans l'ordre : eerst, dan, daarna

Si vous voulez trouver votre chemin, il importe de faire les choses dans le bon ordre. Les mots dont vous avez besoin pour cela sont : **eerst** (*éérst*) (en premier, d'abord), **dan** (*dân*) (ensuite) et **daarna** (*daar-naa*) (après cela). Voici un exemple :

> **U gaat eerst rechtdoor** (*uu ghaat éérst règht-dôôr*) (Vous allez d'abord tout droit), **dan neemt u de eerste straat rechts** (*dân néémt uu de éér-ste straat règhts*) (ensuite vous prenez la première rue à droite) **en daarna steekt u de brug over** (*èn daar-naa stéékt uu de brugh ôô-ver*) (et après cela vous traversez le pont).

Conversation

Sofie va voir Bart qui fait un voyage d'affaires à Utrecht. Ils vont se rencontrer dans un bar près de la gare. Sofie connaît le nom de la rue et elle sait que c'est dans le centre, mais elle ne sait pas exactement où c'est. Elle est allée à Utrecht par le train et quand elle quitte la gare, elle doit demander son chemin.

Sofie : **Bent u hier bekend [PB] / Kent u hier de weg [FL]?**

bènt uu h'iir be-kènt / kènt uu hiir de wègh

Connaissez-vous cet endroit ?

Interlocuteur : **Ja, dat ben ik [PB] / Vrij goed [FL].**

yaa dât bèn ik

(fl) vrêï ghout

Oui, en effet.

Sofie : **Kunt u me vertellen waar de Lange Nieuwstraat is?**

kunt uu me ver-tè-len waar de lâng-e niiw-straat is

Pouvez-vous me dire où se trouve la Lange Nieuwstraat ?

Interlocuteur : **Ja, die is vlakbij. Als u het station uitkomt, gaat u rechtsaf. Dan steekt u over en neemt de eerste straat links.**

yaa dii is vlâk bèï. âls u h'et staa-syôn oeït-komt ghaat uu règhts-âf. dân stéékt uu ôô-ver èn nééмt de éér-ste straat links

Oui, elle est tout près. Quand vous sortez de la gare, vous tournez à droite. Ensuite vous traversez la rue et vous prenez la première rue à gauche.

Sofie : **Hoe heet die straat?**

h'ouou h'éét dii straat

Comment s'appelle cette rue ?

Interloculeur : **Dat weet ik niet. Maar hij gaat naar het centrum en je kunt hem niet missen. Daarna kruist u een gracht, dat is de Oude Gracht.**

dât wéét ik niit. maar h'èï ghaat naar h'et sèn-trum èn ye kunt h'em niit mi-sen. daar-naa kroeïst u en ghrâght dât is de aôw-de ghrâght

Je ne le sais pas. Mais elle conduit vers le centre et vous ne pouvez pas la manquer. Après cela vous traversez un canal, c'est le Oude Gracht.

Sofie : **O ja, die gracht ken ik. Daar zijn allemaal terrasjes.**

ôô yaa dii ghraght kèn ik. daar zèïn â-le-maal te-râs-yes

Oui, je connais ce canal. Il y a plein de terrasses de café.

Interlocuteur : **Als u dan nog even rechtdoor loopt, komt u in de Lange Nieuwstraat.**

âls uu dân nogh éé-ven règht-dôôr lôôpt komt uu in de lâng-e niiw-straat

Si vous continuez tout droit encore un peu, vous arrivez à la Lange Nieuwstraat.

Sofie : **Hartelijk bedankt.**

h'âr-te-lek be-dânkt

Merci beaucoup.

Mots clés

ik weet het niet	ik wéét h'et niit	je ne le sais pas
je kunt hem niet missen	ye kunt h'em niit mi-sen	tu ne peux pas le/la manquer
de terrasjes	de te-râs-yes	les terrasses des cafés

Passer à l'action

Quand vous demandez votre chemin, la réponse peut très bien être **U neemt...** (*uu néémt*) (Vous prenez...). Notez que les Néerlandais utilisent le présent de l'indicatif pour décrire un chemin : **U neemt...** (*uu néémt*) (Vous prenez...), **U gaat** (*uu ghaat*) (Vous allez) et **U slaat linksaf** (*uu slaat links-âf*) (Vous tournez à gauche). Vous n'entendrez presque jamais l'impératif comme en français : prenez, allez ou tournez à gauche. Dans les instructions écrites, on utilise parfois, comme en français, des infinitifs : **bij het stoplight rechtdoor rijden** (*bèï h'et stop-light règht-dôôr rèï-den*) (au feu continuer tout droit), **over de brug de eerste rechts nemen** (*ôô-ver de brugh de éér-ste règhts néé-men*) (après le pont prendre la première à droite).

Les mots tels que **de eerste** (*de éér-ste*) (la première), **de tweede** (*de twéé-de*) (la deuxième), **de derde** (*de dèr-de*) (la troisième) s'appellent des nombres ordinaux. Ils désignent un élément précis dans une séquence et répondent à la question : lequel ? Par exemple, pour répondre à la question « Quelle rue ? », vous pourriez utiliser un nombre ordinal : « La première à gauche. » Vous trouverez plus d'informations sur les nombres ordinaux au chapitre 3.

Avez-vous peur de vous perdre ? Que vous soyez à pied ou en voiture, la phrase suivante pourra vous être utile :

Ik ben de weg kwijt. (*ik bèn de wègh kwèït*) (J'ai perdu mon chemin.)

En voiture, en train, en bus ou en avion : gaan

En néerlandais vous pouvez utiliser le verbe **gaan** (*ghaan*) (aller) pour beaucoup de choses. Voyons-en d'abord toutes les formes du présent. Comme la conjugaison de presque tous les **veelgebruikte werkwoorden** (*véél-ghe-broeïk-te wèrk-wôôr-den*) (verbes très souvent utilisés), celle du verbe gaan est très irrégulière.

Conjugaison	*Prononciation*
ik ga	*ik ghaa*
jij gaat	*yèï ghaat*
u gaat	*uu ghaat*
hij/zij/het gaat	*h'èï/zèï/h'et ghaat*
wij gaan	*wèï ghaan*
jullie gaan	*yu-lii ghaan*
zij gaan	*zèï ghaan*

Ce verbe sert à indiquer le mouvement dans de nombreuses situations. Voici quelques exemples :

- **Ik ga vanmiddag naar Den Haag.** (*ik ghaa vân-mi-dâgh naar dèn h'aagh*) (Je vais cet après-midi à La Haye.)
- **Mijn dochter gaat naar school.** (*mèïn dogh-ter ghaat naar sghôôl*) (Ma fille va à l'école.)
- **Ik ga vanmiddag naar de supermarkt.** (*ik ghaa vân-mi-dâgh naar de suu-per-mârkt*) (Je vais cet après-midi au supermarché.)

Vous pouvez utiliser ce verbe néerlandais, comme le verbe aller français, pour tous les modes de déplacement : vous pouvez aller à La Haye en voiture, en train, en autobus, en tramway, en bicyclette et même, si vous habitez tout près, en marchant. Pour préciser comment vous y allez, vous ajoutez simplement quelques mots :

- **Ik ga vanmiddag met de auto naar Den Haag.** (*ik ghaa vân-mi-dâgh mèt de aôw-tôô naar dèn h'aagh*) (Je vais cet après-midi à La Haye en voiture.)
- **Mijn dochter gaat met de bus naar school.** (*mèïn dogh-ter ghaat mèt de bus naar sghôôl*) (Ma fille va à l'école en autobus.)

- **Ik ga met de fiets vanmiddag naar de supermarkt.** (*ik ghaa mèt de fiits vân-mi-dâgh naar de suu-per-mârkt*) (Je vais cet après-midi au supermarché en bicyclette.)

Vous pouvez aussi utiliser un verbe spécifique du mode de déplacement, comme **rijden** (*rèï-den*) (aller en voiture), mais seulement si vous voulez mentionner explicitement que vous conduisez.

- **Vanmiddag rijd ik naar Den Haag.** (*vân-mi-dâgh rèït ik naar dèn h'aagh*) (Cet après-midi je vais en voiture jusqu'à La Haye.)
- **Mijn dochter rijdt naar school.** (*mèïn dogh-ter rèït naar sghôôl*) (Ma fille va à l'école en voiture [l'emploi du verbe **rijden** sous-entend qu'elle conduit].)
- **Ik rijd vanmiddag naar de supermarkt.** (*ik rèït vân-mi-dâgh naar de suu-per-mârkt*) (Je vais cet après-midi en voiture au supermarché.)

Même si vous allez quelque part en avion, vous pouvez utiliser le verbe gaan, tout comme en français. Vous pouvez dire :

- **Volgend jaar gaan we naar Cuba.** (*vol-ghent yaar ghaan we naar kuu-baa*) (L'année prochaine nous allons à Cuba.)
- **Volgende maand ga ik naar New York.** (*vol-ghen-de maant ghaa ik naar niouou-york*) (Le mois prochain je vais à New York.)
- **Ik ga naar Londen.** (*ik ghaa naar lon-den*) (Je vais à Londres.)

Si vous voulez préciser que vous allez en avion et que vous ne prenez pas une voiture, ni le train ni le bateau, vous pouvez utiliser alors le verbe **vliegen** (*flii-ghen*) (voler).

- **Volgende week vlieg ik naar Madrid.** (*vol-ghen-de wéék fliigh ik naar maa-drit*) (La semaine prochaine je prends l'avion pour Madrid.)
- **Volgende maand vlieg ik naar Londen.** (*vol-ghen-de maant fliigh ik naar lon-den*) (Le mois prochain je prends l'avion pour Londres.)

Conversation

CD

Sofie rend visite à une amie qui est en vacances dans un petit village de la Zélande. C'est un vendredi soir et Sofie est presque arrivée, mais elle a perdu son chemin. Elle s'arrête à une station d'essence pour demander où c'est exactement.

Sofie : **Sorry [PB] / Excuseer [FL], kunt u me de weg wijzen naar Oude Tonge?**

so-rii / eks-kuu-séér kunt uu me de wégh wèï-zen naar aôw-de tong-e

Excusez-moi, pouvez-vous m'indiquer le chemin pour aller à Oude Tonge ?

Employé : **Komt u van de A15?**

komt uu vân de aa vèïf-tiin

Venez-vous de la A15 ?

Sofie : **Ja, maar ik denk dat ik de weg kwijt ben.**

yaa maar ik dènk dât ik de wègh kwèït ben

Oui, mais je crois que j'ai perdu mon chemin.

Employé : **U heeft de verkeerde afslag genomen. Dit is afslag 33.**

uu h'ééft de ver-kéér-de âf-slâgh ghe-nôô-men. dit is âf-slâgh drii-en-dèr-tigh

Vous avez pris la mauvaise sortie. Ici c'est la sortie 33.

U moet terug naar de A15 richting Hoogvliet. Als u weer op de A15 bent, neemt u afslag 34 richting Zierikzee

uu mout trugh naar de aa vèïf-tiin righ-ting h'ôôgh-vliit. âls uu wéér op de aa vèïf-tiin bènt néémt uu âf-slâgh viir-en-dèr-tigh righ-ting zii-rik-zéé

Vous devez repartir sur la A15 dans la direction de Hoogvliet. Quand vous serez de nouveau sur la A15, prenez la sortie 34, direction Zierikzee.

Sofie : **Maar ik moet naar Oude Tonge.**

maar ik mout naar aôw-de tong-e

Mais je dois aller à Oude Tonge.

Employé : **Ja, als u afslag 34 heeft genomen, rijdt u alsmaar righting Zierikzee. U ziet dan borden met Oude Tonge en het volgende dorp is Oude Tonge.**

yaa âls uu âf-slâgh viir-èn-dèr-tigh h'ééft ghe-nôô-men rèït uu âls-maar righ-ting zii-rik-zéé. uu ziit dân bor-den mèt aôw-de tong-e èn h'et vol-ghen-de dorp is aôw-de tong-e

Oui, quand vous avez pris la sortie 34, vous continuez dans la direction Zierikzee. Vous voyez alors des panneaux avec Oude Tonge et le village suivant est Oude Tonge.

Sofie : **OK, ik hoop dat ik het nu vind. Hartelijk bedankt.**

ôô-kéé ik h'ôôp dât ik h'et nuu vint. h'âr-te-lek be-dânkt

OK, j'espère que je vais maintenant le trouver. Merci infiniment.

Employé : Graag gedaan en nog een fijne avond!

ghraagh ghe-daan èn nogh en fèï-ne aa-vont

Il n'y a pas de quoi et je vous souhaite une bonne soirée !

Mots clés

ik ben de weg kwijt	ik bèn de wègh kwèït	j'ai perdu mon chemin
de afslag	de âf-slâgh	la sortie
de borden	de bor-den	les panneaux

Chapitre 12

Séjourner à l'hôtel

Dans ce chapitre :

- Chercher un hôtel
- Se présenter à la réception
- Partir et régler la note

Que vous voyagiez pour votre travail ou en touriste, vous devez dormir quelque part. Dans ce chapitre, vous trouverez les mots et les phrases dont vous avez besoin pour trouver un hôtel ou une chambre d'hôte, pour faire des réservations, vous renseigner sur les commodités d'un hôtel ainsi que pour vous présenter et partir.

Chercher un hôtel

Si vous avez besoin d'aide pour trouver un hôtel, vous pouvez avoir intérêt à acheter un guide des hôtels dans une librairie. Si vous en avez la possibilité, surfez sur le Net ! Bien sûr, vous pouvez trouver des informations sur les hôtels au centre d'informations touristiques, **de VVV** (*de véé-véé-véé*). Certains de ces centres vous donnent la possibilité de vous renseigner en ligne.

Peut-être voulez-vous demander à une personne que vous connaissez, ou à des personnes que vous rencontrez, si elles peuvent vous recommander un hôtel. Dans cc cas vous pouvez dire :

> **Kunt u me een hotel aanbevelen?** (*kunt uu me en h'ôô-tèl aan-be-véé-len*) (Pouvez-vous me recommander un hôtel ?)

Le mot générique pour hôtel en néerlandais est **het hotel** (*h'et h'ôô-tèl*) (l'hôtel). Il y a de nombreuses sortes d'hôtels avec leur atmosphère et leur niveau de service particuliers. Certains ne sont pas à proprement parler des hôtels et s'appellent autrement. **Motels** (*môô-tèls*) (les motels) sont généralement près des grandes routes/autoroutes. Pour ceux qui veulent séjourner plus longtemps, **een apartementenhotel** (*en aa-pâr-te-mèn-ten-h'ôô-tèl*) (un hôtel avec des appartements) peut offrir une bonne solution. Les gens plus aventureux peuvent préférer **een Bed and Breakfast** (*en bèt èn brèk-fèst*) (une chambre d'hôte), offrant un accueil plus personnalisé qu'un hôtel. **Een jeugdherberg** (*en yeught-h'èr-bèrgh*) (une auberge de jeunesse) est bon marché et offre de grandes possibilités pour rencontrer d'autres personnes, mais aucun luxe. En dehors de la ville vous trouverez de nombreuses **vakantiehuisjes** (*vaa-kân-sii-hoeïs-yes*) (villas de vacances) qu'il faut réserver à l'avance. **Vakantiehuisjes** sont généralement construites dans des parcs et offrent parfois des aménagements communs tels qu'une piscine et un restaurant.

Réserver la chambre

Essayez de réserver votre chambre à l'avance, surtout au cours de la haute saison ou lorsqu'il y a des événements spéciaux. Tous les hôtels peuvent alors être complets ! Si vous n'avez pas réservé et si vous ne pouvez pas trouver de chambre, vous aurez plus de chances d'en trouver une en dehors des villes et des centres-villes ! Demandez de l'aide à **de VVV** (le bureau du tourisme).

Si nécessaire, reportez-vous au chapitre 9 pour voir comment téléphoner pour faire une réservation. Quand l'employé de l'hôtel décroche le téléphone, vous pouvez préciser pourquoi vous appelez en disant :

> **Ik wil graag een kamer reserveren.** (*ik wil ghraagh en kaa-mer réé-sèr-véé-ren*) (Je voudrais réserver une chambre.)

Si vous voulez réserver plusieurs chambres, vous devez ajouter le nombre (et utiliser le pluriel) :

> **Ik wil graag twee kamers reserveren.** (*ik wil ghraagh twéé kaa-mers réé-sèr-véé-ren*) (Je voudrais réserver deux chambres.)

Dire quand vous arrivez et combien de temps vous voulez rester

La personne qui prend votre réservation vous posera sans doute un certain nombre de questions pour préciser la réservation. Vous aurez alors besoin de nombres et de dates, que vous trouverez en relisant le chapitre 3. L'une des premières questions pourrait être :

- **Voor wanneer wilt u een kamer reserveren?** (*vôôr wâ-néér wilt uu en kaa-mer rée-sèr-véé-ren*) (Pour quand voulez-vous réserver une chambre ?)

  ou

- **Van wanneer tot wanneer wilt u een kamer reserveren?** (*vân wâ-néér tot wâ-néér wilt uu en kaa-mer réé-sèr-véé-ren*) (De quand à quand voulez-vous réserver une chambre ?)

Pour indiquer le nombre de nuits que vous voulez passer à l'hôtel ou pour quelle date vous voulez réserver, vous pouvez utiliser l'une des formules ci-après :

- **Ik wil een kamer reserveren voor … nachten.** (*ik wil en kaa-mer réé-sèr-véé-ren vôôr … nâgh-ten*) (Je veux réserver une chambre pour … nuits.)
- **Ik wil graag een kamer reserveren van 2 tot 4 september.** (*ik wil ghraagh en kaa-mer réé-sèr-véé-ren vân twéé tot viir sèp-tèm-ber*) (Je voudrais réserver une chambre du 2 au 4 septembre.)

Indiquer le type de chambre désiré

La personne qui prend votre réservation vous demandera probablement quel genre de chambre vous voulez. Elle peut vous demander par exemple :

> **Wat voor soort kamer wilt u hebben?** (*wât vôôr sôôrt kaa-mer wilt u h'è-ben*) (Quel genre de chambre voudriez-vous ?)

Vous pouvez prendre l'initiative et indiquer le type de chambre que vous voulez avec l'expression :

- **Ik wil graag…** (*ik wil ghraagh*) (Je voudrais…)
  - **een eenpersoonskamer** (*en één-per-sôôns-kaa-mer*) (une chambre pour une personne)
  - **een tweepersoonskamer** (*en twéé-per-sôôns-kaa-mer*) (une chambre pour deux personnes)
  - **een rookvrije kamer** (*en rôôk-frèï-ye kaa-mer*) (une chambre non-fumeur)
  - **een kamer op de eerste verdieping** (*en kaa-mer op de éér-ste ver-dii-ping*) (une chambre au premier étage)
- **Ik wil graag een kamer met…** (*ik wil ghraagh en kaa-mer mèt …*) (Je voudrais une chambre avec…)
  - **douche** (*dououch*) (douche)

- **bad** (*bât*) (bain)
- **een tweepersoonsbed** (*en twéé-per-sôôns-bèt*) (un lit pour deux personnes)
- **twee eenpersoonsbedden** (*twéé één-per-sôôns-bè-den*) (deux lits d'une personne)

TRUC

Wat voor een? (*wât vôôr en*) (Quelle sorte de ?) Ces trois petits mots peuvent être utilisés par la personne qui s'occupe de vous, à l'hôtel, au bureau du tourisme ou ailleurs. Ce type de question permet aux gens de comprendre exactement ce que vous voulez. Par exemple :

- **Wat voor een kamer wilt u?** (*wât vôôr en kaa-mer wilt uu*) (Quel genre de chambre voulez-vous ?)
- **Wat voor een hotel zoekt u?** (*wât vôôr een h'ôô-tèl zououkt uu*) (Quel genre d'hôtel cherchez-vous ?)
- **Wat voor een wijn wilt u? Witte of rode?** (*wât vôôr en wèïn wilt uu. wi-te of rôô-de*) (Quelle sorte de vin voulez-vous ? Blanc ou rouge ?)

Demander le prix

Vous pouvez aussi avoir envie de connaître le prix de la chambre d'hôtel. Vous disposez pour ce faire de plusieurs solutions. Vous pouvez demander quel est le prix de base, mais vous pouvez aussi demander le prix en y incluant d'autres éléments.

- **Hoeveel kost de kamer?** (*h'ouou-véél kost de kaa-mer*) (Combien coûte la chambre ?)
- **Hoeveel is een overnachting met ontbijt?** (*h'ouou-véél is en ôô-ver-nâgh-ting mèt ont-bèït*) (Combien coûte une nuit avec petit déjeuner ?)
- **Hoeveel is een kamer met volpension?** (*h'ouou-véél is en kaa-mer mèt vol-pèn-syôn*) (Combien coûte une chambre avec pension complète ?)
- **Hoeveel is een kamer met halfpension?** (*h'ouou-véél is en kaa-mer mèt h'âlf-pèn-syôn*) (Combien coûte une chambre en demi-pension ?)

Terminer la réservation

Pour confirmer l'opération, vous pouvez dire :

Wilt u de kamer voor mij reserveren? (*wilt u de kaa-mer vôôr mèï réé-sèr-véé-ren*) (Voulez-vous s'il vous plaît me réserver la chambre ?)

Conversation

Sofie et son compagnon Rob prévoient de passer un long week-end sur l'île de Vlieland. Sofie appelle l'un des hôtels.

Réceptionniste : **Hotel Van Belle, goedemorgen, (FL) (u spreektmet) Jan de Haan.**

h'ôô-tèl vân bè-le ghouou-de-mor-ghen èl-len de h'aan

(fl) h'ôô-tèl vân bè-le ghouou-de mor-ghen ,uu sprééḱt met el-len de h'aan

Hôtel Van Belle, bonjour, Ellen de Haan à l'appareil.

Sofie : **Goedemorgen, met Sofie Vermeent. Heeft u een kamer vrij voor het eerste weekend van september, dus 3 en 4 september?**

ghouou-de-mor-ghen mèt sôô-fii ver-méént. hééft uu en kaa-mer vrèï vôôr h'et éér-ste wii-kènt vân sèp-tèm-ber dus drii èn viir sèp-tem-ber

Bonjour, ici Sofie Vermeent. Avez-vous une chambre de libre pour le premier week-end de septembre, soit les 3 et 4 septembre ?

Réceptionniste : **Eens even kijken. Wat voor kamer wilt u reserveren?**

ééns éé-ven kèï-ken. wât vôôr kaa-mer wilt uu réé-sèr-véé-ren

Je regarde. Quel genre de chambre voulez-vous réserver ?

Sofie : **Ik wil een tweepersoonskamer reserveren.**

ik wil en twéé-per-sôôns-kaa-mer réé-sèr-véé-ren

Je veux réserver une chambre à deux personnes.

Réceptionniste : **U boft [PB] / U hebt geluk [FL]. We hebben precies één tweepersoonskamer over.**

uu boft. we hè-ben pre-siis één twéé-per-sôôns-kaa-mer ôô-ver

(FL) uu h'èbt geluk,. we hè-ben pre-siis één twéé-per-sôôns-kaa-mer ôô-ver

Vous avez de la chance. Il nous reste juste une chambre double.

Sofie : **Is dat een kamer met bad?**

is dât en kaa-mer mèt bât

Est-ce une chambre avec bain ?

Réceptionniste : **Het is een kamer met een tweepersoonsbed en met een douche. Er is geen bad. Is dat een probleem?**

h'et is en kaa-mer mèt en twéé-per-sôôns-bèt èn mèt en douch. èr is ghéén bât. is dât en pro-bléém

C'est une chambre avec un lit à deux personnes et avec douche. Il n'y a pas de baignoire. Est-ce un problème ?

Sofie : **Dat hangt er vanaf. Wat is de prijs voor twee nachten?**

dât h'ângt èr vân-âf. wât is de prèïs vôôr twéé nâgh-ten

Cela dépend. Quel est le prix pour deux nuits ?

Réceptionniste : **Voor een weekend van twee nachten is het € 227,50 per persoon.**

vôôr en wii-kènt vân twéé nâgh-ten is h'et twéé-h'on-dert zéé-ven-en-twin-tigh eu-rôô vèïf-tigh per per-sôôn

Pour un week-end de deux nuits c'est 227,50 € par personne.

Sofie : **O, dat is veel duurder dan ik dacht.**

ôô dât is véél duur-der dân ik dâght

Oh, c'est beaucoup plus cher que je ne pensais.

Réceptionniste : **We zitten nog in het hoogseizoen.**

we zi-ten nogh in h'et h'ôôg-sèï-zoun

C'est encore la haute saison.

Sofie : **OK, maar ik wil eerst met mijn partner overleggen.**

ôô-kéé maar ik wil éérst mèt mèïn pârt-ner ôô-ver-lè-ghen

OK, mais je veux d'abord consulter mon compagnon.

Réceptionniste : **Wacht niet te lang als u wilt boeken. Vanwege het mooie weer krijgen we veel telefoontjes.**

wâght niit te lâng âls uu wilt bouou-ken. vân-wéé-ghe h'et môôï-ye wéér krèï-ghen we véél téé-léé-fôôn-tyes

N'attendez pas trop longtemps si vous voulez réserver. A cause du beau temps nous recevons beaucoup de coups de téléphone.

Sofie : **Ik bel u over een halfuur terug. In ieder geval bedankt voor de informatie.**

ik bèl uu ôô-ver en h'âlf-uur trugh. in ii-der ghe-vâl be-dânkt vôôr de in-for-maa-tsii

Je vous rappelle dans une demi-heure. En tout cas merci pour les informations.

Réceptionniste : **Graag gedaan. Fijne dag nog.**

ghraagh ghe-daan. fèï-ne dâgh nogh

Il n'y a pas de quoi. Bonne journée.

Sofie : **Ja, hetzelfde [PB] / Dank je en voor u ook [FL].**

yaa h'et-zèlf-de

(FL) dank-yè èn vôôr uu ôôk

Vous de même.

Mots clés

boffen	bof-fen	avoir de la chance
duur	duur	cher
het hoogseizoen	h'et h'ôôgh-sèi-zoun	la haute saison
de partner	de pârt-ner	le compagnon/la compagne
overleggen	ôô-ver-lè-ghen	consulter
boeken	bouou-ken	réserver
de informatie	de in-for-maa-tsii	les informations

Se présenter

Quand vous arrivez à l'hôtel, vous devez vous présenter à **de receptie** (*de re-sèp-sii*) (la réception). Pour faire savoir à la personne qui vous accueille que vous avez réservé, vous dites :

- **Ik heb een kamer gereserveerd.** (*ik h'èp en kaa-mer ghe-réé-sèr-véért*) (J'ai réservé une chambre.)
- **Mijn naam is...** (*mèïn naam is ...*) (Mon nom est...)

Combien de temps restez-vous ?

Si vous n'avez pas réservé ou si le réceptionniste veut vérifier combien de temps vous restez, vous pouvez entendre la question :

Hoeveel nachten blijft u? (*h'ouou-véél nâgh-ten blèïft uu*) (Combien de nuits restez-vous ?)

Vous pouvez répondre à cette question par la phrase suivante :

- **Ik blijf...** (*ik blèïf*) (Je reste...)
  - **maar één nacht** (*maar één nâght*) (seulement une nuit)
  - **drie nachten** (*drii nâgh-ten*) (trois nuits)
  - **een week** (*en wéék*) (une semaine)
  - **tot de 28e** (*tot de âgh-ten-twin-tigh-ste*) (jusqu'au 28)

Remplir le formulaire d'enregistrement

Vous pouvez avoir à remplir een formulier (en for-muu-liir) (un formulaire) à la réception après vous être présenté. Le réceptionniste vous tend le formulaire et dit quelque chose comme :

Wilt u alstublieft dit formulier invullen? (*wilt uu âls-tuu-bliift dit for-muu-liir in-vu-len*) (Voulez-vous s'il vous plaît remplir ce formulaire ?)

Ce que vous devez inscrire est variable. Parfois le nom et l'adresse suffisent, parfois vous devez fournir les renseignements suivants :

- **naam** (*naam*) (nom de famille)
- **voornamen** (*vôôr-naa-men*) (prénoms)
- **straat en huisnummer** (*straat èn hoeïs-nu-mer*) (rue et numéro)
- **postcode** (*post-kôô-de*) (code postal)
- **woonplaats** (*wôôn-plaats*) (domicile)
- **geboortedatum** (*ghe-bôôr-te-daa-tum*) (date de naissance)

- **nationaliteit** (*naa-syôô-naa-lii-tèït*) (nationalité)
- **beroep** (*be-rououp*) (profession)
- **paspoortnummer** (*pâs-pôôrt-nu-mer*) (numéro de passeport)
- **kenteken auto** (*kèn-téé-ken aôw-tôô*) (numéro d'immatriculation de la voiture)
- **plaats en datum** (*plaats èn daa-tum*) (lieu et date)
- **handtekening** (*h'ânt-téé-ke-ning*) (signature)

Quand vous êtes enregistré, le réceptionniste vous indique le numéro de votre chambre :

> **U heeft kamer nummer 25.** (*uu h'ééft kaa-mer nu-mer vèïf-en-twin-tigh*) (Vous avez la chambre numéro 25.)

On vous remet une clé électronique (une carte à puce pour entrer dans la chambre) ou une clé traditionnelle accrochée à une plaque comportant le numéro de chambre.

Dans les hôtels ayant des clés traditionnelles, vous devez rendre la clé à la réception quand vous quittez l'hôtel. En revenant dans l'hôtel, vous avez évidemment besoin de la clé. Vous pouvez la demander par l'une des phrases suivantes :

- **Mag ik mijn sleutel hebben? Nummer 25.** (*mâgh ik mèïn sleueu-tel h'è-ben. nu-mer vèïf-en-twin-tigh*) (Puis-je avoir ma clé ? Numéro 25.)
- **De sleutel van kamer 25 alstublieft.** (*de sleueu-tel vân kaa-mer vèïf-en-twin-tigh âls-tuu-bliift*) (La clé de la chambre 25 s'il vous plaît.)

Vous aurez vraisemblablement des bagages avec vous, tels que **een koffer** (*en ko-fer*) (une valise) ou même **een paar koffers** (*en paar ko-fers*) (plusieurs valises). Pour tout mentionner, vous utilisez le mot **de bagage** (*de bâ-ghaa-je*) (les bagages). Si vous avez besoin d'aide pour porter vos bagages, vous pouvez utiliser la question suivante :

> **Kan iemand mij met mijn bagage helpen?** (*kân ii-mânt mèï mèt mèïn bâ-ghaa-je h'èl-pen*) (Quelqu'un peut-il m'aider avec mes bagages ?)

Pronoms possessifs : mijn, jouw, etc.

Les pronoms possessifs disent qui possède quelque chose :

- **Ik heb bagage. Dat is mijn bagage.** (*ik h'èp bâ-ghaa-je. dât is mèïn bâ-ghaa-je*) (J'ai des bagages. Ce sont mes bagages.)

- **Jij hebt bagage. Dat is jouw bagage.** (*yèï h'èpt bâ-ghaa-je. dât is yaôw bâ-ghaa-je*) (Tu as des bagages. Ce sont tes bagages.)
- **Hij heeft bagage. Dat is zijn bagage.** (*h'èï h'ééft bâ-ghaa-je. dât is zèïn bâ-ghaa-je*) (Il a des bagages. Ce sont ses bagages.)
- **Zij heeft bagage. Dat is haar bagage.** (*zèï h'ééft bâ-ghaa-je. dât is h'aar bâ-ghaa-je*) (Elle a des bagages. Ce sont ses bagages.)
- **U heeft bagage. Dat is uw bagage.** (*uu h'ééft bâ-ghaa-je. dât is uuw bâ-ghaa-je*) (Vous avez des bagages. Ce sont vos bagages.)
- **Wij hebben bagage. Dat is onze bagage.** (*wèï h'è-ben bâ-ghaa-je. dât zèïn on-ze bâ-ghaa-je*) (Nous avons des bagages. Ce sont nos bagages.)
- **Jullie hebben bagage. Dat is jullie bagage.** (*yu-lii h'è-ben bâ-ghaa-je. dât is yu-lii bâ-ghaa-je*) (Vous avez des bagages. Ce sont vos bagages.)
- **Zij hebben bagage. Dat is hun bagage.** (*zèï h'è-ben bâ-ghaa-je. dât is h'un bâ-ghaa-je*) (Ils/elles ont des bagages. Ce sont leurs bagages.)

Ainsi :

Pronoms personnels	***Pronoms possessifs***
ik	**mijn/m'n**
jij/je	**jouw/je**
u	**uw**
hij	**zijn**
zij/ze	**haar**
wij/we	**ons/onze**
jullie	**jullie/je**
zij/ze	**hun**

Notez que mijn s'écrit avec un n ! Vous utilisez m'n seulement dans le langage parlé. **Jouw** se termine par un **w**, comme **uw**. En néerlandais écrit, les gens utilisent **jouw** : **Dank voor jouw mail** (*dânk vôôr yaôw mèïl*) (Merci pour ton e-mail). En néerlandais parlé et informel, il est courant de dire je : **Ik heb je mailtje gelezen** (*ik h'èp ye mèïl-tye ghe-léé-zen*) (J'ai lu ton e-mail). C'est la même chose pour jullie/je ; en néerlandais écrit la forme suivante est correcte : **Hoe was jullie vakantie?** (*h'ouou wâs yu-lii vaa-kân-sii*) (Comment se sont passées vos vacances ?) Quand vous parlez à deux personnes ou plus, il est très courant de dire : **Hoe was je vakantie?** (*h'ouou wâs ye vaa-kân-sii*) (Comment étaient vos vacances ?)

Le pronom personnel **wij** a deux pronoms possessifs : **ons** et **onze**. Pour les utiliser correctement, vous devez savoir si vous avez affaire à un mot en **de** ou à un mot en **het** ; les mots en **de** entraînent l'usage de **onze** et les mots en het celui de ons :

- **de vakantie → onze vakantie** (*de vaa-<u>kân</u>-sii → <u>on</u>-ze vaa-<u>kân</u>-sii*) (les vacances → nos vacances)
- **de sleutel → onze sleutel** (*de sleueu-tel → <u>on</u>-ze <u>sleueu</u>-tel*) (la clé → notre clé)
- **het bad → ons bad** (*h'et bât → ons bât*) (le bain → notre bain)
- **het uitzicht → ons uitzicht** (*h'et <u>oeït</u>-zight → ons <u>oeït</u>-zight*) (la vue → notre vue)

Si vous voulez seulement dormir sans être dérangé, cherchez dans la chambre le signal portant le message ci-après :

Niet storen. (*niit <u>stôô</u>-ren*) (Ne pas déranger.)

L'hôtel

De nombreux hôtels proposent des services supplémentaires. Généralement ces services sont énumérés sur un dépliant ou un menu que vous trouvez dans votre chambre. Si vous ne trouvez pas d'informations écrites sur les services, vous pouvez appeler la réception et demander :

Heeft het hotel...? (*h'ééft h'et h'ôô-<u>tel</u>*) (Est-ce que l'hôtel a...)

Vous pouvez alors demander un service en terminant la phrase par l'un des mots suivants :

- **een sauna** (*en <u>saôw</u>-naa*) (un sauna)
- **een zwembad** (*en <u>zwèm</u>-bât*) (une piscine)
- **een fitnesszaal** (*en <u>fit</u>-nes-zaal*) (une salle de remise en forme)
- **een wasservice** (*en <u>wâs</u>-ser-fis*) (une blanchisserie)

Les questions suivantes portent sur le petit déjeuner et le service dans la chambre :

- **Hoe laat is het ontbijt?** (*h'ouou laat is h'et ont-<u>bèït</u>*) (A quelle heure est le petit déjeuner ?)
- **Kan ik roomservice krijgen?** (*kân ik <u>roum</u>-ser-fis <u>krèï</u>-ghen*) (Avez-vous un service dans la chambre ?)

Il peut être très utile que quelqu'un ait la possibilité de laisser un message pour vous à l'hôtel. Pour savoir s'il y a des messages pour vous, demandez :

> **Heeft iemand een boodschap voor mij achtergelaten?** (*h'ééft ii-mânt en bôôt-sghâp vôôr mèï âgh-ter-ghe-laa-ten*) (Quelqu'un a-t-il laissé un message pour moi ?)

Conversation

Sofie et son compagnon Rob arrivent à leur hôtel à Vlieland. Ils se présentent à la réception.

Sofie : **Goedenavond, ik ben Sofie Vermeent. Wij hebben een tweepersoonskamer gereserveerd.**

ghouou-den-aa-vont ik bèn sôô-fii ver-méént. wèï hè-ben en twéé-per-sôôns-kaa-mer ghe-réé-ser-véért

Bonsoir, je suis Sofie Vermeent. Nous avons réservé une chambre pour deux personnes.

Réceptionniste : **Goedenavond. U heeft een tweepersoonskamer met bad gereserveerd voor twee nachten.**

ghouou-den-aa-vont. uu h'ééft en twéé-per-sôôns-kaa-mer mèt bât ghe-réé-ser-véért vôôr twéé nâgh-ten

Bonsoir. Vous avez réservé une chambre pour deux personnes avec bain pour deux nuits.

Sofie : **Dat klopt.**

dât klopt

C'est cela.

Réceptionniste : **Wilt u dit formulier invullen?**

wilt uu dit for-muu-liir in-vu-len

Voulez-vous remplir ce formulaire ?

Sofie : **Morgen willen we gaan fietsen. Moeten we de fietsen nu reserveren?**

mor-ghen wi-len we ghaan fiit-sen. mouou-ten we de fiit-sen nuu réé-ser-véé-ren

Demain nous voulons faire une promenade en vélo. Devons-nous réserver les bicyclettes maintenant ?

Réceptionniste : **Ik reserveer nu twee fietsen voor u. U vindt ze morgen aan de achterkant van het hotel.**

ik réé-ser-véér nuu twéé fiit-sen vôôr uu. uu vint ze mor-ghen aan de âgh-ter-kânt van het h'ôô-tel

Je réserve dès maintenant deux bicyclettes pour vous. Vous les trouverez demain derrière l'hôtel.

Sofie : **Mooi, dank u.**

môôïy dânk uu

Parfait, merci.

Réceptionniste : **Hier is de sleutel van uw kamer, nummer 25. De kamer is op de eerste verdieping, met uitzicht op zee.**

h'iir is de sleueu-tel vân uuw kaa-mer nu-mer vèïf-en-twin-tigh. de kaa-mer is op de éér-ste ver-dii-ping mèt oeït-zight op zéé

Voici la clé de votre chambre, numéro 25. La chambre est au premier étage, avec vue sur mer.

Sofie : **Hoe laat is het ontbijt?**

h'ouou laat is h'et ont-bèït

A quelle heure est le petit déjeuner ?

Réceptionniste : **Van zeven tot tien.**

vân zéé-ven tot tiin

De sept heures à dix heures.

Sofie : **Dank u.**

dânk uu

Merci.

Réceptionniste : **Graag gedaan.**

ghraagh ghe-daan

Je vous en prie.

Mots clés

het formulier	h'et for-muu-liir	le formulaire
de fiets	de fiits	la bicyclette
de sleutel	de sleueu-tel	la clé
de zee	de zéé	la mer

Dire que l'on part et payer la note

Les Néerlandais sont un peu comme les Français : ils n'avaient pas de mot équivalent de l'anglais « checking out » qui veut dire prévenir qu'on s'en va et régler la note, mais ils ont fabriqué le mot semi-anglais **uitchecken** (*oeït-chè-ken*). Pour plus d'informations sur les mots anglais avec une conjugaison néerlandaise, reportez-vous au chapitre 8. Pour savoir à quel moment vous devez libérer la chambre, vous demandez :

> **Hoe laat moeten wij uit de kamer zijn?** (*h'ouou laat mouou-ten wèï oeït de kaa-mer zèïn*) (A quelle heure devons-nous libérer la chambre ?)

Demander la note

Quand le moment est venu de partir, vous utilisez généralement le verbe **vertrekken** (*ver-trè-ken*) (partir). Quand vous voulez partir, vous remettez votre clé à la réception et vous dites :

> **Ik vertrek / wij vertrekken.** (*ik ver-trèk / wèï ver-trè-ken*) (Je pars / nous partons.)

Après quoi le réceptionniste préparera vraisemblablement votre note. Et si ce n'est pas le cas, vous pouvez demander la note par la phrase suivante :

> **Mag ik de rekening alstublieft?** (*mâgh ik de réé-ke-ning âls-tuu-bliift*) (Puis-je avoir la note s'il vous plaît ?)

S'informer sur le coût des suppléments

Bien sûr, vous devez payer en sus les services spéciaux dont vous avez bénéficié. Vous pourriez vouloir savoir combien a coûté le service de blanchisserie. Par ailleurs, vous pouvez vouloir dire au réceptionniste que vous avez pris quelque chose dans le minibar :

- **Hoeveel is de wasservice?** (*h'ouou-véél is de wâs-ser-fis*) (Combien coûte le service de blanchisserie ?)
- **Ik heb ... uit de minibar genomen.** (*ik h'èp ... oeït de mii-nii-bâr ghe-nôô-men*) (J'ai pris ... dans le minibar.)

Utilisation des verbes séparables au passé composé et au passé

Le néerlandais a beaucoup de verbes qui se séparent en deux éléments. Ils commencent souvent par une préposition telle que **achter-**, **in-** ou **uit-** :

- **achterlaten** (*âgh-ter-laa-ten*) (laisser (derrière))
- **invullen** (*in-vu-len*) (remplir)
- **uitchecken** (*oeït-chè-ken*) (prévenir qu'on s'en va et régler la note)

Tous les verbes néerlandais commençant par une préposition ou un autre préfixe ne sont pas séparables, par exemple **voorkomen** (*vôôr-kôô-men*) (empêcher). Les verbes séparables sont faciles à reconnaître parce qu'ils commencent toujours par une syllabe accentuée. Vous trouverez davantage d'informations sur les prépositions au chapitre 3.

Note : ces verbes dits séparables ne se séparent pas toujours ! Ils se séparent au présent :

- **Ik laat een boodschap achter.** (*ik laat en bôôt-sghâp âgh-ter*) (Je laisse un message.)
- **Ik vul het formulier in.** (*ik vul h'et for-muu-liir in*) (Je remplis le formulaire.)
- **Wij checken uit.** (*wèï chè-ken oeït*) (Nous annonçons notre départ et réglons la note.)

Les verbes séparables ne se séparent pas au passé composé : le participe passé, dont vous avez besoin pour construire le passé composé, ne comporte qu'un seul mot. Les exemples suivants vous montrent comment est formé le participe passé des verbes séparables :

- **achterlaten → achtergelaten**
- **Ik heb een boodschap achtergelaten.** (*ik h'èp en bôôt-sghâp âgh-ter-ghe-laa-ten*) (J'ai laissé un message.)
- **invullen → ingevuld**
- **Ik heb het formulier ingevuld.** (*ik h'èp h'et for-muu-liir in-ghe-vult*) (J'ai rempli le formulaire.)
- **uitchecken → uitgecheckt**
- **Wij hebben uitgecheckt.** (*wèï h'è-ben oeït-ghe-chèkt*) (Nous avons annoncé notre départ et réglé la note.)

Ainsi, vous commencez par une préposition telle que **achter-, in-, uit-**, après laquelle vient une syllabe caractéristique du participe passé néerlandais : **ge**. Après **ge** vient le reste. Cette formation est différente de celle d'un participe passé « normal ». Un participe passé régulier commence par **ge-** :

- **werken → gewerkt**

  Ik heb gewerkt. (*ik h'èp ghe-wèrkt*) (J'ai travaillé.)
- **studeren → gestudeerd**

  Ik heb gestudeerd. (*ik h'èp ghe-stuu-déérd*) (J'ai étudié.)

Les verbes séparables se séparent également au passé, comme ils le font au présent :

- **Ik laat een boodschap achter.** (*ik laat en bôôt-sghâp âgh-ter*) (Je laisse un message.)
- **Ik liet een boodschap achter.** (*ik liit en bôôt-sghâp âch-ter*) (Je laissai un message.)
- **Ik vul het formulier in.** (*ik vul h'et for-muu-liir in*) (Je remplis le formulaire.)
- **Ik vulde het formulier in.** (*ik vul-de h'et for-muu-liir in*) (Je remplis le formulaire.)
- **Wij checken uit.** (*wèï chè-ken oeït*) (Nous prévenons de notre départ et réglons la note.)
- **Wij checkten uit.** (*wèï chèk-ten oeït*) (Nous annonçâmes notre départ et réglâmes la note.)

Le départ

Si vous devez libérer la chambre et payer avant de continuer votre voyage, vous pouvez vouloir laisser vos bagages à l'hôtel pendant quelques heures. La plupart des hôtels n'y voient pas d'inconvénient. Vous utilisez à cette fin la phrase suivante :

> **Kan ik hier de bagage achterlaten tot ... uur?** (*kân ik h'iir de bâ-ghaa-je âgh-ter-laa-ten tot ... uur*) (Puis-je laisser mes bagages ici jusqu'à ... heures ?)

Quand vous revenez prendre vos bagages, vous dites :

- **Mag ik alstublieft mijn bagage?** (*mâgh ik âls-tuu-bliift mèïn bâ-ghaa-je*) (Puis-je avoir mes bagages s'il vous plaît ?)
- **Mogen wij alstublieft onze bagage?** (*môô-ghen wèï âls-tuu-bliift on-ze bâ-ghaa-je*) (Pouvons-nous avoir nos bagages s'il vous plaît ?)

Quand vous êtes prêt à partir pour l'aéroport ou la gare, et si vous voulez que la réception vous appelle un taxi, vous demandez :

> **Kunt u alstublieft een taxi bellen?** (*kunt uu âls-tuu-bliift en tâk-sii bè-len*) (Pouvez-vous s'il vous plaît appeler un taxi ?)

Le réceptionniste a besoin de savoir où vous allez avant de pouvoir appeler un taxi. Il faut donc que vous sachiez indiquer votre destination ! Le réceptionniste pourrait vous demander :

> **Waar moet u naartoe?** (*waar mouout uu naar-touou*) (Où allez-vous ?)

Conversation

CD

Sofie et Rob quittent l'hôtel Van Belle. Ils vont à la réception pour dire qu'ils s'en vont et payer.

Sofie : **Goedemorgen! Wij gaan vertrekken. Mag ik misschien de rekening? (FL) Mag ik de rekening, a.u.b.?**

ghouou-de-mor-ghen. wèï ghaan ver-trè-ken. mâgh ik mis-sghiin de réé-ke-ning

(FL) ghouou-ve-mor-ghen. wèï ghaan ver-trè-ken. mâgh ik de réé-ke-ning âls-tuu bliift

Bonjour ! Nous partons. Puis-je avoir l'addition s'il vous plaît ?

Réceptionniste : **Natuurlijk, een ogenblikje alstublieft. Heeft u het naar uw zin gehad?**

nâ-tuur-lek en ôô-ghen-blik-ye âls-tuu-bliift. h'ééft uu h'et naar uuw zin ghe-hât

Bien sûr, un instant s'il vous plaît. Votre séjour s'est-il déroulé comme vous l'espériez ?

Sofie : **Jazeker. We waren erg blij met de fietsen vanwege het prachtige weer.**

yaa-zéé-ker. we waa-ren èrgh blèï mèt de fiit-sen vân-wéé-ghe h'et pragh-ti-ghe wéér

Certainement. Nous étions très contents des bicyclettes, car le temps était magnifique.

Réceptionniste : **Ja, u heeft geluk gehad met het weer. Heeft u nog iets uit de minibar genomen?**

yaa uu h'ééft ghe-luk ghe-hât mèt h'et wéér. hééft uu nogh iits oeït de mii-ni-bâr ghe-nôô-men

Oui, vous avez eu de la chance avec le temps. Avez-vous pris encore quelque chose dans le minibar ?

Sofie : **Nee, maar we hebben wel extra wijn genomen bij het eten.**

néé maar we h'è-ben wèl èk-straa wèïn ghe-nôô-men bèï h'et éé-ten

Non, mais nous avons pris du vin en supplément pendant le dîner.

Réceptionniste : **Ja, dat heb ik doorgekregen van het restaurant. Alstublieft, hier is de rekening.**

yaa dât h'èp ik dôôr-ghe-kréé-ghen vân h'et rès-tôô-rânt. âls-tuu-bliift h'iir is de réé-ke-ning

Oui, cela m'a été indiqué par le restaurant. S'il vous plaît, voici l'addition.

Sofie : **Hoeveel is de huur van de fietsen?**

h'ouou-véél is de h'uur vân de fiit-sen

Combien coûte la location des bicyclettes ?

Réceptionniste : **De fietsen waren inbegrepen.**

de fiit-sen waa-ren in-be-ghréé-pen

Les bicyclettes étaient incluses.

Sofie :	**Alstublieft.** *âls-tuu-bliift* S'il vous plaît.
Réceptionniste :	**Wilt u hier tekenen? Dank u en goede reis terug!** *wilt uu h'iir téé-ke-nen. dânk uu èn ghouou-de rèïs trugh* Voulez-vous signer ici ? Merci et bon voyage de retour !
Sofie :	**Tot ziens!** *tot ziins* Au revoir !

Chapitre 13

Moyens de transport

Dans ce chapitre :

- À l'aéroport
- Voyager en voiture
- Voyager en train
- Voyager en but, en tram, en métro ou en taxi

Dans ce chapitre, vous voyagez en avion, en train, en bus, en métro, en tram et en taxi. Après l'avoir lu, vous saurez communiquer avec l'employé de la compagnie aérienne, les douaniers, les employés de sociétés de location de voiture et ceux des trains et des bus.

À l'aéroport

Être dans un aéroport veut dire faire la queue. Cela commence par l'achat ou la récupération de votre billet et se termine par l'enregistrement de vos bagages. Même si un billet électronique vous dispense d'avoir à aller chercher votre billet, vous devez toujours enregistrer vos bagages. Dans ce chapitre, vous trouverez les expressions pour demander si vous êtes dans la bonne file d'attente, à quelle heure vous partez et où est votre porte d'embarquement.

La plupart des employés d'aéroport parlent plusieurs langues, et donc, si vos connaissances du néerlandais sont encore insuffisantes, vous pouvez parler français, et si cela ne marche pas, une autre langue que vous connaissez. Vous avez dans la main **het ticket** (*h'et <u>ti</u>-kèt*) (le billet) et probablement **het retourticket** (*h'et re-<u>tour</u>-ti-kèt*) (le billet de retour) pour **de retourvlucht** (*de re-<u>tour</u>-vlught*) (le vol de retour). Lors de l'enregistrement vous recevez votre **instapkaart** (*in-stâp-kaart*) (carte d'embarquement).

Obtenir le billet

À moins que vous n'ayez imprimé vous-même votre billet électronique ou reçu le billet par avance par la poste, vous devez récupérer votre billet à l'aéroport. Tout d'abord il vous faut trouver le bon comptoir. Si vous ne le trouvez pas, demandez à un employé du bureau des renseignements :

> **Waar is de ticketbalie?** (*waar is de ti-kèt-baa-lii*) (Où peut-on retirer les billets ?)

Une fois devant le comptoir approprié, vous pouvez utiliser l'expression suivante :

> **Ik kom mijn ticket ophalen.** (*ik kom mèïn ti-kèt op-h'aa-len*) (Je viens chercher mon billet.)

Après avoir retiré vos billets, vous pouvez demander : **Hoe laat kan ik inchecken?** (*h'ouou laat kân ik in-chè-ken*) (A quelle heure puis-je m'enregistrer ?). Vous pouvez aussi demander : **Hoeveel mag ik meenemen?** (*h'ouou-véél mâgh ik méé-néé-men*) (Combien de kilos de bagages puis-je emporter ?) pour savoir ce que vous pouvez prendre dans l'avion.

Enregistrement

Lors de l'enregistrement, het grondpersoneel (h'et ghrônt-per-so-nééł) (le personnel au sol) vous posera l'une des questions suivantes :

- **Heeft u bagage?** (*h'ééft uu bâ-ghaa-je*) (Avez-vous des bagages ?)
- **Wilt u uw bagage op de band zetten?** (*wilt uu uuw bâ-ghaa-je op de bânt zè-ten*) (Voulez-vous mettre vos bagages sur le convoyeur ?)
- **Is dit uw handbagage?** (*is dit uuw h'ânt-bâ-ghaa-je*) (Est-ce votre bagage à main ?)

Après avoir pesé vos bagages, le personnel au sol peut vous dire :

- **Uw overbagage is twee kilo.** (*uuw ôô-ver-bâ-ghaa-je is twéé kii-lôô*) (Vos bagages pèsent deux kilos de plus que la limite.)
- **Uw overbagagetarief is 50 euro.** (*uuw ôô-ver-bâ-ghaa-je taa-riif is vèïf-tigh eu-rôô*) (Le coût du dépassement de poids est 50 euros.)

En préparant votre carte d'embarquement, votre interlocuteur peut vous demander :

> **Wilt u bij het raam zitten of bij het gangpad?** (*wilt uu bèï h'et raam zi-ten of bèï h'et ghâng-pât*) (Voulez-vous un siège près d'une fenêtre ou de l'allée ?)

Vous pouvez répondre simplement **bij het raam** (*bèï h'et raam*) (près de la fenêtre) ou **bij het gangpad** (*bèï h'et ghâng-pât*) (près de l'allée), selon vos préférences.

Vous pourriez aussi vouloir poser les questions suivantes pour obtenir plus de détails sur le vol :

- **Hoe lang duurt de vlucht?** (*h'ouou lâng duurt de vlught*) (Combien de temps dure le vol ?)
- **Wanneer vertrekt het vliegtuig?** (*wâ-néér ver-trèkt h'et vliigh-toeïgh*) (Quand l'avion part-il ?)

Si vous êtes à l'aéroport pour rencontrer quelqu'un qui arrive par un autre avion, vous pouvez demander :

> **Wanneer komt het vliegtuig uit Parijs aan?** (*wâ-néér komt h'et vliigh-toeïgh oeït paa-rèïs aan*) (Quand arrive l'avion de Paris ?)

Si l'attente est plus longue que vous ne le pensiez, vous pouvez demander :

> **Heeft het vliegtuig vertraging?** (*h'ééft h'et vliigh-toeïgh ver-traa-ghing*) (L'avion a-t-il du retard ?)

Conversation

Hans de Experteam fait un voyage d'affaires en avion à Bruxelles. Dans le hall de départ, il va directement au comptoir KL pour retirer son billet.

Hans : **Goedemorgen, ik kom mijn ticket ophalen.**

ghouou-de-mor-ghen ik kom mèïn ti-kèt op-h'aa-len

Bonjour, je viens retirer mon billet.

Employée : **Mag ik [FL] Uw naam alstublieft.**

(*mâgh ik*) *uuw naam âls-tuu-bliift*

Votre nom s'il vous plaît.

Hans : **Van der Jagt.**

vân dèr yâght

Van der Jagt.

Employée : **Alstublieft, meneer van der Jagt, uw ticket naar Brussel, vlucht KL128. U kunt doorlopen naar de check-in balie.**

âls-tuu-bliift me-néér vân dèr yâght uuw ti-kèt naar bru-sel vlught kaa-èl h'on-dert-âgh-ten-twin-tigh. uu kunt dôôr-lôô-pen naar de chèk-in-baa-lii

Voici, monsieur van der Jagt, votre billet pour Bruxelles, vol KL 128. Vous pouvez vous rendre au comptoir d'enregistrement.

Hans arrive au comptoir d'enregistrement.

Personnel au sol : **Goedemorgen, heeft u bagage?**

ghouou-de-mor-ghen, h'ééft uu bâ-ghaa-je

Bonjour, avez-vous des bagages ?

Hans : **Ik heb deze laptop als handbagage.**

ik h'èp déé-ze lèp-top âls h'ânt-bâ-ghaa-je

J'ai cet ordinateur portable comme bagage à main.

Personnel au sol : **Wilt u een plaats bij het raam of bij het gangpad?**

wilt uu en plaats bèï h'et raam of bèï h'et ghâng-pât

Voulez-vous une place fenêtre ou allée ?

Hans : **Bij het raam graag.**

bèï h'et raam ghraagh

Près de la fenêtre, s'il vous plaît.

Personnel au sol : **Hier is uw instapkaart. U heeft stoel B158, bij het raam.**

h'iir is uuw in-stâp-kaart. uu h'ééft stoul béé h'on-dert-âgh-ten-vèïf-tigh bèï h'et raam

Voici votre carte d'embarquement. Vous avez le siège B 158 près de la fenêtre.

Hans : **Is de vlucht op tijd?**

is de vlught op tèït

Le vol est-il à l'heure ?

Personnel au sol : **Ja, hij is op tijd. U vertrekt om 11:20 u. precies. U kunt nu meteen doorlopen naar gate 10. Goede [PB] / Goeie [FL] reis!**

yaa h'èï is op tèït. uu ver-trèkt om tiin vôôr h'âlf twaalf pre-siis. uu kunt nuu dôôr-lôô-pen naar guéét tiin. ghouou-de ghou-ve rèïs

Oui, il est à l'heure. Vous partez à 11 h 20 exactement. Vous pouvez maintenant rejoindre la porte numéro 10. Bon voyage !

Hans : **Dank u.**

dânk uu

Merci.

Le contrôle des passeports

Une fois parvenu à votre destination, vous devez passer par **de paspoortcontrole** (*de pâs-pôôrt-kon-tro-le*) (le contrôle des passeports).

INFO CULTURELLE

Passage de frontières

Si vous voyagez en voiture ou par le train à travers l'Europe, le passage de la douane est totalement différent de ce qu'il est à l'aéroport, en particulier si vous arrivez à la frontière entre deux pays de la **Europese Unie** (*eu-rôô-péé-se uu-nii*) (Union européenne). Les membres de l'Union européenne ont décidé de supprimer le contrôle des passeports entre leurs frontières communes et d'abolir les restrictions d'importations à l'intérieur de l'Union. Il est donc possible que vous passiez une frontière entre deux pays sans vous en apercevoir ! Vous verrez toutefois des signes relatifs aux limitations de vitesse, et d'autres panneaux de circulation, qui sont différents.

En général, il y a deux files d'attente : une pour les **EU-onderdanen** (*éé-uu-on-der-daa-nen*) (citoyens UE) et une pour les **niet-EU-onderdanen** (*niit-éé-uu-on-der-daa-nen*) (non-citoyens UE). Après le contrôle des passeports vous passez à travers le **douaneafhandeling** (*dou-aa-ne-âf-h'ân-de-ling*) (contrôle douanier), où vos bagages peuvent être vérifiés.

Une fois arrivé à l'aéroport de destination, vous voulez naturellement le quitter dès que possible. Voici quelques-uns des mots qui pourront vous aider pour **de paspoortcontrole** (*de pâs-pôôrt-kon-trôô-le*) (le contrôle des passeports) :

- **het paspoort** (*h'et pâs-pôôrt*) (le passeport)
- **onderdaan van de Europese Unie** (*on-der-daan vân de eu-rôô-péé-se uu-nii*) (citoyen de l'Union européenne)

- **andere nationaliteiten** (*ân-de-re naa-syôô-naa-lii-tèï-ten*) (autres nationalités)

Le policier peut vous demander combien de temps vous allez rester ainsi que l'objet de votre voyage, par l'une des questions suivantes :

- **Hoe lang blijft u in Nederland?** (*h'ouou lâng blèïft uu in néé-der-lânt*) (Combien de temps resterez-vous aux Pays-Bas ?)
- **Bent u hier als toerist of voor zaken?** (*bènt uu h'iir âls touou-rist of vôôr zaa-ken*) (Etes-vous ici comme touriste ou pour raison professionnelle ?)

Vous pourriez répondre :

- **Ik ben hier voor een vakantie.** (*ik bèn h'iir vôôr en vaa-kân-sii*) (Je suis ici pour passer des vacances.)
- **Ik ben hier voor zaken.** (*ik bèn h'iir vôôr zaa-ken*) (Je suis ici pour affaires.)
- **Ik ben op doorreis naar Amerika.** (*ik bèn op dôôr-rèïs naar aa-méé-rii-kaa*) (Je suis un passager en transfert pour l'Amérique.)

La douane

Après le contrôle des passeports, vous allez chercher vos bagages et vous passez **de douane** (*de dou-aa-ne*) (la douane), où vous pouvez avoir à ouvrir vos bagages en vue de leur inspection. Vous pouvez généralement choisir de vous mettre soit dans la file d'attente **Aangifte** (*aan-ghif-te*) (Articles à déclarer), soit dans celle appelée **Niets aan te geven** (*niits aan te ghéé-ven*) (Rien à déclarer).

Le douanier peut vous demander :

Heeft u iets aan te geven? (*h'ééft uu iits aan te ghéé-ven*) (Avez-vous quelque chose à déclarer ?)

Et vous pourriez répondre :

Ik wil dit graag aangeven. (*ik wil dit ghraagh aan-ghéé-ven*) (Je voudrais déclarer ceci.)

Le douanier pourrait vous demander d'ouvrir vos bagages :

Wilt u deze koffer / deze tas openmaken? (*wilt uu déé-ze ko-fer / déé-ze tâs ôô-pen-maa-ken*) (Voulez-vous ouvrir cette valise / ce sac ?)

Si le douanier vous demande ce que vous allez faire de quelque chose que vous avez acheté, vous pouvez dire :

- **Het is voor persoonlijk gebruik.** (*h'et is vôôr per-sôôn-lek ghe-broeïk*) (C'est pour un usage personnel.)
- **Het is een cadeautje.** (*h'et is en ka-dôô-tye*) (C'est un petit cadeau.)

Si le douanier n'est pas d'accord sur un objet qu'il trouve dans votre valise, il peut dire :

- **U mag dit niet invoeren.** (*uu mâgh dit niit in-vouou-ren*) (Vous n'avez pas le droit d'importer ceci.)
- **U mag dit niet uitvoeren.** (*uu mâgh dit niit oeït-vouou-ren*) (Vous n'avez pas le droit d'exporter ceci.)
- **U moet hiervoor invoerrechten betalen.** (*uu mouout h'iir-vôôr in-vour-règh-ten be-taa-len*) (Vous devez pour cela payer des droits d'importation.)

Vous pourriez lui demander :

> **Hoeveel moet ik betalen?** (*h'ouou-véél mouout ik be-taa-len*) (Combien dois-je payer ?)

Quand vous avez payé les droits et que vous êtes libre de continuer, le douanier peut vous dire : **U mag doorlopen** (*uu mâgh dôôr-lôô-pen*) (Vous pouvez continuer).

Voyager en voiture

Si vous devez voyager en voiture dans différents pays, assurez-vous que vous avez un permis de conduire adéquat. Vous pouvez trouver des informations sur www.rdw.nl ou à votre mairie.

Les routes les plus importantes sont appelées **snelwegen** (*snèl-wéé-ghen*) (autoroutes). Bien que ces autoroutes aient de quatre à six **rijbanen** (*rèï-baa-nen*) (voies), vous y rencontrerez de nombreux **files** (*fii-les*) (embouteillages). Ce sera le cas **in het spitsuur** (*in h'et spits-uur*) (à l'heure de pointe) qui peut durer jusqu'à 9 heures le matin et commencer après 3 heures l'après-midi. Chaque fois qu'il se produit quelque chose de particulier : **een ongeluk** (*en on-ghe-luk*) (un accident), **regen** (*réé-ghen*) (de la pluie), **mist** (*mist*) (du brouillard), **sneeuw** (*snéew*) (de la neige), vous pouvez **in de file staan** (*in de fii-le staan*) (vous trouver dans un embouteillage). **Wegwerkzaamheden** (*wègh-wèrk-zaam-h'éé-den*) (les travaux), particulièrement **onderhoud** (*on-

der-h'aôwt) (ceux d'entretien), ont généralement lieu en été, au cours de la nuit et des week-ends. Même à ces moments-là, vous n'êtes donc pas sûr de pouvoir circuler.

Voici quelques grandes routes importantes :

- **de A1** (*de aa-één*), qui traverse le pays d'ouest en est, depuis Amsterdam, passe à Enschede et va en Allemagne.
- **de A2** (*de aa-twéé*), qui va du nord au sud, et relie Amsterdam à Maastricht.
- **de A4** (*de aa-viir*), qui va d'Amsterdam via La Haye jusqu'à Rotterdam.

En Belgique

- **E 19** (*de éé né-gen tiin*) qui va d' Anvers à Mons en contournant Bruxelles
- **E 40** (*de éé féér-tig*) qui va d' Ostende à Liège en passant par Bruxelles
- **E 17** (*de éé zé-ven tiin*) qui va d'Anvers à Courtrai , en contournant Bruxelles

Pour voir davantage du pays, vous devez prendre une plus petite route. **Provinciale wegen** (*prôô-fin-syaa-le wéé-ghen*) (les routes provinciales) portent des numéros commençant par N et ont généralement de deux à quatre voies. Quand vous les prenez pour éviter les **verkeersopstoppingen** (*ver-kéérs-op-sto-ping-en*) (les bouchons), vous pouvez y trouver des centaines de voitures essayant de prendre un raccourci : vous ne gagnerez pas de temps. Voyagez-vous pour vos loisirs ? Essayez de voyager entre 9 heures du matin et 3 heures de l'après-midi !

Location d'une voiture

Si vous avez décidé de louer une voiture, vous devez vous rendre à **een autoverhuurbedrijf** (*en aôw-tôô-ver-h'uur-be-drèïf*) (une agence de location de voitures). Voici la phrase à utiliser en y arrivant :

> **Ik wil graag een auto huren.** (*ik wil ghraagh en aôw-tôô h'uu-ren*) (Je voudrais louer une voiture.)

Le préposé vous demandera quel genre de voiture vous voulez, en disant quelque chose comme :

> **Wat soort auto wil u huren?** (*wât sôôrt aôw-tôô wil uu h'uu-ren*) (Quel genre de voiture voulez-vous louer ?)

Vous fournirez l'une des réponses ci-après :

- **een personenwagen** (*en per-sôô-nen-waa-ghen*) (une voiture normale)
- **een busje** (*en bus-ye*) (un minibus)
- **een stationcar** (*en stéé-syen-kâr*) (une familiale)
- **een break** (*en bréék*) (un break)
- **en automaat** (*en aôw-tôô-maat*) (une automatique)
- **en diesel** (*en dii-sel*) (une diesel)

Généralement, les voitures sont réparties en classes de prix. Les suppléments suivants peuvent être proposés :

- **een kinderzitje** (*en kin-der-zit-ye*) (un siège pour enfant)
- **handbediening** rechts (*h'ânt-be-dii-ning règhts*) (conduite à droite)
- **handbediening links** (*h'ânt-be-dii-ning links*) (conduite à gauche)
- **een bagagerek** (*en bâ-ghaa-je-rèk*) (une galerie)
- **een mobiele telefoon** (*en môô-bii-le téé-léé-fôôn*) (un téléphone mobile)
- **een navigatiesysteem** (*en naa-vii-ghaa-tsii-sis-téém*) (Un système de navigation)

On pourrait vous poser les questions suivantes :

- **Voor hoe lang wilt u de auto huren?** (*vôôr h'ouou lâng wilt uu de aôw-tôô h'uu-ren*) (Pour combien de temps voulez-vous louer la voiture ?)
- **Tot wanneer wilt u de auto huren?** (*tot wâ-néér wilt uu de aôw-tôô h'uu-ren*) (Jusqu'à quand voulez-vous louer la voiture ?)
- **Wanneer brengt u de auto terug?** (*wâ-néér brèngt uu de aôw-tôô trugh*) (Quand ramènerez-vous la voiture ?)

Et vous pourriez répondre :

- **Ik heb de auto op 30 december nodig.** (*ik h'èp de aôw-tôô op dèr-tigh déé-sèm-ber nôô-digh*) (J'ai besoin de la voiture le 30 décembre.)
- **Ik wil graag een auto huren vanaf 30 december.** (*ik wil ghraagh en aôw-tôô h'uu-ren vân-âf dèr-tigh déé-sèm-ber*) (Je voudrais louer une voiture à partir du 30 décembre.)
- **Ik wil graag een auto huren tot 10 januari.** (*ik wil ghraagh en aôw-tôô h'uu-ren tot tiin yâ-nuu-aa-ri*) (Je voudrais louer une voiture jusqu'au 10 janvier.)

- **Ik breng de auto terug op 10 januari.** (*ik brèng de aôw-tôô trugh op tiin yâ-nuu-aa-ri*) (Je ramènerai la voiture le 10 janvier.)

En réglant certains détails, vous pouvez entendre les expressions suivantes :

- **de verzekering** (*de ver-zéé-ke-ring*) (l'assurance)
- **een schadeverzekering** (*en sghaa-de-ver-zéé-ke-ring*) (une assurance accidents)
- **een verzekering tegen diefstal** (*en ver-zéé-ke-ring téé-ghen diif-stâl*) (une assurance vol)
- **een aansprakelijkheidsverzekering** (*en aan-spraa-ke-lek-hèïts-ver-zéé-ke-ring*) (une assurance au tiers)
- **inclusief** (*in-kluu-siif*) (compris)
- **plaatselijke belastingen** (*plaat-se-le-ke-be-lâs-ting-en*) (taxes locales)
- **het rijbewijs** (*h'et rèï-be-wèïs*) (le permis de conduire)
- **zonder kilometerbeperking** (*zon-der kii-lôô-méé-ter-be-pèr-king*) (sans limitation du kilométrage)

Conversation

Mark vient d'arriver de Bruxelles à l'aéroport de Schiphol. Après avoir passé la douane, il va à une agence de location de voitures. Il parle avec la préposée qui lui répond avec l'accent flamand.

Mark : **Goedemorgen, ik wil een auto huren.**

ghouou-de-mor-ghen ik wil en aôw-tôô h'uu-ren

Bonjour, je veux louer une voiture.

Préposée : **Wat voor type auto wilt u?**

wât vôôr tii-pe aôw-tôô wilt uu

Quel type de voiture voulez-vous ?

Mark : **Een personenwagen klasse F. Kan ik die in Brussel afleveren?**

en per-sôô-nen-waa-ghen klâ-se èf. kân ik dii in bru-sel âf-léé-ve-ren

Une voiture pour passager classe F. Puis-je la rendre à Bruxelles ?

Préposée : **Dat kan. Voor hoe lang wilt u de auto huren?**

dât kân. vôor h'ouou lâng wilt uu de aôw-tôô h'uu-ren

Vous pouvez. Pour combien de temps voulez-vous louer la voiture ?

Mark : **Voor twee dagen. Ik lever hem af op 2 januari.**

vôôr twéé daa-ghen. ik léé-ver h'em âf op twéé yâ-nuu-aa-ri

Deux jours. Je la rendrai le 2 janvier.

Préposée : **We kunnen u een Mercedes C320-CDI meegeven. Dat is een erg sportieve wagen.**

we ku-nen uu en mèr-séé-dès séé-drii-h'on-dert-twin-tigh séé-déé-ii méé-ghéé-ven. dât is en èrgh spor-tii-ve waa-ghen

Nous pouvons vous donner une Mercedes C320-CDI. C'est une voiture très sportive.

Mark : **Wat is bij de prijs inbegrepen?**

wât is bèï de prèïs in-be-gréé-pen

Qu'est-ce qui est compris dans le prix ?

Préposée : **Belastingen, u heeft een schadeverzekering met een eigen risico van € 750,- en het aantal kilometers is onbeperkt.**

be-lâs-ting-en uu h'ééft en sghaa-de-ver-zéé-ke-ring mèt en éï-ghen rii-sii-kôô vân zéé-ven-h'on-dert-vèïf-tigh eu-rôô èn h'et aan-tâl kii-lôô-méé-ters is on-be-pèrkt

Les taxes, vous avez une assurance accidents avec une franchise de 750 euros et le nombre de kilomètres est illimité.

Het totaalbedrag komt op € 515,13.
Heeft u een creditcard?

h'et to-taal-be-drâgh komt op vèïf-h'on-dert-vèïf-tiin eu-rôô dèr-tiin. h'ééft uu en krè-dit kârt

Le montant total est de 515,13 €. Avez-vous une carte de crédit ?

Mark : **Ik reken toch af na afloop?**

ik réé-ken togh âf naa âf-lôôp

Je paie après, n'est-ce pas ?

Préposée : **Wij schrijven de gemaakte kosten af van uw creditcard. Daarom willen wij graag uw creditcardgegevens.**

wèï sghrèï-ven de ghe-maak-te kos-ten âf vân uuw krè-dit kârt. daa-rom wi-len wèï ghraagh uuw krè-dit-kârt-ghe-ghéé-vens

Nous débiterons les sommes de votre carte bancaire, et c'est pourquoi nous voudrions en connaître les données.

Mark : **Heeft de auto een navigatiesysteem?**

h'ééft de aôw-tôô en nâ-vii-ghaa-tsii-sis-teem

La voiture a-t-elle un GPS ?

Préposée : **Ja, maar dat is dan € 10,- per dag extra.**

yaa maar dât is dân tiin eu-rôô per dâgh èk-straa

Oui, mais c'est avec un supplément de 10 euros par jour.

Mark : **Dat wil ik er graag bij. Ik ben niet bekend in Nederland.**

dât wil ik èr ghraagh bèï. ik bèn niit be-kènt in nééder-lânt

Prévoyez-le pour moi. Je ne connais pas mon chemin aux Pays-Bas.

Préposée : **Doen we [PB] / Dat komt in orde[FL]. Mag ik uw creditcard?**

doun we / dât komt in or-de. mâgh ik uuw krè-dit-kârt

Ce sera fait. Puis-je avoir votre carte de crédit ?

Mark : **Natuurlijk. Ik zie dat de auto op 2 januari om 9.00 u terug moet zijn. Dan sta ik in de file bij Brussel!**

nâ-tuur-lek. ik zii dât de aôw-tôô op twéé yâ-nuu-aa-ri om néé-ghen uur trug mout zèïn. dân staa ik in de fii-le bèï bru-sel

Naturellement. Je vois que la voiture doit être rendue le 2 janvier à 9 heures à Bruxelles. À ce moment-là je serai dans un embouteillage aux environs de Bruxelles !

Mots clés

sportief	spor-tiif	sportif/sportive
het eigen risiko	h'et èï-ghen rii-sii-kôô	le risque propre (franchise)
onbeperkt	on-be-pèrkt	illimité
na afloop	naa âf-lôôp	par la suite, après coup
de kosten	de kos-ten	les coûts/dépenses/frais
natuurlijk	naa-tuur-lek	bien sûr/naturellement

Préposée : **U kunt de auto op elk gewenst moment afleveren, ook 's nachts als u wilt.**

uu kunt de aôw-tôô op èlk ghe-wènst môô-mènt âf-léé-ve-ren, ôôk snâghts âls uu wilt

Vous pouvez rendre la voiture à tout moment qui vous convient, également la nuit si vous voulez.

Comprendre les cartes et les panneaux de signalisation

Même si vous avez un GPS, il est utile de comprendre une carte. Une bonne carte vous dit où vous êtes, comment aller quelque part et quelle distance vous devez parcourir. Les cartes sont une aide très visuelle et vous n'avez pas besoin de comprendre beaucoup de néerlandais pour être en mesure d'en lire une. Vous pourriez avoir besoin de connaître les mots relatifs aux différentes sortes de cartes, si vous deviez en demander une.

- **de wegenkaart** (*de wéé-ghen-kaart*) (la carte routière)
- **de stadsplattegrond** (*de stâts-pla-te-ghront*) (le plan de la wille)

Sur une carte, vous pouvez voir entre autres choses :

- **autosnelwegen** (*aôw-tôô-snèl-wéé-ghen*) (des autoroutes)
- **nationale hoofdwegen** (*na-syôô-naa-le h'ôôft-wéé-ghen*) (des routes nationales)
- **provinciale wegen** (*prôô-fin-syaa-le wéé-ghen*) (des routes secondaires), par exemple la route secondaire **N266**
- **genummerde afritten** (*ghe-nu-mer-de âf-ri-ten*) (des sorties numérotées)
- **viaducten** (*vii-yaa-duk-ten*) (des viaducs)
- **tankstations met nachtservices** (*tânk-staa-syôns mèt nâght-ser-fis*) (des stations-service ouvertes jour et nuit)

Si vous conduisez pendant vos loisirs et si vous vous intéressez à certains sites, des symboles sur la carte peuvent vous aider à trouver les **bezienswaardigheden** (*be-ziins-waar-digh-h'éé-den*) (attractions touristiques) telles que **kastelen** (*kâs-téé-len*) (des châteaux) et **ruïnes** (*ruu-wii-nes*) (des ruines). Si vous êtes en randonnée, vous trouverez sur la carte l'indication de **duinen** (*doeï-nen*) (de dunes), **heide** (*h'èï-de*) (d'une lande) et **bos** (*bos*) (d'un bois).

Pour ceux qui sont en voyage d'affaires : **industrieterreinen** (*in-dus-trii-tèr-rèi-nen*) (les zones d'activité) sont clairement indiquées.

Fierté néerlandaise : la gestion des eaux

Sur la carte vous verrez aussi les symboles représentant **gemaal** (*ghe-maal*) (une station de pompage) et **sluis** (*sleoes*) (une écluse). Ces deux mots sont liés aux immenses efforts consacrés par les Pays-Bas à la gestion de l'eau. Autrefois le nom de la partie occidentale des Pays-Bas était **de Lage Landen** (*de laa-ghe lân-den*) (les Bas Pays). De grandes parties de ces bas pays étaient recouvertes d'eau. Peut-être êtes-vous arrivé en avion à l'aéroport de Schiphol. En ce cas, vous atterrissez au-dessous du niveau de la mer sur le fond d'un ancien lac (créé par l'homme), appelé maintenant **polder** (*pol-der*) (polder). Le **Cruquius Gemaal** (*kruu-ki-us ghe-maal*) (la station de pompage baptisée du nom de son ingénieur, Cruquius) a pompé pendant trois ans pour faire que le **Haarlemmermeer** (*h'aar-lè-mer-méér*) (le lac de Haarlem), où se trouve Schiphol, soit à sec. La station de pompage est désormais un monument industriel. De nos jours, chaque **polder** a un **gemaal** électrique pour le maintenir à sec.

Les yachts qui naviguent sur les **binnenwateren** (*bi-nen-waa-te-ren*) (les eaux intérieures) néerlandaises doivent passer de nombreuses **sluizen** (*sloeï-zen*) (écluses) leur permettant de franchir des différences de niveau de 3 à 4 mètres entre l'eau des **ringvaarten** (*ring-vaar-ten*) (canaux circulaires entourant un polder) et l'eau des polders de plus bas niveau. Chaque fois que vous voyez des écluses fonctionner, prenez le temps de les observer !

Plans de ville

Si vous voulez connaître une ville, commencez par acheter un plan de cette ville. Un plan vous montre non seulement **straten** (*straa-ten*) (des rues) et **pleinen** (*plèï-nen*) (des places), mais aussi :

- **het stadhuis** (*h'et stât-h'oeïs*) (l'hôtel de ville)
- **het postkantoor** (*h'et post-kân-tôôr*) (le bureau de poste)

  et
- **het politiebureau** (*h'et pôô-lii-tsii-buu-rôô*) (le bureau de police)

Le plan de ville vous indiquera que le **centrum** (*sèn-trum*) (centre) de la ville est une **voetgangerszone** (*vout-ghâng-ers-zo-ne*) (zone piétonne). Quand vous visitez un tel centre, laissez votre voiture dans un **parkeerplaats** (*pâr-kéér-plaats*) (parking) ou dans un **parkeergarage** (*pâr-kéér-ghâ-raa-je*) (parking souterrain) à la lisière du centre. La ville vous livrera ses attraits pendant votre promenade à pied dans le centre.

Dans les villes plus petites, vous pouvez garer votre voiture dans le centre et vous trouvez alors des **parkeermeters** (*pâr-kéér-méé-ters*) (parcmètres) dans lesquels vous devez **geld inwerpen** (*ghèlt in-wèr-pen*) (insérer des pièces). Le **inworp per uur** (*in-worp per uur*) (prix par heure) varie de 1 à 5 euros, **op werkdagen tot 18:00** (op wèrk-daa-ghen tot zès uur) (jusqu'à 18 heures en semaine), **met uitzondering van feestdagen** (*mèt oeït-zon-de-ring vân féést-daa-ghen*) (à l'exception des jours fériés).

Après votre promenade dans le centre, ayant repris votre voiture au parking, vous verrez bientôt un signal : **Alle richtingen** (*â-le righ-ting-en*) (Toutes directions). Il vous conduit à **de rondweg** (*de ront-wègh*) (le périphérique) ou **de ring** (*de ring*) (l'anneau) : la route qui fait le tour de la ville. Elle comporte des croisements avec des routes principales allant dans toutes les directions.

Les grandes villes comportant des centres historiques encombrés vous surprendront par des garages privés, cachés même dans les rues les plus étroites. Ne garez pas votre voiture à des endroits où vous voyez le petit signal rouge et blanc avec les mots **uitrit vrijlaten** (*oeït-rit vrèï-laa-ten*) (laisser la sortie libre).

Certaines signaux sont universels :

- **Verboden toegang** (*ver-bôô-den touou-ghâng*) (Accès interdit)
- **Verboden toegang voor onbevoegden** (*ver-bôô-den touou-ghâng vôôr on-be-vouough-den*) (Accès interdit aux personnes non autorisées). Vous les trouverez n'importe où.

Conversation

Bart van Dieren a besoin d'une coupe de cheveux. Il essaie de prendre un rendez-vous chez son coiffeur **in de Pijp** (*de pèïp*) (littéralement « le tuyau »), un quartier d'Amsterdam où Bart a habité autrefois. La boutique du coiffeur est dans l'une des rues étroites auprès du célèbre marché quotidien **Albert Cuyp** (*âl-bert koeïp*).

Bart : **Hallo Ilse, ik wil graag morgenochtend geknipt worden.**

h'â-lôô iil-se ik wil ghraagh mor-ghen-ogh-tent ghe-knipt wor-den

Bonjour Ilse, je voudrais me faire couper les cheveux demain matin.

Ilse : **Morgennochtend heb ik nog een plekje over, om 11:00 u, is dat goed?**

mor-ghen-ogh-tent h'èp ik nogh en plèk-ye ôô-ver om èlf uur is dât ghouout

Demain matin j'ai encore une petite place de libre à 11 heures, est-ce que ça va ?

Bart : **Nou, Wel ik moet om 12:30 bij een collega zijn in Amstelveen. Halen we dat? (Fl) Gaat dat lukken?**

naôw /(FL) wèl ik mouout om h'âlf één bèï en ko-léé-ghâ zèïn in âm-stel-véén. haa-len we dât/ (FL) gâât dat lu-kèn

Eh bien, je dois être à midi et demi chez un collègue à Amstelveen. Peut-on y arriver ?

Ilse : **Dus dan kom je met de auto?**

dus dân kom ye mèt de aôw-tôô

Donc tu viens en voiture ?

Bart : **Ja, denk je dat ik een parkeerplaats vind?**

yaa dènk ye dât ik en pâr-kéér-plaats vint

Oui, crois-tu que je trouverai un place de stationnement ?

Ilse : **Op zaterdag is het altijd erg druk op de markt.**

op zaa-ter-dâgh is h'et âl-tèït èrgh druk op de mârkt

Le samedi il y a toujours beaucoup de monde au marché.

Bart : **OK, zaterdag kunnen we dus wel vergeten. Wat denk je van maandag 10:00 u?**

ôô-kéé zaa-ter-dâgh ku-ne we dus wèl ver-ghéé-ten. wât dènk ye vân maan-dâgh tiin uur

OK, nous pouvons oublier samedi. Que penses-tu de lundi 10 heures ?

Ilse : **Je weet dat ik op maandag niet werk.**

ye wéét dât ik op maan-dâgh niit wèrk

Tu sais que je ne travaille pas le lundi.

Bart : **Ben je op dinsdag open?**

bèn ye op dins-dâg ôô-pen

Es-tu ouvert le mardi ?

Ilse : **Ja, je kunt dan de eerste zijn, om 10:00 u. Op dat tijdstip vind je ook wel een parkeermeter langs de Amstel, vlakbij.**

yaa ye kunt dân de éér-ste zèïn om tiin uur. op dât tèït-stip vint ye ôôk wèl en pâr-kéér-méé-ter lângs de âm-stel vlâk-bèï

Oui, tu peux être le premier, à 10 heures. À ce moment-là tu trouveras aussi un parcmètre le long de l'Amstel, tout près.

Bart :	**Afgesproken, dinsdag 10:00 u.**	
	âf-ghe-sprôô-ken dins-dâgh tiin uur	
	Entendu, mardi 10 heures.	

Mots clés

de markt	de mârkt	le marché
druk	druk	très fréquenté
werken	wèr-ken	travailler
het tijdstip	h'et tèït-stip	le moment de la journée

Panneaux de signalisation

Vous ne voulez pas être pris à rouler à toute vitesse dans le mauvais sens dans une rue à sens unique. Les panneaux de signalisation sont en général visuels et universels, mais certains contiennent des mots. Voici quelques panneaux qui disent de ne pas continuer et de faire demi-tour :

- **Afgesloten** (*âf-ghe-slôô-ten*) (Interdit)
- **Afgesloten voor…** (*âf-ghe-slôô-ten vôôr*) (Interdit aux…)
- **Gesloten** (*ghe-slôô-ten*) (Fermé)
- **Doodlopende weg** (*dôôt-lôô-pen-de wègh*) (Voie sans issue)
- **Geen doorgaand verkeer** (*ghéén dôôr-ghaant ver-kéér*) (Circulation interdite)
- **Doorgaand rijverkeer gestremd** (*dôôr-ghaant rèï-ver-kéér ghe-strèmt*) (Circulation interdite)
- **Eenrightingsverkeer** (*één-righ-tings-ver-kéér*) (Sens unique)

Dans **de bebouwde kom** (*de be-baôw-de kom*) (la zone construite), **de maximumsnelheid** (*de mâk-sii-mum-snèl-h'èït*) (la vitesse maximale) est de 50 kilomètres. Notamment, les petits villages que vous traversez en conduisant sur une route secondaire ont des **flitspalen** (*flits-paa-len*) (des poteaux à flash) qui vous photographient quand vous allez trop vite ou brûlez les feux. Six semaines plus tard, vous recevrez un **acceptgiro** (*âk-sèpt-ghii-rôô*) (un formulaire de virement) vous infligeant une amende pour chaque kilomètre de vitesse supérieure à la limite. Si vous avez conduit 30 kilomètres plus vite qu'il ne faut **binnen de bebouwde kom** (*bi-nen de be-baôw-de kom*) (à l'intérieur de la zone construite), vous devrez payer 170 euros, et pour un excès de vitesse de 30 kilomètres sur autoroute, l'amende sera de 150 euros.

INFO CULTURELLE

Enfreindre les règles

Quand vous êtes sur l'autoroute et que vous vous rendez coupable de **te snel rijden** (*te snèl rèï-den*) (rouler trop vite), **geen richting aangeven** (*ghéén righ-ting aan-ghéé-ven*) (ne pas indiquer votre changement de direction) ou **verkeerd inhalen** (*ver-kéért in-h'aa-len*) (doubler quand c'est interdit), la police vous inflige une amende si elle vous attrape en train de le faire. Elle vous poursuivra, puis vous dépassera, en allumant un signal sur sa voiture : **Stop, politie** (*stop pôô-lii-tsii*). Si vous n'ouvrez pas la porte de la voiture pour le policier, il le fera lui-même et s'assiéra sur le rebord de la porte pour vous dire ce que vous avez fait de mal, et même si vous dites que vous le regrettez ou si vous lui dites que vous n'avez pas vu le panneau, l'histoire se terminera par une amende supérieure à 100 euros.

INFO CULTURELLE

En Belgique la vitesse sur autoroute est limitée à 120km/h et à 90km/h sur les voies secondaires. Suite à une urbanisation typiquement belge qui s'appelle **lintbebouwing** (une rangée de constructions indépendantes les unes des autres, le long d'une route), la sécurité sur les routes est plus difficile à assurer, puisqu'à tout moment des enfants peuvent sortir des maisons. Depuis deux ans, le contrôle sur les routes a été renforcé par un système de radars, surtout dans les Flandres. Les Flamands eux-mêmes sont de plus en plus effrayés par ce système sans merci. Soyez donc très attentifs aux limitations de vitesse. La situation est beaucoup plus permisive en Wallonie parce que cette région n'est pas aussi peuplée.

Une autre infraction à éviter à tout prix : se garer en mordant sur **het fietspad** (la piste cyclable), car vous aurez droit à une double amende, la première concernera l'interdiction de vous garer ainsi et la deuxième concernera la gêne occasionné aux **zwakke weggebruikers = fietsers en voetgangers** (aux utilisateurs vulnérables de la route, c'est-à-dire les cyclistes et les piétons).

L'autoroute

Si vous conduisez sur une route secondaire et si vous approchez de l'autoroute, vous pourriez rencontrer le signal **Ga terug** (*ghaa trugh*) (Fais demi-tour). Vous le verrez au bout des sorties d'autoroutes qui sont parallèles à une entrée d'autoroute. Il vise à protéger les conducteurs mal réveillés qui pourraient prendre la sortie au lieu de l'entrée. Ces **spookrijders** (*spôôk-rèï-ders*) (conducteurs roulant à contresens) rencontreraient **tegenliggers** (*téé-ghen-li-ghers*) (des automobilistes roulant vers eux) !

Quand vous êtes sur l'autoroute, vous avez de la chance si vous voyez des panneaux lumineux avec des textes comme **A1 filevrij** (*aa-één fii-le-vrèï*) (A1 pas de bouchon). Il est plus probable que vous verrez le texte : **A1 tot knooppunt Hoevelaken 8 kilometer file** (*aa-één tot knôôp-punt hou-ve-laa-ken âght kii-lôô-méé-ter fii-le*) (A1 jusqu'à l'échangeur Hoevelaken 8 kilomètres de bouchon).

Quand vous êtes dans **een opstopping** (*en op-sto-ping*) (un embouteillage) et que vous devez **van richting veranderen** (*vân righ-ting ver-ân-de-ren*) (changer de direction), il est plus important que jamais de **invoegen** (*in-vouou-ghen*) (prendre la voie appropriée) à temps, bien que vous soyez obligé de **langzaam rijden** (*lâng-zaam rèï-den*) (rouler lentement). Espérons que vous ne rencontrerez pas **een omleiding** (*en om-lèï-ding*) (une déviation) ! En pareil cas, il vous sera utile de savoir ce que veut dire **Volg route nummer 1** (*volgh rouou-te nu-mer één*) : Suivez la route numéro 1.

Conversation

Bart parle avec sa femme, Katrien. Il a eu une rude journée.

Katrien : **Hoe was je dag vandaag?**

h'ouou wâs ye dâgh vân-daagh

Comment a été ta journée aujourd'hui ?

Bart : **Een ramp.**

en râmp

Un désastre.

Katrien : **Hoe dat zo [PB] / Waarom [FL]?**

h'ouou dât zôô

(FL) waa-rôm

Comment cela ?

Bart : **Het verkeer was erger dan ooit. Ik moest om 11.00 uur in Amersfoort zijn maar bij knooppunt Diemen zat ik al vast.**

h'et ver-kéér wâs èr-gher dân ôôïyt. ik moust om èlf uur in aa-mers-fôôrt zèïn maar bèï knôôp-punt dii-men zât ik âl vâst

La circulation était pire que jamais. Je devais être à Amersfoort à 11 heures, mais à l'échangeur de Diemen j'étais déjà bloqué.

Katrien : **Zo vroeg al! Wat was er aan de hand?**

zôô vrouough âl. wât wâs èr aan de h'ânt

Si tôt que ça ! Qu'y avait-il ?

Bart : **Er was een omleiding want er zat een vrachtwagen vast onder een viaduct. Je kon alleen maar heel langzaam rijden.**

èr wâs en om-lèï-ding wânt èr zât en vrâght-waa-ghen väst on-der een vii-vaa-dukt. ye kon â-léén maar h'éél lâng-zaam rèï-den

Il y avait une déviation à cause d'un camion coincé sous un viaduc. On pouvait seulement rouler très lentement.

Katrien : **Waarom ben je niet met de trein naar Amersfoort gegaan?**

waa-rom bèn ye niit mèt de trèïn naar aa-mers-fôôrt ghe-ghaan

Pourquoi n'es-tu pas allé à Amersfoort par le train ?

Bart : **Ik wist niet dat dit zou gebeuren! Op de terugweg had ik gelukkig geen probleemen.**

ik wist niit dât dit zaôw ghe-beueu-ren. op de trugh-wèg h'ât ik ghe-lu-kigh ghéén pro-blèé-men

Je ne savais pas que cela allait arriver ! Sur le chemin du retour je n'ai pas eu de problèmes.

Katrien : **Hebben jullie wel eens aan een teleconferentie gedacht?**

hè-ben yu-lii wèl ééns aan en téé-le-kon-fe-ren-tsii ghe-dâght

Avez-vous jamais envisagé une téléconférence ?

Bart : **Daar hebben we het wel [PB] / al [FL] eens over gehad, maar nu moeten we er maar eens werk van maken…**

daar hè-ben we h'et wèl/ al ééns ôô-ver ghe-h'ât maar nuu mouou-ten we èr maar ééns wèrk vân maa-ken

Nous en avons parlé, mais maintenant nous devrions faire quelque chose...

Mots clés

de ramp	de râmp	le désastre
vroog	vrouough	de bonne heure
de vrachwagen	devrâcht-waa-ghen	le camion
het viaduct	h'et vii-yaa-dukt	la voie surélevée
de problemen	de pro-bléé-men	les problèmes

Verbes au passé : des verbes irréguliers

Les néerlandophones n'utilisent pas beaucoup le temps passé, le temps qui correspond à la fois au passé simple et à l'imparfait des francophones. Comme les francophones, ils tendent à utiliser le passé composé à la place du passé simple. Ils utilisent le passé lorsqu'ils énumèrent une séquence de faits. L'histoire de Bart, en route pour Amersfoort, est une séquence de faits, et c'est pourquoi il raconte principalement l'histoire au passé : **was, moet, zat, kon, wist** et **had**. Bart utilise quelques verbes irréguliers. Il y a beaucoup de verbes irréguliers en néerlandais, et comme ils sont irréguliers, ils sont plus difficiles à apprendre. Vous apprendrez d'abord ceux qui sont le plus souvent utilisés, simplement en entendant d'autres gens qui les emploient.

Voyons d'abord comment marche le temps passé des verbes réguliers. Pour faire le temps passé, prenez la forme « je », la racine du verbe, et ajoutez **-de** ou **-te**.

racine + de/te

La plupart des verbes ajoutent **-de**. Mais ceux dont la racine se termine par les lettres **t, k, f, s, ch** ou **p** ajoutent **-te**. Regardez les exemples suivants :

Verbe	Racine	Temps passé	Sens
wonen	woon	woon**de**	habiter
bloeden	bloed	bloed**de**	saigner
gooien	gooi	gooi**de**	jeter
zeilen	zeil	zeil**de**	aller en bateau à voile
klagen	klaag	klaag**de**	se plaindre
praten	praat	praat**te**	parler
hakken	haak	hak**te**	hacher
blaffen	blaf	blaf**te**	aboyer
eisen	eis	eis**te**	demander
lachen	lach	lach**te**	rire
stappen	stap	stap**te**	marcher

Un procédé mnémotechnique pour se rappeler les consonnes terminales de la racine d'un verbe qui entraînent un passé en **-te** est l'expression anglaise **SoFT KeTCHuP**.

Les verbes irréguliers, en revanche, ne suivent pas ces règles. Il n'y a pas d'autre solution que de les apprendre par cœur. Voici quelques-uns des verbes très utilisés qui ont un passé irrégulier :

Zijn (être)

Conjugaison	***Prononciation***
ik was	*ik wâs*
jij was	*yèï wâs*
u was	*uu wâs*
hij was	*h'èï wâs*
zij was	*zèï wâs*
het was	*h'et wâs*
wij waren	*wèï waa-ren*
jullie waren	*<u>yu</u>-lii <u>waa</u>-ren*
zij waren	*zèï <u>waa</u>-ren*

Moeten (devoir)

Conjugaison	***Prononciation***
ik moest	*ik moust*
jij moest	*yèï moust*
u moest	*uu moust*
hij moest	*h'èï moust*
zij moest	*zèï moust*
het moest	*h'et moust*
wij moesten	*wèï mous-ten*
jullie moesten	*yu-lii mous-ten*
zij moesten	*zèï mous-ten*

Zitten (être assis)

Conjugaison	***Prononciation***
ik zat	*ik zât*
jij zat	*yèï zât*
u zat	*uu zât*
hij zat	*h'èï zât*
zij zat	*zèï zât*
het zat	*h'et zât*
wij zaten	*wèï zaa-ten*
jullie zaten	*yu-lii zaa-ten*
zij zaten	*zèï zaa-ten*

Kunnen (pouvoir)

Conjugaison	***Prononciation***
ik kon	*ik kon*
jij kon	*yèï kon*
u kon	*uu kon*
hij kon	*h'èï kon*
zij kon	*zèï kon*
het kon	*h'et kon*
wij konden	*wèï kon-den*
jullie konden	*yu-lii kon-den*
zij konden	*zèï kon-den*

Weten (savoir)

Conjugaison	*Prononciation*
ik wist	*ik wist*
jij wist	*yèï wist*
u wist	*uu wist*
hij wist	*h'èï wist*
zij wist	*zèï wist*
het wist	*h'et wist*
wij wisten	*wèï wis-ten*
jullie wisten	*yu-lii wis-ten*
zij wisten	*zèï wis-ten*

Hebben (avoir)

Conjugaison	*Prononciation*
ik had	*ik h'ât*
jij had	*yèï h'ât*
u had	*uu h'ât*
hij had	*h'èï h'ât*
zij had	*zèï h'ât*
het had	*h'et h'ât*
wij hadden	*wèï h'â-den*
jullie hadden	*yu-lii h'â-den*
zij hadden	*zèï h'â-den*

Se rendre au travail

60 % des Néerlandais vont au travail **met de auto** (*mèt de aôw-tôô*) (en voiture), 10 % **neemt de trein** (*néémt de trèïn*) (prennent le train) ou un autre **openbaar vervoer** (*ôô-pen-baar ver-vour*) (transport public), 25 % **gaat op de fiets** (*ghaat op de fiits*) (prennent la bicyclette), et seulement 5 % y vont à pied. Les **fietsers** (*fiit-sers*) (cyclistes) arrivent les premiers au travail : ils ont besoin seulement de quinze minutes en moyenne. **Fietsen** (*fiit-sen*) (rouler en bicyclette) est fréquent dans les villes et d'autres endroits où les distances sont courtes. Dans les villes, les voitures doivent attendre le passage des flots de cyclistes.

Si vous participez au trafic néerlandais, vous pouvez avoir l'impression que les cyclistes sont en majorité suicidaires. Bien qu'ils soient assez vulnérables, nombre d'entre eux ne cèdent jamais le passage à une voiture, peut-être par principe. Les cyclistes doivent indiquer leur direction en étendant le bras droit ou gauche, mais seuls les cyclistes âgés le font. Il est également courant de brûler les feux de croisement.

Les conducteurs de voitures dans les grandes villes doivent avoir les yeux partout : particulièrement quand ils sortent de leur voiture. Attention si vous conduisez dans une rue étroite : les bicyclettes vous dépassent à gauche et à droite ! Regardez attentivement avant de tourner à droite : les cyclistes peuvent atteindre des vitesses de plus de 20 kilomètres à l'heure, et vous risquez de ne pas voir l'un d'entre eux dans votre rétroviseur.

Racefietsers (*réé-fiit-sers*) (les adeptes du vélo de course) préfèrent **fietspaden** (*fiits-paa-den*) (les pistes cyclables) le long des routes provinciales. Les automobilistes peuvent en rencontrer des groupes les soirs d'été, les samedis et les dimanches. Le signal **Fietsers oversteken** (*fiit-sers ôô-ver-stéé-ken*) (Croisement de cyclistes) avertit les cyclistes qu'ils doivent traverser la route parce que le **fietspad** (*fiits-pât*) continue sur le côté opposé de la route. Automobilistes, soyez vigilants !

Vélomoteurs et scooters

Les jeunes, à partir de 16 ans, conduisent **bromfietsen** (*brom-fiit-sen*) (des vélomoteurs) et **scooters** (*skouou-ters*) (des scooters) notamment sur des distances longues. Dans les villes, fietsers et bromfietsers roulent tantôt sur la chaussée, tantôt sur **het fietspad**. **Brommers** (*bro-mers*) (le mot le plus courant pour les vélomoteurs) sont parfois autorisés à circuler sur le **fietspad**.

Une bicyclette d'entreprise pour garder la forme

L'absence pour cause de maladie est un cauchemar pour tout employeur. Les employeurs néerlandais doivent continuer de payer un salaire pendant deux ans à un employé tombé malade. Les employeurs veulent que leurs employés soient en bonne santé, et c'est pourquoi **de baas** (*de baas*) (le patron) aime que ses employés sortent pour une **lunchwandeling** (*lunch-wân-de-ling*) (promenade du déjeuner). Les grandes sociétés offrent un **stoelmassage** (*stoul-mâ-saa-je*) (un massage sur sa chaise de travail) ou une réduction pour aller au **fitnessclub** (*fit-nès-klup*) (le club de remise en forme). La loi permet aux employeurs de donner sans impôts tous les trois ans à leurs employés **een bedrijfsfiets** (*en be-drèïfs-fiits*) (une bicyclette d'entreprise) d'une valeur de 750 euros !

Rouler en vélomoteur est assez risqué : chaque année, 75 personnes sont tuées et 2000 blessées. Le port du casque est obligatoire. Il ne l'est pas pour les cyclistes, mais **Racefietsers** et **mountainbikers** (*maôwn-ten-baï-kers*) (cyclistes en VTT) portent souvent un casque. Il peut leur sauver la vie en cas d'accident.

Conversation

Mark, le commercial de Biz Accountants, a une réunion avec sa collègue, la comptable Petra, à 9 heures du matin. Comme d'habitude, Mark est en retard.

Mark : **Hallo Petra, heb je op mij gewacht?**

h'â-lôô péé-traa h'èp ye op mèï ghe-wâcht

Bonjour Petra, t'ai-je fait attendre ?

Petra : **Ik ben alvast begonnen, maar je weet dat ik een paar dingen met je moet bespreken.**

ik bèn âl-vâst be-gho-nen maar ye wéét dat ik en paar ding-en mèt ye mout be-spréé-ken

J'ai déjà commencé, mais tu sais que je dois discuter de plusieurs choses avec toi.

Mark : **Sorry, ik stond in de file.**

so-rii ik stont in de fii-le

Désolé, j'étais dans l'embouteillage.

Petra : **Je staat elke ochtend in de file. Waarom neem je de metro niet?**

ye staat èl-ke ogh-tent in de fii-le. waa-rom néém ye de méé-trôô niit

Tu es tous les matins dans les embouteillages. Pourquoi ne prends-tu pas le métro ?

Mark : **Dan moet ik daarna een kwartier lopen.**

dân mout ik daar-naa en kwâr-tiir lôô-pen

Alors ensuite je dois marcher un quart d'heure.

Petra : **Dat is niet verkeerd [PB] / Dat is geen slechtezaak [FL]. Er moeten meer redenen zijn waarom je altijd de auto neemt.**

dât is niit ver-kéért. èr mouou-ten méér réé-de-nen zèïn waa-rom ye âl-tèït de aôw-tôô néémt

(Fl) dat is ghéén slèghte zââk. èr mouou-ten méér réé-de-nen zèïn waa-rom ye âl-tèït de aôw-tôô néémt.

Ce n'est pas une mauvaise chose. Il doit y avoir d'autres raisons pour lesquelles tu prends toujours la voiture.

Mark : **Zoals je weet moet ik vaak klanten bezoeken en dan heb ik een auto nodig.**

zôô-âls ye wéét mout ik vaak klân-ten be-zouou-ken èn dân h'èp ik en aôw-tôô nôô-digh

Comme tu le sais, je dois souvent visiter des clients et dans ce cas il me faut une voiture.

Petra : **Die bezoeken kan je wat beter plannen en op de andere dagen kom je dan met het openbaar vervoer.**

dii be-zouou-ken kân ye wât béé-ter plè-nen èn op de ân-de-re daa-ghen kom ye dân mèt h'et ôô-pen-baar ver-vour

Tu pourrais mieux organiser tes visites et les autres jours tu viendrais alors par les transports publics.

Mark : **Je hebt gelijk, ik heb genoeg van de A10. Ik wou dat ik net zoals jij met de fiets naar mijn werk kon!**

ye h'èpt ghe-lèïk ik h'èp ghe-nough vân de aa-tiin. ik waôw dât ik nèt zôô-âls yèï mèt de fiits naar mèïn wèrk kon

Tu as raison, j'en ai assez de la A10. Je voudrais bien tout comme toi pouvoir venir au travail en bicyclette !

Petra : **Ja en als het regent, ga ik met de bus.**

yaa èn âls h'et réé-gheent ghaa ik mèt de bus

Oui, et quand il pleut, je prends le bus.

Mots clés

bespreken	bes-préé-ken	discuter
de metro	de méé-trôô	le métro
bezoeken	be-zouou-ken	visiter
de klant	de klânt	le client
de bus	de bus	le bus
genoeg hebben van	ghe-nough h'è-ben vân	en avoir assez de

La gare

Voyager en train peut être confortable. Toutefois, les pannes, les accidents, les chutes de feuilles en automne et la neige en hiver peuvent causer des retards à certaines heures. **De intercities** (*de in-ter-si-tiis*) sont bien pour de grandes distances, car ils sont rapides et confortables. **De sneltrein** (*de snèl-trèïn*) (le train rapide) s'arrête à un plus grand nombre de gares, mais est plus lent et moins confortable. De son nom, nous pouvons déduire que **de stoptrein** (*de stop-trèïn*) s'arrête à beaucoup de gares, y compris aux plus petites. Durant la nuit **de nachttrein** (*de nâght-trèïn*) relie les villes de la Randstad et l'aéroport de Schiphol. Les trains internationaux s'arrêtent aux gares principales.

Acheter des billets

Pour acheter un billet pour un voyage à l'intérieur des Pays-Bas, vous pouvez aller directement à la gare. Cependant, vous gagnerez beaucoup de temps si vous étudiez d'abord le site des **Nederlandse Spoorwegen** (*néé-der-lânt-se spôôr-wéé-ghen*) (voies de chemin de fer néerlandaises), en abrégé **de NS** (*de èn-ès*). Seules les grandes gares vendent des billets toute la journée et vous fournissent les informations nécessaires. Dans les plus petites gares, vous ne trouverez pas de personnel ou seulement aux heures de pointe. Si vous ne savez pas où aller, comment y aller et si vous n'avez jamais utilisé la machine avant, il vaudra mieux préparer votre voyage derrière votre ordinateur !

Si vous savez où aller et si vous êtes devant le guichet, les expressions suivantes pourront vous être utiles :

- **een enkeltje naar Zutphen** (*en èn-kel-tye naar zut-fen*) **(FL) een enkele reis naar** (*en èn-ke-le rèïs naar...*) (un aller simple pour Zutphen)
- **een retourtje naar Utrecht** (*en re-tour-tye naar uu-trèght*) **(Fl) een terugrit naar ...** (*en terughrit naar...*) (un aller-retour pour Utrecht)

Il n'est pas nécessaire de spécifier si vous voulez voyager en seconde classe : si vous n'indiquez rien d'autre, vous obtiendrez automatiquement un billet de seconde. Si vous voulez davantage de place, de repos et de luxe, vous devez voyager en première classe. Vous le spécifiez en ajoutant :

eerste klas (*éér-ste klâs*) (première classe)

De NS offre une large gamme de réductions. Si vous voyagez assez souvent en train, vous pouvez avoir intérêt à demander plus d'informations. Comme beaucoup de gens voyagent avec une forme de réduction ou une autre, le guichetier peut vous demander, lorsque vous lui avez commandé votre billet :

- **Heeft u een kortingskaart?** (*h'ééft uu en kor-tings-kaart*) (Avez-vous une carte de réduction ?)
- **Met korting of de volle prijs?** (*mèt kor-ting of de vo-le prèïs*) (Avec réduction ou à plein tarif ?)

Votre réponse peut être :

- **Zonder korting.** (*zon-der kor-ting*) (Sans réduction.)
- **Met korting.** (*mèt kor-ting*) (Avec réduction.)
- **Ik heb een kortingskaart.** (*ik h'èp en kor-tings-kaart*) (J'ai une carte de réduction.)

INFO CULTURELLE

Machines à vendre les billets

Les chemins de fer néerlandais utilisent deux sortes de machines à vendre les billets. Vous pouvez payer avec une carte bancaire, une carte à puce, une carte Maestro ou des pièces. L'ancien modèle, de moins en moins utilisé, est en néerlandais seulement. Le nouveau modèle possède un écran tactile, et quatre langues sont disponibles : néerlandais, allemand, anglais et français. Il n'accepte pas les billets.

La machine peut sembler compliquée la première fois que vous l'utilisez. Demandez à quelqu'un de vous aider ! Vous pouvez aussi l'essayer dans le calme de votre domicile ou de votre hôtel : vous trouverez une version de démonstration de la machine multilingue sur la partie anglaise du site Web www.ns.nl.

Le site Web NS a aussi un programmateur de trains très pratique : fournissez seulement la gare de départ, la gare d'arrivée et l'heure de départ ou l'heure à laquelle vous souhaitez arriver. Le programmateur vous fournit un tableau des heures de départ et d'arrivée. Les numéros des quais où vous trouverez les trains ainsi que toutes les correspondances sont également indiqués.

Certains usagers réguliers du train ou ceux qui préparent un voyage compliqué préfèrent acheter leurs billets à l'avance. C'est la raison pour laquelle le vendeur de billets peut vous demander :

- **Reist u vandaag?** (*rèïst uu vân-daagh*) (Partez-vous aujourd'hui ?)
- **Wanneer reist u?** (*wâ-néér rèïst uu*) (Quand partez-vous ?)

Si vous voulez savoir le prix du billet avant de le commander, vous demandez :

Hoeveel kost een enkeltje naar Almere? (*h'ouou-véél kost een èn-kel-tye naar âl-méé-re*) (Combien coûte un aller à Almere ?)

Faites attention d'arriver à temps à la gare si vous devez acheter votre billet. Si le guichet de vente de billets n'est pas ouvert, des gens peuvent faire la queue devant les automates. Il n'est pas possible d'acheter des billets dans le train, et vous aurez une amende de 35 euros en plus du prix si le contrôleur constate que vous n'avez pas de billet, quelle qu'en soit la raison. Sur des trajets d'une heure ou plus, vous pouvez vous attendre à être contrôlé plusieurs fois.

Trains internationaux et suppléments de prix

Si vous prenez des trains internationaux, vous pouvez aller à une gare principale ou les étudier en ligne. Les gares vendent aussi l'horaire sur papier appelé het spoorboekje (h'et spôôr-bouk-ye). Il s'ouvre sur une carte de toutes les lignes de chemin de fer des Pays-Bas, et indique les autres moyens de transport disponibles à la sortie de la gare. Cette brochure vous fournit bien d'autres informations utiles.

Vous devez payer **een toeslag** (*en touou-slâgh*) (un supplément) pour les trains internationaux. Dans ce cas vous trouverez le mot toeslag sur les panneaux affichant **aankomsttijd** (*aan-komst-tèït*) (l'heure d'arrivée) et **vertrektijd** (*ver-trèk-tèït*) (l'heure de départ) des trains. Pour savoir si vous devez payer un supplément, vous pouvez utiliser l'expression :

> **Moet ik toeslag betalen voor de trein naar Keulen?** (*mout ik touou-slâgh be-taa-len vôôr de trèïn naar keueu-len*) (Dois-je payer un supplément pour le train qui va à Cologne ?)

L'employé interrogé pourrait vous répondre :

- **Ja, u moet toeslag betalen.** (*yaa uu mouout touou-slâgh be-taa-len*) (Oui, vous devez payer un supplément.)
- **Nee, u hoeft geen toeslag te betalen.** (*néé u h'ouft ghéén touou-slâgh te be-taa-len*) (Non, vous n'avez pas de supplément à payer.)

Conversation

Mark est à la gare centrale d'Amsterdam. Il achète des billets pour un déplacement compliqué la semaine suivante. Il doit aller à un séminaire de formation commerciale au centre de La Haye, le vendredi matin. Après le séminaire, il rendra visite à un ami à Enschede dans la partie est du pays. Il y restera pour le week-end et retournera à Amsterdam le dimanche soir. Mark a décidé de prendre le train parce que la route pour La Haye sera très fréquentée le vendredi matin.

Mark : **Volgende week ga ik een ingewikkelde reis maken en ik wil nu alvast de kaartjes kopen.**

vol-ghen-de wéék ghaa ik en in-ghe-wi-kel-de rèïs maa-ken èn ik wil nuu âl-vâst de kaar-tyes kôô-pen

La semaine prochaine je vais faire un voyage compliqué et je veux acheter les billets maintenant.

Vendeuse de billets : **OK, waar gaat de reis naartoe?**

ôô-kéé waar ghaat de rèïs naar-touou

OK, où allez-vous ?

Mark : **Op vrijdagochtend moet ik om 9.00 uur in het centrum van Den Haag zijn. Aan het eind van de middag ga ik door naar Enschede.**

op vrèï-dâgh-ogh-tent mouout ik om néé-ghen uur in h'et sèn-trum vân dèn h'aagh zèïn. aan h'et èïnt vân de mi-dâgh ghaa ik dôôr naar èn-sghe-déé

Vendredi matin je dois être à 9 heures dans le centre de La Haye. En fin d'après-midi je continue jusqu'à Enschede.

Vendeuse de billets : **Gaat u diezelfde dag nog terug?**

Ghaat uu dii-zèlf-de dâgh nogh trugh

Reviendrez-vous le même jour ?

Mark : **Nee, ik blijf in Enschede tot zondagavond. Dan reis ik terug naar Amsterdam.**

néé ik blèïf in èn-sghe-déé tot zon-dâg-aa-vont. dân rèïs ik trugh naar âm-ster-dâm.

Non, je reste à Enschede jusqu'à dimanche soir. Ensuite je retourne à Amsterdam.

Vendeuse de billets : **Dus een enkeltje [PB] / enkele reis [FL] Amsterdam Centraal-Den Haag Centraal. Dan een enkeltje [PB] / enkele reis [FL] Den Haag Centraal-Enschede. Ten slotte nog een enkeltje [PB] / enkele reis [FL] Enschede-Amsterdam Centraal.**

dus en èn-kel-tye âm-ster-dâm dèn h'aagh sèn-traal. dân en èn-kel-tye dèn h'aagh sen-traal èn-sghe-de. tèn slo-te nogh en èn-kel-tye èn-sghe-de âm-ster-dâm sèn-traal

(FL) dus en èn-ke-le rèïs âm-ster-dâm sen-traâl dèn h'aagh sèn-traal. dân en èn-ke-le rèïs dèn h'aagh sen-traal èn-sghe-dé. tèn slo-te nogh en èn-ke-le rèïs èn-sghe-de âm-ster-dâm sèn-traal

Donc un aller simple Amsterdam gare centrale-La Haye gare centrale. Ensuite un aller La Haye gare centrale-Enschede. Pour finir encore un aller Enschede-Amsterdam gare centrale.

Ik maak ze zonder datum, dan kunt u ze op de dag zelf afstempelen. Met of zonder korting?

ik maak ze zon-der daa-tum dân kunt uu ze op de dâgh zèlf âf-stèm-pe-len. mèt of zon-der kor-ting

Je les établis sans date : comme ça vous pourrez les composter le jour-même. Avec ou sans réduction ?

Mark : **Zonder. Hoeveel keer moet ik overstappen?**

zon-der. h'ouou-véél kéér mouout ik ôô-ver-stâ-pen

Sans. Combien de fois dois-je changer de train ?

Vendeuse de billets : **Ik maak eerst dit af, dan maak ik een reisplan voor u. Dat is dan € 38,50 bij elkaar [PB] / in totaal [FL].**

ik maak éérst dit âf dân maak ik en rèïs-plân vôôr uu. dât is dân âgh-ten-der-tigh eu-rôô vèïf-tigh bèï èl-kaar

(FL) ik maak éérst dit âf dân maak ik en rèïs-plân vôôr uu. dât is dân âgh-ten-der-tigh eu-rôô vèïf-tigh in tôô-tâál

J'en finis d'abord avec le prix, ensuite je vous prépare un plan de voyage. Cela fait 38,50 € en tout.

Mark : **OK.**

ôô-réé

OK.

Vendeuse de billets : **Hier is uw reisplan, met alle vertrek- en aankomsttijden, de perrons en de overstappen.**

h'iir is uuw rèïs-plân mèt â-le ver-trèk en aan-komst-tèï-den de pèr-rons èn de ôô-ver-stâ-pen

Voici votre plan de voyage, avec toutes les heures de départ et d'arrivée, les quais et les correspondances.

Mark : **OK, bedankt.**

ôô-réé be-dânkt

OK, merci.

Vendeuse de billets : **Goede reis! (FL) Goeie reis !**

ghouou-de rèïs ghou-ve rèïs

Bon voyage !

Mots clés

ingewikkeld	in-ghe-wi-keld	compliqué
de datum	de daa-tum	la date
afstempelen	âf-stèm-pe-len	composter
overstappen	ôô-ver-stâ-pen	changer de train
de overstap	de ôô-ver-stâp	la correspondance
afmaken	âf-maa-ken	terminer
het perron	h'et pèr-ron	le quai

Lire des horaires

Dans chaque gare, vous verrez des tableaux d'affichage avec les vertrektijden (de ver-trèk-tèï-den) (les horaires de départ). Voici le vocabulaire qui vous aidera à les comprendre :

- **het vertrek** (*h'et ver-trèk*) (le départ)
- **de aankomst** (*de aan-komst*) (l'arrivée)
- **via** (*vii-yaa*) (via)
- **op werkdagen** (*op wèrk-daa-ghen*) (les jours ouvrables)
- d**oorgaande trein** (*dôôr-ghaan-de trèïn*) (train direct)
- **overstappen** (*ôô-ver-stâ-pen*) (changer de train)
- **zon- en feestdagen** (*zon èn féést-daa-ghen*) (les dimanches et jours fériés)

Vous verrez aussi des affichages avec les heures d'arrivée des trains internationaux et les numéros de quai.

Demander des renseignements

Pour vous renseigner sur le train que vous voulez prendre, vous pouvez vous adresser au guichet de vente des billets ou à un contrôleur sur le quai. Vous pourriez poser l'une des questions ci-après :

- **Van welk perron / Van welk spoor vertrekt de trein naar Groningen?** (*vân wèlk pèr-ron / vân wèlk spôôr ver-trèkt de trèïn naar ghrôô-ning-en*) (De quel quai / de quelle voie part le train pour Groningue ?)
- **Op welk perron / op welk spoor komt de trein uit Rotterdam?** (*op wèlk pèr-ron / op wèlk spôôr komt de trèïn oeït ro-ter-dâm*) (Sur quel quai / sur quelle voie arrive le train de Rotterdam ?)
- **Heeft de train vertraging?** (*h'ééft de trèïn ver-traa-ghing*) (Le train a-t-il du retard ?)
- **Gaat er een doorgaande trein van Nijmegen naar Leiden?** (*ghaat er en dôôr-ghaan-de trèïn vân nèï-méé-gheen naar lèï-den*) (Y a-t-il un train direct de Nimègue à Leyde ?)

La réponse à la plupart des questions sera une heure et un numéro. Une réponse à la dernière question pourrait être qu'il n'y a pas de train direct :

> **Nee, u moet overstappen in Duivendrecht.** (*néé uu mouout ôô-ver-stâ-pen in doeï-ven-drèght*) (Non, vous devez changer à Duivendrecht.)

Se déplacer en bus, en tram, en métro ou en taxi

Les villes les plus importantes disposent en général de nombreux moyens de transport publics. Le métro et les trains de banlieue vous conduisent au centre, où des bus et des trams vous emmènent aux endroits désirés.

Prendre le bus ou le tram

Si vous avez besoin d'aide pour trouver le bon bus ou le bon tram, vous pouvez interroger le **buschauffeur** (*de bus-shôô-feur*) (le conducteur de bus) ou le **tramconducteur** (*de trâm-kon-duk-teur*) (le conducteur de tramway). Vous pouvez aussi essayer d'étudier la carte qui se trouve dans **het bushokje** (*h'et bus-h'ok-ye*) (l'abri d'arrêt de bus), s'il y en a un. **De bushalte** (*de bus-h'âl-te*) (l'arrêt de bus) n'est souvent rien de plus qu'un poteau comportant le numéro de bus. Parfois le poteau comporte un horaire que vous pouvez comprendre.

De tramhalte (*de trèm-h'âl-te*) (l'arrêt de tramway) peut aussi vous donner des renseignements. Sinon, vous pouvez poser l'une des questions suivantes à un passant ou à quelqu'un qui attend un tram ou un bus :

- **Welke bus gaat naar het centrum?** (*wèl-ke bus ghaat naar h'et sèn-trum*) (Quel bus va en centre-ville ?)
- **Is dit de goede tram naar het station?** (*is dit de ghouou-de trâm naar h'et staa-syôn*) (Est-ce le bon tram pour la gare ?)
- **Stopt deze bus bij het Amstelstation?** (*stopt déé-ze bus bèï h'et âm-stel-staa-syôn*) (Ce bus s'arrête-t-il à la gare Amstel ?)
- **Waar moet ik overstappen?** (*waar mouout ik ôô-ver-stâ-pen*) (Où dois-je changer de bus ?)

INFO CULTURELLE

Acheter des billets

Strippenkaarten (*stri-pen-kaar-ten*) (les cartes de transport public) sont valables pour tous les trams, bus, métros, ferries et trains de banlieue pour de courtes distances. La carte est divisée en un certain nombre de coupons, chacun représentant une zone de transport public. Le pays entier est divisé en zones et théoriquement vous pourriez voyager d'un bout à l'autre du pays en utilisant ces coupons.

Vous pouvez acheter une **strippenkaart** de quatre coupons dans le bus ou le tram, mais celle, plus économique, de 45 coupons peut être achetée dans les bureaux de tabac, les kiosques à journaux, les gares, les bureaux de poste et les kiosques de transport public.

Les **strippenkaarten** peuvent être compostées, par vous-même (au moyen de petites machines jaunes) ou plus souvent par le conducteur, au début du voyage. Vous compostez la carte pour le nombre de zones que vous traversez, plus un coupon supplémentaire. Vous pouvez aussi composter une même carte pour plusieurs personnes.

Pour déterminer le nombre de zones que vous allez traverser, consultez la carte des itinéraires et les détails des zones affichés dans les abris d'arrêt de tram et de bus. Vous pouvez aussi demander aux conducteurs de vous renseigner sur les zones.

Conversation

CD

Sofie veut prendre le bus, mais elle ne sait pas exactement lequel prendre. Elle demande à un homme qui attend à l'arrêt de bus.

Sofie : **Weet u ook of lijn 148 hier stopt?**

wéét uu ôôk of lèïn h'on-dert-âgh-ten-véér-tigh h'iir stopt

Savez-vous si le bus 148 s'arrête ici ?

Homme : **Nee, hier komt alleen lijn 149. Waar wil je naartoe?**

néé h'iir komt â-léén lèïn h'on-dert-néé-gheen-en-véér-tigh. waar wil ye naar-touou

Non, ici c'est seulement la ligne 149. Où veux-tu aller ?

Sofie : **Naar het Centraal Station.**

naar h'et sèn-traal staa-syôn

À la gare centrale.

Homme : **Je kunt lijn 149 naar het Amstelstation nemen. Daar stap je over op lijn 56 naar het Centraal Station.**

ye kunt lèïn h'on-dert-néé-gheen-en-véér-tigh naar h'et âm-stel-staa-syôn néé-men. daar stâp ye ôô-ver op lèïn zès-en-vèïf-tigh naar h'et sèn-traal staa-syôn

Tu peux prendre la ligne 149 jusqu'à la gare Amstel. Là tu changes pour la ligne 56 jusqu'à la gare centrale.

Sofie : **Weet u ook hoe laat bus 149 komt?**

wéét uu ôôk h'ouou laat bus h'on-dert-néé-ghen-en-véér-tigh komt

Savez-vous aussi à quelle heure arrive le 149 ?

Homme : **Over een paar minuten.**

ôô-ver en paar mi-nuu-ten

D'ici quelques minutes.

Sofie : **En is het dan nog ver naar het Centraal Station?**

èn is h'et dân nogh vèr naar h'et sèn-traal staa-syôn

Et est-ce encore loin jusqu'à la gare centrale ?

Homme : **Nee, mischien tien minuten. Er gaan veel bussen naar het Centraal Station, dus je hoeft niet lang te wachten.**

néé mis-sghiin tiin mi-nuu-ten. èr ghaan véél bu-sen naar h'et sèn-traal staa-syôn dus ye h'ouft niit lâng te wâgh-ten

Non, peut-etre dix minutes. Il y a beaucoup de bus qui vont à la gare centrale, et donc tu n'as pas à attendre longtemps.

Sofie : **Bedankt voor uw hulp.**

be-dânkt vôôr uuw h'ulp

Merci pour tous ces renseignements.

Mots clés

de lijn	de lèin	le numéro de bus
stoppen	sto-pen	s'arrêter
nemen	néé-men	prendre
hoe laat?	h'ouou laat	à quelle heure ?
over een paar minuten	òò-ver en paar mi-nuu-ten	dans quelques minutes
lang wachten	lâng wâgh-ten	attendre longtemps

Prendre un taxi

Ceux qui sont habitués à héler un taxi quand ils en voient un passer qui est vide devront s'adapter à des mœurs différentes. Les taxis néerlandais ne prennent que les passagers qui attendent à une **taxistandplaats** (*tâk-sii-stânt-plaats*) (station de taxis). Vous en trouverez près des gares, des salles de spectacle et des hôtels. S'il n'y en a pas qui attendent à l'extérieur de l'hôtel ou d'un bar, vous pouvez demander à la réception de vous appeler un taxi. Comme de nombreuses **taxicentrales** (*tâk-sii-sèn-traa-les*) (centres de gestion de taxis) veulent planifier les trajets, le réceptionniste peut, avant d'appeler, vous demander où vous allez.

Quand vous êtes dans le taxi, **de taxichauffeur** (*de tâk-sii-shôô-feur*) (le chauffeur de taxi) enclenche le taximètre. En arrivant, vous payez le montant indiqué sur le taximètre, plus un pourboire.

Pour savoir où se trouve la plus proche station de taxi, vous pouvez poser la question suivante :

> **Waar is de dichtstbijzijnde taxistandplaats?** (*waar is de dighst-bèï-zèïn-de tâk-sii-stânt-plaats*) (Où se trouve la plus proche station de taxi ?)

Le chauffeur de taxi, quand vous êtes installé, peut vous demander :

> **Waar wilt u naartoe?** (*waar wilt uu naar-touou*) (Où voulez-vous aller ?)

Chapitre 14

Les urgences

Dans ce chapitre :

- Demander de l'aide en cas d'accident ou d'urgence
- Parler à un médecin
- Aller chez le dentiste
- Parler avec la police

Espérons que vous n'aurez jamais besoin des informations de ce chapitre ! Les mots et les phrases qu'il propose vous serviront si vous devez parler avec la police ou dans d'autres situations d'urgence, et c'est pourquoi il peut être utile de les lire. Que faire si vous êtes blessé ? Ce chapitre vous aide à maîtriser toutes sortes de situations d'urgence, depuis la visite chez un médecin jusqu'à la déclaration d'un vol.

Demander de l'aide lors d'un accident ou d'autres situations d'urgence

Dans les situations d'urgence, le plus difficile est de garder la tête froide pour dire ce dont il s'agit à la police, un médecin ou une infirmière. Donc, pas de panique. Vous pourrez essayer de vous faire comprendre en français et surtout en anglais si vous connaissez cette langue, mais certains mots néerlandais peuvent vous tirer d'affaire.

Appeler au secours

Les expressions suivantes sont très utiles si vous devez appeler au secours :

Help! (*h'elp*) (Au secours !)

En cas d'incendie, vous criez :

Brand! (*brânt*) (Au feu !)

Tous les pays membres de l'UE ont le même numéro d'urgence, 112, que vous ayez besoin de la police, d'une ambulance, des pompiers ou d'un médecin. On vous répondra dans la langue du pays, mais l'opérateur téléphonique doit pouvoir vous aider dans une autre langue. Il demande quel service d'urgence est requis et connecte l'appelant à la salle de contrôle du service demandé dans la zone géographique de l'appelant.

Pour que quelqu'un appelle le numéro d'urgence, dites simplement :

Bel 112! (*bèl één-één-<u>twéé</u>*) (Appelez le 112 !)

Si vous êtes paniqué et si vous avez oublié le numéro, vous pouvez aussi crier :

- **Bel de politie!** (*bèl de pôô-<u>lii</u>-tsii*) (Appelez la police !)
- **Bel een ambulance!** (*bèl en âm-buu-<u>lân</u>-se*) (Appelez une ambulance !)
- **Bel de brandweer!** (*bèl de <u>brânt</u>-wéér*) (Appelez les pompiers !)
- **Haal een dokter!** (*h'aal en <u>dok</u>-ter*) (Trouvez un médecin !)

Signaler un problème

Pour signaler un accident, faire savoir que vous êtes ou que d'autres personnes sont blessées, les phrases suivantes peuvent vous être d'un grand secours :

- **Er is een ongeluk gebeurd.** (*èr is en <u>on</u>-ghe-luk ghe-<u>beurt</u>*) (Il s'est produit un accident.)
- **Er is een ongeluk gebeurd op de A10.** (*èr is en <u>on</u>-ghe-luk ghe-<u>beurt</u> op de aa-<u>tiin</u>*) (Il s'est produit un accident sur la A10.)
- **Ik ben gewond.** (*ik ben ghe-<u>wont</u>*) (Je suis blessé.)
- **Er zijn gewonden.** (*èr zèïn ghe-<u>won</u>-den*) (Il y a des blessés.)

Vous devez être capable également de signaler d'autres situations d'urgence, comme un cambriolage ou un vol :

- **Ik wil aangifte doen van diefstal.** (*ik wil <u>aan</u>-gif-te dououn vân diif-<u>stâl</u>*) (Je veux faire une déclaration de vol.)
- **Houd de dief!** (*h'aôwt de diif*) (Arrêtez le voleur !)

Demander de l'aide dans votre propre langue

Si vous être trop paniqué pour pouvoir parler néerlandais, voici quoi dire si vous voulez savoir s'il y a près de vous quelqu'un qui parle une langue qui vous est familière :

- **Spreekt er iemand Duits?** (*spréékt èr ii-mânt doeïts*) (Quelqu'un parle-t-il l'allemand ?)
- **Spreekt er iemand Engels?** (*spréékt èr ii-mânt èng-els*) (Quelqu'un parle-t-il l'anglais ?)
- **Spreekt er iemand Frans?** (*spréékt èr ii-mânt frâns*) (Quelqu'un parle-t-il le français ?)

Résoudre un problème sur l'autoroute

Bien que la plupart d'entre nous aient des téléphones portables, quand vous êtes sur l'autoroute, vous pouvez utiliser l'une des **praatpalen** (*praat-paa-len*) (bornes d'appel d'urgence) jaunes. Elles sont très faciles à utiliser : appuyez sur l'unique bouton qui s'y trouve et une opératrice de la **Alarmcentrale** (*aa-lârm-sèn-traa-le*) (le centre d'alarme) vous demandera à quel endroit vous avez besoin d'aide. Bien qu'elle puisse voir sur son écran depuis quelle borne vous appelez, vous devrez préciser l'endroit où l'assistance est requise, et donc il est bon de regarder autour de vous et d'y réfléchir avant d'appeler. Elle vous demandera ensuite en quoi consiste le problème. Si vous avez besoin de la police, d'une ambulance ou des pompiers, l'opératrice vous reliera au service régional concerné. L'opératrice de service vous reposera les mêmes questions.

Si vous avez un problème avec votre voiture, l'opératrice de la **Alarmcentrale** vous demandera le numéro d'immatriculation de la voiture ainsi que votre nom, et si vous êtes membre de la **ANWB** (*aa-èn-wéé-béé*) (l'Association automobile néerlandaise). Même si vous n'en êtes pas membre, la patrouille de la route viendra vous aider. Les membres paient moins ou même rien du tout, si le problème peut être résolu facilement.

Après la question sur votre appartenance à l'association, l'opératrice vous demandera d'attendre jusqu'à ce que la patrouille arrive. Elle vous demandera votre numéro de portable et vous conseillera de rester en dehors de la voiture et d'attendre derrière la barrière de protection. Les bornes d'appel de secours servent aussi à signaler des accidents ou une situation dangereuse. La patrouille routière dispose d'une **verkeerd getankt-installatie** (*ver-kéért ghe-tânkt-in-staa-laa-tsii*) (installation pour erreur de carburant) pour vider votre réservoir au cas où vous auriez pris le mauvais carburant à la station-service.

Parler à un médecin

Il est très probable que le médecin vous comprendra si vous vous exprimez en anglais, et peut-être même en français. Mais les mots suivants peuvent vous être utiles quand vous ne vous sentez pas bien.

- **de huisarts** (*de h'oeïs-ârts*) (le médecin de famille / le généraliste)
- **de arts** (*de ârts*) (le médecin)
- **het ziekenhuis** (*h'et zii-ken-h'oeïs*) (l'hôpital)
- **de spoedopname** (*de spout-op-naa-me*) (les urgences)
- **de artsenpraktijk** (*de ârt-sen-prâk-tèïk*) (le cabinet médical)

Si vous avez besoin d'assistance médicale, vous pouvez demander un médecin, ou vous renseigner sur l'hôpital ou le centre de premiers soins le plus proche en disant :

- **Kunt u een ambulance voor me bellen?** (*kunt uu en âm-buu-lân-se vôôr me bè-len*) (Pouvez-vous m'appeler une ambulance ?)
- **Ik moet snel naar een ziekenhuis.** (*ik mouout snèl naar en zii-ken-h'oeïs*) (Je dois me rendre très vite à un hôpital.)
- **Ik heb een arts nodig.** (*ik h'èp en ârts nôô-digh*) (J'ai besoin d'un médecin.)
- **Waar is de dichtstbijzijnde EHBO-post?** (*waar is de dighst-bèï-zèïn-de éé-h'aa-béé-ôô-post*) (Où se trouve le centre de premiers soins le plus proche ?)
- **Waar is het dichtstbijzijnde ziekenhuis?** (*waar is h'et dighst-bèï-zèïn-de zii-ken-h'oeïs*) (Où se trouve l'hôpital le plus proche ?)
- **Waar is de polikliniek** (*waar is de pôô-lii-klii-niik*) (Où se trouve la polyclinique ?)

Si l'assistance est moins urgente, vous pouvez demander :

Waar is de dichtstbijzijnde artsenpraktijk? (*waar is de dichts-bèï-zèïn-de ârt-sen-prâk-tèïk*) (Où se trouve le plus proche cabinet médical ?)

Décrire ce qui ne va pas

Mal au ventre ? Des douleurs dans le cou ? Malade comme un chien ? Vous serez heureux d'avoir trouvé ce chapitre ! Vous y trouverez quoi dire pour dire que vous ne vous sentez pas bien et expliquer où vous avez mal. Le médecin peut vous poser la question suivante :

Wat scheelt er aan? (*wât sghéélt èr aan*) (Qu'est-ce qui ne va pas ?)

Vous pourriez répondre par l'une des expressions suivantes :

- **Ik voel me niet lekker.** (*ik voul me niit lè-ker*) (Je ne me sens pas bien.)
- **Ik ben ziek.** (*ik ben ziik*) (Je suis malade.)
- **Ik heb koorts.** (*ik h'èp kôôrts*) (J'ai de la fièvre.)
- **Ik heb last van misselijkheid.** (*ik h'èp lâst vân mi-se-lek-h'èït*) (J'ai la nausée.)
- **Ik kan mijn arm niet bewegen.** (*ik kân mèïn ârm niit be-wéé-ghen*) (Je ne peux pas bouger le bras.)
- **Ik ben gebeten door een hond.** (*ik bèn ghe-béé-ten dôôr en h'ont*) (J'ai été mordu par un chien.)

INFO CULTURELLE

Médecins et dentistes

Aux Pays-Bas les gens ont **een huisarts** (*en h'oeïs-ârts*) (un médecin de famille / généraliste). Les gens qui sont nouveaux dans une ville ou un village demandent à leur **verzekeringsmaatschappij** (*ver-zéé-ke-rings-maat-sghâ-pèï*) (compagnie d'assurances) une liste de médecins dans leur zone de code postal. Cependant, vous pouvez devoir vous résigner à prendre un médecin plus éloigné, car la liste de patients de nombreux médecins est comble. Demandez à des voisins, amis et collègues de vous aider à trouver un médecin compétent et disponible.

Les médecins travaillent presque exclusivement depuis leurs **spreekkamers** (*spréék-kaa-mers*) (cabinets de consultation), mais en principe ils peuvent se rendre chez vous dans les dix minutes en cas d'urgence.

Vous pouvez appeler le cabinet du médecin pour prendre un rendez-vous pour **het spreekuur** (*h'et spréék-uur*) (la consultation), généralement tôt le matin ou en fin d'après-midi. Le médecin prend dix minutes par patient. Si vous pensez avoir besoin de plus de temps, demandez un double rendez-vous ! Les médecins ne se rendent à votre domicile que si vous avez une forte fièvre pendant plusieurs jours ou êtes pour toute autre raison dans l'impossibilité de venir. Si un médecin n'est pas disponible, un message enregistré sur son téléphone vous indiquera le plus proche médecin disponible.

Vous trouverez un dentiste de la même façon qu'un médecin : en demandant à votre compagnie d'assurances une liste des **tandartsen** (*tânt-ârt-sen*) (dentistes), ou mieux, en demandant à vos voisins, amis et collègues de vous en recommander un. Les dentistes travaillent généralement avec des agendas bien remplis, avec des espaces réservés pour les urgences. Une fois que vous êtes sur l'agenda, vous devrez payer si vous ne venez pas.

Si vous avez mal quelque part, commencez seulement par dire :

- **Ik heb pijn in...** (*ik h'èp pèïn in*) (J'ai mal...)
  - **mijn nek** (*mèïn nèk*) (dans le cou)
  - **mijn buik** (*mèïn boeïk*) (au ventre)
  - **mijn rug** (*mèïn rugh*) (au dos)
  - **mijn keel** (*mèïn kéél*) (à la gorge)
  - **mijn hoofd** (*mèïn h'ôôft*) (à la tête)
- **Ik heb erge pijn in...** (*ik h'èp èr-ghe pèïn in*) (J'ai très mal au...)

Quand le médecin vous demande « Où avez-vous mal ? », vous pouvez mentionner l'une des parties du corps :

- **de arm** (*de ârm*) (le bras)
- **het been** (*h'et béén*) (la jambe)
- **de borstkas** (*de borst-kâs*) (la cage thoracique)
- **de borst** (*de borst*) (le sein)
- **de duim** (*de doeïm*) (le pouce)
- **de dij** (*de dèï*) (la cuisse)
- **de elleboog** (*de è-le-bôôgh*) (le coude)
- **de enkel** (*de èn-kel*) (la cheville)
- **het gezicht** (*h'et ghe-zight*) (le visage)
- **de hand** (*de h'ânt*) (la main)
- **de heup** (*de h'eueup*) (la hanche)
- **het hoofd** (*h'et h'ôôft*) (la tête)
- **de kin** (*de kin*) (le menton)
- **de knie** (*de knii*) (le genou)
- **de mond** (*de mont*) (la bouche)
- **de neus** (*de neueus*) (le nez)
- **de nek** (*de nèk*) (le cou)
- **het oog** (*h'et ôôgh*) (l'œil)
- **het oor** (*h'et ôôr*) (l'oreille)
- **de rug** (*de rugh*) (le dos)
- **de schouder** (*de sghaôw-der*) (l'épaule)

- **de teen** (*de téén*) (le doigt de pied)
- **de vinger** (*de ving-er*) (le doigt)
- **de voet** (*de vouout*) (le pied)

Les organes internes sont :

- **de blinde darm** (*de blin-de dârm*) (l'appendice)
- **de darmen** (*de dâr-men*) (les intestins)
- **het hart** (*h'et h'ârt*) (le cœur)
- **de keel** (*de kéél*) (la gorge)
- **de lever** (*de léé-ver*) (le foie)
- **de maag** (*de maagh*) (l'estomac)
- **de nier** (*de niir*) (le rein)
- **de tong** (*de tong*) (la langue)

Signaler des affections particulières

Pour obtenir un traitement approprié, il importe de dire au médecin ou au dentiste si vous êtes allergique à quelque chose ou si vous êtes dans un état particulier. À cette fin, commencez par dire :

- **Ik ben...** (*ik bèn*) (Je suis...)
  - **zwanger** (*zwâng-er*) (enceinte)
  - **diabeticus** (*di-aa-tii-kes*) (diabétique)
  - **allergisch voor pollen** (*â-lèr-ghiis vôôr po-len*)
- **Ik heb...** (*ik h'èp*) (J'ai...)
  - **een hartprobleem** (*en h'ârt-pro-bléém*) (un problème cardiaque)
  - **hoge bloeddruk** (*h'ôô-ghe blout-druk*) (de l'hypertension)
  - **astma** (*âst-maa*) (de l'asthme)
  - **epilepsie** (*éé-pii-lèp-sii*) (de l'épilepsie)

Les autres expressions suivantes pourront aussi vous être utiles :

- **Ik ben er al eerder voor behandeld.** (*ik bèn èr âl éér-der vôôr be-h'ân-delt*) (J'ai déjà été soigné pour ça.)
- **Ik ben er al eerder aan geopereerd.** (*ik bèn èr âl éér-der aan ghe-ôô-pe-réért*) (On m'a déjà opéré pour ça.)

Le passé composé des verbes qui commencent par ont-, be-, ge-, her-, ver- et er-

Certains verbes néerlandais sont des verbes séparables. Les verbes séparables commencent par un préfixe, généralement une préposition telle que **in-** ou **aan-**, et lorsque le verbe est séparable, ce petit mot est accentué. Si vous ne vous souvenez plus de ce qu'est un verbe séparable, vous trouverez au chapitre 6 les informations utiles. Il existe aussi des verbes néerlandais qui commencent par un préfixe non accentué. Ces verbes commencent par l'une des syllabes non accentuées **ont-**, **be-**, **ge-**, **her-**, **ver-** ou **er-**. En voici quelques exemples :

- **ontmoeten** (*ont-mouou-ten*) (rencontrer)
- **behandelen** (*be-h'ân-de-len*) (traiter)
- **gebruiken** (*ghe-broeï-ken*) (utiliser)
- **herinneren** (*h'è-ri-ne-ren*) (se rappeler)
- **vertellen** (*ver-tè-len*) (raconter)
- **ervaren** (*èr-vaa-ren*) (faire l'expérience de)

Ces verbes sont dits inséparables. Chaque fois qu'un verbe commence par un préfixe non accentué, il est inséparable !

Les verbes séparables se divisent en deux parties au présent et au passé, mais les verbes inséparables ne se divisent pas (ce pourquoi on les dit inséparables). Comparez le verbe séparable **opstaan** et le verbe inséparable **ontmoeten** :

- **opstaan** (*op-staan*) (se lever)
  - **Ik sta op.** (*ik staa op*) (Je me lève.)
  - **Ik stond op.** (*ik stônt op*) (Je me levai.)
- **ontmoeten** (*ont-mouou-ten*) (rencontrer)
  - **Ik ontmoet...** (*ik ont-mouout*) (Je rencontre...)
  - **Ik ontmoette...** (*ik ont-mou-te*) (Je rencontrai...)

Le participe passé d'un verbe séparable comporte l'élément grammatical ge placé entre le préfixe et le reste du verbe :

- **opstaan → op-ge-staan**

  Ik ben laat opgestaan. (*ik bèn laat op-ghe-staan*) (Je me suis levé tard.)

Le participe passé d'un verbe inséparable est bien plus simple à construire. Il ne comporte pas de **ge**.

- **ontmoet → ontmoet**

  Ik heb hem nooit ontmoet. (*ik h'èp hem nôôïyt ont-mouout*) (Je ne l'ai jamais rencontré.)

Voici d'autres exemples de verbes inséparables :

- **De dokter heeft mij goed behandeld.** (*de dok-ter h'ééft mèï ghouout be-h'ân-delt*) (Le médecin m'a bien soigné.)
- **Ik heb geen medicijnen gebruikt.** (*ik h'èp ghéén méé-di-sèï-nen ghe-broeïkt*) (Je n'ai pas utilisé de médicament.)
- **Mijn vrouw heeft me aan de afspraak herinnerd.** (*mèïn vraôw h'ééft me aan de âf-spraak h'è-ri-nert*) (Ma femme m'a rappelé le rendez-vous.)
- **Ik heb de dokter alles verteld.** (*ik h'èp de dok-ter â-les ver-tèlt*) (J'ai tout raconté au médecin.)
- **Ik heb dat niet zo ervaren.** (*ik h'èp dât niit zôô èr-vaa-ren*) (Je n'avais jamais éprouvé ça de pareille façon.)

Se faire examiner

Une fois chez le médecin, vous voulez être sûr de bien comprendre ses questions et ses instructions, et partir de chez lui avec un avis et une ordonnance appropriés. Voici quelques-unes des questions que le médecin peut vous poser en vous examinant :

- **Wat zijn uw klachten?** (*wât zèïn uuw klâgh-ten*) (De quoi vous plaignez-vous ?)
- **Heeft u pijn?** (*h'ééft uu pèïn*) (Avez-vous mal ?)
- **Waar doet het pijn?** (*waar dout h'et pèïn*) (Où est-ce que ça fait mal ?)
- **Doet dit pijn?** (*dout dit pèïn*) (Est-ce que cela vous fait mal ?)
- **Hoe lang heeft u hier al last van?** (*h'ouou lâng h'ééft uu h'iir âl lâst vân*) (Depuis combien de temps souffrez-vous de cela ?)
- **Gebruikt u medicijnen?** (*ghe-broeïkt uu méé-di-sèï-nen*) (Prenez-vous des médicaments ?)
- **Bent u ergens allergisch voor?** (*bènt uu èr-ghens â-lèr-ghiis vôôr*) (Etes-vous allergique à quoi que ce soit ?)

Et voici quelques-unes des instructions que le médecin peut vous donner :

- **Wilt u alstublieft uw mouw oprollen?** (*wilt uu âls-tuu-bliift uuw maôw op-ro-len*) (Voulez-vous s'il vous plaît retrousser votre manche ?)
- **Wilt u alstublieft uw trui uitdoen?** (*wilt uu âls-tuu-bliift uuw troeï oeït-doun*) (Voulez-vous s'il vous plaît enlever votre pull-over ?)
- **Wilt u gaan liggen?** (*wilt u ghaan li-ghen*) (Voulez-vous s'il vous plaît vous allonger ?)
- **Wilt u uw mond opendoen?** (*wilt uu uuw mont ôô-pen-dououn*) (Voulez-vous ouvrir la bouche ?)
- **Zucht eens diep.** (*zught ééns diip*) (Respirez une fois profondément.)

Comprendre le diagnostic

Après l'examen, le médecin vous dira son **diagnose** (*di-âgh-nôô-ze*) (diagnostic). Vous voulez sans doute savoir ce que vous avez.

Vous serez rassuré si le médecin vous dit :

- **U heeft kou gevat.** (*uu h'ééft kaôw ghe-vât*) (Vous avez attrapé un rhume.)

ou

- **Het is niets ernstigs.** (*h'et is niits èrn-steghs*) (Ce n'est rien de grave.)

Le médecin pourrait dire aussi :

- **U heeft…** (*uu h'ééft*) (Vous avez…)
  - **griep** (*ghriip*) (la grippe)
  - **een hersenschudding** (*en h'èr-sen-sghu-ding*) (une commotion cérébrale)
  - **een ontsteking** (*en ont-stéé-king*) (une inflammation)
  - **een infectie** (*en in-fèk-sii*) (une infection)
  - **een blindedarmontsteking** (*en blin-de-dârm-ont-stéé-king*) (une appendicite)
  - **een longontsteking** (*en long-ont-stéé-king*) (une congestion pulmonaire)
  - **ontstoken amandelen** (*ont-stôô-ken aa-mân-de-len*) (des amygdales enflammées)
  - **een voedselvergiftiging** (*en vout-sel-ver-ghif-te-ghing*) (un empoisonnement alimentaire)

Le médecin pourrait dire aussi :

- **Uw bot...** (*uuw bot*) (votre os...)
  - **is gebroken** (*is ghe-brôô-ken*) (est fracturé)
  - **is gescheurd** (*is ghe-sgheurt*) (est fêlé)
  - **is gekneusd** (*is ghe-kneust*) (est endommagé)
- **U heeft een spier gescheurd.** (*uu h'ééft en spiir ghe-sgheurt*) (Vous vous êtes déchiré un muscle.)
- **U heeft een spier verrekt.** (*uu h'ééft en spiir ver-rèkt*) (Vous vous êtes fait une élongation d'un muscle.)

Conversation

Sofie Vermeent est tombée dans un escalier à son lieu de travail. Sa cheville droite lui fait terriblement mal et est très enflée. Sa collègue l'emmène à l'hôpital.

Infirmière : **Goedemiddag, wat zijn de klachten?**

ghouou-de-mi-dâgh wât zèïn de klâgh-ten

Bonjour, de quoi vous plaignez-vous ?

Sofie : **Ik ben gestruikeld op het werk.**

ik bèn ghe-stroeï-kelt op h'et wèrk

J'ai trébuché pendant mon travail.

Infirmière : **Ik zie het, je enkel is erg dik. Kun je erop staan?**

ik zii h'et ye èn-kel is èrgh dik. kun ye èr op staan

Je le vois bien, ta cheville est très enflée. Peux-tu te tenir dessus ?

Sofie : **Ja, maar het doet erg pijn en hij wordt steeds dikker. Ik houd hem koel met ijs en natte handdoeken.**

yaa maar h'et dout èrgh pèïn èn h'èï wort stééts di-ker. ik h'aôwt h'em koul mèt èïs èn nâ-te h'ânt-dou-ken

Oui, mais ça fait très mal et elle enfle de plus en plus. Je la tiens au froid avec de la glace et des serviettes mouillées.

Infirmière : **Doet het hier pijn?**

dout h'et h'iir pèïn

Est-ce que ça fait mal ici ?

Sofie : **Au, ja!**

aôw yaa

Aïe, oui !

Infirmière : **Je enkel is verstruikt. Het klinkt vreemd, maar je moet hem toch zoveel mogelijk bewegen.**

ye èn-kel is ver-stroeïkt. h'et klinkt vréémt maar ye mouout h'em togh zôô-véél môô-ghe-lek be-wéé-ghen

Ta cheville a une entorse. Cela semble bizarre, mais tu dois la bouger le plus possible.

Probeer vanaf morgen weer een beetje te lopen en beweeg als je zit de voet af en toe.

prôô-béér vâ-nâf mor-ghen wéér en béé-tye te lôô-pen èn be-wéégh âls uu zit de voet âf en toe

Essaie à partir de demain de remarcher un peu, et quand tu es assise, remue le pied dans un sens et dans l'autre.

Sofie : **Kan ik auto rijden?**

kân ik aôw-tôô rèï-den

Pourrai-je conduire ?

Infirmière : **Dat zal erg pijn doen. Vraag je collega om je naar huis te brengen.**

dât zâl èrgh pèïn dououn. vraagh ye ko-léé-ghaa om ye naar h'oeïs te brèng-en

Cela fera très mal. Demande à ta collègue de te conduire à la maison.

Sofie : **Hoe lang gaat het duren voordat ik weer gewoon kan lopen?**

h'ouou lâng ghaat h'et duu-ren vôôr-dât ik wéér ghe-wôôn kân lôô-pen

Combien de temps faudra-t-il pour que je puisse marcher normalement ?

Infirmière : **Dat hangt er vanaf. Je kunt het lopen langzaam opvoeren en met een week kun je weer naar je werk, als je zittend werk doet.**

dât h'ângt èr vâ-nâf. ye kunt h'et lôô-pen lâng-zaam op-vouou-ren èn mèt en wéék kun ye wéér naar ye wèrk, âls ye zi-tent wèrk dout

Cela dépend. Tu peux augmenter lentement la marche et dans une semaine tu peux retourner au travail, si tu fais un travail en étant assise.

Ga naar de huisarts als de pijn na vier dagen nog niet minder wordt.

ghaa naar de h'oeïs-ârts âls de pèïn naa viir daa-ghen nogh niit min-der wort

Va voir ton médecin si la douleur n'a pas diminué au bout de quatre jours.

Sofie : **Komt het weer helemaal goed?**

komt h'et wéér h'éé-le-maal ghouout

Est-ce que ça se remettra complètement ?

Infirmière : **De meeste mensen kunnen weer alles doen, maar bij te zware belasting kan de enkel weer pijn gaan doen.**

de méés-te mèn-sen ku-nen wéér â-les doun, maar bèï te zwaa-re be-lâs-ting kân de èn-kel wéér pèïn gaan doun

La plupart des gens peuvent de nouveau faire tout ce qu'ils faisaient, mais en cas d'effort trop grand la cheville peut de nouveau faire mal.

Mots clés

struikelen	stroeï-ke-len	trébucher
het ijs	h'et èïs	la glace
de handdoek	de h'ânt-dououk	la serviette

Obtenir un traitement

Après vous avoir dit ce qui ne va pas, le docteur vous dira ce que vous devez faire :

- **Ik schrijf u … voor** (*ik sghrèïf uu … vôôr*) (Je vous prescris…)
  - **een pijnstiller** (*en pèïn-sti-ler*) (un calmant de la douleur)
  - **een kalmerend middel** (*en kâl-méé-rent mi-del*) (un sédatif)
  - **een slaapmiddel** (*en slaap-mi-del*) (un somnifère)
  - **antibiotica** (*an-tii-bii-ôô-tii-kaa*) (des antibiotiques)

Ou le médecin peut vous envoyer voir quelqu'un d'autre :

- **U moet een röntgenfoto laten maken.** (*uu mouout en runt-gen fôô-tôô laa-ten maa-ken*) (Vous devez faire faire une radiographie.)
- **Ik moet u naar een specialist verwijzen.** (*ik mouout uu naar en spéé-syaa-list ver-wèï-zen*) (Je dois vous envoyer voir un spécialiste.)

Le médecin vous remet **een recept** (*en re-sèpt*) (une ordonnance) que vous devez apporter à **een apotheek** (*en a-pôô-téék*) (une pharmacie) pour obtenir vos **medicijnen** (*méé-di-sèï-nen*) (médicaments).

Les expressions ci-après vous aideront à comprendre quand et à quelle fréquence vous êtes censé prendre vos remèdes :

- **U moet een tablet nemen…** (*uu mouout en taa-blèt néé-men*) (Vous devez prendre un comprimé…)
  - **drie keer per dag** (*dri kéér per dâgh*) (trois fois par jour)
  - **na elke maaltijd** (*naa èl-ke maal-tèït*) (après chaque repas)
  - **met wat water** (*mèt wât vaa-ter*) (avec un peu d'eau)
  - **voor het slapengaan** (*vôôr h'et slaa-pen ghaan*) (avant le coucher)

Certains médicaments, tels que l'aspirine, le paracétamol et le sirop contre la toux sont vendus sans ordonnance. Vous pouvez vous les procurer dans une **drogisterij** (*drôô-ghis-te-rèï*) (parapharmacie). Ces magasins font généralement partie d'une **winkelketen** (*win-kel-kéé-ten*) (chaîne de magasins) et leurs produits vont du dentifrice aux produits de beauté, en passant par tout ce qui facilite la tenue d'un ménage.

En ce qui concerne les médicaments sur ordonnance, en revanche, vous devez aller à l'**apotheek** (*a-pôô-téék*) (pharmacie). **Apothekers** (*a-pôô-téé-kers*) (les pharmaciens) ne vous vendent vos médicaments que si vous leur remettez l'ordonnance. Ils ajoutent beaucoup d'informations au sujet du médicament ou vous informent oralement. Ils gardent sur leur ordinateur une liste des médicaments qu'ils vous ont déjà vendus et vérifient si vos nouveaux médicaments sont compatibles avec les anciens. Les médecins néerlandais sont très économes de médicaments ; ne soyez pas surpris s'ils vous renvoient chez vous sans aucune prescription, en disant : « Vous irez mieux dans une semaine. » Certains docteurs sont très stricts en ce qui concerne les somnifères : ils ne vous en prescriront pas plus de cinq ou dix à la fois.

Aller chez le dentiste

Si vous voulez parler néerlandais à votre dentiste, voici quelques phrases utiles.

Avant de vous installer dans son **tandartsstoel** (*tânt-ârts-stoul*) (fauteuil de dentiste), le dentiste peut vous demander :

Wat is het probleem? (*wât is h'et prôô-bléém*) (Quel est le problème ?)

Vous pourriez utiliser l'une des réponses ci-après :

- **Ik heb kiespijn.** (*ik h'èp kiis-pèïn*) (J'ai un mal de dent.)
- **Ik heb mijn vulling verloren.** (*ik h'èp mèïn vu-ling ver-lôô-ren*) (J'ai perdu mon plombage.)
- **Ik heb mijn kunstgebit gebroken.** (*ik h'èp mèïn kunst-ghe-bit ghe-brôô-ken*) (J'ai cassé mon dentier.)

Comprendre le diagnostic

Pour vous dire ce qui ne va pas, le dentiste pourrait utiliser l'une des expressions suivantes :

- **U heeft...** (*uu h'ééft*) (Vous avez...)
  - **een gaatje** (*en ghaat-ye*) (une carie)
  - **een zenuwontsteking** (*en zéé-nuuw-ont-stéé-king*) (une névralgie)

Comprendre ce que va faire le dentiste

Vous pourriez entendre l'une des expressions suivantes quand le dentiste explique ce qu'il va faire :

- **Ik geef u een...** (*ik ghéêf uu en*) (Je vous donne un...)
  - **noodvulling** (*nôôt-vu-ling*) (plombage temporaire)
  - **wortelkanaalbehandeling** (*wor-tel-ka-naal-be-h'ân-de-ling*) (traitement du canal dentaire)
  - **zenuwbehandeling** (*zéé-nuuw-be-hân-de-ling*) (traitement du nerf)
- **Ik moet deze kies trekken.** (*ik mouout déé-ze kiis trè-ken*) (Je dois arracher cette dent.)

- **Ik moet deze kies vullen.** (*ik mouout déé-ze kiis vu-len*) (Je dois plomber cette dent.)

Parler à la police

Vous venez de découvrir que votre appartement a été cambriolé. Beaucoup de choses ont été volées, mais le cambrioleur a laissé votre exemplaire du *Néerlandais pour les Nuls*. Vous avez eu de la chance !

Vous pouvez utiliser les phrases suivantes pour régler le problème :

Waar is het politiebureau? (*waar is h'et pôô-lii-tsii-buu-rôô*) (Où se trouve le bureau de police ?)

Pour déclarer quelque chose à la police, vous pouvez dire :

- **Ik wil aangifte doen van...** (*ik wil aan-ghif-te doun vân*) (Je veux faire une déclaration de...)
  - **diefstal** (*diif-stâl*) (vol)
  - **zakkenrollerij** (*zâ-ken-ro-le-rèï*) (vol par un pickpocket)
  - **het openbreken van mijn auto** (*h'et ôô-pen bréé-ken vân mèïn aôw-tôô*) (l'ouverture de ma voiture par effraction)
  - **vernieling** (*ver-nii-ling*) (vandalisme)
  - **verlies** (*ver-liis*) (perte)

Pour un cambriolage, l'officier de police vous parlera personnellement. Vous pouvez avoir à attendre longtemps avant que ce soit votre tour, mais l'affaire recevra toute son attention. L'officier de police peut noter votre histoire dans un **proces-verbaal** (*prôô-sès ver-baal*) (procès-verbal). Pour des méfaits mineurs, comme un vol de bicyclette, l'officier vous demandera de remplir un formulaire vous-même, en néerlandais. En pareil cas, il vous dira :

Wilt u dit formulier invullen? (*wilt uu dit for-muu-liir in-vu-len*) (Voulez-vous remplir ce formulaire ?)

INFO CULTURELLE

Vous pourriez croire que c'est inutile de déclarer des vols mineurs tels que celui de votre ordinateur portable dans votre voiture, de votre voiture elle-même ou d'un vélomoteur, mais la police s'en occupera, car ces types de vols sont souvent le fait de gangs, et ils peuvent parfois être résolus. Plus vous pouvez donner de détails sur l'objet volé, plus il y a de chance qu'on le retrouve un jour.

Décrire ce qui a été volé

Pour déclarer que quelque chose a été volé, vous dites :

- **Mijn … is gestolen.** (*mèïn … is ghe-stôô-len*) (Mon/ma … a été volé/volée.)
  - **portefeuille** (*por-te-feu-ye*) (portefeuille)
  - **portemonnee** (*por-te-mo-néé*) (porte-monnaie)
  - **handtas** (*hânt-tâs*) (sac à main)
  - **tas** (*tâs*) (sac)
  - **digitale camera** (*dii-ghii-taal-le kaa-me-raa*) (appareil photo numérique)
  - **videocamera** (*vi-déé-yôô-kaa-me-raa*) (caméra vidéo)
  - **mobiele telefoon** (*môô-bii-le téé-le-fôôn*) (téléphone portable)
  - **geld** (*ghèlt*) (argent)
  - **pinpas** (*pin-pâs*) (carte bancaire)
  - **creditcard** (*krè-dit-kârt*) (carte de crédit)
  - **reisdocumenten** (*rèïs-dôô-kuu-mèn-ten*) (documents de voyage)
  - **paspoort** (*pâs-pôôrt*) (passeport)
  - **bagage** (*bâ-ghaa-je*) (bagages)
  - **auto** (*aôw-tôô*) (voiture)

Dès que vous saurez assez de néerlandais pour remplir un formulaire, vous pourrez déclarer en ligne des méfaits mineurs tels que celui d'un pickpocket ou d'un voleur de sac. Le site de la police néerlandaise, www.politie.nl, comporte une petite partie en anglais, mais pour **aangifte doen** (*aan-ghif-te doun*) (faire une déclaration), il faut d'abord aller sur la partie néerlandaise du site, pour vérifier si la police, dans la région où a été commis le méfait, préfère que vous veniez au bureau de police ou que vous fassiez une déclaration en ligne. Vous pouvez aussi appeler le 0900-8844. L'opérateur parlera anglais.

Répondre aux questions de la police

Vous avez bien regardé le voleur. Vous avez peut-être crié : **Help! Houd de dief!** (*h'èlp h'aôwt de diif*) (Au secours ! Arrêtez le voleur !) Une fois que vous vous êtes assis pour faire une déclaration, l'officier de police vous posera beaucoup de questions. Était-il grand ou petit, gros ou mince, avec une chevelure ou chauve ? La police pourrait vous demander :

Kunt u de persoon beschrijven? (*kunt u de per-sôôn be-sghrèï-ven*) (Pourriez-vous décrire la personne ?)

Pour commencer la description, vous dites :

- **De persoon had...** (*de per-sôôn h'ât*) (La personne avait...)
  - **blond haar** (*blont h'aar*) (les cheveux blonds)
  - **zwart haar** (*zwârt h'aar*) (les cheveux bruns)
  - **rood haar** (*rôôt h'aar*) (les cheveux rouquins)
  - **grijs haar** (*ghrèïs h'aar*) (les cheveux gris)
  - **een baard** (*en baart*) (une barbe)
  - **geen baard** (*ghéén baart*) (pas de barbe)
  - **een snor** (*en snor*) (une moustache)
  - **geen snor** (*ghéén snor*) (pas de moustache)
  - **een kaal hoofd** (*en kaal h'ôôft*) (la tête chauve)
  - **een bril** (*en bril*) (une paire de lunettes)

Ou vous pourriez dire :

- **De persoon was...** (*de persôôn wâs*) (La personne était...)
  - **groot** (*ghrôôt*) (grande)
  - **klein** (*klèïn*) (petite)
  - **ongeveer 1,80 m groot** (*on-ghe-véér één méé-ter tâgh-tigh ghrôôt*) (d'une taille d'environ 1,80 m)
  - **ongeveer 20 jaar oud** (*on-ghe-véér twin-tigh yaar aôwt*) (âgée d'environ 20 ans)

La police pourrait vous demander où et quand c'est arrivé, au moyen des expressions suivantes :

- **Wanneer is dit gebeurd?** (*wâ-neer is dit ghe-beurt*) (Quand est-ce arrivé ?)
- **Waar was u op dat moment?** (*waar wâs uu op dât môô-mènt*) (Où étiez-vous à ce moment-là ?)

Protection de vos droits à l'étranger

Si vous avez des problèmes et ne connaissez rien aux questions juridiques alors que vous avez besoin d'assistance, il vous faut connaître deux expressions importantes :

- **Ik heb een advocaat nodig.** (*ik h'èp en ât-vôô-kaat nôô-digh*) (J'ai besoin d'un avocat.)
- **Ik wil graag de ambassade bellen.** (*ik wil ghraagh de âm-ba-saa-de bè-len*) (Je voudrais appeler l'ambassade.)

Conversation

Bart doit apporter des documents à l'un de ses clients. Il gare sa voiture devant le bureau, entre dans le bâtiment. Quand il revient, une demi-heure plus tard, on a fracturé sa voiture et son ordinateur portable a été volé. Il se rend à la station de police la plus proche.

Bart : **Goedemiddag, ik wil aangifte doen van diefstal. Mijn auto is opengebroken en mijn laptop is gestolen.**

ghouou-de-mi-dâgh ik wil aan-gif-te doun vân diif-stâl. mèïn aôw-tôô is ôô-pen-ghe-brôô-ken en mèïn lèp-top is ghe-stôô-len

Bonjour, je voudrais faire une déclaration de vol. Ma voiture a été fracturée et mon ordinateur portable a été volé.

Policière : **Wanneer is dat gebeurt?**

wâ-néér is dât ghe-beurt

Quand est-ce arrivé ?

Bart : **Tussen 11:00 en 11:30 vanochtend.**

tu-sen èlf uur en h'âlf twaalf vâ-nogh-tent

Entre 11 heures et 11 h 30.

Policière : **Waar is dat gebeurt?**

waar is dât ghe-beurt

Où est-ce arrivé ?

Bart : **Hier vlakbij, op de Felserplaats.**

h'iir vlâk-bèï op de fèl-ser-plaats

Tout près d'ici, sur la Felserplaats.

Policière : **Was uw laptop van buitenaf zichtbaar?**

wâs uuw lèp-top vân boeï-ten-âf zight-baar

Votre ordinateur portable était-il visible de l'extérieur ?

Bart : **Nee, natuurlijk niet, hij lag in de achterbak [PB] / in de koffer [FL], uit het zicht. Ik laat mijn laptop nooit op de bank liggen.**

néé naa-tuur-lek niit hèï lâgh in de âgh-ter-bâk / in de ko-fer oeït h'et zicht. ik laat mèïn lèp-top nôôït op de bânk li-ghen

Non, bien sûr que non, il était dans le coffre, hors de vue. Je ne laisse jamais mon portable sur le siège.

Policière : **Hoe kon de dief dan weten dat er iets waardevols in uw achterbak zat?**

h'ouou kon de diif dân wéé-ten dât èr iits waar-de-fols in uuw âgh-ter-bâk zât

Alors comment le voleur pouvait-il savoir qu'il y avait un objet de valeur dans le coffre ?

Bart : **Misschien heeft iemand gezien dat ik hem erin legde. Ik moest bij een bedrijf naast de sportschool zijn en daar stonden een paar mensen buiten met elkaar te praten.**

mis-sghiin h'ééft ii-mânt ghe-ziin dât ik h'em è-rin lègh-de. ik moust bèï en be-drèïf naast de sport-sghôôl zèïn èn daar ston-den en paar mèn-sen boeï-ten met èl-kaar te praa-ten

Peut-être quelqu'un a-t-il remarqué que je le mettais dedans. Je devais rendre visite à une entreprise près du centre de remise en forme et il y avait des gens dehors qui parlaient ensemble.

Policière : **Waarom heeft u de laptop niet mee naar binnen genomen?**

waa-rom h'ééft uu de lèp-top niit méé naar bi-nen ghe-nôô-men

Pourquoi n'avez-vous pas emmené le portable à l'intérieur ?

Bart : **Ik dacht dat het vijf minuten zou duren, maar ik moest binnen wachten.**

ik dâght dât h'et vèïf mii-nuu-ten zaôw duu-ren maar ik moust bi-nen wâgh-ten

Je pensais que cela prendrait cinq minutes, mais j'ai dû attendre à l'intérieur.

Policière : **Heeft u uw auto goed afgesloten?**

h'ééft uu uuw aôw-tôô ghout âf-ghe-slôô-ten

Avez-vous bien fermé votre voiture ?

Bart : **Ja, dat doe ik altijd. De auto is opengebroken.**

yaa dât douou ik âl-tèït. de aôw-tôô is ôô-pen-ghe-brôô-ken

Oui, c'est ce que je fais toujours. La voiture a été fracturée.

Policière : **Vult u dit formulier maar in.**

vult uu dit for-muu-liir maar in

Veuillez remplir ce formulaire.

Mots clés

de diefstal	de diif-stâl	le vol
de dief	de diif	le voleur
de laptop	de lèp-top	l'ordinateur portable
van buitenaf	vân boeï-ten-âf	de l'extérieur
de achterbak	de âgh-ter-bâk	le coffre arrière
het bedrijf	h'et be-drëïf	l'entreprise
de sportschool	de sport-sghôôl	le centre de remise en forme

Quatrième partie

La partie des dix

Dans cette partie...

Si vous cherchez des trucs très pratiques sur le néerlandais et son utilisation, vous trouverez dans cette partie dix façons d'apprendre le néerlandais rapidement, dix jours fériés officiels, comment avoir l'air professionnel dans le travail, et davantage encore.

Chapitre 15

Dix façon d'apprendre le néerlandais rapidement

Que vous prépariez votre séjour aux Pays-Bas ou que vous y soyez déjà, il est clair que le néerlandais vous intéresse. Dans ce chapitre, vous trouverez dix procédés pour améliorer votre néerlandais d'une façon amusante.

Apprendre le néerlandais dans la rue et au supermarché

Dès que vous arrivez aux Pays-Bas, vous commencerez à apprendre des bribes de néerlandais. Vous entendrez des mots et des expressions partout : à l'aéroport, dans les rues et au supermarché. À l'aéroport, vous entendrez et vous verrez beaucoup d'expressions en anglais avec leur traduction en néerlandais.

Vous verrez dans les rues des publicités et des panneaux de signalisation qui parfois vous rendront perplexe. Vous trouverez l'explication d'une partie de ces panneaux au chapitre 13. Les cartes routières et Internet vous aideront à trouver l'explication d'autres panneaux de signalisation.

Le supermarché vous fournit non seulement de quoi vous nourrir, mais aussi quantité d'informations : vous lirez des mots importants sur ce qui se mange ainsi que des indications sur les groupes de produits et sur les produits eux-mêmes.

Une bonne façon de vous tester consiste à écrire en néerlandais votre liste de choses à acheter.

Chercher des mots dans le dictionnaire

Dès le début de votre apprentissage de la langue, certains mots vous rendront perplexe. Prenez votre dictionnaire ou celui qui figure à la fin du livre et cherchez le mot. Il est préférable de mémoriser non seulement le mot lui-même, mais aussi une phrase contenant le mot. Recherchez une phrase qui vous plaît et oubliez celles dont vous n'avez pas besoin.

Écrire votre propre dictionnaire

Après avoir recherché un mot ou une expression dans le dictionnaire, notez-les dans votre propre dictionnaire. Les linguistes disent que nous devons traiter les mots sept fois avant qu'ils ne soient « à nous ». Le traitement peut consister à les entendre, les écrire et les prononcer.

L'émotion joue un rôle dans la mémorisation et l'oubli : vous pouvez vous énerver quand vous constatez que vous recherchez le même mot pour la cinquième fois. Si vous êtes en colère contre vous-même, vous le retiendrez plus facilement en vous le disant à haute voix plusieurs fois et en l'écrivant dans votre propre dictionnaire. Certains mots seront importants pour vous, parce que vous voudrez les utiliser beaucoup. D'autres mots peuvent être sans intérêt : ne les inscrivez pas.

Achetez-vous un petit carnet pour noter les mots que vous désirez mémoriser. Vous pouvez les écrire dans l'ordre où vous les avez rencontrés, mais pour pouvoir les retrouver, il vaut mieux les écrire dans l'ordre alphabétique. Un carnet de numéros de téléphone est déjà préparé pour ce classement. Relisez le carnet à vos moments perdus : dans l'avion, dans le train et quand vous attendez quelque part. Vous aurez plus tard le plaisir de constater que vous maîtrisez la plupart des mots !

Des verbes dans la poche

Les verbes sont les matériaux d'une langue. Quand vous apprenez une langue, vous commencez en général par parler avec des infinitifs ou des « verbes entiers » : **Ik spreken een beetje Nederlands** (Je parler un petit peu néerlandais). Utiliser des infinitifs est une manière fonctionnelle de communiquer, mais vous ferez meilleure impression en conjuguant les verbes, c'est-à-dire en utilisant la forme correcte pour chaque personne : **Ik spreek een beetje Nederlands** (*ik spréék en <u>béé</u>-tye <u>néé</u>-der-lânts*) (je parle un peu néerlandais). Cela demande une certaine discipline au début, mais l'effort que vous faites sera récompensé plus tard : il est plus facile d'acquérir quelque chose que de se débarrasser d'une mauvaise habitude !

Commencez à apprendre la conjugaison des verbes réguliers et servez-vous de l'antisèche que vous avez préparée et que vous gardez en poche. Vous pouvez y jeter un œil à tout moment : dans l'avion, le train, quand vous attendez, et surtout, quand vous êtes perplexe et curieux de savoir. Préparez-vous une antisèche chaque semaine, en continuant par les verbes irréguliers les plus importants, au présent, comme **hebben** (*hè-ben*) (avoir) et **zijn** (*zèïn*) (être). Continuez cette progression aussi longtemps que vous voudrez.

Utilisez le CD du livre

Le CD linguistique du livre propose une série de dialogues très utiles, tels que vous les entendrez dans la vie de tous les jours. Écoutez-les autant que vous pourrez : quand vous faites la cuisine ou conduisez votre voiture. Comme le CD est associé au contenu du livre, il est encore plus efficace d'utiliser les deux en même temps. Toutefois, contrairement à d'autres CD, celui-ci peut être écouté sans avoir à répondre à des questions d'un livre d'exercices, comme c'est l'usage pour d'autres méthodes de langue.

Écouter la radio néerlandaise et regarder la télévision néerlandaise

En voiture ou à la maison, vous pouvez écouter des émetteurs radio néerlandais. Même si vous préférez une émission de musique, vous entendrez du néerlandais parlé entre les morceaux. Il vous faudra beaucoup de temps pour comprendre les programmes de radio offrant beaucoup d'informations et de mots parlés, et vous serez frustré en essayant de comprendre ce que vous entendez. Une écoute de cinq ou dix minutes par jour vous aidera seulement à vous habituer à l'intonation et à l'accent néerlandais. Après quelque temps, vous reconnaîtrez un mot par-ci par-là, et plus tard, une phrase de temps à autre. Il est plus facile de comprendre des gens qui parlent devant vous.

Regarder la télévision néerlandaise peut être plus bénéfique que d'écouter la radio. Commencez par regarder des films en version originale dans une langue que vous comprenez, et sous-titrés en néerlandais ! Vous apprendrez ainsi beaucoup de mots tout en vous distrayant, par exemple grâce à une série que vous aimez regarder. Faites cela plusieurs fois par semaine !

Organisez une heure néerlandaise

Vous pouvez aussi organiser chez vous une « heure néerlandaise ». Prévoyez une heure où vous essaierez de formuler en néerlandais ce que vous êtes en train de faire, comme **Ik ga naar de keuken** (*ik ghaa naar de keueu-ken*) (Je vais dans la cuisine) et **Ik doe de glazen in de afwasmachine** (*ik douou de ghlaa-zen in de âf-wâs-maa-chii-ne*) (Je mets les verres dans le lave-vaisselle).

Si vous avez une compagne néerlandaise, passez l'heure néerlandaise ensemble ! Ne soyez pas trop dur avec vous-même, et commencez par un quart d'heure par jour. Parlez néerlandais, en commençant par des choses élémentaires : les objets sur la table, dans une pièce, dans la maison, etc. Dans la phase suivante, vous pourriez dire ce que votre compagne et vous-même êtes en train de faire : **Ik drink water** (*ik drink waa-ter*) (Je bois de l'eau), **Jij drinkt wijn** (*yèï drinkt wèïn*) (Tu bois du vin). Dès que vous maîtrisez le temps présent, vous pourriez demander à votre compagne de vous dire en néerlandais comment s'est passée sa journée, en utilisant le temps passé. Bien sûr, vous n'avez pas à être aussi systématique que cela : faites-le à votre manière.

Demandez aux Néerlandais de vous expliquer

Ayez des contacts avec des Néerlandais. Après tout, c'est pour cela que vous apprenez le néerlandais ! Ils apprécieront beaucoup que vous essayiez d'apprendre leur langue. Si vous parlez anglais, de nombreuses personnes commenceront à vous répondre en anglais. Elles aiment à pratiquer leur anglais. Si vous voyez ces personnes plus souvent, demandez-leur de vous parler en néerlandais au moins une partie du temps. Demandez-leur de vous expliquer ce que vous ne comprenez pas. Vous pouvez aussi leur demander de vous écouter quand vous parlez néerlandais. Il vous faudra beaucoup d'énergie au début, et il faudra à la personne qui écoute beaucoup de patience, et donc n'essayez pas de le faire tout le temps : commencez par un quart d'heure.

Évoluez-vous dans le monde des affaires ? Faites vos affaires en anglais et essayez de maîtriser le néerlandais pour les instants réservés aux contacts sociaux : avant de traiter les questions professionnelles, et au moment de partir.

Avez-vous des collègues néerlandophones ? Vous serez plus à l'aise si vous comprenez une partie de leurs conversations lors des moments de détente : auprès de la machine à café, en arrivant et en partant. Posez des questions quand vous ne comprenez pas ! Ne soyez pas trop exigeant envers vous-même : n'essayez pas de les comprendre quand ils racontent des blagues en néerlandais !

Lire les journaux gratuits

Vous déplacez-vous en train ou en bus ? Parcourez les journaux que vous trouvez dans les transports publics. Vous y trouverez les nouvelles internationales et néerlandaises les plus importantes, et si vous suivez les nouvelles chez vous, dans votre propre langue, vous pourriez réussir à lire et comprendre certains titres ou légendes de photos. Les journaux vous fourniront de bons sujets de discussion pour des conversations informelles avec vos collègues et vos amis. Posez-leur des questions sur ce que vous ne comprenez pas, et vous évoluerez plus facilement dans la société néerlandaise.

Surfer sur le Net

De nombreux sites Web néerlandais sont rédigés en néerlandais avec des parties en anglais. La plupart des informations d'Internet étant écrites en langage clair et concis, vous pouvez apprendre des mots et des expressions en cherchant sur Internet les informations dont vous avez besoin. Si vous comprenez l'anglais, essayez d'abord de lire la partie en néerlandais, puis vérifiez si vous avez bien compris en lisant la partie en anglais.

Chapitre 16

Cinq choses que vous ne devez jamais dire

Le but de ce chapitre est de vous éviter des situations embarrassantes. Vous pouvez avoir entendu des visiteurs étrangers dire des choses qui vous ont fait retenir votre respiration. Eh bien, voici quelques indications qui vous éviteront de dire des choses qui vous donneraient envie de vous mordre la langue !

Belle voiture, combien a-t-elle coûté ?

Bien que de nombreux Néerlandais aiment à parler d'argent et soient fiers d'avoir fait une bonne affaire, ils n'aiment généralement pas qu'on leur demande combien ils ont payé quelque chose. S'ils veulent vous dire le prix, ils vous le diront ; s'ils ne vous le disent pas, ne le leur demandez pas.

Donnez-moi une tasse de café !

Les visiteurs étrangers doivent avoir conscience que le service néerlandais n'est pas le même que, par exemple, le service américain. Un certain sens égalitaire est essentiel dans la société néerlandaise, et la plupart des Néerlandais pensent que même si vous êtes la reine de Grande-Bretagne, vous devez quand même traiter le serveur comme un égal. Si vous donnez l'impression de traiter les gens de haut, vous provoquerez les pires comportements chez un Néerlandais. Ajoutez toujours, toujours **alsjeblieft** ou **graag**.

Je n'ai pas fermé l'œil de la nuit

Les Néerlandais n'aiment pas entendre des choses très personnelles sur votre santé, tant que vous n'êtes pas des amis intimes. Ne vous plaignez surtout pas de choses banales telles qu'une indigestion, l'insomnie, l'obésité, des bouffées de chaleur, etc. auprès de gens que vous ne connaissez pas intimement. L'autre personne sera embarrassée ou ennuyée. N'abordez pas de telles questions au travail, à moins que vous ne vous sentiez vraiment très mal.

Combien d'argent gagnez-vous ?

Votre salaire est un sujet de discussion entre vous et votre supérieur. Votre patron doit vous dire comment marche le système de rémunération de votre société. Ne posez pas de questions à vos collègues, vos voisins ou vos amis sur leur salaire, à moins qu'ils ne vous disent spontanément ce qu'ils gagnent. Vous pouvez poser des questions sur le système de rémunération, mais ne devenez pas trop personnel.

Les Néerlandais sont ennuyeux !

Dès que vous aurez rencontré des Néerlandais, vous exprimerez des jugements stéréotypés comme : **Nederlanders zijn saai** (*néé-der-lân-ders zèïn saaïy*) (Les Néerlandais sont ennuyeux), **Nederlanders zijn gierig** (*néé-der-lân-ders zèïn ghii-righ*) (Les Néerlandais sont avares), **Nederlanders kunnen geen feest vieren** (*néé-der-lân-ders ku-nen ghéé féést vii-ren*) (Les Néerlandais ne savent pas organiser une soirée), etc. Mais faites attention : malgré toute leur tolérance, les Néerlandais sont très fiers de leur pays, et des critiques sévères les mettront en colère et les offenseront. Si vous êtes perplexe en observant certains comportements, posez des questions ! De bons amis reconnaîtront des points faibles et vous pourrez rire ensemble un bon coup.

Les Néerlandais peuvent dire sur vous et vos compatriotes des choses blessantes. Ce sont en général des stéréotypes. Détendez l'atmosphère en disant : **Iedereen is anders, zelfs mensen uit hetzelfde land** (*ii-der-één is ân-ders zèlfs mèn-sen oeït h'et-zèlf-de lânt*) (Chacun est différent, même les gens d'un même pays).

Chapitre 17

Dix expressions néerlandaises favorites

Quand vous comprendrez un peu le néerlandais, vous remarquerez soudain des expressions néerlandaises qui semblent surgir à tout moment. Vous pouvez avoir entendu certaines d'entre elles dans un contexte informel, et il vous revient maintenant de les utiliser entre amis !

We bellen hè?

(*we <u>bè</u>-len h'è*)

La traduction littérale est : « Nous appellerons, hein ? » Vous pouvez utiliser cette expression pour dire au revoir à des amis. Cela veut dire que vous vous reverrez, mais que vous ne savez pas quand.

Ik ga het niet redden

(*ik ghaa h'et niit <u>rè</u>-den*)

Cette expression veut dire : « Je n'y arriverai pas. » Vous pouvez l'utiliser chaque fois que vous vous sentez incapable de finir quelque chose ou d'y parvenir à temps : dans la vie courante ou dans le travail.

Niet te geloven

(*niit te ghe-lôô-ven*)

Quand quelqu'un vous raconte une histoire et que vous ne savez pas quoi en dire, vous pouvez allonger votre temps de réaction par cette expression, qui veut dire : « Est-ce vraiment ainsi ? » Votre interlocuteur réagira en donnant plus d'informations, ce qui vous laissera du temps pour penser à une autre façon de répondre. La traduction littérale est : « à ne pas croire ».

L'expression **Echt waar?** (*èght waar*) est une autre bonne manière d'exprimer la surprise et veut dire : « Vraiment ? »

L'expression **nee toch** (*néé togh*) veut aussi dire quelque chose comme : « Non, ce n'est pas vrai, le serait-ce ? » et c'est une autre expression dont vous vous servez quand quelqu'un vous raconte une histoire surprenante. Les expressions **niet te geloven, echt waar** et **nee toch** sont plus particulièrement utilisées quand l'autre personne raconte une mésaventure.

Tjonge jonge

(*tsyong-e yong-e*)

Ces deux mots pourraient être traduits par « eh bien, eh bien ». Cette réaction à une histoire surprenante peut sembler un peu ironique, mais on peut l'atténuer par une conclusion telle que : **Wie had dat ooit gedacht?** (*wii h'ât dât ôôïyt ghe-dâght*) (Qui aurait pensé cela ?)

Mij niet gezien

(*mèï niit ghe-ziin*)

Les gens qui s'imaginent dans une situation décrite par une autre personne utilisent cette formule, qui veut dire quelque chose comme « je n'aimerais pas cela ». Vous pourriez l'employer si votre ami vous disait : **Ik heb vanmorgen om zes uur gezwommen** (*ik h'èp vân-mor-ghen om zès uur ghe-zwo-men*) (J'ai nagé ce matin à six heures).

Echt niet !

(*èght niit*)

Vous pouvez utiliser cette expression, qui veut dire « vraiment pas », pour renforcer l'expression **mij niet gezien**. Ces deux expressions indiquent que vous ne voulez pas faire ce dont il est question. Les expressions **echt niet** et **mij niet gezien** ne sont utilisées que de manière informelle : vous pourriez rendre votre patron fou furieux en réagissant ainsi à l'une de ses demandes.

Maakt niet uit

(*maakt niit oeït*)

La traduction de cette expression est : « peu importe ». Si un ami brise l'un de vos précieux verres à vin, c'est une bonne occasion pour essayer cette expression. Bien sûr, si vous manquez de sang-froid lors de cet accident, vous pourriez dire aussi : **Wat doe je nou!** (*wât dou ye naôw*) (Qu'est-ce que tu fais !)

Niet verkeerd

(*niit ver-kéért*)

Les Néerlandais utilisent beaucoup le mot **niet** (*niit*). Il leur est difficile de s'enthousiasmer vraiment. L'expression néerlandaise typique **niet verkeerd** veut dire littéralement : « pas une mauvaise chose », mais peut signaler l'approbation, voire un certain enthousiasme, selon le ton sur lequel elle est prononcée. Elle veut dire que vous aimez quelque chose.

Wat leuk

(*wât leueuk*)

Si l'on vous parle de quelque chose de très positif, vous pouvez réagir par cette expression, qui veut dire : « Que c'est bien ! » Faites attention au ton que vous prenez : si vous n'êtes pas assez enthousiaste, elle pourrait paraître ironique.

Ik ga ervoor

(*ik ghaa èr-vôôr*)

Cette phrase veut dire : « J'y vais », et montre que vous êtes enthousiaste, prêt à atteindre un but.

Chapitre 18

Dix jours fériés à mémoriser

Vous pourriez ne pas très bien connaître certains des jours fériés suivants ou, peut-être, ne pas être au courant de la façon dont ils sont célébrés aux Pays-Bas.

Oudejaarsavond en nieuwjaarsdag

Quand **Oudejaarsavond** (*aôw-de-yaars-aa-vont*) (la veille du Nouvel An) tombe un jour de semaine, les magasins et les banques restent ouverts jusqu'à 16 heures. Après quoi tout le monde va chez soi, dans sa famille ou chez des amis pour passer la soirée ensemble jusqu'à minuit. Il est classique de manger avant minuit **oliebollen** (*ôô-lii-bo-len*) (des beignets) ou les traditionnels **appelflappen** (*â-pel-flâ-pen*) (beignets aux pommes). La télévision offre des programmes spéciaux la veille du Nouvel An. Peu avant minuit, on ouvre une bouteille de champagne pour porter un toast. Immédiatement après minuit, le feu d'artifice commence. C'est le moment de quitter la maison, pour participer au feu d'artifice ou le regarder, en souhaitant aux voisins une heureuse Nouvelle Année. Certains voisins vous inviteront à les rejoindre pour continuer à boire, prendre des snacks ou un repas léger. Les jeunes gens profitent de la veille du Nouvel An pour participer à des fêtes qui durent toute la nuit.

Nieuwjaarsdag (*niiw-yaars-dâgh*) (le jour du Nouvel An) est le jour suivant : les gens dorment jusque tard dans la matinée ou rendent visite à leurs parents ou beaux-parents.

Dans les milieux professionnels, des réceptions du Nouvel An et des dîners du Nouvel An sont organisés au début du mois de janvier. La vie professionnelle reprend son cours normal dans la dernière semaine de janvier.

Carnaval

La partie septentrionale des Pays-Bas est surtout **protestant** (*prôô-tes-tânt*) (protestante) et la partie méridionale **katholiek** (*kâ-tôô-liik*) (catholique). Les années 1960 ont cependant connu une vague de sécularisation. En outre, de plus en plus d'étrangers sont venus habiter aux Pays-Bas, y introduisant d'autres religions. La partie méridionale des Pays-Bas **onder de rivieren** (*on-de de rii-vii-ren*) (sous les fleuves) continue la tradition de célébrer le **Carnaval** (*kâr-ne-vâl*) (carnaval), dont les racines sont dans la religion catholique.

Les préparatifs de cette grande célébration commencent dès novembre, le 11 du onzième mois, avec l'élection du **Prins Canaval** (*prins kâr-ne-vâl*) (prince Carnaval) dans chaque ville et village. À la fin du mois de février ou au début de mars, les festivités s'ouvrent le lundi avec des parades et des fêtes où les gens se déguisent avec des costumes fantaisistes. **Aswoensdag** (*âs-wouns-dâgh*) (le mercredi des Cendres) marque la fin du carnaval et le début du **Vastentijd** (*vâs-ten-tèït*) (carême), la période de quarante jours avant Pâques.

INFO CULTURELLE

La Belgique fête encore largement le carnaval. Les villes qui ont une vraie réputation à défendre sont Binche en Wallonie et Aalst dans les Flandres de l'Est. A Binche se sont surtout les Gilles qui sont connus pour leurs costumes spéciaux et leur danse, rythmée par de petites clochettes à leurs pieds. A Aalst, la **Carnavalstoet** (la parade de carnaval) est réputée pour la durée de la fête : 4 jours sans interruption. La parade (plus de 200 véhicules !) continue de remplir la fonction originelle du carnaval : permettre de ridiculiser les puissants pendant quelques jours, avant de rentrer à nouveau dans l'ordre et de commencer le jeûne. Il y a une élection d'un **Prins Carnaval** (*prins kâr-ne-fâl*) (Prince Carnaval) et de la meilleure troupe de danseurs.

Pendant leur temps libre, durant toute l'année, des gens fabriquent, une énorme construction en pâte à papier sur le châssis d'une vieille voiture ou d'un vieux camion. Cette construction, fortement colorée, s'accorde avec les costumes de la troupe. Chaque « char » a son thème, généralement pioché dans l'actualité de l'année écoulé. Il existe aussi une longue liste de chansons (très caricaturales ou populaires) composées pour le carnaval.

Certains bars de la partie nord des Pays-Bas tentent d'imiter l'atmosphère méridionale du carnaval. Toutes les écoles néerlandaises sont en vacances durant la semaine du carnaval et beaucoup de gens utilisent la **krokusvakantie** (*krôô-kus-va-kân-sii*) (vacances ainsi appelées parce que les crocus commencent à fleurir à cette période) pour aller aux sports d'hiver : **op wintersport gaan** (*op win-ter-sport ghaan*). Parfois, les dieux du temps ont de la glace en réserve pour ceux qui restent aux Pays-Bas.

Pasen

Pasen (*paa-sen*) (Pâques) est une fête chrétienne, et pour ceux qui ne sont pas croyants ou qui ont une autre religion, Pâques veut dire simplement un agréable et long week-end en mars ou avril. Pour ceux qui vont à l'école ou travaillent dans une administration, Pâques commence le **Goede Vrijdag** (*ghouou-de vrèï-dâgh*) (vendredi saint). Les banques, les magasins et les sociétés continuent de travailler jusqu'à 17 heures. Le petit déjeuner du dimanche de Pâques doit être festif : la table est traditionnellement décorée de rubans jaunes ou de fleurs, d'œufs peints, de pains aux raisins de Corinthe et de lapins de Pâques. Le lundi de Pâques sert à rendre visite à des parents ou à faire des courses.

Koninginnedag

Koninginnedag (*kôô-ning-i-ne-dâgh*) (l'Anniversaire de la reine) est la fête nationale néerlandaise, le 30 avril (c'est en fait l'anniversaire de la reine précédente). C'est habituellement le début d'une période de vacances scolaires d'une ou deux semaines : **de meivakantie** (*de mèï-vâ-kân-sii*). Comme cette saison a souvent des journées ensoleillées, **de meivakantie** est l'occasion de sorties en plein air, bien qu'il puisse geler pendant la nuit. Les préparatifs du **Koninginnedag** commencent longtemps à l'avance : beaucoup de gens gardent des objets ou cultivent des plantes qu'ils veulent vendre à **de vrijmarkt** (*de vrèï-mârkt*) (la brocante). Pendant 24 heures, en commençant la nuit avant l'Anniversaire de la reine, tout le monde, y compris les enfants, a le droit de vendre ce dont il ne veut plus, des livres et des plantes, ou de jouer de la musique et de donner un spectacle pour un peu d'argent. Amsterdam est remplie par la foule ce jour-là, et comme les gens abandonnent simplement ce qu'ils ne vendent pas, il en résulte invariablement un grand désordre en fin de journée.

Chaque année la reine et sa famille visitent une région différente des Pays-Bas pour un spectacle folklorique, se mêlant le plus possible avec het gewone volk (h'et ghe-wôô-ne folk) (les gens ordinaires).

Dodenherdenking en Bevrijdingsdag

Dodenherdenking (*dôô-den-h'èr-dènk-ing*) (Commémoration des morts) et *Bevrijdingsdag (be-vrèï-dings-dâgh) (jour de la Libération) se succèdent les 4* et 5 mai.

Le soir du 4 mai, la reine dépose **een krans** (*en krâns*) (une couronne) sur **het Nationale Monument op de Dam** (*h'et na-shôô-laa-le môô-nuu-mènt op de dâm*) (le monument national sur la place Dam) à Amsterdam. Aussitôt après, à 20 heures exactement, dans tout le pays on observe deux minutes de silence pour commémorer les morts de la Deuxième Guerre mondiale. Le jour suivant, **Bevrijdingsdag** (*be-vrèï-dings-dâgh*) est l'occasion de festivités dans de nombreuses villes, mais n'est un jour férié officiel qu'une fois tous les cinq ans.

Hemelvaartsdag

Hemelvaartsdag (*héé-mel-vaarts-dâgh*) (le jour de l'Ascension) est célébré quarante jours après Pâques, toujours un jeudi, généralement en mai ou début juin. Nombreux sont ceux qui prennent un congé le jour suivant en vue d'un long weed-end.

Pinksteren

Pinksteren (*pink-ster-en*) (la fête de la Pentecôte), neuf jours plus tard, est aussi l'occasion d'un long week-end. Elle commence le samedi matin avec **Luilak** (*loeï-lâk*) (« paresseux »). Une ancienne tradition, qui voulait que les enfants se lèvent très tôt pour réveiller **luilakken** (*loeï-lâ-ken*) (les paresseux) en tirant des casseroles derrière leurs bicyclettes, est maintenant disparue. La tradition de **belletje trekken** (*bè-le-tye trè-ken*) (tirer la sonnette et se sauver en courant) était, dans certaines régions, accompagnée par des dessins tracés sur les fenêtres avec des bougies. Ces amusements ayant par la suite dégénéré en vandalisme, les municipalités organisent pour les enfants des fêtes qui commencent la veille.

Sint-Maarten

Sint-Maarten (*sint maar-ten*) (la Saint-Martin) a lieu le 11 novembre et prend sa source dans la légende de saint Martin, qui déchira son manteau en deux pour le partager avec un pauvre homme tremblant dans le froid. Certaines villes et régions du Nord continuent la tradition, et les enfants de 6 à 9 ans fabriquent des lanternes à l'école. Dès que la nuit tombe, vers 6 heures du soir, les enfants déambulent en groupe avec leurs lanternes, souvent accompagnés par un adulte. Ils sonnent aux portes, et quand la porte est ouverte, chantent des variantes du chant de la messe de Saint-Martin, ce qui est toujours très drôle et se termine par la demande : s'il vous plaît, donnez-nous des bonbons. Quand la chanson est terminée, les enfants s'attendent à recevoir une poignée de bonbons dans leurs sacs en plastique. Pour les adultes qui attendent dans l'obscurité que les enfants soient passés, ils ont un chant particulier qui n'est pas très élogieux.

Sinterklaas

Sinterklaas (*sin-ter-klaas*) (Saint-Nicolas) est, comme la Saint-Martin, une fête pour les enfants. Quelques semaines avant le 5 décembre, saint Nicolas arrive sur un bateau à vapeur, pour ainsi dire, assis sur son cheval blanc et accompagné de son chevalier noir **Zwarte Piet** (*zwâr-te piit*) (Pierre le Noir). La nuit, quand tous les enfants sont endormis, **Sint en Piet** (*sint èn piit*) (saint Nicolas et Pierre) font le tour des toits pour jeter par les cheminées de petits cadeaux dans les chaussures des enfants. Le 5 décembre, tous les membres de la famille s'offrent des cadeaux les uns aux autres, et la tradition veut que chaque cadeau soit accompagné d'un poème amusant sur le bénéficiaire. Si le 5 est un jour de semaine, la fête est généralement célébrée le week-end.

Certains considèrent **Sinterklaas** comme la fête néerlandaise par excellence. Bien que de plus en plus de gens s'offrent les uns aux autres des présents le jour de Noël, beaucoup d'autres continuent de célébrer Saint-Nicolas, considérant que Noël est « trop américain ». Bien sûr, certaines personnes ne peuvent pas choisir et célèbrent les deux festivités - à la plus grande satisfaction de leurs enfants.

Kerstmis

Kerstmis (*kèrst-mis*) (Noël) est le jour férié le plus important de l'année. Tout le monde est en congé le **Eerste Kerstdag** (*éér-ste kèrst-dâgh*) (jour de Noël) et le **Tweede Kerstdag** (*twéé-de kèrst-dâgh*) (le 26 décembre). Toutes les écoles ont des vacances de deux semaines et de nombreuses entreprises sont fermées pour les congés jusqu'au 2 janvier. Les préparatifs de Noël commencent le 6 décembre : ce jour-là, la première **kerstkaart** (*kèrst-kaart*) (carte de Noël) peut arriver. Les sociétés et les particuliers envoient des cartes de vœux pour souhaiter **prettige feestdagen** (*prè-ti-ghe féést-daa-ghen*) (de joyeuses fêtes). La première carte de Noël annonce un mois de travail bien rempli, des choses à terminer avant la fin de l'année, un **kerstviering** (*kèrst-vii-ring*) (une fête de Noël) ou un **kerstdiner** (*kèrst-dii-néé*) (dîner de Noël) et le traditionnel **kerstpakket** (*kèrst-pâ-kèt*) (paquet de Noël) : un cadeau que le patron offre à ses employés en remerciement de leur travail.

Si le 24 décembre tombe un jour de semaine, le travail cesse à 4 heures de l'après-midi et tout le monde rentre vite à la maison pour **Kerstavond** (*kèrst-aa-vont*) (la veille de Noël). Certains vont à l'église, d'autres essaient seulement de se reposer ou font des préparatifs pour le jour le plus important : le jour de Noël. Le dîner de Noël a lieu le soir du jour de Noël, généralement en famille, et parfois avec de bons amis. Le lendemain est réservé à des visites familiales, une promenade ou une autre sortie.

Chapitre 19

Dix expressions montrant votre professionnalisme

Ce chapitre vous fournit des expressions néerlandaises typiques qui vous seront très utiles si vous travaillez pour des responsables et des patrons ou si vous en êtes un vous-même. Elles sont très néerlandaises et vous permettent de rester poli tout en gardant votre liberté. Vous surprendrez vos collègues en les utilisant.

Komt het gelegen?

(*komt h'et ghe-léé-ghen*)

Cette question veut dire : « Est-ce le bon moment ? » et est une manière très aimable d'amorcer une conversation avec quelqu'un qui est occupé. Une variante en est : **Komt het uit?** (*komt h'et oeït*). L'autre personne pourrait répondre : **Waar gaat het over?** (*waar ghaat h'et ôô-ver*) (C'est à quel sujet ?) et décider alors de traiter l'affaire immédiatement ou de prendre un rendez-vous pour un autre moment.

Stoor ik?

(*stôôr ik*)

Vous êtes très poli en posant cette question, qui veut dire : « Est-ce que je vous dérange ? », lorsque plusieurs personnes parlent entre elles et que vous devez les interrompre. Vous pouvez dire aussi : **Mag ik storen?** (*mâgh ik stôô-ren*) (Désolé de vous déranger, mais puis-je parler un instant avec vous ?) Les gens diront : **Zeg het maar** (*zègh h'et maar*) (Dites toujours) ou **We zijn bijna klaar** (*we zèïn bèï-naa klaar*) (Nous avons presque fini).

Je hebt gelijk!

(*ye h'èpt ghe-lèïk*)

Pour indiquer que l'autre personne a raison, vous pouvez dire de manière informelle : **Je hebt gelijk!** (*ye h'èpt ghe-lèïk*) (Tu as raison !) ou, de manière plus formelle, **U heeft gelijk!** (*uu h'ééft ghe-lèïk*) (Vous avez raison !) L'admettre d'emblée vous donne une ouverture pour modifier l'opinion de la personne, ajouter vos propres arguments, en les introduisant par exemple comme ceci : **Je hebt gelijk, maar…** (*ye h'èpt ghe-lèïk maar*) (Tu as raison, mais…)

Afgesproken

(*âf-ghe-sprôô-ken*)

C'est l'expression néerlandaise équivalente de « d'accord ». Dans les affaires, on l'utilise après avoir conclu une opération importante requérant l'engagement des deux parties. Ce genre d'accord est généralement suivi d'un contrat écrit, mais le mot afgesproken, ou **ik ga akkoord** (*ik gha â-kôôrt*) (je suis d'accord), a presque autant de valeur que le contrat.

Ik hoor het graag

(*ik h'ôôr h'et ghraagh*)

On utilise souvent cette phrase, qui veut dire littéralement : « J'aimerais l'entendre », pour finir un e-mail, quand on veut que vous y répondiez. Vous pouvez aussi l'utiliser dans une conversation, quand la personne dont vous attendez quelque chose a besoin d'un certain temps pour s'y préparer ou y réfléchir.

Klopt dat?

(*klopt dât*)

Cette expression vent dire : « Est-ce exact ? » et termine une supposition soigneusement formulée telle que : **Ik hoor dat je een andere baan zoekt, klopt dat?** (*ik h'ôôr dât ye en ân-de-re baan zoukt, klopt dât*) (J'ai entendu que tu cherches un autre travail, est-ce exact ?) On termine souvent une question par cette expression pour ne pas offenser la personne au cas où la supposition serait inexacte.

Wat is er aan de hand?

(*wât is èr aan de h'ânt*)

Cette question très ouverte et très neutre veut dire : « De quoi s'agit-il ? »

Daar word ik niet blij van

(*daar wort ik niit blèï vân*)

Les responsables et toutes les autres personnes qui ont besoin de s'exprimer très diplomatiquement, sans blesser personne, utilisent cet euphémisme pour faire comprendre qu'ils n'approuvent pas une situation ou ce que leur interlocuteur est en train de dire. Elle signifie : « Je ne suis pas emballé. »

Daar zitten wij niet op te wachten

(*daar zi-ten wèï niit op te wâgh-ten*)

Quand vous utilisez cette phrase, en réaction à ce qui vous est dit, on recherchera probablement une autre solution. La phrase veut dire littéralement : « Ce n'est pas pour ça que nous attendons », et implique que vous n'êtes pas satisfait. Elle ressemble à la phrase précédente.

Dat is koffiedik kijken

(*dât is ko-fii-dik kèï-ken*)

Cette expression vous aidera à rejeter un projet ou une proposition qui vous plonge dans l'incertitude. Elle veut dire littéralement : « C'est regarder dans le marc de café. » On pourrait dire en français : « Je n'ai pas de boule de cristal. »

Cinquième partie
Annexes

Dans cette partie...

Dans cette partie du livre se trouvent les annexes, qui vous seront bien utiles. Dans le tableau des verbes sont conjugués des verbes réguliers et des verbes irréguliers. Vous trouverez peut-être le mot que vous cherchez en consultant le mini-dictionnaire. Vous trouverez aussi une liste des pistes du CD fourni avec le livre. Cette annexe vous permettra de trouver les dialogues quand vous voudrez les lire et les écouter en même temps.

Annexe A :

Verbes néerlandais

Verbes réguliers

Verbes réguliers (ex : *werken* – travailler)

Participe passé : *gewerkt* (travaillé)

	Présent	Passé	Participe passé
ik (je)	werk	werkte	
jij (tu)	werkt	werkte	gewerkt
u (vous) (vouvoiement, singulier et pluriel)	werkt	werkte	
hij/zij/het (il/elle/cela)	werkt	werkte	
wij (nous)	werken	werkten	
jullie (vous) (tuiement au pluriel)	werken	werkten	
zij (ils/elle)	werken	werkten	

Verbes séparables

Verbes séparables (ex : *afhalen* – enlever)

	Présent	Passé	Participe passé
ik (je)	haal af	haalde af	
jij (tu)	haalt af	haalde af	afgehaald
u (vous)	haal af	haalde af	(hebben)
hij/zij/het (il/elle/cela)	haalt af	haalde af	
wij (nous)	halen af	haalden af	
jullie (vous)	halen af	haalden af	
zij (ils/elle)	halen af	haalden af	

Verbes réfléchis

Verbes réfléchis (ex : zich *vergissen* – se tromper)

	Présent	Passé	Participe passé
ik (je)	vergis me	vergiste me	
jij (tu)	vergist je	vergiste je	vergist
u (vous)	vergist u/zich	vergiste u/zich	(hebben)
hij/zij/het (il/elle/cela)	vergist zich	vergiste zich	
wij (nous)	vergissen ons	vergisten ons	
jullie (vous)	vergissen je	vergisten je	
zij (ils/elle)	vergissen zich	vergisten zich	

Verbes néerlandais irréguliers

hebben (avoir)

Participe passé : *gehad* (eu)

	Présent	Passé	Participe passé
ik (je)	heb	had	
jij (tu)	hebt	had	gehad
u (vous)	hebt/heeft	had	(hebben)
hij/zij/het (il/elle/cela)	heeft	had	
wij (nous)	hebben	hadden	
jullie (vous)	hebben	hadden	
zij (ils/elle)	hebben	hadden	

zijn (être)

Participe passé : *geweest* (été)

	Présent	Passé	Participe passé
ik (je)	ben	was	
jij (tu)	bent	was	geweest
u (vous)	bent	was	(zijn)
hij/zij/het (il/elle/cela)	is	was	
wij (nous)	zijn	waren	
jullie (vous)	zijn	waren	
zij (ils/elle)	zijn	waren	

beginnen (commencer)

	Présent	Passé	Participe passé
ik (je)	begin	begon	
jij (tu)	begint	begon	begonnen
u (vous)	begint	begon	(zijn)
hij/zij/het (il/elle/cela)	begint	begon	
wij (nous)	beginnen	begonnen	
jullie (vous)	beginnen	begonnen	
zij (ils/elle)	beginnen	begonnen	

begrijpen (comprendre)

	Présent	Passé	Participe passé
ik (je)	begrijp	begreep	
jij (tu)	begrijpt	begreep	begrepen
u (vous)	begrijpt	begreep	(hebben)
hij/zij/het (il/elle/cela)	begrijpt	begreep	
wij (nous)	begrijpen	begrepen	
jullie (vous)	begrijpen	begrepen	
zij (ils/elle)	begrijpen	begrepen	

blijven (rester)

	Présent	Passé	Participe passé
ik (je)	blijf	bleef	
jij (tu)	blijft	bleef	gebleven
u (vous)	blijft	bleef	(zijn)
hij/zij/het (il/elle/cela)	blijft	bleef	
wij (nous)	blijven	bleven	
jullie (vous)	blijven	bleven	
zij (ils/elle)	blijven	bleven	

brengen (apporter)

	Présent	Passé	Participe passé
ik (je)	breng	bracht	
jij (tu)	brengt	bracht	gebracht
u (vous)	brengt	bracht	(hebben)
hij/zij/het (il/elle/cela)	brengt	bracht	
wij (nous)	brengen	brachten	
jullie (vous)	brengen	brachten	
zij (ils/elle)	brengen	brachten	

denken (penser)

	Présent	Passé	Participe passé
ik (je)	denk	dacht	
jij (tu)	denkt	dacht	gedacht
u (vous)	denkt	dacht	(hebben)
hij/zij/het (il/elle/cela)	denkt	dachten	
wij (nous)	denken	dachten	
jullie (vous)	denken	dachten	
zij (ils/elle)	denken	dachten	

doen (faire)

	Présent	Passé	Participe passé
ik (je)	doe	deed	
jij (tu)	doet	deed	gedaan
u (vous)	doet	deed	(hebben)
hij/zij/het (il/elle/cela)	doet	deed	
wij (nous)	doen	deden	
jullie (vous)	doen	deden	
zij (ils/elle)	doen	deden	

drinken (boire)

	Présent	Passé	Participe passé
ik (je)	drink	dronk	
jij (tu)	drinkt	dronk	gedronken
u (vous)	drinkt	dronk	(hebben)
hij/zij/het (il/elle/cela)	drinkt	dronk	
wij (nous)	drinken	dronken	
jullie (vous)	drinken	dronken	
zij (ils/elle)	drinken	dronken	

eten (manger)

	Présent	Passé	Participe passé
ik (je)	eet	at	
jij (tu)	eet	at	gegeten
u (vous)	eet	at	(hebben)
hij/zij/het (il/elle/cela)	eet	at	
wij (nous)	eten	aten	
jullie (vous)	eten	aten	
zij (ils/elle)	eten	aten	

gaan (aller)

	Présent	Passé	Participe passé
ik (je)	ga	ging	
jij (tu)	gaat	ging	gegaan
u (vous)	gaat	ging	(zijn)
hij/zij/het (il/elle/cela)	gaat	ging	
wij (nous)	gaan	gingen	
jullie (vous)	gaan	gingen	
zij (ils/elle)	gaan	gingen	

geven (donner)

	Présent	Passé	Participe passé
ik (je)	geef	gaf	
jij (tu)	geeft	gaf	gegeven
u (vous)	geeft	gaf	(hebben)
hij/zij/het (il/elle/cela)	geeft	gaf	
wij (nous)	geven	gaven	
jullie (vous)	geven	gaven	
zij (ils/elle)	geven	gaven	

helpen (aider)

	Présent	Passé	Participe passé
ik (je)	help	hielp	
jij (tu)	helpt	hielp	geholpen
u (vous)	helpt	hielp	(hebben)
hij/zij/het (il/elle/cela)	helpt	hielp	
wij (nous)	helpen	hielpen	
jullie (vous)	helpen	hielpen	
zij (ils/elle)	helpen	hielpen	

kijken (regarder)

	Présent	Passé	Participe passé
ik (je)	kijk	keek	
jij (tu)	kijkt	keek	gekeken
u (vous)	kijkt	keek	(hebben)
hij/zij/het (il/elle/cela)	kijkt	keek	
wij (nous)	kijken	keken	
jullie (vous)	kijken	keken	
zij (ils/elle)	kijken	keken	

komen (venir)

	Présent	Passé	Participe passé
ik (je)	kom	kwam	
jij (tu)	komt	kwam	gekomen
u (vous)	komt	kwam	(zijn)
hij/zij/het (il/elle/cela)	komt	kwam	
wij (nous)	komen	kwamen	
jullie (vous)	komen	kwamen	
zij (ils/elle)	komen	kwamen	

kopen (acheter)

	Présent	Passé	Participe passé
ik (je)	koop	kocht	
jij (tu)	koopt	kocht	gekocht
u (vous)	koopt	kocht	(hebben)
hij/zij/het (il/elle/cela)	koopt	kocht	
wij (nous)	kopen	kochten	
jullie (vous)	kopen	kochten	
zij (ils/elle)	kopen	kochten	

krijgen (obtenir)

	Présent	Passé	Participe passé
ik (je)	krijg	kreeg	
jij (tu)	krijgt	kreeg	gekregen
u (vous)	krijgt	kreeg	(hebben)
hij/zij/het (il/elle/cela)	krijgt	kreeg	
wij (nous)	krijgen	kregen	
jullie (vous)	krijgen	kregen	
zij (ils/elle)	krijgen	kregen	

kunnen (pouvoir)

	Présent	Passé	Participe passé
ik (je)	kan	kon	
jij (tu)	kunt/kan	kon	gekund
u (vous)	kunt	kon	(hebben)
hij/zij/het (il/elle/cela)	kan	kon	
wij (nous)	kunnen	konden	
jullie (vous)	kunnen	konden	
zij (ils/elle)	kunnen	konden	

laten (laisser)

	Présent	Passé	Participe passé
ik (je)	laat	liet	
jij (tu)	laat	liet	gelaten
u (vous)	laat	liet	(hebben)
hij/zij/het (il/elle/cela)	laat	liet	
wij (nous)	laten	lieten	
jullie (vous)	laten	lieten	
zij (ils/elle)	laten	lieten	

lezen (lire)

	Présent	Passé	Participe passé
ik (je)	lees	las	
jij (tu)	leest	las	gelezen
u (vous)	leest	las	(hebben)
hij/zij/het (il/elle/cela)	leest	las	
wij (nous)	lezen	lazen	
jullie (vous)	lezen	lazen	
zij (ils/elle)	lezen	lazen	

liggen (être couché/étendu)

	Présent	Passé	Participe passé
ik (je)	lig	lag	
jij (tu)	ligt	lag	gelegen
u (vous)	ligt	lag	(hebben)
hij/zij/het (il/elle/cela)	ligt	lag	
wij (nous)	liggen	lagen	
jullie (vous)	liggen	lagen	
zij (ils/elle)	liggen	lagen	

lopen (marcher)

	Présent	Passé	Participe passé
ik (je)	loop	liep	
jij (tu)	loopt	liep	gelopen
u (vous)	loopt	liep	(hebben)
hij/zij/het (il/elle/cela)	loopt	liep	
wij (nous)	lopen	liepen	
jullie (vous)	lopen	liepen	
zij (ils/elle)	lopen	liepen	

moeten (devoir, être obligé de)

	Présent	Passé	Participe passé
ik (je)	moet	moest	
jij (tu)	moet	moest	gemoeten
u (vous)	moet	moest	(hebben)
hij/zij/het (il/elle/cela)	moet	moest	
wij (nous)	moeten	moesten	
jullie (vous)	moeten	moesten	
zij (ils/elle)	moeten	moesten	

mogen (avoir la permission de, aimer)

	Présent	Passé	Participe passé
ik (je)	mag	mocht	
jij (tu)	mag	mocht	gemogen
u (vous)	mag	mocht	(hebben)
hij/zij/het (il/elle/cela)	mag	mocht	
wij (nous)	mogen	mochten	
jullie (vous)	mogen	mochten	
zij (ils/elle)	mogen	mochten	

nemen (prendre)

	Présent	Passé	Participe passé
ik (je)	neem	nam	
jij (tu)	neemt	nam	genomen
u (vous)	neemt	nam	(hebben)
hij/zij/het (il/elle/cela)	neemt	nam	
wij (nous)	nemen	namen	
jullie (vous)	nemen	namen	
zij (ils/elle)	nemen	namen	

rijden (conduire, aller à cheval)

	Présent	Passé	Participe passé
ik (je)	rijd	reed	
jij (tu)	rijdt	reed	gereden
u (vous)	rijdt	reed	(hebben)
hij/zij/het (il/elle/cela)	rijdt	reed	
wij (nous)	rijden	reden	
jullie (vous)	rijden	reden	
zij (ils/elle)	rijden	reden	

slapen (dormir)

	Présent	Passé	Participe passé
ik (je)	slaap	sliep	
jij (tu)	slaapt	sliep	geslapen
u (vous)	slaapt	sliep	(hebben)
hij/zij/het (il/elle/cela)	slaapt	sliep	
wij (nous)	slapen	sliepen	
jullie (vous)	slapen	sliepen	
zij (ils/elle)	slapen	sliepen	

spreken (parler)

	Présent	Passé	Participe passé
ik (je)	spreek	sprak	
jij (tu)	spreekt	sprak	gesproken
u (vous)	spreekt	sprak	(hebben)
hij/zij/het (il/elle/cela)	spreekt	sprak	
wij (nous)	spreken		spraken
jullie (vous)	spreken		spraken
zij (ils/elle)	spreken		spraken

staan (être debout)

	Présent	Passé	Participe passé
ik (je)	sta	stond	
jij (tu)	staat	stond	gestaan
u (vous)	staat	stond	(hebben)
hij/zij/het (il/elle/cela)	staat	stond	
wij (nous)	staan	stonden	
jullie (vous)	staan	stonden	
zij (ils/elle)	staan	stonden	

vergeten (oublier)

	Présent	Passé	Participe passé
ik (je)	vergeet	vergat	
jij (tu)	vergeet	vergat	vergeten
u (vous)	vergeet	vergat	(hebben/zijn)
hij/zij/het (il/elle/cela)	vergeet	vergat	
wij (nous)	vergeten	vergaten	
jullie (vous)	vergeten	vergaten	
zij (ils/elle)	vergeten	vergaten	

vinden (trouver)

	Présent	Passé	Participe passé
ik (je)	vind	vond	
jij (tu)	vindt	vond	gevonden
u (vous)	vindt	vond	(hebben)
hij/zij/het (il/elle/cela)	vindt	vond	
wij (nous)	vinden	vonden	
jullie (vous)	vinden	vonden	
zij (ils/elle)	vinden	vonden	

weten (savoir)

	Présent	Passé	Participe passé
ik (je)	weet	wist	
jij (tu)	weet	wist	geweten
u (vous)	weet	wist	(hebben)
hij/zij/het (il/elle/cela)	weet	wist	
wij (nous)	weten	wisten	
jullie (vous)	weten	wisten	
zij (ils/elle)	weten	wisten	

willen (vouloir)

	Présent	Passé	Participe passé
ik (je)	wil	wilde	
jij (tu)	wilt/je wil	wilde	gewild
u (vous)	wilt	wilde	(hebben)
hij/zij/het (il/elle/cela)	wilt	wilde	
wij (nous)	willen	wilden	
jullie (vous)	willen	wilden	
zij (ils/elle)	willen	wilden	

zeggen (dire)

	Présent	Passé	Participe passé
ik (je)	zeg	zei	
jij (tu)	zegt	zei	gezegd
u (vous)	zegt	zei	(hebben)
hij/zij/het (il/elle/cela)	zegt	zei	
wij (nous)	zeggen	zeiden	
jullie (vous)	zeggen	zeiden	
zij (ils/elle)	zeggen	zeiden	

zien (voir)

	Présent	Passé	Participe passé
ik (je)	zie	zag	
jij (tu)	ziet	zag	gezien
u (vous)	ziet	zag	(hebben)
hij/zij/het (il/elle/cela)	ziet	zag	
wij (nous)	zien	zagen	
jullie (vous)	zien	zagen	
zij (ils/elle)	zien	zagen	

zitten (être assis)

	Présent	Passé	Participe passé
ik (je)	zit	zat	
jij (tu)	zit	zat	gezeten
u (vous)	zit	zat	(hebben)
hij/zij/het (il/elle/cela)	zit	zat	
wij (nous)	zitten	zaten	
jullie (vous)	zitten	zaten	
zij (ils/elle)	zitten	zaten	

zoeken (chercher)

	Présent	Passé	Participe passé
ik (je)	zoek	zocht	
jij (tu)	zoekt	zocht	gezocht
u (vous)	zoekt	zocht	(hebben)
hij/zij/het (il/elle/cela)	zoekt	zocht	
wij (nous)	zoeken	zochten	
jullie (vous)	zoeken	zochten	
zij (ils/elle)	zoeken	zochten	

zullen (devoir/auxiliaire du futur)

	Présent	Passé	Participe passé
ik (je)	zal	zou	
jij (tu)	zult/zal	zou	(pas de participe passé)
u (vous)	zult	zou	(pas d'auxiliaire)
hij/zij/het (il/elle/cela)	zal	zou	
wij (nous)	zullen	zouden	
jullie (vous)	zullen	zouden	
zij (ils/elle)	zullen	zouden	

Annexe B :

Mini-dictionnaire néerlandais-français

A

aangifte doen/déclarer un méfait

aankomst (de)/arrivée

achterlaten/laisser

advocaat (de)/avocat

afslag (de)/sortie

afspraak (de)/rendez-vous

airco (de) (PB)/ **airconditioning (de)** (FL)/climatisation

allergisch/allergique

alles/tout

ambassade (de)/ambassade

ambulance (de)/ambulance

antibiotica (de)/antibiotiques

antwoord (het)/réponse

april/avril

architectuur (de)/architecture

augustus/août

auto (de)/voiture

autosnelweg (de)/autoroute/voie rapide

avond (de)/soir

B

baan (de)/travail/job

baas (de)/patron

bagage (de)/bagages

bakker (de)/boulanger

balpen (de)/stylo à bille

bank (de)/banque

bankrekening (de)/compte-chèque

banktransactie (de)/transaction bancaire

bebouwde kom (de)/zone construite

bedrijf (het)/entreprise/société

beeldhouwkunst (de)/sculpture

begin (het)/commencement

bellen/appeler (au téléphone)

bericht (het)/message

beroep (het)/profession

bespreking (de)/réunion

bier (het)/bière

bij/près de

bikini (de)/bikini

bioscoop (de)/cinema

boek (het)/livre

bord (het)/assiette

bos (het)/bois/forêt

boter (de)/beurre

brand (de)/feu

brandweer (de)/pompiers

brief (de)/lettre

brievenbus (de)/boîte à lettres

brood (het)/pain

buiten gebruik/hors service

bureau (het)/bureau (meuble)

bus (de)/bus

bushalte (de)/arrêt de bus

C

cadeau (het)/cadeau

café (het)/bar/pub/café

centrum (het)/centre

collega (de)/collègue

computer (de)/ordinateur

concerthal (de)(PB)/ **concertgebouw (het)** (FL)/salle de concert

contant (geld)/argent liquide

D

daar/là

dag (de)/jour

dagkoers (de)/cours du jour

dans (de)/danse

das (de)/cravate

de heer/M./Monsieur

december/décembre

denken/penser

deur (de)/porte

diagnose (de)/diagnostic

dichtbij/tout près

dichtstbijzijnd/le plus proche

diefstal (de)/vol/cambriolage

digitale camera (de)/appareil photo numérique

dinsdag/mardi

directeur (de)/directeur

docent (de)/professeur

document/bestand (het)/document/fichier (ordinateur)

doelpunt (het)/but

doen/faire

dokter (de)/docteur/médecin

donderdag/jeudi

douane (de)/douane

douche (de)/douche

drinken/boire

drogisterij (de)/drugstore/parapharmacie

E

eergisteren/avant-hier

eerste klas (de)/première classe

enkeltje (het) (PB)/ (FL) **enkele reis (de)**/aller simple

eten/manger

euro (de)/euro

Europese Unie (de)/Union Européenne

evenement (het)/événement

excuus (het)/excuse

F

familie (de)/famille/parents

fantastisch/fantastique

februari/février

feest (**het**)/partie/réception

festival (**het**)/festival

fiets (**de**)/bicyclette

fietsen/faire du vélo/aller à bicyclette

fietspade (**het**)/piste cyclable

film (**de**)/film

finale (**de**)/finale

fooi (**de**)/pourboire

formulier (**het**)/formulaire

foto (**de**)/photo

G

gaan/aller

gebruiken/utiliser

geld (**het**)/argent

geldautomaat (**de**)/GAB/guichet aumatique

gesloten/fermé

geven/donner

gewond/blessé

gezin (**het**)/famille

girorekening (**de**)/compte de chèques postaux

gisteren/hier

glas (**het**)/verre

goed/bon/bien

goedemiddag/bonjour (l'après-midi-

goedemorgen/bonjour (matin)

goedenavond/bonsoir

golf/golf

groenteboer (**de**)/marchand de fruits et légumes

groeten/salutations

groot/gros/grand

H

halfpension/demi-pension

hallo/salut

handtekening (**de**)/signature

haven (**de**)/port

hebben/avoir

helpen/aider

herhalen/répéter

heer (**de**)/Monsieur

hier/ici

hoe/comment

hotel (**het**)/hôtel

huren/louer

I

identiteitsbewijs (**de**)/pièce d'identité

iets/quelque chose

in/dans

industrieterrein (**het**)/zone industrielle

infectie (**de**)/infection

instapkaart (**de**)/carte d'embarquement

interessant/intéressant

internet (**het**)/Internet

inzicht (**het**)/vision/éclair de compréhension

J

ja/oui

jaar (**het**)/an/année

januari/janvier

jas (**de**)/manteau

joggen/faire du jogging

jongen (**de**)/garçon

juli/juillet

juni/juin

K

kaartje (**de**)/billets

kantoor (**het**)/bureau (lieu, non le meuble)

kassa (**de**)/caisse

kind (**het**)/enfant

kennis (**de**)/connaissance

kerk (**de**)/église

kinderen (*de*)/enfants

klacht (*de*)/plainte

klein/petit

knooppunt (**het**)/échangeur

koffer (**de**)/valise (En (FL) ce mot signifie la malle de la voiture.)

koffie (**de**)/café (boisson)

koken/faire la cuisine

komen/venir

kopje (**het**)/tasse

koud/froid

kruispunt (**het**)/intersection/croisement

kunnen/pourvoir

kunst (**de**)/art

L

land (**het**)/pays

lepel (**de**)/cuiller

leren/apprendre

leuk/joli/gentil/agréable

lift (**de**)/ascenseur

links/à gauche

luchtpost (**de**)/poste aérienne

luisteren/écouter

M

maand (**de**)/mois

maandag/lundi

maart/mars

maat (**de**)/taille

maken/faire

makkelijk/facile

man (**de**)/homme

map (**de**)/dossier

markt (**de**)/marché

maximumsnelheid (**de**)/vitesse maximale

medicijnen (**de**)/médicaments

mei/mai

meisje (**het**)/fille

melk (**de**)/lait

meneer/**mijnheer** (**de**)/Monsieur/M.

mes (**het**)/couteau

met/avec

metrostation (**het**)/station de métro

mevrouw/Mme/Madame

middag (**de**)/après-midi

mobieltje (**het**) ou **GSM** (**de**)/téléphone portable

moeilijk/difficile

mooi/beau/joli

morgen/matin/demain

museum (**het**)/musée

musical (**de**)/comédie musicale

muziek (**de**)/musique

N

na/après

naam (**de**)/nom/nom de famille

naar/vers

naast/le plus proche de

nationaliteit (**de**)/nationalité

natuurlijk/bien sûr

navigatiesysteem (**het**)/système de navigation/GPS

nee/non

nemen/prendre

niet storen/ne pas déranger

nietmachine (**de**)/agrafeuse

niets/rien

noorden (**het**)/nord

november/novembre

O

ochtend (**de**)/matin

oktober/October

omleiding (**de**)/diversion

ondertekenen/ signer

ongeluk (**het**)/accident

ontbijt (**het**)/petit-déjeuner

ontsteking (**de**)/inflammation

ontwerper (de)/designer

oosten (het)/est

op/sur

open/open

openbaar vervoer (**het**)/public transport

openbaar/ouvert au public

opera (**de**)/opéra

ouders (**de**)/parents

overeenkomst (**de**)/accord

overhemd (**het**)/chemise

overmorgen/après demain

oversteken/traverser

P

pak, **mantelpak** (**het**)/costume

pakje (**het**)/paquet

park (**het**)/parc

parkeerautomaat (**de**)/borne de stationnement

parkeerplaats (**de**)/parking

parterre (**de**)/rez-de-chaussée

partner (**de**)/partenaire (dans un couple)

paspoort (**het**)/passeport

perron/spoor (**het**)/quai (dans une gare)

persoon (**de**)/personne

pinpas/betaalpas (**de**) (PB)/ **bankkaart** (FL) /carte de paiement

politie (**de**)/police

portemonnee (**de**)/porte-monnaie

postkantoor (**het**)/bureau de poste

postzegel (**de**)/timbre

potlood (**het**)/crayon

praten/parler

pretpark (**het**)/parc d'attractions

printer (**de**)/imprimante

proces verbaal (**het**)/procès-verbal

publiek (**het**)/public

R

receptie (de)/réception

rechtdoor/tout droit

rechts/à droite

reddingsbrigade (de)/équipe de sauvetage

reisdocument (het)/document de voyage

reizen/voyager

rekening (de)/addition/note

reserveren/réserver

restaurant (het)/restaurant

retourticket/retourtje (het)/billet aller-retour

richting (de)/direction

rijbewijs (het)/permis de conduire

roken/fumer

roltrap (de)/escalier roulant

ronde (de)/carrefour giratoire

routeplanner (de)/programmateur d'itinéraire

S

saai/fade

sap (het)/jus

sauna (de)/sauna

schaatsen/patiner

schip (het)/bateau

schoenenzaak (de)/marchand de chaussures

schouwburg (de)/théâtre

secretaris (de)/secrétaire

september/septembre

slager (de)/boucher

slapen/dormir

slecht/mauvais

sleutel (de)/clé

slijterij (de)/ (Fl) **de wijnhandelaar**/ marchand de vin

snel/rapide

soep (de)/soupe

souterrain (het)/ (Fl) **de ondergrond**/ sous-sol

spaarrekening (de)/compte d'épargne

sparen/verzamelen/collectionner

spitsuur (het)/heure de pointe

sportschool (de)/centre de remise en forme

spreekuur (het)/consultation

spreken/parler

staan/se tenir debout

stad (de)/ville

stadhuis (het)/hôtel de ville

station (het)/gare

sterkte/force

strand (het)/plage

strippenkaart (de)/carte de transport en commun

student (de)/étudiant

studie (de)/études

supermarket (de)/supermarché

surfen/surfer

T

tandarts (de)/dentiste

tankstation (het)/station d'essence

taxi (de)/taxi

taxistandplaats (de)/station de taxis

tegenliggers (**de**)/trafic arrivant en sens opposé

telefoon (**de**)/téléphone

telefoonwinkel (**de**)/magasin de téléphones

teleurstellend/décevant

tennis (**het**)/tennis

theater (**het**)/théâtre

thee (**de**)/thé

ticket (**het**)/billet

toast (**de**)/toast

toeslag (**de**)/supplément (à payer)

toilet (**het**)/toilettes

toneelstuk (**het**)/pièce de théâtre

tot horens/à bientôt (au téléphone)

tot ziens/au revoir

toerist (**de**)/touriste

tramhalte (**de**)/arrêt de tramway

trein /train

tweeverdieners (**de**)/ménage à deux revenus

U

uitchecken/annoncer son départ (de l'hôtel) et payer

uitgaan/sortir

uitnodiging (**de**)/invitation

uitstekend/excellent

uitverkocht/complet

V

vakantie (**de**)/vacances

vakantiehuis (**het**)/maison de vacances

vandaag/aujourd'hui

varen/faire du bateau

veel/beaucoup/de nombreux

verboden toegang/accès interdit

vergadering (**de**)/réunion

verjaardag (**de**)/anniversaire

verkeer (**het**)/traffic

verkeersopstopping (**de**)/embouteillage

verkopen/vendre

verleden tijd (**de**)/temps passé (grammaire)

verliezen/perdre

vermoeiend/épuisant

verpleegkundige (**de**)/infirmier/infirmière

vertraging (**de**)/retard

vertrek (**het**)/départ

vertrekken/partir

verzekering (**de**)/assurance

verzekeringsmaatschappij (**de**)/compagnie d'assurances

videocamera (**de**)/caméra vidéo

vliegen/voler

vliegtuig (**het**)/avion

vliegveld (**het**)/aéroport

vlucht (**de**)/vol

voetbalstadion (**het**)/terrain de football

volpension/pension complète

voltooide tijd (**de**)/passé composé

voor/avant/devant

voornaam (**de**)/prénom

voorschrijven/prescrire

voorstellen/présenter

voorstelling (**de**)/spectacle

vork (**de**)/fourchette

vragen/demander

vreemde valuta (**de**)/devises étrangères

vriend (**de**)/ami

vrijdag/vendredi

vrouw (**de**)/femme

W

waar/où

waarom/pourquoi

wachten/attendre

wanneer/quand

warm/chaud

wat/ce qui/quoi

wedstrijd (**de**)/match

week (**de**)/semaine

weekend (**het**)/week-end

wegenkaart (**de**)/carte routière

wegwerkzaamheden (**de**)/travaux

werken/travailler

westen (**het**)/ouest

wie/qui

wijn (**de**)/vin

winnen/gagner

wisselkantoor (**het**)/bureau de change

wisselkoers (**de**)/taux de change

woensdag/mercredi

Z

zaken (**de**)/affaires

zakenreis (**de**)/voyage d'affaire

zaterdag/samedi

zee (**de**)/mer

zeilen/faire de la voile

zelfbediening (**de**)/self-service

zich bemoeien met/ se mêler de

zich gedragen/ se (bien) conduire

zich herinneren/se souvenir

zich vergissen/se tromper

zich vervelen/s'ennuyer

ziek/malade

ziekenhuis (**het**)/hôpital

zijn/être

zondag/dimanche

zonnebaden/prendre un bain de soleil

zonnebrandcreme (**de**)/crème solaire

zuiden (**het**)/sud

zullen/devoir/auxiliaire du futur

zwembad (**het**)/piscine

zwembroek (**de**)/maillot de bain

zwemmen/nager

Annexe C :

Mini-dictionnaire français-néerlandais

A

à bientôt (au téléphone)/**tot horens/we bellen**

à côté de/**naast**

à droite/**rechts**

à gauche/**links**

accès interdit/**verboden toegang**

accident/**ongeluk (het)**

accord/**overeenkomst (de)**

addition/**rekening (de)**

aéroport/**vliegveld (het)**

affaires/**zaken (de)**

agrafeuse/**nietmachine (de)**

agréable/**leuk**

aide/**hulp**

aider/**helpen**

aller en vélo/**fietsen**

aller simple/**enkeltje (het)** (PB)/ **enkele reis** (FL)

aller/**gaan**

allergique/**allergisch**

aller-retour/**retourticket/retourtje (het)** (PB)/ **heen-en terugreis** (FL)

ambassade/**ambassade (de)**

ambulance/**ambulance (de)**

ami/**vriend (de)**

anniversaire/**verjaardag (de)**

annoncer son départ et régler la note/**uitchecken**

antibiotiques/**antibiotica (de)**

août/**augustus**

appareil photo numérique/**digitale camera (de)**

appeler (au téléphone)/**bellen**

apprendre/**leren**

après/**na**

après-demain/**overmorgen**

après-midi/**middag (de)**

april/**april**

architecture/**architectuur (de)**

argent liquide/**contant (geld)**

argent/**geld (het)**

arrêt de bus/**bushalte (de)**

arrêt de tramway/**tramhalte (de)**

arrivée/**aankomst (de)**

art/**kunst (de)**

ascenseur/**lift (de)**

assiette/**bord (het)**

assurance/**verzekering (de)**

attendre/**wachten**

au revoir/**tot ziens**

aujourd'hui/**vandaag**

automate bancaire/**geldautomaat (de)**

autoroute/**autosnelweg (de)**

auxiliaire du futur/**zullen**

avant/**voor**

avant-hier/**eergisteren**

avec/**met**

avion/**vliegtuig (het)**

avocat/**advocaat (de)**

avoir/**hebben**

B

bagages/**bagage (de)**

banque/**bank (de)**

bar/café/**café (het)**

bateau/**schip (het)**

beau/**mooi**

beaucoup de/**veel**

beurre/**boter (de)**

bicyclette/**fiets (de)**

bien sûr/**natuurlijk**

bien/**goed**

bière/**bier (het)**

bikini/**bikini (de)**

billet/**ticket (het)**

billets/**kaartjes (de)**

blessé/**gewond**

boire/**drinken**

bois (forêt)/**bos (het)**

boîte à lettres/**brievenbus (de)**

bon/**goed**

bonjour (l'après-midi)/**goedemiddag**

bonjour (le matin)/**goedemorgen**

bonsoir/**goedenavond**

borne de stationement/**parkeerautomaat (de)**

boucher/**slager (de)**

boulanger/**bakker (de)**

bureau (lieu)/**kantoor (het)**

bureau (meuble)/**bureau (het)**

bureau de change/**wisselkantoor (het)**

bureau de poste/**postkantoor (het)**

bus/**bus (de)**

but/**doelpunt (het)**

C

cadeau/**cadeau (het)**

café (boisson)/**koffie (de)**

caisse/**kassa (de)**

caméra vidéo/**videocamera (de)**

carrefour giratoire/**rotonde (de)**

carte d'embarquement/**instapkaart (de)**

carte de bus et de tramway/**strippenkaart (de)**

carte de paiement/**pinpas/betaalpas (de)** (PB)/ **de bankkaart** (FL)

carte routière/**wegenkaart (de)**

ce qui/**wat**

centre de remise en forme/**sportschool (de)**

centre/**centrum (het)**

chaud/**warm**

chemise/**overhemd** (**het**)

cinema/**bioscoop** (**de**)

clé/**sleutel** (**de**)

climatisation/**airco** (**de**) (PB)/ **de airconditioning** (FL)

collectionner/**sparen/verzamelen**

collègue/**collega** (**de**)

comédie musicale/**musical** (**de**)

commencement/**begin** (**het**)

comment/**hoe**

compagnie d'assurances / **verzekeringsmaatschappij** (**de**)

complet/**uitverkocht**

compréhension/**inzicht** (**het**)

compte d'épargne/**spaarrekening** (**de**)

compte de chèques postaux/**girorekening** (**de**)

compte de chèques/**bankrekening** (**de**)

connaissance/**kennis** (**de**)

consultation/**spreekuur** (**het**)

costume/**pak, mantelpak** (**het**)

cours actuel/**dagkoers** (**de**)

couteau/**mes** (**het**)

cravate/**das** (**de**)

crayon/**potlood** (**het**)

crème solaire/**zonnebrandcrème** (**de**)

croisement/**kruispunt** (**het**)

cuiller/**lepel** (**de**)

D

dans/**in**

danse/**dans** (**de**)

de nombreux/**veel**

début/**begin** (**het**)

décembre/**december**

décevant/**teleurstellend**

déclarer un méfait/**aangifte doen**

demain/**morgen**

demander/**vragen**

demi-pension/**halfpension**

dentiste/**tandarts** (**de**)

départ/**vertrek** (**het**)

designer/**ontwerper** (**de**)

devant/**voor**

déviation/**omleiding** (**de**)

devise étrangère/**vreemde valuta** (**de**)

devoir/**zullen**

diagnostic/**diagnose** (**de**)

difficile/**moeilijk**

dimanche/**zondag**

directeur/**directeur** (**de**)

direction/**richting** (**de**)

docteur/**dokter** (**de**)

document de voyage/**reisdocument** (**het**)

document/**document** (**het**)

donner/**geven**

dormir/**slapen**

dossier/**map** (**de**)

douane/**douane** (**de**)

douche/**douche** (**de**)

droguiste/**drogisterij** (**de**)

E

échangeur/**knooppunt** (**het**)

écouter/**luisteren**

église/**kerk** (de)

embouteillage/**verkeersopstopping** (de)

enfants/**kinderen** (de)

entreprise/**bedrijf** (het)

épuisant/**vermoeiend**

équipe de sauvetage/**reddingsbrigade** (de)

escalier roulant/**roltrap** (de)

est/**oosten** (het)

être/**zijn**

études/**studie** (de)

étudiant/**student** (de)

euro/**euro** (de)

événement/**evenement** (het)

excellent/**uitstekend**

excuse/**excuus** (het)

F

facile/**makkelijk**

fade/**saai**

faire de la voile/**zeilen**

faire du bateau/**varen**

faire du jogging/**joggen**

faire du vélo/**fietsen**

faire la cuisine/**koken**

faire/**doen**

faire/**maken**

famille/**familie** (de)

famille/**gezin** (het)

fantastique/**fantastisch**

femme/**vrouw** (de)

fermé/**gesloten**

festival/**festival** (het)

février/**februari**

fille/**meisje** (het)

film/**film** (de)

finale/**finale** (de)

football/**voetbal** (het)

force/**sterkte**

formulaire/**formulier** (het)

fourchette/**vork** (de)

froid/**koud**

fumer/**roken**

G

gagner/**winnen**

garçon/**jongen** (de)

gare/**station** (het)

golf/**golf**

GPS/**navigatiesysteem** (het)

grand/**groot**

gros/**groot/dik**

H

heure de pointe/**spitsuur** (het)

hobby/**hobby** (de)

hockey/**hockey**

homme/**man** (de)

hôpital/**ziekenhuis** (het)

hors service/**buiten gebruik**

hôtel de ville/**stadhuis** (het)

hôtel/**hotel** (het)

I

ici/**hier**

imprimante/**printer** (de)

incendie/**brand (de)**

infection/**infectie (de)**

infirmier/infirmière/**verpleegkundige (de)**

inflammation/**ontsteking (de)**

intéressant/**interessant**

Internet/**internet (het)**

intersection/**kruispunt (het)**

invitation/**uitnodiging (de)**

J

janvier/**januari**

jeudi/**donderdag**

job/**baan (de)**

joli/**mooi**

jour/**dag (de)**

juillet/**juli**

juin/**juni**

jus/**sap (het)**

L

là/**daar**

lait/**melk (de)**

le plus proche/**dichtstbijzijnd**

lettre/**brief (de)**

livre/**boek (het)**

louer/**huren**

lundi/**maandag**

M

M./**de heer**

Madame/**mevrouw**

magasin de chaussures/**schoenenzaak (de)**

magasin de téléphones/**telefoonwinkel (de)**

mai/**mei**

maillot de bain/**zwembroek (de)**

maison de vacances/**vakantiehuis (het)**

malade/**ziek**

manger/**eten**

manteau/**jas (de)**

marchand de fruits et légumes/**groenteboer (de)**

marchand de vin/**slijterij (de)** (PB)/ **de wijnhandelaar** (FL)

marché/**markt (de)**

mardi/**dinsdag**

mars/**maart**

match/**wedstrijd (de)**

mauvais/**slecht**

médicaments/**medicijnen (de)**

ménage à deux revenus/**tweeverdieners (de)**

mer/**zee (de)**

mercredi/**woensdag**

message/**bericht (het)**

Mme/**mevrouw**

mois/**maand (de)**

Monsieur/**de heer, meneer**

morning/**ochtend (de)**

musée/**museum (het)**

musique/**muziek (de)**

N

nager/**zwemmen**

nationalité/**nationaliteit (de)**

ne pas déranger/**niet storen**

nom/**naam (de)**

non/**nee**

nord/**noorden (het)**

november/**november**

O

octobre/**oktober**

opéra/**opera (de)**

ordinateur/**computer (de)**

où/**waar**

ouest/**westen (het)**

ouvert au public/**openbaar**

ouvert/**open**

P

pain/**brood (het)**

paquet/**pakje (het)**

par/**bij/door/via/tegen**

parc d'attractions/**pretpark (het)**

parc/**park (het)**

parents/**familie (de)**

parents/**ouders (de)**

parking/**parkeerplaats (de)**

parler/**praten**

parler/**spreken**

partenaire/**partner (de)**

partie/**feest (het)**

partir/achterlaten/**vertrekken**

passé composé/**voltooide tijd (de)**

passeport/**paspoort (het)**

patiner/**schaatsen**

patron/**baas (de)**

pays/**land (het)**/

penser/**denken**

pension complète/**volpension**

perdre/**verliezen**

permis de conduire/**rijbewijs (het)**

personne/**persoon (de)**

petit déjeuner/**ontbijt (het)**

petit/**klein**

photographie/**foto (de)**

pièce d'identité/**identiteitsbewijs (de)**

pièce de théâtre/**toneelstuk (het)**

piscine/**zwembad (het)**

piste cyclable/**fietspaden (de)**

plage/**strand (het)**

plainte/**klacht (de)**

police/**politie (de)**

pompiers/**brandweer (de)**

port/**haven (de)**

porte-monnaie/**portemonnee (de)**

porte/**deur** (de)

poste aérienne/**luchtpost (de)**

pourboire/**fooi (de)**

pourquoi/**waarom**

pouvoir/**kunnen**

première classe/**eerste klas (de)**

prendre un bain de soleil/**zonnebaden**

prendre/**nemen**

prénom/**voornaam (de)**

prescrire/**voorschrijven**

présenter/**voorstellen**

procès verbal/**proces verbaal (het)**

professeur/**docent** (**de**)

profession/**beroep** (**het**)

programmateur d'itinéraire/**routeplanner** (**de**)

public/**publiek** (**het**)

quai/perron/**spoor** (**het**)

quand/**wanneer**

quelque chose/**iets**

qui/**wie**

quitter/achterlaten/**vertrekken**

quoi/**wat**

R

rapide/**snel**

rappeler/(**zich**) **herinneren**

reception/**receptie** (**de**)

rendez-vous/**afspraak** (**de**)

répéter/**herhalen**

réponse/**antwoord** (**het**)

réserver/**reserveren**

restaurant/**restaurant** (**het**)

retard/**vertraging** (**de**)

réunion/**vergadering** (**de**)/ **bespreking** (**de**)

rez-de-chaussée/**parterre** (**de**)

rien/**niets**

S

s'ennuyer/**zich vervelen**

salle de concert/**concerthal** (**de**)

salut/**hallo**

salutations/**groeten**

samedi/**zaterdag**

sauna/**sauna** (**de**)

sculpture/**beeldhouwkunst** (**de**)

se (bien) conduire/**zich gedragen**

se mêler de/**zich bemoeien met**

se tenir debout/**staan**

se tromper/**zich vergissen**

secrétaire (homme)/**secretaris** (**de**)

self-service/**zelfbediening** (**de**)

semaine/**week** (**de**)

septembre/**september**

signature/**handtekening** (**de**)

signer/**ondertekenen**

société/**bedrijf** (**het**)

soir/**avond** (**de**)

sortie/**afslag** (**de**)

sortir/**uitgaan**

soupe/**soep** (**de**)

sous-sol/**souterrain** (**het**)

spectacle/**voorstelling** (**de**)

station d'essence/**tankstation** (**het**)

station de métro/**metrostation** (**het**)

station de taxis/**taxistandplaats** (**de**)

stylo à bille/**balpen** (**de**)

sud/**zuiden** (**het**)

supermarché/**supermarkt** (**de**)

supplément (à payer)/**toeslag** (**de**)

sur/**op**

surfer/**surfen**

T

taille/**maat** (**de**)

tasse/**kopje** (**het**)

taux de change/**wisselkoers (de)**

taxi/**taxi (de)**

téléphone portabe/**mobieltje (het)/ GSM (de)** (FL)

téléphone/**telefoon (de)**

temps passé/**verleden tijd (de)**

tennis/**tennis (het)**

terrain de football/**voetbalstadion (het)**

thé/**thee (de)**

théâtre/**schouwburg (de) / theater (het)**

timbre/**postzegel (de)**

toast/**toast (de)**

toilettes/**toilet (het)**

touriste/**toerist (de)**

tout droit/**rechtdoor**

tout près/**dichtbij**

tout/**alles**

trafic en sens opposé/**tegenliggers (de)**

trafic/**verkeer (het)**

train/**trein**

transaction bancaire/**banktransactie (de)**

transport public/**openbaar vervoer (het)**

travail/**baan (de)**

travailler/**werken**

travaux/**wegwerkzaamheden (de)**

traverser/**oversteken**

U

Union Européenne/**Europese Unie (de)**

utiliser/**gebruiken**

V

vacances/**vakantie (de)**

valise/**koffer (de)**

vélo/**fiets (de)**

vendre/**verkopen**

vendredi/**vrijdag**

venir/**komen**

verre/**glas (het)**

vers/**naar**

ville/**stad (de)**

vin/**wijn (de)**

vitesse limite/**maximumsnelheid (de)**

voguer/**zeilen**

voiture/**auto (de)**

vol/**diefstal (de)**

vol/**vlucht (de)**

voler (dans les airs)/**vliegen**

volley-ball/**volleybal**

voyage d'affaires/**zakenreis (de)**

voyager/**reizen**

W

week-end/**weekend (het)**

zone construite/**bebouwde kom (de)**

zone industrielle/**industrieterrein (het)**

Annexe C :

À propos du CD

Voici une liste des pistes du CD du livre, dont la pochette est fixée à l'intérieur de la couverture du livre. Notez qu'il s'agit d'un CD audio - insérez-le dans votre lecteur stéréo (ou tout autre appareil que vous utilisez normalement pour vos CD de musique.)

Tableau A.1 : les pistes du CD audio

Piste	*Titre*	*Chapitre*	*Page*
1	L'alphabet néerlandais	1	16
2	Salutation formelle	4	78
3	Salutation informelle	4	78
4	Rencontre pour la première fois	4	80
5	Présenter quelqu'un de façon formelle	4	82
6	Dire au revoir	4	83
7	Demander à quelqu'un d'où il est	4	86
8	Discuter de langues	4	89
9	Parler de la famille	5	99
10	Faire une réservation	6	118
11	Entrer dans un restaurant	6	120
12	Prendre la commande	6	128
13	Recevoir l'addition et laisser un pourboire	6	132
14	Acheter de quoi manger au marché	6	139
15	Se faire aider par une employée du magasin	7	149
16	Essayer un vêtement	7	155

Tableau A.1 : les pistes du CD audio (suite)

Piste	*Titre*	*Chapitre*	*Page*
17	Acheter des vêtements	7	157
18	Fixer une date pour aller au cinéma	8	166
19	Prendre un rendez-vous	9	196
20	Laisser un message 1	9	199
21	Laisser un message 2	9	201
22	Conversation de bureau	9	213
23	Changer de l'argent	10	220
24	Trouver un restaurant	11	239
25	Demander son chemin 1	11	243
26	Demander son chemin 2	11	247
27	Réserver une chambre	12	255
28	Arriver dans un hôtel	12	262
29	Annoncer son départ et payer	12	267
30	Retirer un billet à l'aéroport	13	273
31	Louer une voiture	13	280
32	Sur la route	13	289
33	Arriver en retard au travail	13	296
34	Acheter des billets de train	13	300
35	Prendre le bus	13	305
36	Déclarer un vol	14	327

Index alphabétique

Disponibles dans la collection Pour les Nuls

Pour être informé en permanence sur notre catalogue et les dernières nouveautés publiées dans cette collection, consultez notre site Internet à www.efirst.com

Pour les Nuls **Business**

ISBN	Code Article	Titre	Auteur
2-87691-644-4	65 3210 5	CV pour les Nuls (Le)	J.-L. Kennedy, A. Dumesnil
2-87691-652-5	65 3261 8	Lettres d'accompagnement pour les Nuls (Les)	J.-L. Kennedy, A. Dumesnil
2-87691-651-7	65 3260 0	Entretiens de Recrutement pour les Nuls (Les)	J.-L. Kennedy, A. Dumesnil
2-87691-670-3	65 3280 8	Vente pour les Nuls (La)	T. Hopkins
2-87691-712-2	65 3439 0	Business Plans pour les Nuls	P. Tifany
2-87691-729-7	65 3486 1	Management pour les Nuls (Le)	B. Nelson
2-87691-770-X	65 3583 5	Le Marketing pour les Nuls	A. Hiam

Pour les Nuls **Pratique**

ISBN	Code Article	Titre	Auteur
2-87691-597-9	65 3059 6	Astrologie pour les Nuls (L')	R. Orion
2-87691-610-X	65 3104 0	Maigrir pour les Nuls	J. Kirby
2-87691-604-5	65 3066 1	Asthme et allergies pour les Nuls	W. E. Berger
2-87691-615-0	65 3116 4	Sexe pour les Nuls (Le)	Dr Ruth
2-87691-616-9	65 3117 2	Relancez votre couple pour les Nuls	Dr Ruth
2-87691-617-7	65 3118 0	Santé au féminin pour les Nuls (La)	Dr P. Maraldo
2-87691-618-5	65 3119 8	Se soigner par les plantes pour les Nuls	C. Hobbs
2-87691-640-1	65 3188 3	Français correct pour les Nuls (Le)	J.-J. Julaud
2-87691-634-7	65 3180 0	Astronomie pour les Nuls (L')	S. Maran
2-87691-637-1	65 3185 9	Vin pour les Nuls (Le)	Y.-P. Cassetari
2-87691-641-X	65 3189 1	Rêves pour les Nuls (Les)	P. Pierce
2-87691-661-4	65 3279 0	Gérez votre stress pour les Nuls	Dr A. Elking
2-87691-657-6	65 3267 5	Zen ! La méditation pour les Nuls	S. Bodian
2-87691-646-0	65 3226 1	Anglais correct pour les Nuls (L')	C. Raimond
2-87691-681-9	65 3348 3	Jardinage pour les Nuls (Le)	M. MacCaskey
2-87691-683-5	65 3364 0	Cuisine pour les Nuls (La)	B. Miller, A. Le Courtois
2-87691-687-8	65 3367 3	Feng Shui pour les Nuls (Le)	D. Kennedy
2-87691-702-5	65 3428 3	Bricolage pour les Nuls (Le)	G. Hamilton
2-87691-705-X	65 3431 7	Tricot pour les Nuls (Le)	P. Allen
2-87691-769-6	65 3582 7	Sagesse et Spiritualité pour les Nuls	S. Janis

Disponibles dans la collection Pour les Nuls

Pour être informé en permanence sur notre catalogue et les dernières nouveautés publiées dans cette collection, consultez notre site Internet à www.efirst.com

Pour les Nuls **Pratique**

ISBN	Code Article	Titre	Auteur
2-87691-748-3	65 3534 8	Cuisine Minceur pour les Nuls (La)	L. Fischer, C. Bach
2-87691-752-1	65 3527 2	Yoga pour les Nuls (Le)	G. Feuerstein
2-87691-767-X	65 3580 1	Méthode Pilates pour les Nuls (La)	H. Herman
2-87691-768-8	65 3581 9	Chat pour les Nuls (Un)	G. Spadafori
2-87691-801-3	65 3682 5	Chien pour les Nuls (Un)	G. Spadafori
2-87691-824-2	65 3728 6	Echecs pour les Nuls (Les)	J. Eade
2-87691-823-4	65 3727 8	Guitare pour les Nuls (La)	M. Phillips, J. Chappell
2-87691-800-5	65 3681 7	Bible pour les Nuls (La)	E. Denimal
2-87691-868-4	65 3853 2	S'arrêter de fumer pour les Nuls	Dr Brizer, Pr Dautzenberg
2-87691-802-1	65 3684 1	Psychologie pour les Nuls (La)	Dr A. Cash
2-87691-869-2	65 3854 0	Diabète pour les Nuls (Le)	Dr A. Rubin, Dr M. André
2-87691-897-8	65 3870 6	Bien s'alimenter pour les Nuls	C. A. Rinzler, C. Bach
2-87691-893-5	65 3866 4	Guérir l'anxiété pour les Nuls	Dr Ch. Eliott, Dr M. André
2-87691-915-X	65 3876 3	Grossesse pour les Nuls (La)	Dr J.Stone
2-87691-943-5	65 3887 0	Vin pour les Nuls (Le)	Ed. Mcarthy, M. Ewing
2-87691-941-9	65 3885 4	Histoire de France pour les Nuls (L')	J.-J. Julaud
2-87691-984-2	65 0953 3	Généalogie pour les Nuls (La)	F. Christian
2-87691-983-4	65 0952 5	Guitare électrique pour les Nuls (La)	J. Chappell
2-87691-973-7	65 0943 4	Anglais pour les Nuls (L')	G. Brenner
2-87691-974-5	65 0944 2	Espagnol pour les Nuls (L')	S. Wald
2-75400-025-9	65 4151 0	Mythologie pour les Nuls (La)	Ch. et A. Blackwell
2-75400-037-2	65 4161 9	Léonard de Vinci pour les Nuls	J. Teisch, T. Barr
2-75400-062-3	65 4172 6	Bouddhisme pour les Nuls (Le)	J. Landaw, S. Bodian
2-75400-060-7	65 4170 0	Massages pour les Nuls (Les)	S. Capellini, M. Van Welden
2-75400-059-3	65 4169 2	Voile pour les Nuls (La)	J.-J. et Peter Isler
2-75400-062-3	65 4172 6	Bouddhisme pour les Nuls (Le)	J. Landaw, S. Bodian
2-75400-061-5	65 4171 8	Littérature pour les Nuls (La)	J.-J. Julaud
2-75400-078-X	65 4188 2	Golf pour les Nuls (Le)	G. McCord
2-75400-092-5	65 4236 9	Immobilier pour les Nuls (L')	L. Boccarna, C. Sabbah
2-75400-093-3	65 4237 7	Maths pour les Nuls (Les)	J.-L. Boursin

Disponibles dans la collection Pour les Nuls

Pour être informé en permanence sur notre catalogue et les dernières nouveautés publiées dans cette collection, consultez notre site Internet à www.efirst.com

Pour les Nuls **Pratique**

ISBN	Code Article	Titre	Auteur
2-87691-110-7	65 4254 2	Histoire de France illustrée pour les Nuls (L')	J.-J Julaud
2-75400-039-9	65 4163 5	Italien pour les Nuls (L')	F. Onufri, S. Le Bras
2-75400-102-6	65 4246 8	Piano pour les Nuls (Le)	B. Neely, M. Rozenbaum
2-75400-118-2	65 4259 1	Claviers et synthétiseurs pour les Nuls	C. Martin de Montaigu
2-75400-124-7	65 4265 8	Guitare pour les Nuls (La)	M. Philipps, J. Chappell
2-75400-123-9	65 4264 1	Poker pour les Nuls (Le)	R. D. Harroch, L. Krieger, F. Montmirel
2-75400-152-2	65 119 0	Eduquer son chien pour les Nuls	J. et W. Volahrd
2-75400-137-9	65 4275 7	Tai Chi pour les Nuls (Le)	T. Iknoian
2-87691-998-2	65 0960 8	Philosophie pour les Nuls (La)	C. Godin
2-75400-151-4	65 1118 2	Musique classique pour les Nuls (La)	D. Pogue, C. Delamarche
2-75400-150-6	65 1117 4	Franc-Maçonnerie pour les Nuls (La)	C. Hodapp, P. Benhamou
2-75400-169-7	65 1135 6	PNL pour les Nuls (La)	R. Ready et K. Burton
2-75400-182-4	65 1147 1	Catholicisme pour les Nuls (Le)	Révérend J. Trigilio
2-75400-184-0	65 1148 9	Napoléon pour les Nuls	J. David Markham et B.Miquel
2-75400-185-9	65 1149 7	Dessin pour les Nuls (Le)	B. Hoddinot
2-75400-193-X	65 1170 3	Couture pour les Nuls (La)	J. Saunders Maresh
2-75400-212-X	65 1178 6	Chinois pour les Nuls (Le)	W. Abraham
2-75400-246-4	65 1239 6	Thérapies comportementales et cognitives pour les Nuls (les)	R. Willson, R. Branch
2-75400-229-4	65 1188 5	Histoire de l'art pour les Nuls (L')	J-J Breton, P.Cachau, D. Wialatte
2-75400-230-8	65 1189 3	Climat et météo pour les Nuls	J.D.Cox
2-75400-245-6	65 1238 8	Géographie française pour les Nuls (La)	J.-J. Julaud
2-75400-256-1	65 1249 5	Égypte ancienne pour les Nuls (L')	F. Maruéjol
2-75400-244-8	65 1237 0	Opéra pour les Nuls (L')	D. Pogue, C. Delamarche
2-75400-257-X	65 1280 0	Mythologie pour les Nuls – 2e édition (La)	A.Blackwell, G.Van Heems
2-75400-256-1	65 1249 5	L'Égypte ancienne pour les Nuls (L')	F. Maruéjol
2-75400-287-1	65 1291 7	Chanson française pour les Nuls (La)	B. Dicale

Disponibles dans la collection Pour les Nuls

Pour être informé en permanence sur notre catalogue et les dernières nouveautés publiées dans cette collection, consultez notre site Internet à www.efirst.com

Pour les Nuls **Poche**

ISBN	Code Article	Titre	Auteur
2-87691-873-0	65 3862 3	Management (Le) – Poche pour les Nuls	Bob Nelson
2-87691-872-2	65 3861 5	Cuisine (La) – Poche pour les Nuls	B.Miller, A. Le Courtois
2-87691-871-4	65 3860 7	Feng Shui (Le) – Poche pour les Nuls	D. Kennedy
2-87691-870-6	65 3859 9	Maigrir – Poche pour les Nuls	J. Kirby
2-87691-923-0	65 3881 3	Anglais correct (L') – Poche pour les Nuls	C. Raimond
2-87691-924-9	65 3882 1	Français correct (Le) – Poche pour les Nuls	J.-J. Julaud
2-87691-950-8	65 3894 6	Vente (La) – Poche pour les Nuls	T. Hopkins
2-87691-949-4	65 3893 8	Bureau Feng Shui (Un) – Poche pour les Nuls	H. Ziegler, J. Lawler
2-87691-956-7	65 0940 0	Sexe (Le) – Poche pour les Nuls	Dr Ruth
2-75400-001-1	65 0963 2	CV (Le) – Poche pour les Nuls	J.-L. Kennedy, A. Dumesnil
2-75400-000-3	65 0962 4	Zen ! la méditation – Poche pour les Nuls	S. Bodian
2-87691-999-0	65 0961 6	Astrologie (L') – Poche pour les Nuls	R. Orion
2-75400-015-1	65 0975 6	Jardinage (Le) – Poche pour les Nuls	M. Mac Caskey
2-75400-014-3	65 0974 9	Jardin Feng Shui (Le) – Poche pour les Nuls	M. Ziegler et J. Lawler
2-75400-064-X	65 4174 2	Astronomie (L') – Poche pour les Nuls	S. Maran
2-75400-094-1	65 4238 5	Business Plans – Poche pour les Nuls	P. Tifany
2-75400-086-0	65 4230 2	Entretiens de recrutement (Les)	J.-L. Kennedy, A. Dumesnil
2-75400-082-8	65 4189 0	Lettres d'accompagnement (Les)	J.-L. Kennedy, A. Dumesnil
2-75400-165-4	65 1131 5	Su Doku tome 1 – Poche pour les Nuls	A. Heron, E. James
2-75400-167-0	65 1113 3	Su Doku tome 2 – Poche pour les Nuls	A. Heron, E. James
2-75400-213-8	65 1119 4	Su Doku tome 3 – Poche pour les Nuls	A. Heron, E. James
2-75400-180-8	65 1145 5	Histoire de France Tome 1 (L')	J.-J. Julaud
2-75400-181-6	65 1146 3	Histoire de France Tome 2 (L')	J.-J. Julaud
2-75400-223-5	65 1183 6	La méthode Pilates	E. Herman

Pour les Nuls **Bac**

ISBN	Code Article	Titre	Auteur
2-75400-172-7	65 1138 0	Le Bac Philosophie 2006	C. Roche
2-75400-173-6	65 1139 8	Le Bac Français 2006	G. Guilleron
2-75400-171-9	65 1137 2	Le Bac Histoire 2006	H. Vessemont
2-75400-170-0	65 1136 4	Le Bac Géographie 2006	N. Arnaud